The Letters of

SAMUEL
BECKETT

Volume I: 1929—1940

〔美〕玛莎·道·费森菲尔德〔美〕洛伊丝·摩尔·奥维贝克

〔英〕乔治·克雷格〔英〕丹·冈恩 主编

〔爱尔兰〕萨缪尔·贝克特 著

贝克特书信集 第一卷

1929—1940 下

曹波 姚忠 译

Edited by

MARTHA DOW FEHSENFELD
LOIS MORE OVERBECK
GEORGE CRAIG
DAN GUNN

湖南文艺出版社

1937 年年表

1937 年 1 月 8 日	贝克特在柏林剧院观看席勒《玛丽·斯图亚特》的演出。
1 月 12 日	参观波茨坦和无忧宫。在柏林观看黑贝尔《吉格斯和他的指环》的演出。
1 月 18 日	得知登特出版社的审稿人理查德·丘奇已写信给雷维,对《莫菲》给予积极评价。遇见阿克塞尔·考恩和电影喜剧演员约瑟夫·艾希海姆。
1 月 22—23 日	离开柏林。在哈勒。
1 月 24—25 日	在爱尔福特。
1 月 25—26 日	在瑙姆堡。
1 月 26—28 日	在莱比锡。
1 月 29 日	在德累斯顿,在霍弗尔旅馆住到 2 月 18 日。
2 月 4 日	得知登特和科布登–桑德森均拒绝出版《莫菲》。
2 月 16 日	参观皮尔尼兹。
2 月 18 日	在德累斯顿聆听费多尔·斯德本谈安德烈·别雷的讲座。
2 月 19 日	在弗赖堡;前往巴姆贝格。
2 月 20—23 日	在巴姆贝格。
2 月 24—25 日	在维尔茨堡;前往纽伦堡。
2 月 26 日	在纽伦堡;前往雷根斯堡。

3月3—4日	在雷根斯堡；前往慕尼黑。
3月5日—4月2日	在慕尼黑。3月6日起，住在罗曼娜旅馆。
3月20日前	告诉雷维从霍顿·米夫林处拿回《莫菲》。
3月31日	遇到卡尔·瓦伦丁。
4月2日	首次坐飞机，从慕尼黑飞往伦敦。住在格特鲁特路34号。
4月12日前	回到都柏林。
4月17日	拜访杰克·叶芝。贝克特家的狗"狼儿"死去。
4月26日前	贝克特创作关于塞缪约·约翰逊的戏剧。从雷维处得知《莫菲》遭另一家出版商的拒绝。
5月4日	波士·辛克莱去世。贝克特给《爱尔兰时报》写悼词，未获发表。
5月14日前	杰克·叶芝夫妇和约·霍恩在库尔德里纳喝茶。哈里·辛克莱提起针对奥利弗·圣约翰·戈加蒂的毁谤诉讼；贝克特充当目击证人。
5月14—18日	圣灵降临节假期，同弗兰克·贝克特前往凯希尔、戈蒂山与诺克米尔顿山、卡舍尔和利默里克度假。
6月5日前	康斯特布尔拒绝《莫菲》。拉瓦特·迪克森审读《莫菲》。阿克塞尔·考恩代表罗沃尔特出版社邀请贝克特选译约阿希姆·林格尔纳茨的诗歌。
6月15日前	贝克特收集证明材料，准备申请在开普敦大学教授意大利语的教职。弗兰克·贝克特订婚。
7月3日前	贝克特对丘纳德给《作家们就西班牙内战抒己见》投稿的请求做出回复。
7月4—6日	参观阿兰·厄谢尔位于卡帕的旧居。

7月9日	谢绝选译林格尔纳茨诗歌的委托；将其对"图标破坏行为"的观点告知阿克塞尔·考恩。
7月27日前	玛丽·曼宁·豪将《莫菲》手稿寄给纽约的科维奇–弗里德出版公司。
7月29日	贝克特向开普敦大学提出任职申请。
8月14日	将诗歌《漂白》（后改名《现钱》）寄给茜茜·辛克莱和托马斯·麦格里维。
8月25日	弗兰克·贝克特与吉恩·贝克特结婚。
9月2日前	道布尔迪–多兰拒绝《莫菲》。
9月18日	贝克特卷入一场汽车交通事故。
9月27—29日	同弗兰克在沃特福德。同母亲争吵，不愿回到库尔德里纳。
10月1日	梅·贝克特离开库尔德里纳，使贝克特有时间做前往巴黎的准备。
10月4日	贝克特因危险驾驶在香克尔法庭出庭。同弗朗西斯·斯图尔特共进晚餐。
10月16/17日	离开都柏林，前往伦敦和巴黎。
10月27日	从巴黎的萨拉辛之家写信回家。
11月10日	回到伦敦，在那儿等待辛克莱对戈加蒂毁谤诉讼案何时在都柏林开庭的消息。
11月22日	杰克·B.叶芝向劳特利奇推荐《莫菲》。
11月23日前	贝克特在都柏林，参加辛克莱对戈加蒂毁谤诉讼案的庭审。
12月3日	到达巴黎，住在自由宾馆。
12月7—10日	同乔治·乔伊斯一起校勘乔伊斯《进展中的作品》的校样。
12月9日	收到电报，得知劳特利奇接受了《莫菲》。
12月10日	决定不给《新法兰西杂志》致敬特刊撰写关于乔伊斯的文章。

12 月 22 日	鼓励麦格里维前往巴黎；催促他申请拨款，为英国刊物撰写关于法国的文章。
12 月 25 日	同乔伊斯夫妇共度圣诞。
12 月 31 日	同乔治·乔伊斯和海伦·乔伊斯共迎元旦。

伦敦
托马斯·麦格里维

1937年1月9日   [柏林]

[无问候]

　　今天收到您的来信，真是高兴。一直想着要给您写信，可一不留神就拖延了下来。下周去德累斯顿，路上也许会在莱比锡歇一下脚。累坏了，经常想掉头回去，但是回哪儿去呢？昨晚在柏林剧院看了《玛丽·斯图亚特》。[1] 滑溜极了。T. Eliot 就是 toilet 掉过头来拼写。[1] 正在写。

　　　　Dein [2]

　　　　　　　　　　　　　　　　　　　　　　　　　　萨姆

　　APCS；1 张，1 面；阿德里安·布劳沃，《岩石上的牧羊人》；寄往：英格兰伦敦西南 7 区哈林顿路 49 号，托马斯·麦格里维收；邮戳：1937/01/09，柏林；TCD，MS 10402/112。

　　1. 弗里德里希·席勒（1759—1805）的《玛丽·斯图亚特》于 1937 年 1 月 8 日在柏林剧院上演，导演洛塔尔·米特尔（1896—1964），伊丽莎白女王由赫尔米娜·科

----

[1] "T. Eliot" 指诗人托马斯·艾略特，"toilet" 即"抽水马桶"。席勒的戏剧本来跟艾略特无关，但在纳粹意识形态的操纵下，这场演出变了味，犹如将杰出的诗作变成了粪便。

尔纳（约 1882—1960）扮演，玛丽·斯图亚特由希尔德·魏斯纳（1909—1987）扮演，莱斯特由保罗·哈特曼（1889—1977）扮演，伯利由瓦尔特·弗兰克（1896—1961）扮演（赫伯特·A.弗伦策尔，《柏林国家剧院即将上演〈玛丽·斯图亚特〉》，《进攻报》［柏林］，1936 年 12 月 20 日：第 4 版）。

　　2.“Dein”（德语，“您的”，相当于信尾的“此致”）。

马萨诸塞州波士顿
玛丽·曼宁·豪

1937 年 1 月 18 日　　　　　　　　　　　　　　　　　　　　　柏林

亲爱的玛丽：

　　你对我真是太好了，真的，寄来了 ananas 干。规格高得令人眩晕，就像用指关节挤压眼球榨取的快感那样。包裹从汉堡一路寄到这里，经历了一场成本激增的暴风雨。谢谢馈赠。还要谢谢你寄来的长信，以及一双护腿，其中一只比另一只更漂亮。Tetragono ai colpi di... 你是不是刚好知道她是不是咬了呢？[1]

　　我也没那么喜欢乔治·雷维，但斯坦利·喏特［诺特］明摆着让人不喜欢。看那些从伦敦流过来的昏暗的口水，猜得出拙著的事儿登特在考虑，理查德·丘奇已替该社审读了书稿，就在雷维快要吃一顿鲤鱼午餐的时候，他立马说自己“印象颇为深刻”［。］[2]无功不受禄。

　　受迟来的德国浪漫小说的挑衅，本人给绑在椅子上的里那个情节找到了新的依据，当时没想到的依据。确切地说，是为绑在椅子上的那个角色找到了依据。即使不够细心，本人也会对所写的内容保持头脑清醒。[3]

　　只要风与水之间没有突然间出现巨大的障碍物，就不会待在这儿不动，而会去瑙姆堡、魏玛、莱比锡或者德累斯顿，那儿的土壤太肥沃，［只］

剩下两处经久不消的地点，均完全呈卧姿的地点。因此，过去这一周尽管不时受到在虚汗和痛苦中履行的义务的打搅，经历令人难忘，但大多数时间还是在床上度过的，由一个本人现在渐渐意识到就是我自己的人度过。我所要求的一切，一切，就是苍天饶人，再给我两个月，让我能去看看德累斯顿、慕尼黑和法兰克福，因为我只怕再也来不了德国了。回家的时候病得越厉害越好，这样演戏就可以推迟些。我会把自己的坐骨半球锁好留给外科医生的小铲子，就像新郎官取下自己的镯子那样。我会独自一人躺在一张大床上，没什么病痛，却接受家人的关心。

全世界最让人嫉妒的造物是芝加哥的帕特里夏·马圭尔。从1931年以来她就睡个不停，只有吃饭的时候才略为神志清醒，每天接受按摩，粉丝们的来信多半是求婚的。[4]

关于我的事儿不要向任何人说一个字。所有通信的大路和 boreens 都通往你老妈，再从她那儿通到我老妈。要是听到我长了这么壮观的一个新瘤〔子〕，我老妈准会带着帕里实〔帕里什〕牌食品和消炎膏飞奔过来。[5]

没有，什么都没写，连写作的计划都没有。老妈写信问我干吗不向报刊投稿，说我写得至少有"爱尔兰人的日记"的作者那么好。弗兰克写信问出发前我一门心思想写的《拉夫卡迪奥·赫恩》写得怎么样了。雷维请我无论什么稿子都要投给他将于春季创刊的评论杂志。可我什么稿子都没有。[6]

当难题从素材甚至 trovata 中消失殆尽时，当离开了出生的村庄不再像是一件蠢事时——也许只有到那时，写作才真正开始。[7]如果还不够疲倦，就不用急着写作。

在柏林剧院看了席勒的《玛丽·斯图亚特》。热热闹闹了四场，没露出怎么做到的。后来见到了维尔纳·克劳斯，他出演的黑贝尔《吉格斯》是再好不过的诗剧，在舞台上很难演好。克劳斯是个了不起的演员，是我见过的最棒的。以前只在电影里见过他。乌法和托比斯的新片子糟得没法形容。但要是有克劳斯出演的城堡剧院的戏到了波士顿，那就值得一看。[8] 尽管在同步性方面差不多什么都会失去。

刚来德国不久就收到约大建的信，说他在莫斯科的爱森斯坦庭院替我找好了地方，是通过朋友马尔罗的兄弟找到的，那位仁兄在那儿做"浮动"营生，或者上帝才知道的什么行当的"净重"买卖。我没有回信。[9] 莫斯科以后再去。

在汉堡同很多人有过一面之缘，在这里却谁都没见到，只有一个图书推销员和一个电影喜剧演员。[10]

关于叶芝的笑话写得棒极了。赶在他去世之前发表吧。[11]

托勒与约翰斯顿的杂合听起来糟透了。[12] 就像冰镇马蜂蜇伤。

在公民权剥夺的边缘流浪 3 年后，托马斯·曼终于被剥夺了公民身份。海因里希老早就顺流而下了。[13]

这封信写得有些悲催，但没法写得更乐观了。要是到得了那里，会从德累斯顿给你写信的。你嘛，把信寄到福克斯罗克去吧。现在你肯定有大把的闲暇，要不就是在编毛衣？[14]

你说的气味我懂。你视而不见的腐败成分，你在公墓里得到的东西。那种气味你喜欢，因为它与你的天真年代有关。我不喜欢，是出于同样的原因。它是家庭毒药的一部分。一种沼泽地的气味。

　　爱你的

　　　　　　　　　　　　　　　　　　　　　　萨姆

ALS；2 张，2 面；寄往：美国马萨诸塞州波士顿桃金娘街 136 号，马克·豪太太收；邮戳：1937/01/21，柏林；TxU。

1. "ananas"（拉丁文，"凤梨"）。玛丽·曼宁·豪的信及附函均未找到。

贝克特引用了但丁的《天堂篇》第十七歌第 24 行的诗句："Tetragono ai colpi di"

（意大利语，"奋起反抗命运的打击"）（《神曲》第三部《天堂篇》，第243页）。

2. 贝克特发现要想知道斯坦利·诺特是否真想推出《莫菲》太难了，因此他拼错诺特的名字兴许是有意为之。

理查德·丘奇是登特父子出版社的审稿人。1937年1月12日，他给乔治·雷维写信道：

> 眼下已读完萨缪尔·贝克特的书稿了，觉得作者是个相当了不起、相当有才华的人。其幽默、老练、结构意识及奇异的原创性，都让我赞同您的观点，就是作者是个很值得培养的人。已同查托–温德斯出版社的哈罗德·雷蒙德打过电话，把本人对该作品的看法告诉了他，还说本人相信，他们要是放弃了他就是在犯大错。于是，雷蒙德要求拿书稿重新审读［……］但是他不想让贝克特知道此事，担心自己会像其他董事那样得出同样的结论，再次让作者大失所望。
>
> 于我们而言，我们只能承担有限的眼前无利可图的工作［……］不然，本人会毫不犹豫地催促董事们接受贝克特的书稿。（TxU）

哈罗德·雷蒙德1937年1月8日致丘奇的信：UoR, MS 2444 CW信件誊写簿178/689；雷蒙德1937年1月19日致雷维的信：UoR, MS 2690。

3. 贝克特正在读赫尔曼·黑塞的《德米安：彷徨少年时》（1919），以及瓦尔特·鲍尔的《必要的旅行》（1932）。至于贝克特读了这两部作品后对《莫菲》的看法，参见诺尔森，《盛名之累》，第230页，及BIF, UoR, GD 4/f.15。

4. 帕特里夏·马圭尔（1905—1937）已患嗜睡症达5年又7个月之久，最后于1937年9月28日去世（《帕特里夏·马圭尔在医院去世》，《纽约时报》，1937年9月29日：第14版）。

5. "boreens"（爱尔兰语，"小巷"）。

帕里什牌化工产品是一种含铁补剂，由美国费城药剂师爱德华·帕里什（卒于1872年）发明。

6. "爱尔兰人的日记"是《爱尔兰时报》的每日专栏，专登轶事和对主版内容的评注，1927年由R. M. 斯迈利创办，有时以其假名"尼切夫"登载；20世纪30年代早期，专栏的多数内容都由斯迈利撰写，"有些段落出自……自由撰稿人之手"，"甚至当上主编后"他也继续在周六撰稿（休·奥兰姆，2005年7月18日；休·奥兰姆，《报刊正传：1649—1983爱尔兰报刊史》［都柏林：MO图书，1983］，第162—163页）。

贝克特的双关基于作家、教师帕特里克·拉夫卡迪奥·赫恩（又称小泉八云，1850—1904）的名字——令人想起纪德《梵蒂冈地窖》中的人物拉夫卡迪奥·卢基的名字。

乔治·雷维邀稿的计划没有实现。

7. "trovata"（意大利语，"偶然的发现"）。

8.《玛丽·斯图亚特》的演出：见 1937 年 1 月 9 日的信，注 1。

德国剧作家弗里德里希·黑贝尔（1813—1863）的《吉格斯和他的指环》（1856）于 1937 年 1 月 12、13 日在柏林剧院上演，由维尔纳·克劳斯（1884—1954）出演吕底亚国王康道里斯一角。先前，克劳斯主演过《卡里加里博士的小屋》（1919）、《卡拉马佐夫兄弟》（1920）、《达恩顿》（1921）、《奥赛罗》（1922）和《伪君子塔图夫》（1926）。《城堡剧院》（1936）由托比斯-欧罗巴电影公司出品，克劳斯在其中扮演曾经才气横溢但现已老迈的演员弗里德里希·米特雷尔。

尽管乌法（Ufa，环球电影股份公司）1917 年创立时的宗旨是推广德国文化，但随后发生了改变；至 1933 年，乌法既出品娱乐影片，也推出纳粹宣传电影（安东尼·斯莱德，《国际电影业》［纽约：格林伍德出版社，1989］，第 357—358 页）。托比斯有声电影出品公司创建于 1927 年，到 1933 年，同乌法一道主宰了德国电影行业。

9. 莱斯利·大建（原名莱斯利·约大建，1912—1964），爱尔兰出生的作家，在英国电影学会中较为活跃。约大建致贝克特的信尚未找到。他得知贝克特有兴趣在爱森斯坦门下学习（见 1936 年 3 月 2 日的信），就主动联系了安德烈·马尔罗同父异母的兄弟罗兰·马尔罗（1912—1945），后者 20 世纪 30 年代早期在莫斯科替《巴黎晚报》工作时认识了爱森斯坦。

"浮动"和"净重"两个词在 20 世纪 30 年代电影业中的用法仍不明确。

10. 阿克塞尔·考恩[*]（1912—1983）刚开始为罗沃尔特出版社工作；经在汉堡结识的金特·阿尔布雷希特的介绍，贝克特认识了考恩。电影喜剧演员约瑟夫·艾希海姆（1888—1945）同贝克特一样住在康普特旅馆；旅馆老板威利·康普特（生卒年不详）和贝克特随艾希海姆一起，去影院看了艾希海姆主演的两场电影：《咯咯笑的第三人》（1936）和《秋天的猎人》（1936）（诺尔森，《盛名之累》，第 232 页）。

11. 玛丽·曼宁·豪关于 W. B. 叶芝的笑话不得而知。

12. 德国表现主义剧作家恩斯特·托勒（1893—1939）的戏剧《盲人女神》被丹尼斯·约翰斯顿随意改编成《虚张声势的盲人》；1936 年 12 月 6 日，该剧在都柏林阿比剧院上演。《爱尔兰时报》评论员写道："原作只有很小一部分没有改变；主题大抵相当，情节有些相似，对话略有保留。"（《虚张声势的盲人》，1936 年 12 月 28 日：第 8 版）

13. 托马斯·曼（1875—1955）1933 年移民瑞士，1938 年移民美国；其兄长海因里希·曼（1871—1950）1933 年移民法国，1940 年移民美国。1936 年 12 月 3 日，托马斯·曼及其妻子和子女被剥夺德国公民身份（《93名德国人被剥夺国籍：托马斯·曼及其家人受到惩罚》，《泰晤士报》，1936年12月4日：第15版；详情参见：奈杰尔·汉密尔顿，《曼家兄弟传：海因里希·曼（1871—1950）和托马斯·曼（1875—1955）》［伦敦：泽克尔与瓦尔堡出版社，1978］，第263—269页）。

14.“把信寄到福克斯罗克去吧”，即寄给贝克特的母亲梅·贝克特。

玛丽·曼宁·豪怀孕了。

伦敦

托马斯·麦格里维

1937年1月18日

柏林西50区
布达佩斯人路45号
康普特旅馆

亲爱的汤姆：

听说临摹画寄到时损坏严重，真是抱歉。第一次见到时，那弓着背的姿势我也心烦，但没多久就开始看得顺眼了。[1] 这幅画我跟一位耄耋之年的犹太艺术史学者聊过，是在汉堡时结识的，她刚好来这里过圣诞节，对施密特-罗特卢夫那是 schwärm [1] 得五体投地。她对乔尔乔内的画连连称赞，说“是一幅早期抒情作品——但在当时实质上是抒情天才之作”。假如她赞成在位于汉堡的家里挂上几幅谈［痰］盂的画，她会把那些画交给施密特-罗特卢夫来设计。只有玄学派能有她这种品位，而玄学派总是感情充沛。[2] 在不伦瑞克，她在乎的只有伦勃朗的《家族》。西尼奥雷利是二流画家——次于皮耶罗·德拉·弗朗切斯卡。说布劳沃的画中有悲剧感，那是胡说八道，他是一位天才的 Taugenichts，仅此而

[1] 德语，“崇拜”。

已。[3] 在一间挂着赫克尔的画、基希纳的画、可怜的科尔比的画还有罗特卢夫在被海水淘洗得光溜溜的鹅卵石上描摹出的脆弱脸庞的厅里，整个傍晚我们都说不到一块去，她的声音噼里啪啦，就像一大群德国人的声音噼噼啪啪那样，将诅咒倾泻在政府的头上。[4] 在这里，这些画家我本可以都拜访过了。诺尔德、罗特卢夫、赫克尔等，de la part de 汉堡博物馆已故馆长的遗孀绍尔兰特太太，她写了一本关于诺尔德的劣质小书，称之为《过去30年的艺术》，而弗莱竟将自己的《当代艺术》题献给她，mais je n'en ai rien fait。[5] 由于坚定不移，他们都成了了不起高傲愤怒可怜的牺牲品，而且"好的先生"和"不行先生"本人再也说不出口了。所以一直以来都没有交往，除了过去的几天里认识了一个年轻的书店实习生，他刚被出版商卢瓦尔特［罗沃尔特］录用，那家出版商推出了哈克特、弗莱明、沃尔［夫］和罗曼的作品。弗莱明到了这里，有一架大型宣传飞机供他调遣，还有沃尔［夫］来了柏林，而别的人则去乡下享受宁静。[6] 傍晚时分，我有时出门去，同房东和一个当红的电影喜据［喜剧］演员喝些啤酒。有陌生人在我们的桌子旁停下脚步，和他攀谈几句，说我们在哪儿哪儿见过您的脸，这样的搭讪让演员欣喜，康普特也高兴。[7]

上周是我长久以来过得最糟的一周。本来想上周三从柏林动身去德累斯顿，可偏巧船儿过了吃水线。它们经常去那里，搬下一点东西就马上离开，但这一趟塞得越来越满，直到最后只剩两个经久耐用的位置，都是完完全全的斜靠式。但我同书商约好了，得在他动身去利森山区前夕跟他见面，后来，终于在前天，当事情糟得不能再糟的时候，汉堡来的书商去跟另一个约好的人见面，要途经这里。[8] 他本该8点就离开这里了，但晚了半分钟就没赶上火车，就这样，下午4点我终于见到了他，两人一直待到午夜之后。在下一个这样的12个小时之前，但愿时间悠悠。［……］累坏了，只想回家躺下来，可又觉得这趟旅程之后，我恐怕再也来不了德国了。人在旅途，最低生活费全靠每月定期寄来的救济款，而对人类的厌恶都随着每一次外出日渐强化，永远都弄不明白该拿人生的彼岸怎么办。但是，请您一个字都别透露，所有通讯〔通信〕的大道以及小径，都通向苏珊·曼宁太太，又从她那儿通向我的老妈。[9]

很高兴您喜欢《渐弱》，那是情感的最后回响。[10]

帕加马神坛是巴洛克式建筑，令人印象深刻，但一点也不漂亮。[11]

《弗里德里希大帝》精美绝伦。一幅精美的马萨乔祭坛画堪比伦敦的《圣母马利亚》，还有单独的一幅"坐月子的贵妇接见访客"的画。[12]西尼奥雷利的画棒极了，尤其是那幅《潘——自然之神、音乐之主》大型画，里面的牧羊人酷似伦敦收藏的埃尔·格列柯笔下的"拉奥孔之子"。[13]"裁缝之子"的两幅画是我见过的最棒的，其中一幅是戴尔·费德的肖像画。[14]差不多是伦敦《萨尔瓦多·抹大拉》的复制品，同样是迷人的梨黄色披风和脚步匆匆的人物，只是在这里叫作《威尼斯女人》。[15]波提切利的画和贝里尼的画挂满一个又一个展厅，其中有一幅精美的《圣殇》据说是雅各波的作品，很有帕多瓦的风格。[16]有一幅证实了伦敦那幅小画的布蒂诺内《圣殇》，有图拉、克里韦利、维瓦利尼、埃尔科莱·德·罗伯蒂的画，有相当朴实的曼特尼亚的画，还有一幅大型画《净身下葬》。[17]要是您喜欢那种东西的话，可以来看提相〔提香〕壮年期常见的田地，但这趟旅程我没能久久地端详他的画。要是您喜欢那种东西的话，伦勃朗和哈尔斯的画一定是荷兰之外最好的了。[18]有 6 到 7 幅布劳沃的画搁在总是为他预留的黑暗角落里，同在我看来体现了他的精神的早期风景画挂在一起。著名的《月光风景画》，鲁本斯的作品，已经送往巴黎参加"伦勃朗及同代画家"画展去了，当然就不得相见了。[19]特尔鲍赫的画相当好，其中有一幅令人惊讶、宽松、亮色、自由自在的庭院风景画，暂且叫作《特尔鲍赫的鸨母》吧。[20]有两幅弗美尔的画，一幅德·霍赫的画，看起来无足轻重，边上挂着美

［美伊］的画。还有埃尔斯海默的画，包括普通尺寸的"画作"和微型画，以及一幅从卢浮宫借来的迷人的广告色画，上面画有海水、夜色、树林、空地、月亮及正在海岸上点燃的篝火。[21] 在委拉斯开兹的两幅画当中，《乐师》并不那么重要，而《奥利瓦勒伯爵夫人》似乎根本就不是他的作品。以前说是德尔·马索的作品，但画得没那么好，不像是出自德尔·马索之手。[22] 佛兰德特展令人惊叹，满厅的扬·凡·艾克的画，3 幅弗莱马勒的画，3 幅雨果·范德胡斯的画，6 幅范德魏登的画，一幅赫尔特亨的迷人画作：施洗者圣约翰坐在自然山水中，神情十分阴郁。除了康平，他们的画都在那儿，除非弗莱马勒就是康平，或者罗希尔就是范德魏登。[23] 有一幅普罗沃的装饰画您会喜欢的，还有马米翁、富凯和达里特的画。马布塞的画令人赞叹，有一个斜切的大阳物，忘了是亚当的还是海神的，像卡夫或者希达画笔下的《帖木儿大帝》里的贵妇裸身穿着黄金网衫，soigné 像一个玻璃杯或者一卷柠檬皮。[24] 布吕格尔［勃鲁盖尔］的《箴言》值得送到罗伯特·泰特先生那儿，连谜底一起。他会度过多么快乐的时光啊。但美术馆不是在编目中列出系列名字（干脆这么说兴许会更加到位），就是在对极其称职的横行霸道者、恫吓威逼者、拦路抢劫者和唠叨找茬者的急躁中，我会让柏林更加清爽，只留下伦勃朗、哈尔斯、提香、鲁本斯的画，还有塔尔昆的作品。[25] 不然，抛弃牵着我颈背的艺术，这是不是一种偏狭呢？

说起塔尔昆的作品，我去了由欧根·约胡姆领衔的柏林交响曲团的一场贝多芬音乐会，叫《莉奥诺拉》，演奏了一支晚中期的钢琴协奏曲和《田园曲》。感觉约胡姆是那种肯定在大巴或者电车上就开始挥手了的指挥。整个演出季，富特文格勒都赋闲在家。《莉奥诺拉》里的鸣笛乐段，正如我历来想象却从未听到过的那样，就像那种瑶［原文如此］不可及的森林里的秋季暮霭，而且还如同我从未听到过的那样，那个弦乐翻腾乐段就像爱的癫痫。音乐会又动听又无聊，很像弗吕林的小提琴奏鸣曲，由独奏演员带着一种虚汗淋漓、手腕僵硬的乏力感演奏，简直糟透了。还有，不可否认的是，演奏的《田园曲》真的是对听觉和理解力的侮辱。[26]

收到了弗兰克的一封长信。他受不了米伦，受不了他所说的"滑冰、滑雪还有滑稽"，过了几天就离开了。在回国的路上，他到巴黎见了艾伦和贝琳达；一如往常，艾伦半松不紧，那似乎是他的竭力所为了。[27]一到家，弗兰克就得了流感卧床了，到现在才刚能起床走动。伦敦他只是途经，不然早就去找您了。

您在哈林顿路过得更自在了，真的令人高兴。您并不觉得，"黑农舍"——管它叫什么名字——是自己该住的地方。您还在替海涅曼翻译诗歌吗？还是已经有空重拾叶芝专论了呢？[28] 收到了他十分友善的一张圣诞贺卡，上面有一幅喜忧参半的钢笔加蜡笔素描，画的是奥康内尔桥[1]西面的景象和踩着幻想的滚轴滑旱冰的幻象。查尔斯从格里诺克写信来，说正动身去佛罗伦萨。[29]

我同样觉得，追踪《莫菲》的出版事宜很困难。时不时收到雷维寄来的零零星星的消息。眼下，登特社似乎在考虑拙著的事；理查德·丘奇已替该社审读过书稿；雷维请了一顿中饭后，他立马就声称自己"印象颇为深刻"。雷维邀请我给他正在创办的评论投稿，但想必是不给稿酬的。[30]而我手头也没有满意的稿子投出去。

在晴朗却寒冷的天气里，好不容易到了波茨坦，刚赶在这场天灾降临在我头上的前夕。无忧宫真是精美。与凡尔赛宫八竿子打不着，是一座大型夏宫，真正的"无忧"建筑群。[31]对宫殿而言，好几层台地有些过于沉重，面对一路上升的台地和数不清的葡萄藤架，起初访客会心烦意乱，但仅仅是起初如此。[32]绿色的浅穹顶与其说是自略为凹陷的中央

---

[1] 奥康内尔桥位于都柏林利菲河上，北接奥康内尔大街，南连圣三一学院西门前的绿地广场。

建筑上升起，不如说是落在其上，丝毫不差就是合适的仿英雄史诗，而漫长、低矮的黄色正面如同仅有恰当音程的和弦。装饰柱上雕刻的女性都在大笑，装出低眉作揖的样子。[33] 这个地方我没法不来，几次回头在来 [原文如此] 看，从花园的各处回到前坪来看；离开时已是愁肠寸断，感觉会一去不复返。我穿过各间展室，美不胜收的展室，但那里展出的数不胜数的华托画作只允许瞥一眼，真是令人痛心。伏尔泰展室总的来说布置得可爱又有喜剧色彩，是一幅完整的《巴比伦公主》，墙上和穹顶上画满了珍禽、奇葩，椅套上是拉封丹的片段，可不知何故，充满了流放和孤独之感。[34] 画作陈列馆令人大开眼界；鲁本斯与范·德·韦夫画派！几乎没别的。世界上就没别的地方能有这么多范·德·韦夫的画收藏在一处。真正的春宫画，会让弗拉戈纳尔看起来像弗拉·安杰利科。[35]

在柏林剧院同维尔纳·克劳斯看了《玛丽·斯图亚特》和黑贝尔的《吉格斯》。席勒的戏引人入胜，直到最后一幕都没露出如何做到这一点的秘诀。黑贝尔的戏写法高超，满是精炼、智性的诗歌，但即使是克劳斯也只能零零落落地表现出来。他是个相当了不起的演员。黑贝尔归 [到] 了戏剧家一类，但他的成就主要在诗歌方面。[36] 已经订了去歌剧院看《玛莎》（！）的票，只是身体不争气，去不了。只好把票给了那位电影演员，回来时他简直兴高采烈。[37]

依然希望在去德累斯顿的途中顺便看一眼魏玛、瑙姆堡和莱比锡，但如果这件事还要耽搁很长时间，那就要望洋兴叹了。说不准什么时候能到伦敦，五月份前不大可能，除非剩余的力气比预料的更早就用尽了。会想尽办法省下钱，争取坐飞机回国。想到坐火车、乘轮船、过海关的劳顿，还有箱子把双臂都要连根拔除的沉重，心里就难受。

假如一切顺利，会在两周内告诉您我在德累斯顿的地址。

此致

s/ 萨姆

TLS；4张，4面；TCD，MS 10402/113。

1. 贝克特从不伦瑞克的赫尔佐格·安东·乌尔里希博物馆给麦格里维寄去了乔尔乔内《大卫自画像》的临摹画；见1936年12月22日的信，注2。

2. 1936年12月21日，贝克特在柏林就遇见了罗莎·萨派尔博士；在不伦瑞克时，贝克特同她谈过乔尔乔内的画。对萨派尔收藏作品的描述，见1936年12月14日的信，注6；她青睐乔尔乔内的《年轻人自画像》（柏林珍宝美术馆，12A）。

3. 伦勃朗，《家族》（1638年，不伦瑞克，赫尔佐格·安东·乌尔里希博物馆，GG238）。

意大利画家卢卡·西尼奥雷利（约1450—1523）和皮耶罗·德拉·弗朗切斯卡（1420—1492）。

"Taugenichts"（德语，"饭桶"，"傻瓜"）。

4. 埃里希·赫克尔、恩斯特·基希纳和德国雕刻家格奥尔格·科尔比（1877—1947）的作品，以及卡尔·施密特–罗特卢夫蚀刻的石头画，均在柏林的施密特–罗特卢夫公寓里；罗特卢夫夫妇出城期间，该公寓由罗莎·萨派尔暂住（马克·尼克松，2006年5月7日）。

5. "de la part de"（法语，直译为"代表"；此处指"幸亏有"）。艾丽斯·绍尔兰特的引论：1936年11月28日，注14；绍尔兰特及其作品：1936年11月28日，注10。

《当代艺术》的作者是英国艺术史学者、诗人赫伯特·里德（1893—1968），而非英国艺术批评家罗杰·弗赖（1866—1934）。里德的献词："献给马克斯·绍尔兰特，钦佩他对各个年代艺术的博学，亦感念他对现代艺术事业的执着。"（《当代艺术：现代绘画与雕塑理论导论》［纽约：哈考特及布雷斯出版公司，1933］扉页）

"mais je n'en ai rien fait"（法语，"但我听之任之"）。

6. 贝克特第一次遇见阿克塞尔·考恩是在1月11日（托普霍芬，《贝克特在柏林》，第119—120页；BIF，UoR，GD 4/f，1）。

罗沃尔特出版社推出了爱尔兰作家弗朗西斯·哈克特原作《亨利八世》（1929）和《弗朗索瓦一世》（1935）的德语译本，及英国作家彼得·弗莱明（1907—1971）原作《巴西历险记》（1933）、《一个人的公司》（1934）和《鞑靼来的消息》（1936）的德语译本。最后这部译本在《法兰克福日报》连载，作者弗莱明也于1937年初开展了"为期10天的巡回演讲……从一个地方飞到另一个地方"（达夫·哈特–戴维斯，《彼得·弗莱明传》［伦敦：乔纳森·凯普出版社，1974］，第198页）。

罗沃尔特出版社还推出了美国作家托马斯·沃尔夫（1900—1938）的《天使，望故乡》（1929）和《论时光与长河》（1935）的德语译本。沃尔夫经常访问德国（托马斯·沃尔夫，《托马斯·沃尔夫书信集》，伊丽莎白·诺维尔编［纽约：查尔斯·斯克里布纳父子出版社，1961］，第442页；伊丽莎白·诺维尔，《托马斯·沃尔夫传》［纽约州加登城：道布尔迪出版公司，1960］，第271—277、325页；戴维·赫伯特·唐纳德，《望故乡：托马斯·沃尔夫传》［波士顿：利特尔、布朗及伙伴出版社，1987］，第319—326页）。

罗沃尔特出版社还推出了法国"一体主义"作家儒勒·罗曼（1885—1972）的《神身》（1928）和系列小说《好心人》前6卷（1932）的德语译本。

7. 康普特和演员约瑟夫·艾希海姆：见1937年1月18日致玛丽·曼宁·豪的信，注10。

8. 贝克特指阿克塞尔·考恩。考恩要前往波兰和捷克斯洛伐克边境属阿尔卑斯山余脉的利森山区，正与朋友金特·阿尔布雷希特相会。

9. 苏珊·曼宁，玛丽·曼宁·豪的母亲，梅·贝克特的闺蜜。

10. 贝克特指自己的诗《渐弱》，见《都柏林杂志》，1936年10月：第3—4页。

11. 帕加马的宙斯和雅典娜神坛（约公元前175年）是一座40英尺高的汉白玉希腊式神殿，1871年从帕加马（现土耳其）的原址移走，安放在柏林的帕加马博物馆。基座的四周是诸神与巨人战斗的浮雕；由于其戏剧性姿态和高轮廓线，学者们认为它们属于"巴洛克式"。

12. 文物搬离原址的情况因政治教条、战争和占领等历史事件而变得愈加复杂。弗里德里希大帝博物馆1936年收藏的近400件作品毁于第二次世界大战。更有甚者，在战后的柏林分治中，剩余的藏品也分归两处：西德的柏林—达勒姆博物馆和东德的博德博物馆。1997年，这些藏品终于在柏林波茨坦广场的珍宝美术馆合归一处，而且自2006年秋季开始，博德博物馆换藏古典时代晚期到1800年的欧洲艺术而重新开放。

伦敦国家美术馆收藏的佛罗伦萨画家马萨乔（原名托马索·迪·西阿·乔瓦尼·迪·莫内·卡萨伊，1401—1428）的《圣母与圣子》（NGL 3043）是一幅祭坛画的中心部分，原属比萨卡尔米内圣母堂里的圣朱利安礼拜堂。该画的台座有好几块收藏在弗里德里希大帝博物馆：《朝拜国王》（58A）；《圣彼得殉难/圣洗者遭斩首》（58B）；《圣朱利安弑父杀母/圣尼古拉斯给三个女儿嫁妆》（58E）（亨宁·伯克、艾琳·乔斯麦尔、雷纳德·格罗斯汉斯等编，《柏林珍宝美术馆：藏品总目》［柏林：柏林普鲁士文化国家美术馆，1996］，第463页）。

现在，《佛罗伦萨贵妇坐月子》（又称《产后风景》，58C）据说出自马萨乔的弟弟乔瓦尼·迪·赛尔（1406—1486）之手（基斯·克里斯琴森，《对清理后的布兰卡契壁画的几点看法》,《伯灵顿杂志》133.1054 [1991年1月],第215页;伯克、乔斯麦尔、格罗斯汉斯等,《柏林珍宝美术馆:藏品总目》,第464页)。

13. 西尼奥雷利的画《潘——自然之神、音乐之主》(又称《潘的法庭》《潘的教育》,KF 79A)毁于1945年;临摹画见汤姆·亨利与劳伦斯·康特,《卢克·西尼奥雷利画作全集》(纽约:里佐利出版社,2002),第172—173页。

埃尔·格列柯的画《拉奥孔与诸子》于1934年至1935年12月间借给伦敦国家美术馆展出;现归华盛顿特区国家美术馆收藏(NGW 1946.18.1)(乔纳森·布朗与理查德·G. 曼,《15世纪至19世纪末的西班牙绘画》,"国家美术馆藏品系统编目" [华盛顿特区:国家美术馆;剑桥:剑桥大学出版社,1990],第64页)。

14. 安德烈亚·德尔·萨尔托(又名安德烈亚·达诺罗,1486—1530)的两幅画指《妙龄女子肖像画》(KF 240,据称是画家的妻子卢克雷齐娅·戴尔·费德的肖像画)和《圣母与圣子》(KF 246)。

15. 弗里德里希大帝博物馆收藏的乔瓦尼·吉罗拉莫·萨尔瓦多(又名乔万·热罗尼莫,活跃于1506—1548)画作是《威尼斯女人》(又称《圣玛丽·抹大拉》,KF 307);该画中没有具有图标意味的油青石膏花瓶,而伦敦国家美术馆收藏的《玛丽·抹大拉》(NGL 1031)中却有。柏林的那幅呈现了人物的四分之三,而伦敦的那幅则画出了人物的二分之一;作画时间一为1527年,一为1540年。

16. 弗里德里希大帝博物馆收藏的波提切利及其画派的画作共有8幅;收藏的乔瓦尼·贝里尼(约1431—1516)、其画派与画室、其哥哥真蒂莱·贝利尼(1429—1507)及其父亲雅各波·贝里尼(1400—约1470)的画作共有16幅。据称为雅各波·贝里尼所画的《圣殇》(KF 1678)毁于1945年。

17. 贝克特把贝尔纳迪诺·布蒂诺内(约1450—1510)的《圣殇》(KF 1144)和伦敦国家美术馆收藏的布蒂诺内《圣诞》(NGL 3336)做了比较;后者为谁所画一直有争议,直到1929年才认定为布蒂诺内的作品。

贝克特提到的有弗拉雷斯画派的科西莫·图拉(约1430—1495);威尼斯画家卡尔洛·克里韦利(1430—1495);威尼斯画家家族的安东尼奥·维瓦利尼(1418—1476)、巴尔托洛梅奥·维瓦利尼(约1440—1500之后)和安东尼奥的儿子阿尔维斯·维瓦利尼(约1442—约1505);以及活跃于费拉拉和博洛尼亚的埃尔科莱·德·罗伯蒂(约1455—1496)。

该处收藏的曼特尼亚画作有《卢多维科红衣主教梅萨罗塔》(KF 9)、《耶稣现身圣殿》(KF 29)和《圣母马利亚与睡着的圣婴》(KF S.5)。

贝克特指意大利艺术家维托雷·卡帕修(约1460—1525)的画《耶稣下葬》(KF 23A)。

18. 弗里德里希大帝博物馆收藏的提香、伦勃朗、弗兰兹·哈尔斯与迪尔克·哈尔斯的画：见伯克、乔斯麦尔、格罗斯汉斯等编，《柏林珍宝美术馆：藏品总目》，第 120 页，第 101—102 页，第 58—59 页。

19. 阿德里安·布劳沃的《月光下的沙丘风景画》（KF 853B）曾为伦勃朗所有，当时已送往巴黎，参加在橘园美术馆举行的"佛兰德绘画：鲁本斯及同代画家"画展（1936 年 11—12 月）（查尔斯·斯特林，《佛兰德绘画：鲁本斯及同代画家》[巴黎：装饰艺术图书馆，1936]，无页码）。

20. 弗里德里希大帝博物馆收藏的小赫拉尔德·特尔鲍赫（1617—1681）画作共有 11 幅；贝克特提到的是《磨刀工之家》（KF 793），该画描绘的是灯光亮堂的工匠庭院。贝克特把它与弗美尔·扬·范·代尔夫特（1632—1675）的画《鸨母》（又称《老鸨》，RPG 1335）做了比较。

21. 柏林收藏了弗美尔的两幅画：《珍珠项链》（KF 912B）和《葡萄酒杯》（KF 912C）。该处藏品中，彼得·德·霍赫的画有 5 幅（见伯克、乔斯麦尔、格罗斯汉斯等编，《柏林珍宝美术馆：藏品总目》，第 62 页）。收藏的荷兰风格画家尼古拉斯·美伊（1634—1693）的画有两幅：《削苹果的老妇人》（KF 819C）和《驱逐夏甲》（KF 819D，毁于 1945 年）。

贝克特描述的亚当·埃尔斯海默的广告色画 1936 年 11 月借自卢浮宫：《傍晚的风景》（卢浮宫 18.658）。

22. 贝克特指迭戈·委拉斯开兹的《三个乐师》（KF 413F）和《女人肖像画》（KF 413E）；后者所画何人是有争议的，1936 年有人指出画的可能是康迪萨·德·奥利瓦勒；现在人们认定画的是莱奥诺拉·德·古兹曼夫人，即康迪萨·德·蒙特雷（伯克、乔斯麦尔、格罗斯汉斯等编，《柏林珍宝美术馆：藏品总目》，第 123 页）。西班牙画家胡安·包蒂斯塔·德尔·马索（约 1613—1667）是迭戈·委拉斯开兹的女婿，并在后者手下工作；这一点"导致人们将好几幅配不上委拉斯开兹的画归到马索的名下"（彼得·默里与琳达·默里编，《企鹅艺术与艺术家词典》[伦敦：企鹅图书，1993]，第 266 页）。

23. 弗里德里希大帝博物馆收藏的佛兰德绘画包括扬·凡·艾克（1390—1441）本人或后人的画作共 11 幅。南荷兰画家罗伯特·康平（约 1375—1444）现在有"弗莱马勒绘画大师"之称；柏林收藏的康平画作有 3 幅：《男人肖像画》（KF 537）、《罗伯特·德·马斯麦恩斯肖像画》（KF 537A）和《玫瑰河岸上的圣母马利亚》（KF 1835）；同一画派的作品有《耶稣钉在十字架上》（KF 538A）和《朝拜国王》（KF 538）。

雨果·范德胡斯（1440—1482）的 3 幅画：《圣殇》（KF 1622）、《朝拜国王》

（KF 1718）和《牧人的朝拜》（KF 1622A）。

罗希尔·范德魏登（约1400—1464）的画：《布莱德林祭坛》（又称《米特尔伯格祭坛》（KF 535）、《圣玛丽祭坛》（又称《米拉弗洛雷斯祭坛》（KF 534A）、《圣洗约翰祭坛》（KF 534B）、《戴头巾的女人肖像画》（KF 545D）、《圣玛格丽特与圣阿波罗尼亚》（KF 534C）及《勃艮第公爵"勇敢者查尔斯"》（KF 545，现已赠予罗希尔·范德魏登画坊）。

赫尔特亨·托特·桑特·扬斯的《施洗者圣约翰在荒野中》（KF 1631）描绘了一幅牧场风景。

24. 贝克特所说的装饰画指南荷兰画家扬·普罗沃（1465—1529）的《朝拜东方三贤》（HK 551B）。在柏林收藏的插图师、油画家西蒙·马米翁（约1425—1489）的作品中，有从《圣奥梅尔祭坛画》中截取的双翼，展现的是圣贝尔丹的生平（KF 1645和KF 1645A）。柏林收藏的法国画家让·富凯（约1425—1478）画作的代表是《艾蒂安骑士与神圣的圣斯蒂芬》（KF 1617）。该馆收藏的南荷兰画家雅克·达里特（约1400—1466）的作品是从阿拉斯的圣瓦斯特修道院祭坛画上截取的两联画：《朝拜东方三贤》（KF 527）和《显灵》（KF 542）。

贝克特所说的马布塞的画是指《海神与安菲特里忒》（KF 648）。帖木儿大帝的王妃季娜葵特死时包裹在黄金床单里，但直到帖木儿大帝驾崩才下葬（克里斯托弗·马洛，《帖木儿大帝二世》）。"soigné"（法语，"细致整理过的"），就像荷兰艺术家威廉·卡夫（约1619—1693）和威廉·克莱茨·希达（1594—1680）的静物画，其中常常有玻璃物品和一卷柠檬皮。

25. 贝克特指老彼得·勃鲁盖尔的画《荷兰箴言》（KF 1720），该画蕴含了100条箴言；箴言的谜底以画的形式展现。罗伯特·威廉·泰特教授（1872—1952），是都柏林圣三一学院1914年至1952年的新闻发言人和1919年至1931年的副院长（其免冠肖像画见麦克道尔与韦伯，《都柏林圣三一学院学术史：1592—1952》，第400页）。

"塔尔昆"喻指罗马帝国早期的两位传奇国王卢修斯·塔尔昆·普里斯库斯（前616—前578）和卢修斯·塔尔昆·修伯巴斯（前534—前510）。

26. 柏林爱乐乐团1937年1月13日的音乐会是一场贝多芬演奏会，特邀欧根·约胡姆（1902—1987）担任指挥，爱德华·爱德曼（1896—1958）担任钢琴独奏，节目包括《莉奥诺拉序曲》第3首，曲集72a；降E大调《钢琴协奏曲》第5首，曲集73（《帝王》）；F大调交响曲第6首，曲集68（《田园曲》；贝克特用的是德语拼法"Pastorale"）。贝克特把《莉奥诺拉序曲》第二部分中的集合号称作"鸣笛乐段"。他在德语日记里写到，有一个乐段首先由第一小提琴演奏，接着第二小提琴、中提琴和大提琴依次加入伴奏；他所谓的"翻腾乐段"也许指急板乐章的过门（见

BIF，UoR，GD4/f 9）。贝克特将该钢琴协奏曲与贝多芬的 F 大调《小提琴奏鸣曲》（曲集 24 第 5 首）做了比较。

自 1936 年暑期在拜罗伊特举办的瓦格纳音乐节结束至 1937 年 3 月，富特文格勒都赋闲在家（肖恩泽勒，《富特文格勒》，第 79—80 页）；亦见贝克特致莫里斯·辛克莱的信，1924［1934］年 1 月 27 日，注 5。

27. 弗兰克·贝克特去了瑞士的米伦过圣诞假期。

艾伦·邓肯和贝琳达·邓肯。

28. 麦格里维于 1936 年 12 月回到伦敦，正住在哈林顿路 49 号；1936 年的秋季，他住在埃塞克斯郡托普斯菲尔德村的一幢农舍里（见 1936 年 10 月 9 日的信，注 1）。麦格里维海涅曼替翻译了马亚的《难以抵达的绿洲》（1937）。之前，他一直在撰写关于杰克·B.叶芝的专论。

29. 杰克·叶芝致贝克特的信尚未找到。查尔斯·普伦蒂斯致贝克特的信尚未找到。

30. 理查德·丘奇对《莫菲》的评价：见 1937 年 1 月 18 日致玛丽·曼宁·豪的信，注 2。雷维办评论杂志的计划没有实现。

31. 波茨坦位于柏林以西，该城的无忧宫是弗里德里希国王二世（后称弗里德里希大帝，1712—1786）的夏宫；1744 年，他授命普鲁士建筑师格奥尔格·文策斯劳斯·冯·克诺贝尔斯多夫（1699—1753）按自己的草图设计了这处宫殿。无忧宫本为隐居之地，只有 12 间房间；贝克特把其比例和装饰与凡尔赛宫的宏大规模做了比较。

32. 无忧宫建于台地状的山坡顶上，地名叫“葡萄藤堡”；每一级台地正面都是可用玻璃门封闭的葡萄凉亭。贝克特当年冬天的参观可能让他留下了这一初步的印象，因为葡萄藤的枝叶尚未遮盖层层台地上的建筑。

33. 该宫殿为单层洛可可式建筑，中部上方盖有浅穹顶。女像柱是装饰性的，没有结构上的功能。

34. 无忧宫的房间只能在有专人导游的前提下方能进入。当时收藏的华托画作：《乡村婚礼》（GK I 5603）、《意大利式消遣》（GK I 5599）和《有喜剧演员的集市》（GK I 5602）挂在“小小美术馆”里；《音乐会》（GK I 5623）则挂在会客室里（无忧宫公园美术馆馆长格尔德·巴托谢克，2006 年 3 月 22 日；埃托雷·卡梅萨斯卡，《华托画作全集》［纽约：哈里·阿布拉姆斯出版社，1968］，第 90、119、108、123、126—127 页；彼得拉·韦西、露丝玛丽·海泽-席尔德万与巴贝尔·斯特兰卡，《无忧宫：弗里德里希大帝的夏宫》［慕尼黑：帕莱斯特出版社，2003］，第 36—37 页）。

法国作家伏尔泰（1694—1778）在无忧宫有独立的房间，配有漆木家具，上面装饰有源自法国作家让·德·拉封丹（1621—1695）寓言故事集的刺绣图案；墙面和天花板上精美的花鸟装饰画出自约翰·迈克尔·霍彭豪普特（1709—1769）及其弟弟约翰·克里斯蒂安·霍彭豪普特（1719—1785）之手。贝克特指伏尔泰的幻想故事《巴比伦公主》（1768），故事发生在柏罗斯王时期城墙高筑的巴比伦城。

35. 无忧宫的画廊是一处独立的建筑，存有弗里德里希二世各种各样的藏品。该处收藏的鲁本斯及荷兰艺术家阿德里安·范·德·韦夫（1659—1722）画作的照片，见约茨·埃卡特，《无忧宫画廊里的珍品》［波茨坦：无忧宫，1975］。

在贝克特的俏皮话中，范·德·韦夫的画太像春宫画，足以让弗拉戈纳尔的作品（一般认为略有挑逗性）都看似如同佛罗伦萨油画家、插图师弗拉·安杰利科（弗拉·乔瓦尼·迪·菲耶索莱，活跃于1417—1455年）的作品那样天真无邪。

36. 《玛丽·斯图亚特》：见1937年1月9日的信，注1；黑贝尔的《吉格斯》：见贝克特致玛丽·曼宁·豪的信，1937年1月18日，注8。

37. 《玛莎，又名里奇蒙德的集市》是德国作曲家弗里德里希·冯·弗洛托（1812—1883）的一部歌剧，1937年1月15日在柏林国家歌剧院上演。贝克特将戏票给了房东康普特，后者又将戏票转送给另一房客、演员约瑟夫·艾希海姆（BIF，UoR，GD 4/f.11，1937年1月14日）。

伦敦
托马斯·麦格里维

1937 年 1 月 25 日 　　　　　　　　　　　　　　瑙姆堡

［无问候］

　　他们说这些画出自他本人之手，可在我来看不见得。温莎堡有 3 个头遭拐了。[1] 周末我在魏玛过，待在弗劳恩普朗路的一家酒吧里。在这里只是小憩，只能去看大教堂，一座大得惊人的大教堂。[2] 今天下午要马不停蹄地前往莱比锡。哈勒和爱尔福特的现代艺术棒极了。[3] 到处都是深深的积雪，冷得要命。遇到一个大舞台设计师，一个爱上了墨西哥、特拉文和达吕斯·米约的人。[4] 会在下周初从德累斯顿给您写信。

此致

S

APCI；1 张，1 面；明信片，一联是犹大和彼得的头，另一联是约翰的头，印有"魏玛侯王宫；大公爵，沃恩若美"字样；寄往：伦敦西南 7 区哈灵顿路 49 号，托马斯·麦格里维先生收；邮戳：日期无法辨认，瑙姆堡；TCD，MS 10402/114。

1. 魏玛侯王宫的公爵套间里有模仿莱奥纳多·达·芬奇（1452—1519）《最后的晚餐》中十二使徒头部的画作；贝克特将明信片上的犹大、彼得和约翰的头比作温莎堡大达·芬奇收藏室里的类似素描画。

根据侯王宫的记载，那些画是意大利画家朱塞佩·博西（1777—1815）1807 年的临摹画，在 1913 年的公爵收藏室目录里没有描述（维奥拉·吉尔斯巴克，魏玛古典文学基金会；凯特·特劳曼·斯坦尼茨，《魏玛的达·芬奇画作》，《历史档案》，第 2 卷［1964］，第 342—344 页）。彼得与犹大的画像（以及该系列中的托马斯与大雅各的画像）现藏于北卡罗莱纳大学教堂山校区阿克兰艺术博物馆（77.53.1；77.53.2）；该系列中的约翰画像现为私人收藏（彼得罗·C.马拉尼，《莱奥纳多·达·芬奇画作全集》，第 2 卷［米兰：史基拉出版社，2001］，第 196—197 页，图 60）。

2. 瑙姆堡大教堂即圣彼得与圣保罗大教堂，始建于 12 到 13 世纪。歌德在弗劳恩普朗路 1 号住了 50 年；那里迄今还有歌德纪念馆。贝克特住在弗劳恩普朗路的魏玛白天鹅酒店，就在歌德故居的隔壁。

3. 贝克特指位于哈勒的莫里茨堡博物馆收藏的现代画；1937 年 1 月 23 日前来参观时，他得在所谓"外国访客登记簿"上签名，方能入馆一睹"惊悚陈列室"里的展品，即与现代画收藏馆隔离开来的画作（沃尔夫冈·巴克，哈勒国家美术馆馆长，1993 年 2 月 22 日）。在日记中，贝克特详细列出了赫克尔、保罗·克利（1879—1940）、米勒、施密特–罗特卢夫、马尔克、考考斯卡、诺尔德、基希纳、俄罗斯裔瓦西里·康定斯基（1866—1944）和莱昂内尔·法宁格（1871—1956）的画作，包括系列哈勒风景（BIF，UoR，GD 4/f.23，1937 年 1 月 23 日；照片及出处参见：安德烈亚斯·胡内克，《1937 年哈勒的法西斯行为"堕落艺术"》［哈勒：国家美术馆，1987］；亦见：赫斯，《莱昂内尔·法宁格》第 263、278—280 页）。

贝克特在哈勒还参观了玛丽·魏泽（原姓赫罗尔德，1879—1971）和费利克斯·魏泽（1876—1961）的私人收藏馆，该馆藏有基希纳、蒙克、赫克尔、施密特–罗特卢夫、

468

德国雕塑家威廉·莱姆布鲁克（1881—1919）和米勒的作品（贝克特与魏泽太太的对话及收藏馆的详情参见：BIF，UoR，GD 4/f.36—37，1937 年 1 月 23 日）

1937 年 1 月 24 日，贝克特参观了爱尔福特的安格尔博物馆，该馆的现代艺术依然在一楼展出；他记录下的有基希纳、格哈德·马克（1889—1981）、考考斯卡、米勒、法宁格、康定斯基、诺尔德、伦布鲁克、赫克尔、迪克斯、施密特–罗特卢夫、巴拉赫、德国雕塑家热内·辛特尼斯（1888—1965）和画家克里斯蒂安·罗尔夫（1849—1938）的作品（BIF，UoR，GD 4/f.27，1937 年 1 月 24 日）。

4. 海因茨·博勒普（1888—约 1956）在慕尼黑和魏玛研修过美术；他为 1935 年在哈勒上演的乔治·弗雷德里克·韩德尔（1685—1759）的戏剧《奥托内》设计了布景（戈茨·特拉克斯多夫，哈勒市韩德尔故居图书馆；BIF，UoR，GD 4/f.22）。

普鲁士裔演员赫尔曼·阿尔伯特·奥托·马克斯·法伊格（1882—1969）曾以勒特·马鲁特（1917—1923）的假名写过无政府主义宣传材料；后来，他改用 B. 特拉文的假名，创作了《马德雷山的财宝》（1927）。普勒普在墨西哥拜访过特拉文；他是法国作曲家达吕斯·米约（1892—1974）的朋友。

伦敦
托马斯·麦格里维

［1937 年］1 月 30 日

德累斯顿

布尔戈路 15 号

霍弗尔旅馆

［无问候］

我昨天从莱比锡到了这里，最多待上 3 周，多半不到 3 周。参观了的那一点儿美不胜收。冷得恐怖。莱比锡是马克斯·克林格尔的神坛，但布商大厦有些掉脸［丢脸］。[1] 盼您马上写封长信来。

致敬

S

469

APCI；1 张，1 面；"瑙姆堡大教堂，克拉根德尔·约翰尼斯在西影壁前"；邮戳：1937/01/31，德累斯顿；寄往：伦敦西南 7 区哈林顿路 49 号，托马斯·麦格里维先生收；TCD，MS 10402/115。日期判定：据邮戳及 1937 年 1 月 9 日的信，如上。

1. 1937 年，莱比锡的美术学院博物馆和莱比锡艺术联合会举办了一场马克斯·克林格尔（1857—1920）创作回顾展，展出了近 400 幅作品（《马克斯·克林格尔纪念画展》[莱比锡：美术学院博物馆和莱比锡艺术联合会，1937]，第 3 页）。

贝克特聆听了 1937 年 1 月 28 日在布商大厦举行的音乐会，详情见 1937 年 2 月 16 日致麦格里维的信及注 13。

伦敦
乔治·雷维

1937 年 1 月 30 日

德累斯顿
布尔戈路 15 号
霍弗尔旅馆

［无问候］

以上是我在这里的地址。也许有您寄来的消息在柏林等着转寄过来。但无论如何，要给我们递个眼色，递送到易北河上的佛罗伦萨来，这地儿太冷了，留不住我住上 2 周或者 3 周。[1]

［无签名］

Heil und Sieg u fette Beute.[2]

APC；1 张，1 面；"魏玛侯王宫博物馆，A. 丢勒：《费莉西塔斯·图赫肖像画》，1499 年"；寄往：伦敦西南帕顿街 1 号，乔治·雷维先生收；邮戳：1937/01/31，德累斯顿；中下端撕破；TxU。

1. 德累斯顿，位于易北河边。
2. "Heil und Sieg u fette Beute"（德语，"万岁、胜利且丰收"）。

伦敦
托马斯·麦格里维

[1937 年 2 月 2 日][1]   ［德累斯顿］

［无问候］

Che tu fossi meco.[1]

S

APCI；1 张，1 面；"安东内洛·达·梅西纳的［原文如此］《圣塞巴斯蒂安的殉难》，德累斯顿教育局官方版"；邮戳：1937/02/02，德累斯顿；寄往：伦敦西南 7 区哈林顿路 49 号，托马斯·麦格里维先生收；TCD, MS 10402/116。日期及地点判定：据邮戳。

1. "Che tu fossi meco"（意大利语，"愿您与我同在此地"）。行文不地道，可能是贝克特按照英语"Wish you were here"生造的，但符合 14 世纪意大利语的文体（"meco"是"con me"［与我同在］的古体）。

---

[1] 原信用意大利语写成。

伦敦
乔治·雷维

1937 年 2 月 15 日 [1]   德累斯顿

尊敬的乔治：

    我想得很多，如同胡萝卜头在别人给他喝的都已经喝完了的时候常说的那么多。[1]

    我曾说的

    这位登特

    没心没德

    不咬钩的。[2]

    莫菲生是您的仆人，很快就会给您写信，多半会从伊萨尔河上的贝尔维尔寄来。[3]

                                         S

    APCI；1 张，1 面；"迈森大教堂，《守护圣徒、福音传道者约翰尼斯》"；寄往：英格兰伦敦西南 1 区帕顿街 1 号，乔治·雷维先生收；邮戳：1937/02/15，德累斯顿；曾用浆糊贴在剪贴簿里，表面脱层、掉落；TxU。

    1. 贝克特所说的也许是儒勒·列那尔的《胡萝卜头》（1894）：在小说中，有人要强行给孩子"胡萝卜头"灌一碗据称是用他自己的排泄物熬成的汤，以惩罚他把大便拉在了床上；听到这样的话，他连忙拒绝，称自己并不渴（列那尔，《儒勒·列那尔全集》，第 1 卷，《胡萝卜头》，第 666—667 页）。

    2. 贝克特拿伦敦出版商"登特"（Dent）的名字玩起了双关：该名有"牙齿"之意。尽管理查德·丘奇对《莫菲》做出了积极的回应，但登特还是拒绝出版该书（见 1937 年 1 月 18 日致玛丽·曼宁·豪的信，注 2）。

---

[1]　原信用法语写成。

3. 原信似有 "So[uv]ent"（法语，"常常"）一词；因明信片表层脱落，原文无法辨认。

贝克特指位于伊萨尔河畔的慕尼黑。

伦敦
托马斯·麦格里维

1937 年 2 月 16 日

德累斯顿
布尔戈路 15 号
霍弗尔旅馆

亲爱的汤姆：

尽管不指望您会做得到，但终于没能成行，还是让人落寞之至。[1]
您会喜欢上德累斯顿的。在强者奥古斯特及其儿子的推动下，花了整整
70 年来建造，而珀佩尔曼又是个了不起的建筑师。茨温格宫尚未完全修
复，但修复得不错。总的来说很精巧，有突如其来的阴郁走廊（拱廊），
虽说建得比波茨坦略早，但华托的风格鲜明得多。作为美术馆的那座偏
厦呈暗黑色，19 世纪的"文艺复兴"风格，不遗余力地破坏了其他三座
偏厦的景致——它们最初是设计成能直面易北河的。[2]

对这里的美术馆不知说些什么好。料想对我们来说，即使是最有眼
光的 18 世纪王室收藏馆（该馆基本如此），其缺陷也必定多于优点。
晚期意大利垃圾多得吓人，前文艺复兴艺术不见踪影，那一辉煌时期的
佛兰德画作根本就没有，而门格斯和罗萨尔巴的粉彩画以及贝洛托的德
累斯顿风景却一展厅一展厅地挂满了。灯光很暗，挂得也不到位。根本
就不值得跟弗里德里希大帝美术馆一比。[3]

乔尔乔内的画弄得一团糟。带护甲的裸童天使还有落在她脚跟前的

那只鲜亮夺目的鸟儿（是乔尔乔内画的还是提香画的？），19世纪时上面又涂满了毫无意义的风景，而且左腿的整个线条都毁了。对那类东西我没什么眼光，但它一眼就闯进了眼帘，正如乔伊斯笔下的"帕内尔之吐"。我是说从膝盖往下就出问题了，还没来得及占有说明这一问题的信息。头昂着，手臂也上扬，真是神奇，但至少对我而言也那么可爱，正如汉普顿宫的《牧羊人》很可爱那样，只是我也明白，他可不是供您欣赏的。[4] 原本期待着离开德累斯顿的时候，对乔尔乔内的态度会更加确定，但结果却颠倒了过来。得留着他到卡斯特尔夫朗科再去看，那儿可是他的地盘，正如科玛是格吕内瓦尔德的地盘。[5] 天晓得什么时候做得到，不过还是有这种可能，就是在回国的路途上，从斯图加特出发去看看后者。

拉斐尔的画真的很棒，虽然没有谁想看他两次，但依然是看过南肯［辛顿］那幅以来最棒的拉斐尔作品。[6]

送给您的那幅安东内洛的画令人惊讶——背景中画有一些鲜活的小型人物，他们在天堂般的天空下闲聊着，约着时间。那可不是18世纪得到的。[7]

弗美尔的《鸨母》也是好得无以言表，而且已经展现了弗美尔的精髓。假如乔尔乔内［的］《维纳斯》是柏林那位小伙的姐妹，那么此处左边的暗色人物，面带疯子般笑容的那位，就是不伦瑞克那位女孩的兄弟。[8] 可惜放得不是地方，居然挂在墙上是脏兮兮的暗绿色衬纸的黑暗展厅里，挂在塞满了伦勃朗的暗色画作的展厅里，位于伦勃朗笔下的一个老头和萨洛蒙·科宁克的《天文学家》之间，蜷缩在费迪南德·波尔暗色、沉重的巨幅画《雅各来到法佬［法老］跟前》的下方。[9]

像这样在信中聊见过的画作，其实没有多少意思。可还是禁不住要提一提普桑的《维纳斯》。再怎么称颂、再怎么评价都不为过。没有相应的明信片寄给您，也没有巨幅的临摹画可以买，这对原作是不公正的。

旁边是一幅《那喀索斯》，和卢浮宫的那幅不是一个类型，而是让厄科变成了石头！[10]

捋了波塞馆长的胡子（既然如此，他干吗不呢！），求他拿出乔尔乔内画作的 X 光照片看看，但于事无补。他问谁掌管都柏林美术馆，可我只记得应该掌管的人的名字。[11] 他既寒酸且迟钝，也许像本人这样是个酒鬼，只是没有这样聪明或者诚恳。

离开柏林的旅程是一次好笑而且常常美好的历险。哈勒（事实上依然在莫里茨堡向公众展出的很棒的现代画，一家多为基希纳画作的私人收藏馆，还有一个潇洒地爱上了墨西哥的舞台设计师和亨德尔专家、身为特拉文和达吕斯·米约朋友的人，他的友好迄今还让我疑惑），[12] 爱尔福特，魏玛，博物馆里有精美绝伦的 13 世纪雕塑的瑙姆堡，还有本人差点冻僵了、过得凄凄惨惨、在音乐厅听了一场有辱听觉和理解力的音乐会的莱比锡。[13]

在德国遇见了各种各样的朋友和有趣的人士，尤其是艺术史学者格洛曼，从毕加索到索尔克尔德那些人他都了解，还编撰了克利、康定斯基、基希纳和鲍迈斯特画作的大型编目，他的名字您也许还记得在《艺术手册》里遇见过。他有毕加索的画、克利的画、康定斯基的画和莫德里安［蒙德里安］的画，还有好多德国人的画。1933 年，像脾气相同的其他所有人那样，他从这家美术馆下属实科中学的岗位上撤了下来。[14] 经他介绍，我参观了德国最好的现代艺术私人收藏馆之一，也就是艾达·比纳特收藏馆，看到了一幅精美绝伦的塞尚画作，还有莱热、夏加尔、阿尔西品科、马尔克、蒙克的画，还有我写到过的所有画家以及许许多多别的画家的精彩画作。其中有一幅考考斯卡的《南希·丘纳德肖像画》!!! 是 1924 年在巴黎创作的。我去了两次，第二次是去吃午饭，弄了份编目，期待着 5 月份在伦敦给您看看。[15] 后来遇到很多有意思的俄罗斯人（奥伯伦斯基），他们出身高贵，但饱经革命的困苦，神情略显忧郁，令我不禁心驰神往，本想今天就离开，结果却要等到周五才能动身。[16]

听了（当然是在这里）一场美妙的歌剧《费加罗的婚礼》，里面的童仆凯鲁比［诺］像伦敦安东内洛画中的男孩？女孩？长出了红头发。[17]是我后悔花了钱去听的第一部歌剧。

期待着月底的时候到达慕尼黑，沿途经停班贝格、纽伦堡、雷根斯堡，也许还会在维尔茨堡歇歇脚，不过不大想去纽伦堡，对那儿的记忆是我再阴郁不过的了。[18]请过一周左右就写信来，慕尼黑留局待取。

听说您到伦敦以后身体就好些了，真是喜在眉梢。既然您搬出了切恩花园，那么伦敦定会像是变了模样。杰弗里正在哈里街办 ruelle 吗？他这么做是不足为怪的。他还没写信来。他太太也太 molle 了。[19]韦斯顿我认识。他这么个人，就是在我去拜昂诊所的路上，他在哈里街遇见我，竟然问我是不是去看精神病医生。他自己正被欧内斯特·琼斯弄得下不来台。第一次跟他打交道是在都柏林的一所日间学校，那时他就因喜欢给自己的玩具汽车做轮子而闻名。他是个好为人师的家伙。[20]

收到一封叫人抑郁的信，是布来恩［布莱恩］寄来的，写满了他在都柏林遇到的让人百思不得其解的"麻烦"，写满了定在本周末上演的一出 melo。在"海豚丛书"编撰中跟他打过交道后，就猜得出问题出在哪里。假如没猜错，我希望问题没有可能出现的情形那么严重。他似乎处在暗无天日的心理状态，身体上也是如此。[21]

直肠好些了，但在柏林时整整有 10 天都糟糕透顶——让人惊慌失措。离开柏林时情况有些好转，确切地说，是情况好转时离开柏林的，而眼下，毛病多多少少消停下来了，只剩下复发频率和闹腾程度的问题，也就是了结这趟行程、能跑回家把肛门清理干净之前，病情会复发几次、会折腾得多厉害的问题。该死的一直纠缠我的皮肤瘙痒差不多又像过去那样厉害了，毫无疑问，是同一回事。好在我习惯了。此外就没有毛病了，像平时那样健康。

猜想您已经听说，查尔斯·普伦蒂斯本人还在佛罗伦萨时，他父亲就过世了。收到一封心情平静的信，是从格里诺克寄来的，回信满是对其父的哀悼之情，语气悲痛欲绝，现在都懊悔写过了头。[22] 应该只简单地说一声"最深切的同情"，接着就另起一句。

我既没写什么，也不想写，除了有那么短暂的一会儿，开启视觉背后的生命——所有体验中无有出其右者——这一脆弱的意识，自创作《渐弱》以来第一次再度闪现，写出了两行半。[23]

也许您也听说了，尽管丘奇热情推荐，但还是像我预想的那样，登特拒绝了《莫菲》。后来，科布登－桑德森也退了稿。不用多久，费伯、塞克还有霍加斯也会拒收。到那时，要是诺特不嫌弃，我倒要惊讶了。没任何已成定局的事儿可做就跑回家，心里发慌啊。[24] 只有拿到清样和新书，才能渡过难关，做好再次出逃的准备。他们会期待我对这次游历即刻善加利用，马上撰稿挣钱，但那是做不到的，得是一趟更好的游历。可老妈会需要莫顿或者多伊尔的书。[25]

此致

萨姆

ALS；2 张，4 面；TCD，MS 10402/117。

1. 贝克特已于 1937 年 2 月 4 日收到麦格里维的信，说他不会来德累斯顿（BIF，UoR GD 4/f.67）。

2. 强者奥古斯特（在波兰称奥古斯特二世，在德国称弗里德里希·奥古斯特一世，萨克森选帝侯，1670—1733）及其儿子奥古斯特三世王子（也称弗里德里希·奥古斯特二世，萨克森选帝侯，1696—1763）将德累斯顿打造成了重要的艺术中心。

德累斯顿的茨温格宫博物馆建于 1709 年至 1732 年间，用于收藏王室藏品。该馆由马特乌斯·丹尼尔·珀佩尔曼（1662—1736）设计；在德累斯顿建筑师休伯特·艾米歇（1883—1951）的主持下，修复工作于 1936 年完工（安吉尔·沃尔特博士，德累斯顿国家艺术博物馆策展主任，1993 年 3 月 12 日）。波茨坦的无忧宫建造略晚，于 1745 年至 1747 年间建成。

在珀佩尔曼的设计中，茨温格宫包括 7 个厅和门楼，之间由一层的画廊相连。1847—1854 年扩建了一幢偏厦用作美术馆，由戈特弗里德·森佩尔（1803—1879）按照意大利文艺复兴晚期的风格设计。该偏厦将中央广场围了起来，截断了朝向易北河的北面远景；而在珀佩尔曼的最初设想中，那一远景是不可或缺的：两幢长型的宫殿由画廊相连，有台阶直通易北河。

3. 奥古斯特三世在位期间（1733—1763），茨温格宫的王室收藏馆增添了大量作品（这段时期购得作品的详情参见：康·沃尔曼，《德累斯顿王室美术馆画作目录》，第 7 版［德累斯顿：威廉·霍夫曼艺术学院出版社，1908］，第 1—7 页）。现收藏作品包括有关德国历史和《圣经》主题的油画、奥古斯特三世宫廷画家安东·拉斐尔·门格斯（1728—1779）的肖像画和粉彩画，以及石膏铸模。先前馆中曾有威尼斯艺术家罗萨尔巴·卡列拉的粉彩画 157 幅。贝克特指贝尔纳多·贝洛托（出了意大利，签名就改为卡纳莱托，1721—1780）。奥古斯特三世邀请贝洛托于 1747 年至 1758 年间担任正式的宫廷画家，馆中即藏有他创作的德累斯顿风景画 15 幅。

4. 为了修补损毁处，1873 年之后乔尔乔内的《维纳斯》（RPG，185）接受了部分重画；修复中去掉了丘比特的画像，他原本坐在维纳斯的脚跟前，手握一只透过 X 光和红外线才能辨认得出的鸟（参见汉斯·波塞，《乔尔乔内〈维纳斯与丘比特〉的修复》，《普鲁士艺术收藏馆年鉴》，第 12 卷［柏林：乔·格罗特出版社，1931］，第 29—35 页；该文影印了该画的几幅 X 光照片）。根据波塞的分析，尽管马丁·康韦认定脚部"并不优美"，但维纳斯左腿的线条没有改动（《风景画家乔尔乔内艺术新论》［伦敦：欧内斯特·本恩出版社，1929，第 55 页）。背景中的风景先前据称是提香画的，但现在普遍认为，是乔尔乔内本人起笔后由提香完成的。

在詹姆斯·乔伊斯的《年轻艺术家的画像》中，凯西先生讲了同帕内尔一起在阿克洛的故事：人群充满敌意，一个女人在奚落帕内尔，凯西先生受够了，就把雪茄一口朝她的眼睛吐去（第 36—37 页）。

贝克特把《维纳斯》与乔尔乔内的《拿牧笛的牧羊人半身像》（汉普顿宫，111）做了比较。

5. 乔尔乔内来自卡斯特尔夫朗科，他的重要作品有许多收藏在那儿。马蒂亚斯·格吕内瓦尔德的代表作《伊森海姆祭坛画》是为伊森海姆的安托万内特修道院兼医院（安特兰东博物馆，科玛）创作的；照片及详情参见：格奥尔格·舍亚，《伊森海姆祭坛画》，罗伯特·埃里克·沃尔夫（纽约：哈里·阿布拉姆斯出版社，1969）。

贝克特用的是德语拼法"Kolmar"（科玛）。

478

6. 拉斐尔的《圣母马利亚》（RPG 93）是一幅祭坛画，描绘了圣母在云端站在教皇西斯笃二世和圣巴巴拉之间的情景。贝克特将该画与挂在西斯廷礼拜堂里的拉斐尔挂毯卡通画做了比较；那些卡通画当时藏于伦敦南肯辛顿的维多利亚与阿尔伯特博物馆（见［1935 年］2 月 20 日的信，注 12）。

7. 意大利画家安东内洛·达·梅西纳（1430—1479）的《圣塞巴斯蒂安的殉难》（RPG 52）于 1873 年由茨温格宫购得（赫内尔·门茨，《德累斯顿美术馆》［纽约：哈里·阿布拉姆斯出版社，1962］，第 67 页）。

8. 贝克特把茨温格宫收藏的弗美尔画作《鸨母》（RPG 1335）比作不伦瑞克市赫尔佐格·安东·乌尔里希博物馆收藏的弗美尔画作《拿葡萄酒杯的女孩》（316）。他注意到乔尔乔内的《维纳斯》（上文注 4）与其藏于柏林的《年轻男子肖像画》（见 1937 年 1 月 18 日致托马斯·麦格里维的信，注 2）有相似之处，甚至发觉德累斯顿那幅《鸨母》左边的暗色人物与不伦瑞克那幅《拿葡萄酒杯的女孩》中的女人也有类似特点。

9. 弗美尔的《鸨母》挂得离伦勃朗的《老头肖像画》（RPG 1567）、费迪南德·波尔（1616—1680）的《雅各由约瑟夫领到法老跟前》（RPG 1605）以及萨洛蒙·科宁克的《天文学家》（RPG 1589A）很近。

10. 普桑的《维纳斯与阿莫尔》（RPG 721）挂在据称为普桑所画的《那喀索斯与厄科》（RPG 7222）的旁边（见克里斯托弗·莱特，《普桑的画：分类编目》［伦敦：朱庇特图书，1984］，第 241 页，该书认为此画由一位出色的门徒创作；在其《德累斯顿美术馆》第 304 页中，门茨则声称《那喀索斯与厄科》是普桑的早期作品，还称不上炉火纯青）。贝克特把对厄科的处理（在一方石头上勾勒出来）比作藏于巴黎的普桑画作《厄科与那喀索斯》（卢浮宫 7297）。

11. 汉斯·波塞（1879—1942），1910 年开始任茨温格宫博物馆馆长至 1939 年闭馆。1938 年 6 月至 1942 年，波塞担任林茨"特别使命"主任，代表希特勒筹建的奥地利林茨博物馆搜罗艺术作品（巴伦编，《"堕落艺术"：纳粹德国先锋派的命运》，第 399 页）。

乔治·弗朗于 1935 年 10 月受命担任爱尔兰国家美术馆馆长；麦格里维也申请过该职位。

12. 哈勒的莫里茨堡收藏馆和费利克斯·魏泽的私人收藏馆：见 1937 年 1 月 25 日的信，注 3。舞台设计师兼亨德尔专家、特拉文和达吕斯·米约的朋友博勒普，见 1937 年 1 月 25 日的信，注 4。

13. 瑙姆堡 13 世纪哥特大教堂西唱诗席里竖有雕像，纪念的是迪特里希·冯·韦廷主教（又名提奥多里克，1243—1272）一家；大教堂的建造是在该主教的主持下完成的。雕像塑造的是四对夫妻和四位单身男士。

1937 年 1 月 28 日莱比锡布商大厦上演的音乐会取名"快乐之音",推出了许多较短的曲子:赫尔曼·格纳布勒(1886—1969)的《小乐团快乐曲》;选自施特劳斯歌剧《纳克索斯岛上的阿里阿德涅》的萨宾娜塔宣叙调接咏叹调《什么都不懂的格罗斯玛西蒂格公主》,由柏林国家歌剧院的娥娜·伯格(1900—1990)演唱;变奏诙谐曲《昨晚在维特尔·米歇尔那儿》(曲集 74),由普鲁士钢琴家乔治·阿尔弗雷德·舒曼(1866—1952)作曲并指挥;卡尔·玛利亚·冯·韦伯(1786—1826)的降 D 大调回旋曲《舞회之邀》(原为钢琴曲,曲集 65),由路易-埃克托尔·柏辽兹(1803—1869)编曲为《华尔兹之邀》;韦伯的两支咏叹调,由埃尔娜·贝格尔演唱;为女高音和管弦乐队而作的场景接咏叹调《别怀疑》(曲集 51),为女高音和管弦乐队而作的宣叙调接回旋曲《纪念萨文西亚》(曲集 16);以及小约翰·施特劳斯(1825—1899)的《皇帝圆舞曲》(曲集 437)。

14. 德国艺术史学者威尔·格洛曼(1887—1968)。都柏林艺术家塞西尔·索尔克尔德;德国表现主义画家维利·鲍迈斯特(1889—1955);荷兰艺术家派尔·蒙德里安(1872—1944)。

格洛曼的保罗·克利、瓦西里·康定斯基和恩斯特·基希纳研究成果全目:参见黛娜·索恩塔格,"威尔·格洛曼成果全目",《纪念威尔·格洛曼:现代派的先驱》(斯图加特:斯图加特国家美术馆,1987),第 58—64 页;格洛曼给巴黎杂志《艺术手册》的投稿情况:参见"1926—1960 年《艺术手册》杂志刊文总索引"(巴黎:艺术手册出版社,1981),第 58 页。格洛曼去世后,其部分藏品捐赠给了斯图加特国家美术馆。

1933 年 4 月 7 日,按照《专业公务员复原法案》——早期纳粹迫害的基石,"犹太人及被认定'政治上靠不住'的那些人"从政府各部门被清除出来(巴伦编,《"堕落艺术":纳粹德国先锋派的命运》,第 396 页)。尽管被纳粹从德累斯顿科技大学的教育学院辞退,但格洛曼用奥拉夫·里德堡的假名继续写作。

15. 艾达·比克森特(原姓萨克尔特,1870—1965)参与了萨克森州争取社会和教育改革的妇女运动,是一个有"自由、反传统、实质上赞成革命的精神"的女性(海恩里克·荣格,"重燃激情:艾达·比纳特的藏品",见海恩里克·荣格编,《先锋派与公众:1905—1933 年荷兰先锋派艺术的接受》[科隆:波尔罗出版社,1992],第 29 页)。1905 年至 1932 年间,比纳特收藏了不少现代艺术作品(威尔·格洛曼编,《德累斯顿艾达·比纳特私人博物馆》,"新生代艺术私人博物馆"之一[波茨坦:穆勒与基彭霍伊尔出版社,1933])。比纳特的藏品在二战中幸免于难,1948 年随她运往慕尼黑;她过世后,其藏品散落到了德国各公共博物馆和私人博物馆。

其藏品的作者包括保罗·塞尚;法国画家费尔南·莱热(1881—1955);白俄罗斯裔法国画家马克·夏加尔(1889—1985);乌克兰裔美国艺术家亚历山大·阿尔

西品科（1880—1964）；德国画家弗朗茨·马尔克；挪威画家爱德华·蒙克。贝克特参观比纳特私人博物馆的详情：参见诺尔森，《盛名之累》，第233—235页，及BIF，UoR，GD 5/f.1。

奥地利艺术家奥斯卡·考考斯卡（1886—1980）画的南希·丘纳德肖像画《英国女士》现藏于汉诺威的普伦格尔博物馆（普伦格尔私人博物馆，1/146）。据南希·丘纳德1947年6月21日至沃尔特·约翰·斯特拉岑的信（ICSo，斯特拉岑58/1/5），她记得是1924年让考考斯卡画肖像的。

16. 安娜·冯·耶斯多夫（原姓奥伯伦斯基，1898—1973）的父亲是亚历克西斯·季米特里·叶维奇·奥伯伦斯基亲王（1855—1933），担任过神圣教会议的首席检察官、俄罗斯帝国政院成员、枢密院大臣、参议员及沙皇座下侍从官。后来给阿兰·厄谢尔写信时，贝克特对她进行了描述，说她"聪慧且风趣"，还请他转告："告诉她，一想到德累斯顿，我就想起她来，但想起她时，常常没想到德累斯顿。"（贝克特致阿兰·厄谢尔的信，1937年7月11日，TxU）贝克特还遇见过其丈夫、在一家德国军官学校教俄语的尼古拉斯·冯·耶斯多夫（1882—1953），及其兄弟：曾在俄罗斯皇家陆军中担任过骑兵军官的季米特里·奥伯伦斯基（1894—1945），当时在佛罗伦萨担任导游的尼古拉斯·奥伯伦斯基（1896—1978）（RUL，GD 4/f. 69. 1937年2月5日；亦见诺尔森，《盛名之累》，第233—234页）。

17. 莫扎特的歌剧《费加罗的婚礼》（K492）于1937年2月3日在德累斯顿歌剧院上演。童仆凯鲁比诺一角由女中音歌手玛尔塔·罗斯（1909—1963）扮演，贝克特将她比作《男孩肖像画》（NGL 2509）中的人物；当时，该画据称是安东内洛的作品，但现在认定是雅各米托·维内齐诺（活跃于1472—1498）的作品（马丁·戴维斯，《国家美术馆编目：早期意大利画派》[伦敦：国家美术馆，1986]，第258页）。

18. 贝克特说的是，1931年4月从巴黎前往卡塞尔时，他在纽伦堡火车站等车等了个通宵（见BIF，UoR，GD 5/f.55，1937年3月1日）。

19. 在伦敦时，麦格里维没再住在赫斯特·道登位于切恩花园的家里。

杰弗里·汤普森和妻子厄休拉住在哈里街诊所的楼上。"ruelle"（法语，"卧室沙龙"）；"molle"（法语，"柔弱"）。

20. 约翰·奥尔顿·威兹德姆（1908—1993）和贝克特是都柏林厄尔斯福特寄宿学校的同学，后一同升入都柏林圣三一学院，获数学方向"基金会学子"奖学金，1931年以哲学方向"一等荣誉"顺利毕业，1933年获哲学博士学位；1948年至1965年在伦敦经济学院任教，1969年至1979年在多伦多的约克大学任哲学与社会科学教授。威兹德姆著有多部论哲学史和心理分析学的著作；20世纪30年代早期，他在阿尔弗雷德·欧内斯特·琼斯（1879—1958）的手下从事精神分析；琼斯将弗洛伊德介绍到了英国，编辑了《弗洛伊德论文集：1922—1924》，1920年至1939年间还担任《国际精神分析学杂志》主编。

21. 布莱恩·科菲的"麻烦"不知所指；"melo"为"melodrama"（情节剧）的简称。

22. 查尔斯·普伦蒂斯的父亲亚历山大·里德·普伦蒂斯（1859—1937）于1937年1月15日去世。尽管贝克特致查尔斯·普伦蒂斯的信尚未找到，但普伦蒂斯在1937年2月18日致麦格里维的信中提到此事："刚收到他从德累斯顿寄来的信，一封感人至深、贴心之至的信；但写的全是我的事儿，只字都没提他自己的情况。是一封别人写不了的信。"（TCD, MS 8092/108）

23. 贝克特在1937年2月7日的日记里记下了这两行半："总是在别处／也是自行／露珠滴落，雨水从"（BIF, UoR, GD 4/f.77）。

24. 理查德·丘奇对《莫菲》的审读意见：见贝克特致玛丽·曼宁·豪的信，1937年1月18日，注2。

贝克特列出的是伦敦的其他出版商：在回头考虑斯坦利·诺特出版《莫菲》的提议之前，假如找不到合作出版商，雷维想先找找这几家。贝克特赞同雷维一边找登特一边保持诺特热情的做法（见1936年12月27日的信，注4）。

25. 贝克特已把莫顿的《追寻主的足迹》送给了母亲（见1935年3月10的信，注10）。林恩·多伊尔（原名莱斯利·亚历山大·蒙哥马利，1873—1961）是爱尔兰幽默作家，以写虚构的北爱村庄巴里格莱恩的系列故事出名。

汉堡
艾丽斯·绍尔兰特

1937年2月19日 [1]   弗赖堡

亲爱的绍尔兰特太太：

　　请代我向您家人问好，同样也向您本人问好。

萨姆·贝克特

---

[1] 原信用德语写成。

APCS；1 张，1 面；"弗赖堡，金色大门的庭帕农琴"；寄往：汉堡市卢格街 26 号，绍尔兰特太太收；邮戳：［1937/02］/19，弗赖堡；卡塔琳娜·考茨基。先前出版（影印）：夸德弗利格：《贝克特来过这里》，第 142 页。

伦敦
托马斯·麦格里维

1937 年 2 月 20 日 班贝格

［无问候］

昨天刚要离开德累斯顿时收到您的明信片。弗雷堡到处是激流和融雪，只好几个小时都望着它。左边第三的巴丝谢芭很可爱。[1] 昨天深夜才到达这理［这里］。准备过一会儿就外出瞅瞅——多半会待到周二，然后直奔纽伦堡，或者在维尔茨堡小憩。祝万事如意。

　　　　此致

　　　　　　　　　　　　　　　　萨姆

圣约翰 / 大卫 / 拔士巴 / 亚伦 [2]

APCS；1 张，1 面；"弗赖堡大教堂，金色大门，始建于 13 世纪 30 年代，格式塔自右边着装者〈下面，亚伦、会友、大卫〉"；邮戳：1937/02/20，班贝格；英格兰，伦敦西南 7 区哈林顿路 49 号，托马斯·麦格里维收；TCD, MS 10402/118。

1. 贝克特指明信片上的萨克森州弗雷堡市圣母马利亚大教堂"金色大门"的照片。该门原为罗马式教堂"圣母教堂"的大门，上面的雕塑始于 13 世纪 30 年代。贝克特纠正了明信片上印制的大门右边所塑人物的身份（从左至右）：福音使徒约翰、大卫、拔把、亚伦。该门的数张照片，尤其是拔把的照片：见莱纳·布德，《德国罗马式雕塑：1050—1250》（慕尼黑：黑默出版社，1979），第 112—113 页及列表第 299 与第 302 幅。

2. 贝克特划掉明信片上印制的所塑人物身份，把正确的身份写了上去。

483

伦敦

乔治·雷维

1937 年 2 月 23 日 　　　　　　　　　　　　　班贝格

三冠酒店

尊敬的乔治:

我动身的那天上午,您署明 17 日的信寄达德累斯顿,到了我的手上。心想《莫菲》这会儿在诺特的手里。觉得家里还留了一份手稿,是您本该拿到了的。还有一份在波士顿。呃,霍顿·米夫林是什么立场来着? 您跟他们联系上了吗? 难道诺特没有提出先决条件,说美国出版商也该有书稿? 还有这种可能,就是登特退稿会影响米夫林的态度。两家出版公司是母子关系,这我理解。您可从没提过美国方的决定哦。下一封信里请您提一下。

据我所知,纯粹出于关心,波士顿那位善良的女士正在代理出版事宜。[1] 可是,还没看到这个句子写完,我就忽然想起她也许想从米夫林那里拿一笔回扣。她自称是他们的"文学星探"。但是,假如这么做是为了让我出书顺利一丁点儿,那她肯定会放弃自己所有的权利和期盼。兴许您会给她写信。美国马萨诸塞州波士顿桃金娘街 136 号,马克·豪太太收。她夫兄是纽约一家大型出版公司——名字我忘了——的董事什么的。他们退回《莫菲》,说了句表示景仰的古典套话"et l'obligeance prophétique"。也许您了解她,她结婚前叫玛丽·曼宁,在都柏林大门剧院上演过的几部戏剧的作者。我觉得她还盼着不久在伦敦上演点儿什么。平克担任代理商,上帝保佑她。有段时间,她曾在都柏林与大门剧院合作,经营一个叫《杂色》的期刊。眼下在写一部叫《维纳斯山》的小说。怀宝宝了,干不了别的。所以要是有时机的话,现在就是折磨她的感情的时机。有您在美国以及英国代劳，我会很乐意的。[2]

同查托–温德斯出版社再也没关系了，什么瓜葛都没有了。[3]但是，不经费力就要拿下接下来两部作品的版权，这我是不会同意的。太宽泛了。比如说拿下下一部诗歌散文集的版权，超过6万字的集子的版权。

沃尔曼想要什么就能拿到什么。猜想他不付稿酬。很高兴，您喜欢《渐弱》。[4]此后我什么都没写。

明天从这里动身去维尔茨堡，期待大约一周后到达慕尼黑。想在慕尼黑待上至少一个月。要是您还没有再次写信到德累斯顿（那样的话，下个周末之前是收不到您的信），管他呢，写了也好没写也好，也许您都会写上"慕尼黑，存局候领"，而不会等着我告诉您下一个确定的邮政地址。

在德累斯顿、奥伯伦斯基和格斯多夫遇见很多俄罗斯人，都相当友好，离开前的那个晚上我还听了一场引人入胜的讲座，是一个叫费多尔·斯德本的教授讲的，主题是贝利。《银鸽》您干吗不译呢？已经有人译了吗？[5]

　　敬礼

s/ 萨姆

弗农小姐向劳顿提起我，真是善意之举。请代我谢谢她。在考虑能写点儿什么。[6]

TLS及APS：1张，2面；信头；TxU。

1. 贝克特于2月19日离开德累斯顿。

玛丽·曼宁·豪已在波士顿联系了霍顿·米夫林，希望他们能作为美国合作出版商，与伦敦的诺特一道推出《莫菲》。贝克特把曼宁·豪就登特与霍顿·米夫林办合资公司对他说过的话重复了一遍，但没有证据表明他们签过正式的协议。

2. 玛丽·曼宁·豪的夫兄指昆西·豪（1900—1977），纽约出版商西蒙与舒斯特公司时任图书总编；他已于1936年10月拒绝了《莫菲》（见1936年10月9日的信，注 11）。

"et l'obligeance prophétique"（法语，"欢迎将来赐稿"）。

玛丽·曼宁·豪担任过都柏林大门剧院的公关经理及其杂志《杂色》的主编（1932年 3 月—1934 年 5 月）。她为大门剧院创作的戏剧有《年少正当……季？》（1931）、《威克洛上空的风暴》（1933）和《幸福之家》（1934）。《年少正当……季？》于 1937 年 10 月 5 日在伦敦上演（见 1936 年 7 月 7 日的信，注 7）。詹姆斯·平克任其代理商。其小说《维纳斯山》1938 年由霍顿·米夫林出版。

雷维是贝克特作品在美国的代理商。

3. 贝克特已在查托–温德斯出版社出版了《论普鲁斯特》和《徒劳无益》。《徒劳无益》（当时取名《糟粕》）的合同于 1933 年 10 月 3 日签字，1933 年 10 月 4 日由普伦蒂斯会签，规定对贝克特下一部 6 万字的散文作品，查托–温德斯出版社享有优先出版权。贝克特把《莫菲》手稿交给他们，但遭到谢绝（UoR，MS 2444 CW 信件誊写簿 150/245）。

4. 莫里斯·沃尔曼（生卒年不详），《20 年来的诗歌：1918—1938 年诗选》（伦敦：麦克米伦出版社，1938）编辑，曾请雷维推荐诗作可入选该集子的更年轻的作家。1937 年 2 月 1 日，雷维向他推荐贝克特、布莱恩·科菲、托马斯·麦格里维和丹尼斯·德夫林；2 月 12 日，雷维将一份贝克特短诗《渐弱》及《回声之骨》寄给沃尔曼（TxU，雷维）。但这些诗人的作品，沃尔曼一首都没有列入选集。

5. 1937 年 2 月 18 日，贝克特同艾达·比纳特和冯·格斯多夫夫妇一起聆听了费多尔·斯德本博士（1884—1965）的讲座。斯德本曾在海德堡大学就读，在德累斯顿工学院任教过；讲座主题是俄罗斯作家安德烈·别雷（原名鲍里斯·尼古拉叶维奇·布盖耶夫，1880—1934）。贝克特对该讲座的反应参见：BIF，UoR，GD 5/f.9。

最终，乔治·雷维确实翻译了《银鸽》（1909；1974）。

6. 亲笔手写的附言，下面划有双圈线，与无限符相似。

雷维的未婚妻克罗丁·格威内思·凯德*（原姓弗农–琼斯，1901—？）向美国演员查尔斯·劳顿做过介绍，说贝克特对电影兴趣盎然，对由劳顿主演塞缪尔·约翰逊的电影也有独到见解（见 1936 年 12 月 13 日的信，注 9）。此事贝克特向玛丽·曼宁·豪转述道："雷维异想天开，要我给劳顿写短篇小说。爱尔兰特色且猥琐得高雅的。绝不是电影脚本。他有自己的脚本编辑。对此你应当做点儿什么。可我做不到。"（1937 年 3 月 21 日的信，TxU）

伦敦

托马斯·麦格里维

1937 年 3 月 4 日 ［雷根斯堡］

［无问候］

这个门，12 世纪时由爱尔兰（而非苏格兰）僧人修建，急需您的指点。"瑞顿"这个名字对您有什么启示吗？他是该门的建筑师。[1]这个谜是烧脑子的"问题"之一。也许意思是："天堂与大地会消逝，但……"从凯尔特题材里应该能找到点儿什么，可是这一方面我不大合格。[2]维尔茨堡也开始爱尔兰化了：基利恩、科隆纳特［科尔曼］和托特南，都成了圣徒。[3]今天下午继续前往慕尼黑，那儿兴许会有一封您的来信等着我去拿。

　　　　致敬

　　　　　　　　　　　　　　　　　　　　　　　　　　　　S

APCI；1 张，1 面；"雷根斯堡，绍滕门"；寄往：伦敦西南 7 区哈林顿路 49 号，托马斯·麦格里维先生收；邮戳：1937/03/04，雷根斯堡；TCD，MS 10402/120。

1. 该门是圣雅各教堂（又称绍滕教堂）的北门，12 世纪时由爱尔兰僧人修建；1577 年，该教堂换成了苏格兰僧人。该门"嵌入一堵展示墙，上面盖满了浮雕"（尤乌·吉斯，《罗马式雕塑》，《罗马艺术：建筑、雕塑与绘画》，罗尔夫·托曼编［科隆：科内曼出版社，1997］，第 316 页）。门的内侧有一幅瑞顿会士（约 12 世纪）的浮雕，刻画成门闩和锁匙的模样。在错综复杂的图案中，他的角色不甚明了：也许是建筑师，即该门的主人，也许是通过门上刻画的象征性圆环传递智慧的智者（莫纳·斯托克，《雷根斯堡的圣雅各绍滕教堂：雕塑与风格语境》，"雷根斯堡研究与文艺复兴"丛书［雷根斯堡：雷根斯堡大学出版社，2001］，第 31、54、98、106—107 页）。

2. 对绍滕教堂北门浮雕图案的详细研究，参见：罗尔·康拉德，《雷根斯堡的罗马式绍滕教堂与图像符号学：对欧罗巴 12 世纪以来宗教艺术的系统描述与阐释》第

5 版（雷根斯堡：罗尔·康拉德出版社，1987）。门上的图像描绘了善与恶、基督与反基督、东方与西方的冲突；凯尔特主题用于装饰门柱，在动物寓言中得到唤醒（布德，《德国罗马式雕塑：1050—1250》，第52—54页，插图第83—85幅）。

贝克特指《路加福音》第21章第33节："天堂与大地会消逝；但我的话不会消逝。"

3. 爱尔兰主教基利恩（约640—689）于686年受教皇科农委派，前往弗兰克尼亚（现德国的巴登–威登堡、图林根和巴伐利亚地区）传播福音。基利恩与神甫科尔曼（卒于689年）和执事托特南（卒于689年）一道，让维尔茨堡公爵戈斯伯特（生卒年不详）皈依了基督教。传说，基利恩的传道使戈斯伯特深信娶了兄弟的遗孀格拉纳（生卒年不详）是个错误，从而激怒了格拉纳，促使她派人谋杀了基利恩及其同伙（约翰·J. 德莱尼，《圣徒词典》第2版［纽约：图像–道布尔迪出版公司，2004］，第358页；纽伦堡的工匠歌手描述了《圣基利恩与使徒的殉难》［维尔茨堡，弗兰肯国家博物馆：www.mainfraenkisches-museum.de ］）。

伦敦

乔治·雷维

1937 年 3 月 7 日

慕尼黑

学院街 7 号

罗曼娜旅馆

［无问候］

当时正期待着有您的来信存局候领。这是我现在的地址，用得上 3 个星期甚至 1 个月。建议您把拙著交给那位独一无二的好先生 [1] ［原文如此］，让它脱手。[1]

此致

萨姆

---

[1] 原文"Yess"可能是指"Yessir"（在此或可指"同意之人"）。

APCS；1 张，1 面；"纽伦堡，洛伦茨教堂神龛中的亚当·克拉夫特塑像"［因残留胶水，图片说明模糊不清］；寄往：伦敦西中 1 区帕顿街 1 号，乔治·雷维收；邮戳：1937/03/07，慕尼黑；TxU。

1. 斯坦利·诺特是唯一接受了《莫菲》的出版商，但也提出了先决条件，即找到一家美国合作出版商。

伦敦
托马斯·麦格里维

1937 年 3 月 7 日 慕尼黑
学院街 7 号
罗曼娜旅馆

亲爱的汤姆：

在慕尼黑发现您的来信存局候领，我真是高兴之至。上周五接近傍晚的时候从雷根斯堡赶到这里，径直奔到邮局，在下班前拿到了一大沓信件。昨天找到这家旅馆，跟别的旅店不相上下。地平线被善意学院抹掉了，像托马斯会说的那样，绝对地 "lapidaire"，北河二星和北河三星暗淡无光，密涅瓦顶着天，看起来像个拿着天平的数量估算圆［估算员］。[1]

我在这里的古典主义纪念碑之间盲目地徘徊过了，迄今得到的印象并不那么令人愉悦。到达的那天傍晚倒是宜人，差不多有夏日那么暖和，马克西米利安广场上有蓝色的有轨电车，还有一只画眉在歌唱，带着抵达了新的栖息地的放松感。可现在又下雪了。伊萨尔河跟胡乱撒尿似的，远不及维尔茨堡的美因河那样抒情，也不及雷根斯堡的多瑙河那样壮美，接纳了雷根河也没个涟漪，而且博物馆岛的水泥加固护坡也没有益处。[2] 岛屿怎么冲得垮呢？

对汉普顿宫的巴萨诺父子我记忆犹新。在第二或者第三个展厅，是不是？狂乱、苦痛的颜料。多数季节寓言不是由儿子弗朗切斯科创作的吗？柏林有雅各布画的一幅不错的《好撒马利亚人》，德累斯顿还有5幅或者6幅，天地同色，灰蒙蒙的，看起来像埃尔·格列柯早期不那么好的作品。[3]

还没去过老绘画陈列馆。本想今天去的，虽然人会不少，但毕竟不收门票，结果临近中午出门时却发现，周日陈列馆下午1点就闭馆。一次1马克，太贵了点儿。弗里德里奇大帝博物馆才要10分钱，茨温格宫也就要20分钱呢。

维尔茨堡宫的提埃坡罗壁画精美绝伦，是纽曼创立的无空白画派头上的王冠，甚至是苍穹。不然，维尔茨堡就是里门施奈德，一个大家喜欢也可能不喜欢的人。有些不错的作品，一幅精美的《亚当与夏娃》，出自第一个时期，但从1510年以来，他似乎在幼稚的voulu文艺复兴式优柔寡断及伪装的严肃中崩塌了，那种风气后来在纽伦堡又能发现，盛行得叫人难受。[4] 而且他总是多情。

现在，纽伦堡鼎盛期于我而言是个阴谋。我是说葡雷登武夫-沃尔格穆特［沃格穆特］-丢勒的更替和施托斯-克拉夫特-菲舍尔的更替，比如说从15世纪末之前的20年到之后的20年的更替。[5] 全都像极了同业公会，自鸣得意、妒火中烧、头脑发热的工匠。技巧之后，所剩的是这样的幻觉：结实的市民充满了对自身价值和行当的秘密以及额头上的汗水的意识，带着抵制一切王公和神圣也好、世俗也好的支配力的决心。是汉斯·萨克斯主义。不仅是Meistersinger，而且是Meistermaler、Meisterbildhauer和Meistererzgiesser。楼梯刷漆和帘子。[6] 洛伦茨教堂里

490

的克拉夫特的著名"天盖祭坛"是一台可怕的机器，比哥特式还哥特式，耗时费力的静力学的一个奇迹，灰黑色石灰石砌成的高高的天盖，为顺应拱形结构的曲线，其尖顶有所弯曲，表明若非空间限制，它本可以继续下去。还有塞巴尔德教堂里的著名的塞巴尔德祭坛，菲舍尔的作品，不过是一件上乘黑色坚固沉重的东西，算得上尽心而为，物有所值了。[7]曾是没有历史语境的民主政体，兴奋过头，且急躁过头。1499 年，他们赶出犹太人，让犹太人 3 个半世纪都不得入内。[8]1517 年的浩劫径直让犹太人进了坟墓。施托斯是他们当中最优秀的，但似乎深受里门施奈德的影响，走上了与里门施奈德同样的道路。他最后一个时期创作的受难像硕大且光溜，因为重要的就是硕大与光溜。早些时期他雕刻的居室圣母马利亚像，有些很精美。[9]日耳曼国家博物馆里弄个丢勒厅是个谣言。他的作品他们收藏得太少，甚至任意一块旧破布只要脏得像是从他的画室里弄出来的，就会拿来滥竽充数。整个纽伦堡唯一确定无疑的丢勒的作品，是沃格穆特小型肖像画。[10]

现在它是巴伐利亚州的工业中心，而慕尼黑和柏林分别是纳粹思想传播的第三个中心和迫害犹太人的施特雷切尔及其党羽的大本营。[11]

我应该和戴维森先生同过学。他写搞笑的历史小说，您知道吗？可能享有 500 镑的年金。弗莱厄蒂的《驯象男孩》拍完了吗？[12]

收到了布莱恩的信，说是他收到了您的信。真是莫名其妙，他一直身在达摩克利斯的某柄木剑之下，还说告诉过父亲他已经死了云云。[13]有个父亲，可以对他说自己死了，何其有幸啊。

还收到杰克·叶芝的一封有意思的信，想知道演员们给哈姆雷特提了什么建议，对大门上演的《马尔菲公爵夫人》也相当满意。[14]

昨天吃早饭的时候，我遇见一个讨人喜欢的加利福尼亚艺术专业学生，他正在写论 19 世纪慕尼黑绘画对美国原始派之影响的毕业论文！感觉这是一项事业，一项比如说差不多有研究柏拉图对"邻居"太太的影响那么富有成效的事业。[15]

先前我期待着在本地邮局找到雷维寄来的信，但只言片语都没收到。真的忘了最后一个寄出[1]退稿通知单的是谁了。毫无疑问，此后又有好几次退稿了。[16]

我连日奔波，真是疲惫之至，时常想打道回府。翻来覆去总是同一件事，就是我没有工作。逛完这里之后，还剩斯图加特和法兰克福，但是，除非数周以来一直在酝酿的情绪有所改变，我可能放弃这个想法，花半价搬进这里的住处，省些钱买张飞往伦敦的机票，当然，前提是能找到某家不太挑剔的旅行社给整个行程换些马克，而且按法律规定，不只是前往边境。[17]

有两三封写给本地名人的介绍信，心想适当的时候会派上用场的。[18]

玛丽·曼宁从波士顿写信来，说大腹待产了。门儿5月打开。她要我给一个叫梅·萨顿的人写一封致您的介绍信。我不认识那位女士，但显然必须这么做。她是个美国人，belle à peindre, intelligente à gémir，出过薄薄的一卷，给所有 amies 说过 adieu 了。4月和5月她会来肯特郡的莱伊，住在杰克家宅，还邀请我！可我角得[2]更喜欢弗罗斯特太太那儿。[19]

玛丽·曼宁是霍顿·米夫林的中间人，您干吗不拿自己翻译的艾略特和阿尔丁顿诗集去找她，并提议说您再就（W. B.）叶芝写一篇同样篇幅的专论呢？她会感到受用，我也斗胆直言，那儿搞书［那些书稿］的出版几率至少是均等的。于我而言，这类事情曾虚无缥缈，就是说继《论普鲁斯特》遭到退稿——人家说该专论太短，不值得单独发行——之后，再补写一篇纪德专论和一篇塞利纳或者马尔罗专论。真的觉得您该试一试这条路，也纳闷很久以前自己怎么就没想到这一点。[20]她的地址：美

---

[1] 原文"scent"（气味）应为"send"（寄出）。

[2] 原文"tink"应为"think"（觉得）。

国马萨诸塞州波士顿市桃金娘街 136 号，马克・豪太太收。

此致。盼尽早回信

萨姆

ALS；2 张，6 面；信头〈慕尼黑莱因菲尔德酒店〉；TCD，MS，10402/121。

1. 贝克特于 3 月 4 日接近傍晚时抵达慕尼黑。罗曼娜旅馆在学院街 2 号的慕尼黑美术学院对面，贝克特称之为"善意学院"。"lapidaire"（法语，石雕"磨光了的"），指包裹学院大楼正面和贯穿中心部分屋脊线的石雕饰带。

让・托马。

北河二星和北河三星的雕塑分列学院中心入口楼梯的两侧。密涅瓦的巨大雕像坐落在大楼的顶上，俯瞰着中心入口；密涅瓦手拿长棍（造型参见温弗里德・内尔丁格，《巴伐利亚新文艺复兴建筑师哥特弗里德・纽约瑟：1811—1887》［慕尼黑：K. M. 利普出版社，1978］，第 118、126—127 页；布里吉特・约斯博士，慕尼黑美术学院档案与收藏馆，2006 年 3 月 22 日）。

2. 慕尼黑的许多公共建筑由里奥・冯・克伦策（1784—1864）设计；克伦策是巴伐利亚国王马克西米利安一世（1756—1825）和路德维希一世（1786—1868）的宫廷建筑师。

伊萨尔河流贯慕尼黑，汇入从雷根斯堡流来的多瑙河的下游，多数河段太浅，无法通航；雷根河在雷根斯堡汇入多瑙河。德意志博物馆位于伊萨尔河中的岛屿上，在路德维希桥和科尼利厄斯桥之间；该岛因此取名博物馆岛。

3. 汉普顿宫有许多幅雅各布・巴萨诺（约 1510—1592）的画，其中有好几幅贝克特在谈荷兰绘画的笔记（BIF，UoR，MS 5001/37）中提到过；贝克特具体指哪幅画不得而知。"季节系列"画作属于雅各布・巴萨诺与儿子弗朗切斯科・巴萨诺（1549—1592）合作时期（1575—1577）的作品，但一般认为是弗朗切斯科的作品。

柏林的雅各布・巴萨诺《好撒马利亚人》（1930 年的画作目录中列为 314 号）毁于 1945 年（柏林国家博物馆，之一，《珍宝美术馆：16 至 18 世纪的意大利美术大师》［柏林：保罗・卡西勒出版社，1930］，第 9 页；贝弗莉・路易丝・布朗与保拉・马里尼，《雅各布・巴萨诺传：约 1510—1592》［得克萨斯州沃思堡市：金贝尔艺术博物馆，1993］，第 104 页）。德累斯顿收藏的雅各布・巴萨诺画作有：《参孙与非利士人搏斗》（254A）、《以色列人穿越荒野》（253）、《少年托拜厄斯回家》（254）、《摩西与以色列人在流水的岩石旁》（256），以及《扫罗的皈依》（258）

（康·沃尔曼，《德累斯顿王室美术馆藏画目录》，第44页）。

4. 维尔茨堡宫帝王厅藻井上和墙上的壁画由王宫建筑师巴尔萨泽·纽曼（1687—1753）设计，乔瓦尼·巴蒂斯塔·提埃坡罗（1696—1770）绘制。藻井上画的是《阿波罗引导勃艮第的比阿特丽斯走向日耳曼民族的"天才"》，墙上画的是《哈罗德主教的授职仪式》和《弗雷德里克·巴尔巴罗萨和勃艮第的比阿特丽斯的婚礼》。除了王宫礼拜堂的祭坛画，提埃坡罗还创作了王宫楼梯间的壁画，贝克特称之为"建筑极限的变现"（BIF, UoR, GD 5/f.29）。该画描绘的是采邑主教卡尔·菲利普·冯·格莱芬克劳–沃尔拉斯（1690—1754，1749—1754年任采邑主教）由法莫载着穿行九天的情形；壁画的下沿描绘的是四大洲；楼梯拐弯处将视线引向描绘欧罗巴的帝王厅，即贝克特所说的王冠和苍穹。

德国晚期哥特派雕刻家蒂尔曼·里门施奈德（约1460—1531）由维尔茨堡市政委员会委派，为圣母礼拜堂创作石雕人物《亚当与夏娃》；两座雕像于1492年安放在该礼拜堂，1894年移往维尔茨堡的梅因弗兰肯博物馆，但20世纪70年代以来重新安放在圣母礼拜堂里（www.groveart.com）。

"voulu"（法语，"刻意为之的"）。

5. 活跃于贝克特所谓"纽伦堡鼎盛期"的画家与雕刻家：汉斯·葡雷登武夫（约1420—1472）；迈克尔·沃格穆特（1434—1519）——他接管了葡雷登武夫的画室，1486年至1489年收阿尔布雷希特·丢勒（1471—1528）为徒；木雕艺术家法伊特·施托斯(约1445—1533)及其作坊匠人，如石匠亚当·克拉夫特和黄铜铸工、雕刻师彼得·菲舍尔。

6. 汉斯·萨克斯（1494—1576）是个修鞋大师傅，创作过道德寓言，给"工匠歌谣"（同业公会的诗歌形式）艺术奉献过6 000多件作品。在瓦格纳的歌剧《纽伦堡的工匠歌手》中，他是主角，形象得到了充分的刻画。

"Meistersinger"（德语，"工匠歌手"或创造新主题和新形式的"抒情诗人"）；"Meistermaler"（德语，"工匠画师"）；"Meisterbildhauer"（德语，"工匠雕刻师"），"Meistererzgiesser"（德语，"工匠铸铁工"）。

7. 纽伦堡洛伦茨教堂里的亚当·克拉夫特《圣所》是"宿主"的容身之所，而非祭坛，外形为65英尺高的石灰石旋梯，顶部略微偏斜，基部是青铜铸造的人物塑像：克拉夫特与系围裙、拿工具的助手们。

塞巴尔德教堂里的"塞巴尔德祭坛"是彼得·菲舍尔的作品，为一座用青铜铸造（1507— 1519）、重达8吨的神龛。该祭坛把圣塞巴尔德的银质神龛包裹在内，由海螺和海豚驮着，饰有许多小雕像。

8. 纽伦堡迫害犹太人的运动有着悠久的历史："黑死"年大屠杀（1249），林德弗莱施系列迫害案（1298），1499 年的驱逐犹太人运动（杰弗里·维戈德尔编，《新标准犹太百科全书》第 7 版［纽约：资料档案出版社，1992］，第 716—717 页）。

9. 贝克特指马丁·路德（1483—1546）1517 年将自己的论文钉在威登堡城堡教堂的门上；对贝克特而言，路德的改革断绝了德意志艺术复兴的前程（BIF, UoR, GD 5/f.48, 1937 年 2 月 28 日）。

法伊特·施托斯和里门施奈德是同代人，前者为慕尼斯塔特教堂里后者的祭坛画绘制了人物并镀上了金，而且两人均将木头和石头的天然质地融入了作品中，但人们并不认为前者受到了后者的直接影响。纽伦堡的日耳曼国家博物馆收藏有大量的施托斯作品，其中有好几座施托斯早期的小型圣母像；1520 年的一件作品叫《居室圣母》（PL.O 217）（G. 乌尔里希·格罗斯曼与藏品编目部编，《日耳曼国家博物馆藏品指南》［纽伦堡：日耳曼国家博物馆出版社，2001］，第 74 页）。贝克特对施托斯为圣灵医院教堂创作的受难像（约 1501—1510；现藏于日耳曼国家博物馆，PL.O. 62）十分敬佩（BIF, UoR, GD 5/f57；莱纳·卡兹尼茨编，《纽伦堡的法伊特·施托斯：大画师的作品及其纽伦堡一带的画派》［慕尼黑：德国艺术出版社，1983］，第 122—127 页）。

10. 日耳曼国家博物馆 1937 年的藏品编目显示，丢勒的《迈克尔·沃格穆特肖像画》（1516 年，GN 885）和《赫尔克里斯大战斯廷法罗斯鸟》（1500 年，GN 166）标有姓名首字母和年份；该编目声称，其未签名的《马克西米利安一世大帝肖像画》（1518 年，GN 169）是真迹。其他未签名但归在其名下的作品有：《圣殇》（GN 165）、《查理大帝身着加冕袍肖像画》（GN 167）、《西格斯蒙德大帝身着加冕袍肖像画》（GN 168）（日耳曼国家博物馆，《13 至 16 世纪的珍宝》，第 1 卷，伯哈德·卢策与埃伯哈德·维甘德编［莱比锡：让·弗兰克·克勒兹古籍出版社，1937］，第 50—54 页）。

11. 从 1919 年起，尤利乌斯·施特赖歇尔（1885—1946）就活跃于反犹太政治团体之间。他创建了恶意反犹太杂志《雷霆一击》（1923—1945 年发行）。自 1925 年起，他担任包括纽伦堡在内的弗兰克尼亚地区的党首。作为国会议员，他支持排挤犹太人，协助起草了《纽伦堡法律》（1935）。后经纽伦堡国际军事法庭审判，他最终遭到处决。

12. 詹姆斯·诺里斯·戈达德·戴维森（1908—1998）先后在波托拉皇家学校和剑桥大学读中学和大学，后成长为爱尔兰纪录片拍摄的领导者。他写有两部小说：《格罗尔公园》（1934）和《温柔的弹劾》（1936）。二战后，他担任爱尔兰电台的制片人。

大卫森协助过美国电影制作人罗伯特·弗莱厄蒂拍摄《阿兰岛人》（参见 1934 年 5 月 10 日的信，注 3）。《驯象男孩》（1937）改编自英国小说家拉迪亚德·吉卜林（1865—1937）的短篇小说《驯象师》（1893）；该电影在印度实地拍摄，需要转换脚本，因而伦敦的制片厂需要延长剪辑时间。

13. 布莱恩·科菲的父亲丹尼斯·科菲。

14. 哈姆雷特指点演员们如何演戏，参见《哈姆雷特》，第 3 幕，第 2 场，第 1—14 行，第 16—36 行，第 38—45 行。

英国戏剧家约翰·韦伯斯特（约 1580—1634）的《马尔菲公爵夫人》（约 1614）由彼得·鲍威尔（1908—1985）导演，于 1937 年 2 月 9 日至 20 日在都柏林的大门剧院上演（《本周都柏林》，《爱尔兰时报》，1937 年 2 月 8 日：第 5 版）。

15. 来自美国加州的留学生罗伯特·纽豪斯（1909—1995）正在黑森州的马尔堡大学攻读博士学位，其 1938 年的毕业论文论及美国艺术家弗兰克·杜韦内克（原名弗朗西斯·德克，1848—1919）、威廉·梅里特·切斯（1849—1916）和约瑟夫·弗兰克·卡里尔（1843—1909），而这些艺术家均属德国的莱布尔画派，即受到威廉·莱布尔和汉斯·冯·马瑞斯（1837—1887）影响的画家。纽豪斯后出版了其研究论文，题为《莱布尔画派的肖像画艺术：对 19 世纪下半叶绘画历史和技法的阐释》（马尔堡：艺术史论坛出版社，1953）；亦可参见罗伯特·纽豪斯，《不容置疑的天才：弗兰克·杜韦内克的艺术与生平》（旧金山：贝德福特，1987），第 7—27、35—59 页。

"邻居"太太是赫斯特·道登的管家（本特利，《遥远的地平线：赫斯特·道登传》，第 44 页）。

16. 出版《莫菲》的努力：参见 1937 年 3 月 20 日致雷维的信和 1937 年 3 月 25 日致麦格里维的信。

17. 德国政府强制执行外币管控，以将德国货币留在境内，因此前往边境的费用必须用德国马克来支付。

18. 海因茨·博勒普已把写给卡尔·克鲁斯和理查德·扎尼茨博士（生卒年不详）的介绍信交给了贝克特（BIF, UoR, GD 4/f. 23—25）。

19. 比利时裔美国诗人、小说家梅·萨尔托（1912—1995）已得到美国作家康拉德·艾肯（1889—1973）的许可，可以使用其位于萨塞克斯市莱伊区美人鱼街的住宅——杰克家宅；萨尔托招募了两位朋友来杰克家宅"同住并分摊费用"，还乐于邀请"友人周末来此相聚"（梅·萨尔托，《光线的世界：肖像与庆贺》[纽约：W. W. 诺顿出版社，1976]，第 194 页）。萨尔托的第一卷诗题为《邂逅在四月》（1937）。

"belle à peindre"（法语，"可爱如画"）；"intelligente à gémir"（法语，"聪明透顶"）；"adieu to all her amies"（法语加英语，"跟她所有闺蜜们告别"）。

在伦敦接受精神分析治疗时，贝克特住在格特鲁街 34 号的弗罗斯特太太家里。

20. 玛丽·曼宁·豪是霍顿·米夫林出版公司的审稿人，代理过贝克特《莫菲》

的出版事宜。贝克特指麦格里维在查托–温德斯出版社出版的两篇专论：《论托马斯·斯特恩斯·艾略特》和《论理查德·阿尔丁顿：一名英国人》。尽管 1932 年贝克特曾提议撰写一篇论纪德的专论，但该提议没有任何别的佐证，无论霍顿·米夫林致贝克特的信还是贝克特致霍顿·米夫林的信，均未谈及推出贝克特《论普鲁斯特》或者有关纪德、塞利纳或者马尔罗的专论的事。

伦敦

托马斯·麦格里维

1937 年 3 月 20 日 ［慕尼黑］

学院街 7 号

罗曼娜旅馆

［无问候］

  但愿不久就收到您的来信，并且您又健康如前。这里有三幅普桑的作品，兴许这一幅不是其中最好的，但也相当不错。于我而言，最好的是《酒神与富翁》，画中那超凡脱俗的女性裸体酷似德累斯顿的那幅《维纳斯》。[1] 可惜，还是弄不到明信片。希望再过两周又来这里。

  此致

            S

  APCI；1 张，1 面；《阿波罗与达佛涅》，尼古拉·普桑（1594—1665），老绘画陈列馆；寄往：英格兰，伦敦西南 7 区哈林顿街 49 号，托马斯·麦格里维先生收；邮戳：1937/03/20，慕尼黑；TCD，MS 10402/122。

  1. 贝克特指明信片上的画像，即慕尼黑老绘画陈列馆收藏的尼古拉·普桑名画《阿波罗与达佛涅》（2334）。贝克特将普桑的《酒神与富翁》（528）比作德累斯顿的乔尔乔内名画《维纳斯》。该馆第三幅普桑的画是《哀悼死去的基督》(625)。

伦敦
乔治·雷维

1937 年 3 月 20 日   *慕尼黑*
学院街 7 号
罗曼娜旅馆

尊敬的乔治：

收到您的来信，感激不尽。

请想尽办法把手稿从霍顿·米夫林那里弄回来。您有权随机处理，在英格兰和美国拿拙著该怎样就怎样。[1]

您说您有可能自己推动拙著的出版，真是宅心仁厚。只怕您会亏本哦。[2]

没错，正如我认为自己先前提到过的那样，在投给霍顿·米夫林之前，拙著就得到了纽约某些光彩夺目的出版商的退稿，他们给公司取了个犹太名字，但我记不得了，身边也找不到记录。[3]

要在这里再待上两周，之后我想会径直回到伦敦。Cangiando loco，累坏了，会抛弃余下的计划。[4] 因此，盼着下个月在伦敦见到您——

此致

萨姆

ALS；1 张，1 面；印制信头：〈慕尼黑林菲尔德旅馆〉；TxU。

1. 霍顿·米夫林先前要求删减《莫菲》的内容。找个美国出版商同英国的诺特分摊费用，这一想法行将破产，正如贝克特给玛丽·曼宁·豪写信道："最新的消息是，收到雷维的电报，获知诺特提出的印张价格时，霍顿·米夫林一时兴起，但此刻却说做不到了，非常抱歉，这一答复让诺特也没了兴趣。"（1937 年 3 月 21 日的信，TxU）

贝克特已暗示说，玛丽·曼宁·豪在美国代办该小说的出版事宜是友情相助，而非以代理商的身份进行：参见 1937 年 2 月 23 日的信。

2. 雷维的信贝克特是 3 月 20 日在慕尼黑收到的。信中说，《莫菲》已代为投给伦敦的鲍里斯·伍德了，但是，假如那一招不奏效，雷维会考虑自己出资推出该书。雷维的信尚未找到，但信的内容贝克特在日记中有转述（BIF，UoR，GD 6/f. 25）。

3. 1936 年 7 月 7 日之前，贝克特就将《莫菲》书稿寄给了纽约的西蒙与舒斯特出版社了；该出版社成立于 1924 年，创始人是理查德·L. 西蒙（1899—1960）和马克斯·林肯·舒斯特（1897—1970）（参见 1936 年 6 月 27 日和 7 月 7 日的信）。

4. "Cangiando loco"（意大利语，"搬家"），意大利画家、诗人萨尔瓦托·罗萨的一首歌（也是由乔瓦尼·博农奇尼［1670—1747］谱曲）："我老是搬家，四处游荡。"（路易吉·达拉皮科拉，《17、18 世纪意大利歌曲：演唱曲与钢琴曲》第 2 卷［纽约：国际音乐出版社，1961］，第 30—33 页；奥蒂莉·G. 博伊茨克斯，《萨尔瓦托·罗萨：17 世纪画家、诗人及爱国者》［纽约：万利出版社，1960］，第 88 页）

贝克特给玛丽·曼宁·豪写信道："但眼下想清楚了，自己累坏了也看够了，除了瞄一眼就再也看不进什么了。"（1937 年 3 月 21 日的信，TxU）

伦敦

托马斯·麦格里维

1937 年 iii 月 25 日

［慕尼黑］

学院街 7 号

罗曼娜旅馆

亲爱的汤姆：

好像您有段时间过得很糟。但愿您有所康复，得偿所失。雷文是个心地善良的人。请代我向他问好。代我送上祝贺。假如身在这里，他会成为出类拔萃的画家，根本就不必变卖东西，他会对那5%一无所知，一窍不通。[1]

今天我真是郁闷之至，因为收到了家里的来信，说我喜欢得不得了的那条凯里老母狗，我一时心急得忘了名号的那条家犬，不得不请人轻轻地拍打，发现是长了瘤子，现在已病恹恹的了。老妈没有说他们做好了把它处理掉的准备，但我觉得他们的立场就是那样。现在我得即刻回到1925年，再次着手害掉自己的命。[2]

旅程结束了，一如往常，精神意义上的旅程的结束远远早于身体意义上的，而且从现在开始，我又将无所事事，只是四处闲荡，等待着散入空茫。准备从这里飞回伦敦，在法兰克福和阿姆斯特丹转机。9：55从这里出发，下午3：35到达克罗伊登。多半会是下周三，或者一周后的今天。一路上坐飞机回去，机票我可以拿登记的马克去买，要是走陆路或者从汉堡坐船回去，那就只能买去边境的票了。[3]所以，坐飞机差不多一样便宜，而且上帝知道旅途还会愉快得多呢。我会乐于离家外出。虽说并不知道回到家里时自己会干什么。一个人在不必付费的房间里几小时几小时地呆坐着，四周没有 Sehenswurdigkeiten 可以逛——短期内那倒也令人愉快。刚才还期待着拿到《莫菲》的清样，好把自己遮蔽起来，驱除再次漫无目地待在房子里的无聊感，但那是白日做梦。给雷维写了明信片，建议他把书稿交给诺特，明信片已经寄出去了。因此最后的消息就是，他把诺特提出的印张价格拍电报告诉了霍顿·米夫林，后者回电说"抱歉，做不到"，这一答复让诺特也置之不管了，因为他在英国出版的前提是有人在美国出版。[4]

听到那出戏的事儿，我心里真是欣喜。接受之后、上演之前，难道

不该给您支付预付款吗？⁵

已经阻止了杰弗里发出邀请，办法就是给弗罗斯特太太写张明信片，请她让我在她家里住上一周，因为我不想在伦敦多待。假如杰弗里是一个人在家，那我倒会乐意和他同住，但情况可不是这样。眼下查尔斯在格里诺克，要不就在加洛韦，但可能会四月初到伦敦。⁶

并不喜欢慕尼黑。不去参观因而正在错过的那些地方，如奥格斯堡、乌尔姆、斯图加特、卡尔斯鲁厄、弗赖堡、科尔马、斯特拉斯堡、法兰克福等，甚至都不愿意去想——相反，倒是乐意摆脱这里。当然，这里的画没得说。您待在这儿的时候，难道没看到凡·高的画（其中一幅是自画像）和塞尚的画（其中一幅是《铁路豁口》）吗？⁷我想，您曾给我寄过一张《铁路豁口》的明信片。几年前玻璃宫艺术馆遭焚毁，那里的大型画展只好转移到新绘画陈列馆举行，而看起来像庞贝城火车总站的新"日耳曼艺术馆"也即将竣工，于是，这些画现在就散落在各个展馆了。⁸

窃以为《四使徒》中的保罗是丢勒最后也是最好的作品，比保姆加特纳祭坛里的任何画都好。⁹当时让您兴趣盎然的画家多半是恩格尔布莱希特森，即卢卡斯·v.莱顿的老师。他的画是一幅大型圣殇画，上面有一排排的修女跪着，还有恶魔。可我倒不觉得有趣。¹⁰迪尔克·鲍茨的画太棒了，还有戴维的画。鲁本斯的画还没看过。对他不以为然，就像现代科学的奇观一样。此外，还有布劳沃的17幅画。¹¹

我遇到了一些讨人喜欢的人：一名演员，他有几幅不错的画，其中一幅是汉堡那位亲爱的巴尔默画的；一名私营美术馆业主，他居然还敢展出马尔克和诺尔德的画；一名巴伐利亚国家博物馆的文物修复员，他拿莱茵河葡萄酒和白兰地把我灌了个饱，带我看了他那幅克利的画和他自己翻译的配有辛特尼斯插图的萨福诗集，还让我认识了他嫂子和妻子。遇到了里尔克的另一位朋友，据他说在"灵魂的去中心化"

方面和普鲁斯特属于同类，这样的话一说出口就遭到那位前专家的大声抗议。[12] 还有一些画家，其中有德国独一无二的超现实主义画家，一个叫恩德的家伙。他认识康·科伦的女儿，因"缺乏统一性"对恩斯特、毕加索和达利不屑一顾（！），对"作家闪"却 schwärmed。[13]

真是，傍晚时分没任何地方可去，既没电影、话剧可看，也没歌剧、音乐会可听。不过我满怀虔诚地期待，还确实听了一场小提琴奏鸣曲的演奏会，富特文格勒坐在钢琴旁，那样子就像一只无脊椎动物想要扭伤自己的背部，由柏林爱乐乐团的第一提琴担任伴奏。吓死个人。他们演奏的先是自己能找到的莫扎特和贝多芬最早的曲子，根本就不像帕迪·德莱尼和伦诺克斯·布雷德做得到的那样，接着就是《格罗斯奏鸣曲》，一首富特文格勒整个冬天都在修修补补的崭新曲子。真是不堪入耳，还捣腾了一个多小时。（以摩登的方式倾吐心声的）至上无大的决心和至下无小的能力相配，一种无能的狂乱，得到了从柏辽兹到巴尔托克的所有人的回应。我的音乐感受力好像全都集中在屁眼里，痛得我屁滚尿流的屁眼里。卫斯理礼拜堂里的整个玩意儿往往半数是洛可可式的。[14]

每个人都极力劝我去大山里看看，去山谷里走走，可我外出无论朝哪儿走，离开玛利恩广场都从未超过半英里过。宫廷啤酒屋里有一名排版工，为了早晨那版必须滴酒不沾，他劝我说，"《圣母之死》的画师何其多，好像只要是个画师，都能画死去的圣母，但楚格［峰］却只有一个。[15]

我到伦敦的时候，求求您千万别离开。还没法告诉您前来伦敦的确切日子，但多半会是一周后的今天下午。要是家里及时寄钱来了，让我买得上机票，还能提前告诉您确切的消息，那我肯定会这么做。

上帝保佑。

此致

萨姆

ALS；2 张，6 面；信头：〈慕尼黑林菲尔德旅馆〉；TCD，MS 10402/124。

1. 麦格里维正在拔牙；正如贝克特给玛丽·曼宁·豪写道："他最后几颗牙已经侵蚀得像麦克白了。"（1937 年 3 月 21 日的信，TxU）

1937 年 2 月 25 日，"霍姆斯·雷文希尔最近的画作"在伦敦的库林美术馆开展。

2. 贝克特家里养了好几条凯里蓝猄。据贝克特在都柏林圣三一学院时的室友杰拉尔德·帕克南·斯图尔特（1906—1998）回忆，"跑过去把自己那条凯里蓝猄弄死时，贝克特心都碎了"（1992 年 1 月 19 日；诺尔森，《盛名之累》，第 80 页）。此处贝克特提到的那条狗名叫"狼儿"。

3. 当时克罗伊登是伦敦的主要机场。

4. "Sehenswurdigkeiten"（德语，"值得一看的景点"）。

霍顿·米夫林给雷维的信和雷维给贝克特的信均未找到；在日记中贝克特写道，雷维的来信表明，霍顿·米夫林和诺特已经打退堂鼓了，鲍里斯·伍德正在审读《莫菲》，雷维在考虑自己推出这本书（BIF，UoR，GD 6/f.22，1937 年 3 月 20 日的信）。

5. 麦格里维谈某部戏剧（也许是自己的创作，或者是改编，甚至是译本）的文章不知具体所指。

6. 杰弗里·汤普森。弗罗斯特太太，伦敦格特鲁特街 34 号。查尔斯·普伦蒂斯。

7. 此时，收藏在慕尼黑新绘画陈列馆的凡·高画作有：《静物：插有 12 朵向阳花的花瓶》（8672）、《阿尔勒一景》（8671）和《奥维尔平原》（9584）。

贝克特发现，文森特·凡·高的《自画像》被人当作保罗·高更的画了（BIF，UoR，GD 5/f.95）。该画 1916 年起收藏在新绘画陈列馆，1938 年移走，当作"堕落艺术"展出，1939 年被瑞士卢塞恩的菲舍尔美术馆卖给一位个体收藏家，最后于 1951 年交给了哈佛大学的佛阁博物馆（1951.65 号；佛阁美术馆绘画、雕刻与装饰艺术部副主任萨拉·吉阿诺夫斯基，2006 年 3 月 2 日）。

该馆收藏的保罗·塞尚画作有《铁路豁口》（8646）、《带柜橱的静物》（8647）和《自画像》（约 1878 年至 1880 年，8648）。

8. 慕尼黑玻璃宫艺术馆建于 1854 年，1931 年 6 月毁于大火；于是，该馆许多藏品临时转移存放在新绘画陈列馆。1937 年 2 月至 4 月，大型德国艺术展"绘画与涂鸦中的数字和构图"在新绘画陈列馆举行。该展览展出了该馆的部分现代藏品；其现代藏品临时挂在位于博物馆岛上的德意志博物馆的图书馆里。

1937 年 7 月 18 日，当保罗·路德维希·特罗斯特（1878—1934）设计的德国艺术博物馆由希特勒开馆时，玻璃宫艺术馆的德国藏品转移到这处新的建筑；这些藏品与没收而来的所谓"堕落"作品再重新配置，构成了新绘画陈列馆的基本藏品。

9. 丢勒的双联画《圣约翰与圣彼得》（545）与《圣保罗与圣马克》（540）合称《四使徒》，又称《四圣徒》（因为保罗并非使徒）。《保姆加特纳祭坛画》包括：中联《圣诞》（706）；左联《斯蒂芬·保姆加特纳扮作圣乔治》，其背联《报喜的圣母》（701）；以及右联《卢卡斯·保姆加特纳扮作圣欧斯达丘司》（702）。

10. 荷兰北部画家科内利斯·恩格尔布莱希特森（又称恩格尔布莱希茨，约1460—1527）是卢卡斯·范·莱顿（1494—1533）的老师；贝克特指《圣殇》（H.G. 245）。

11. 老绘画陈列馆收藏的荷兰画家迪里克·鲍茨（又称迪尔克，约1415—1475）的画作有：《耶稣被捕》（990）、《福音传教士圣约翰》（H.G. 75）和《耶稣复活》（H.G. 74）。老绘画陈列馆收藏的荷兰艺术家赫拉德·戴维（约1460—1523）画作有：《东方三贤来朝》（715）、《圣母与圣子》（L.684）和《基督向圣母告别》（L.685）。

在日记中，贝克特列出了慕尼黑老绘画陈列馆收藏的阿德里安·布劳沃的17幅画（BIF, UoR, GD 6/f.19）。该馆收藏的鲁本斯画作多达64幅。

12. 克鲁斯给了贝克特一封致演员、导演库尔特·埃格斯-克斯特纳（1891—1967）的介绍信；巴尔默给自己的小孩画过一幅肖像画（BIF, UoR, GD 6/f.19）。贝克特还同在柏林遇见过的演员约瑟夫·艾希海姆一起待了一会儿。

1937年，金特·弗兰克（1900—1967）在自己的画廊展出了马尔克和诺尔德的画作（希尔马·霍夫曼，《自由之举：走进德意志艺术馆》，第1卷；《慕尼黑专题艺术展——"法兰克福艺术，1989年4月21日至26日"》，鲁伯特·沃尔瑟与伯纳德·威腾布林克编[慕尼黑：沃尔瑟与威腾布林克出版社，1989]，第266—268页）。亦可参见诺尔森，《盛名之累》，第239页。

巴伐利亚国家博物馆文物修复员汉斯·鲁佩（1886—1947）翻译了希腊诗人萨福（前约612—前约557）的诗集《萨福诗选》（柏林：霍尔出版社，年份不详），插图由德国雕刻家热内·辛特尼斯创作。鲁佩曾是德国诗人赖内·马利亚·里尔克（1875—1926）的朋友。亦可参见诺尔森，《盛名之累》，第238—239页。

13. 贝克特遇见了德国画家约瑟夫·沙尔（1896—1954）、埃德加·恩德（1901—1965）和约瑟夫·梅德尔（1905—1982）；沙尔和恩德的作品据称属"堕落派"；1938年底，沙尔移民美国。

贝克特于1937年3月19日遇见恩德，看到了恩德"数不胜数的"画作（BIF, UoR, GD 6/f.17）。恩德认识学习艺术史的爱尔兰学生伊丽莎白·科伦（原姓索尔特拉，1915—2004）。伊丽莎白的母亲海伦·莱尔德·科伦（1875—1957）是阿比剧院的奠基人之一，父亲康斯坦丁·彼得·科伦（1883—1972）是一名活跃于爱尔兰自由运动的律师，也是詹姆斯·乔伊斯的朋友。恩德谈到了德国非理性画家马克斯·恩斯特（1891—1976）、超现实主义画家萨尔瓦多·达利（1904—1989），以及詹姆斯·乔伊斯。

"schwärmte"（德语，"赞赏有加"，加上英语词尾，作"schwärmed"）。

14. 1937 年 3 月 16 日，富特文格勒和柏林爱乐乐团第一小提琴手雨果·科尔贝格（1899— 1979）参加了在慕尼黑拜耶瑞彻音乐厅举行的室内乐晚会。他们演奏的小提琴和钢琴奏鸣曲有：莫扎特的 G 大调奏鸣曲，K379；贝多芬的 A 大调奏鸣曲，曲集 30，第 1 首；及富特文格勒的 D 小调《格罗斯奏鸣曲》，第 1 首（《慕尼黑最新新闻报道》，1937 年 3 月 10 日：第 4 版）。贝克特指法国浪漫派作曲家埃克托尔·柏辽兹（1803—1869）和匈牙利作曲家、钢琴家贝拉·巴尔托克（1881—1945）（BIF，UoR，GD 5/f.91）。

帕特里克·德莱尼（生卒年不详）于 1896 年至 1946 年担任皇家爱尔兰音乐学院小提琴教授（理查德·派恩与查尔斯·阿克顿编，《唯求天赋：1848 年至 1998 年的皇家爱尔兰音乐学院》［都柏林：吉尔与麦克米伦出版社，1998］，第 523 页）。伦诺克斯·布雷德（1878—1944）是都柏林地区唱诗班导演、风琴手和钢琴伴奏师。

15. 玛利恩广场位于慕尼黑市中心，在贝克特所住旅馆和博物馆之间。

该排版工尚不知姓甚名谁。宫廷啤酒屋是慕尼黑有名的啤酒吧，始建于 1579 年。

许多艺术家没有留下姓名，只能以画作的名称相称，其中有德国雕刻师、"《圣母之死》的画师"（活跃于 1440—1450）；慕尼黑老绘画陈列馆的藏品中有一件作品十分突出，即"圣女生平的画师"（活跃于 1460—1480）绘制的七联祭坛画（H.G. 618—624/22—28）。

楚格峰是德国最高峰（9 718 英尺），位于巴伐利亚州的加尔米施–帕滕基兴地区，靠近奥地利边境。

都柏林，或沃特福德郡卡帕村
阿兰·厄谢尔

1937 年 3 月 26 日   慕尼黑

Süsser 阿兰：

一首歌？发发慈悲。Feldeinsamkeit，假如是个 Begriff 的话，可以说没有温情；或者《一个人去割草》，既然音乐不是您的筋斗之一，那就没把狗带上。[1]我那只可怜的老凯里蓝猄病重难治了，她得了要了菲尔丁的命的那个病——谁让她不信焦油水呢。[2]

我找到一幅凯泽林的肖像画，本来会讨您喜欢的；画家是斯勒福格特或者柯林特，记不清是哪一位了，可惜没有复制品可买。一个像汤姆［罗杰］·凯斯蒙特那样的长髭，没有下巴，却有一片湿润的红唇，露出上面的线条。[3]

为啥是 Karg Freitag？因为那救赎过于小气？多可惜，这个日子与天使报喜节没有重合，只是挨得很近。[4]

柏林有一幅迷人的画，是康拉德·维茨的作品，画名《救赎的程度》。为之者成，但太勉强。三位一体是法定人数吗？当然，算得上一个小组了。还有在右手边，在下面的大地上，而且正好在边缘，有一处显灵，也就是第一站。真正的 Witz。他生于南特市。[5]

我的记忆始于餐桌底下，从出生的前夜开始，当时老爸举办晚餐派对，让老妈当主角。[1]

旅程结束了。人累了。咬掉了的必［比］能吐出来的多。本想继续游荡，逛逛奥格斯堡、乌尔姆、斯图加特、卡尔斯鲁厄、弗赖堡、斯特拉斯堡、科尔马，但旅程 aus。[6]下周末就该到伦敦了，要在那儿待上几天。然后就回到那窃窃私语的画廊，确切地说是地穴。只想永世一个人待在一间不必付费的房间里，没有 Sehenswürdigkeiten[2]去逛。您可以写几句亲切的话，寄到伦敦西南 10 区的格特鲁特街 34 号，打破休克状态。[7]

---

[1] 贝克特在此承认了自己"身处子宫的记忆"，即他最初的记忆是出生前夜在母亲子宫里听到了晚宴时父母的活动和对话。这一发现兴许是他在伦敦接受精神分析治疗的成果。

[2] 德语，"名胜古迹"。

所有带［？——］警察都有屁眼卫兵。[8]

事情糟透了，只好读汉斯·卡罗萨。桃子科克伍德·哈克特，还有神圣的威化饼。"Verlerne die Zeit, dass nicht dein Antlitz verkümmere, und mit dem Antlitz das Herz."[9] 您可以躲开吧。

什么样的选集？[10]

听说塞西尔不再巡视了。曾在德累斯顿遇到一位艺术史家，他见过塞西尔的画。[11]

我再也唠叨不下去了。

向您妻子、父亲及女儿致以最诚挚的问候。

Gehorsamst[12]

萨姆

ALS；1 张，2 面；印制信头：〈慕尼黑林菲尔德旅馆〉；TxU。

1. "Süsser"（德语，"亲爱的"）。

贝克特指德国浪漫派作曲家、钢琴家约翰内斯·勃拉姆斯（1833—1897）写的儿歌"Feldeinsamkeit"（德语，"在夏日的田野里"），曲集 86，第 2 首。

"Begriff"（德语，"概念"）。

《一个人去割草》是一首流行儿歌："一个人去割草 / 去给草地割草 / 一个人带着狗 / 去给草地割草 / 两个人去割草……"

2. 贝克特指家里的狗"狼儿"。亨利·菲尔丁得了浮肿、水肿、黄疸、痛风的毛病，但多半死于"腹膜癌或者肝硬化"（唐纳德·托马斯，《亨利·菲尔丁》[伦敦：威登菲尔德与尼克松出版社，1990]，第 391 页）。菲尔丁服用了一剂焦油水，那是伯克利主教在《西里斯》（1744）里推荐的治疗浮肿的药物（帕特·罗杰斯，《亨利·菲尔丁传》[伦敦：保罗·伊尔克出版社，1979]），第 213 页。

3. 贝克特指慕尼黑新绘画陈列馆收藏的画作《凯泽林伯爵爱德华》（8986 号），作者不是德国艺术家马克斯·斯勒福格特（1868—1932），而是洛维斯·柯林特（1858—1925）；画中的主人公是长着满嘴、上翻的长髭的德国作家爱德华·凯泽林（1855—1918）。萨拉·珀泽的肖像画《爱国者与革命者罗杰·凯斯蒙特》（NGI 938）画的是爱尔兰民族主义者罗杰·凯斯蒙特爵士（1864—1916），他长着类似的长髭以及满下巴的络腮胡。

　　贝克特不经意间写下的名字托马斯·休·约瑟夫·凯斯蒙特（1863—1939）指罗杰·凯斯蒙特的哥哥，爱尔兰海岸生命救助会的创建者。贝克特还把爱德华·格拉夫·凯泽林与其表弟、德国哲学家赫尔曼·格拉夫·冯·凯泽林（1880—1946）混作一谈了；厄谢尔曾请贝克特替他找到后者的著作（参见 1936 年 12 月 31 日的信，注 10）。

　　4. 写成了 "Karg Freitag"（德语，"小气的周五"），而非 "Karfreitag"（德语，"耶稣受难日"）。

　　天使报喜节是 3 月 25 日；1937 年的耶稣受难日是 3 月 26 日。

　　5. 德国裔瑞士画家康拉德·维茨（约 1400—1446）的作品《救赎的程度》贝克特在弗里德里希大帝博物馆见过，现藏于柏林珍宝美术馆（KF 1673）。该画以"转世"图像描绘"三位一体"：圣父坐在宝座上，任命驯服的耶稣为救世主，两人之间有一只代表圣灵的鸽子，盘旋在打开的《圣经》上方；他们身后有一只羔羊，之间还悬着一把钥匙，分别代表牺牲和大卫家的钥匙；都怀有身孕的马利亚和伊丽莎白画在右边的前景部分。该画有人视为"显灵"，即耶稣人生的"第一站"，出自《救赎镜祭坛画》（又称《海尔斯比格尔祭坛画》）；该祭坛画约 1435 年为巴塞尔的莱奥纳尔多教堂绘制，1529 年各联散落异地。其中一联为双面，藏于第戎的波尔多市立美术馆（参见 1938 年 6 月 15 日的信，注 2）。

　　"Witz"（德语，"玩笑"）。[1]

　　现在，康拉德·维茨的出生地据考证是德国的罗特魏尔；1434 年，他以"罗特魏尔的康拉德大画师"身份进入巴塞尔画家同业公会。在德国日记里，贝克特好几次提到维茨的出生地是南特，还说因为在慕尼黑提过维茨是法国人，自己就得罪了金特·弗兰克（BIF, UoR, GD 3/f.1, 1936 年 12 月 18 日；GD 4/f.18, 1936 年 1 月 21 日；GD 6/f.45, 1937 年 3 月 25 日；及 GD 6/f.71, 1937 年 3 月 31 日；马拉尼·克松）。

　　康拉德·维茨的父亲是画家汉斯·维茨（生卒年不详），历史上其身份一直与其他画家混作一谈，其中之一 15 世纪初在南特工作（约瑟夫·赫克特，康斯坦斯，《康拉德·维茨在康斯坦斯：一个疑问及他对〈大画师传〉的"格言新研究"》，《艺术史杂志》6.5/6［1937］，第 353—370 页；伊曼纽尔·贝内兹特编，《各时期与各国家画家、雕刻家、制图员及镂版工评传与文献汇编》第 3 版［巴黎：格鲁恩斯特出版社，1976］，第 774 页）。

　　6. 这些德国城镇的名称贝克特使用了德语拼法，只有 "Colmar"（科尔马，德语拼作 "Kolmar"）例外。"aus"（德语，"结束了"）。

---

[1] 音译即"维茨"，指康拉德·维茨。

7. 伦敦的圣保罗大教堂有一处"窃窃私语的画廊"，但此处贝克特指的是都柏林。贝克特计划在伦敦格特鲁特街 34 号的弗罗斯特太太家住一周。

8. 此处贝克特省略了一个词。

9. 德国诗人、小说家汉斯·卡罗萨（1878—1956）。"桃子科克伍德·哈克特"也许指艾娃·科克伍德·哈克特太太（1877—1968），20 世纪 30 年代的都柏林戏剧制片人，后成为电影演员。

"Verlerne die Zeit/dass nicht dein Antlitz verkümmere/und mit dem Antlitz das Herz!"（德语，"学会漠视时间，这样你的容颜就不会凋谢，而你的心也不会随之老去"），这三行出自汉斯·卡罗萨的诗《星星在歌唱》；该诗首次见刊于《抒情诗》（1923），重印于汉斯·卡罗萨与艾娃·科克伍德·哈克特，《抒情诗：生前出版物与选自遗作的抒情诗》[法兰克福：岛屿出版社，1995]，第 64—65 页。贝克特写的是标准形式"verkümmere"，而原诗用的是缩写形式"verkümmre"。

10. 厄谢尔（想必）在来信中提及了某部选集，但具体所指不得而知。

11. 塞西尔·索尔克尔德也许担任过巡视员，但这一职位尚未得到证实。威尔·格洛曼熟悉索尔克尔德的作品（参见 1937 年 2 月 16 日的信，注 14）。

12. 阿兰·厄谢尔的第一任妻子叫艾米莉（原姓怀特赫德，约 1898—1974），父亲叫贝弗利·格兰特·厄谢尔（1867—1956），女儿叫亨丽埃塔·欧文·厄谢尔·史泰博斯（1926 年生）。

"Gehorsamst"（德语，"最最恭顺的"）。

汉堡

金特·阿尔布雷希特

1937 年 3 月 30 日

慕尼黑

学院街

罗曼娜旅馆

亲爱的金特·阿尔布雷希特：

非常感谢你的几封来信以及冯塔内的小说，这本书我自己没有，也没有读过。让你了这么多心思才联系上，真是叫我心有不安。三周前，你给 Postlagernd 交代说把所有邮件转寄这个地址。也许过了两周之后，当交代的事情没有反复强调时，他们就该淡忘了。[1]

给你写这封信是我差不多要离开德国的时候。我很疲乏了，什么都看不进去，一切表象仍然是表象，这很可怕。本想继续游荡，逛逛奥格斯堡、乌尔姆、斯图加特、弗赖堡、斯特拉斯堡、科尔马、卡尔鲁斯厄［卡尔斯鲁厄］、法兰克福，重返柏林，再从那儿回国，但我写下这些地名的时候，又诅咒自己的感受能力有限，那种限度至少暂时排除了它们不只是地名的可能性。下周五的上午从这里起飞，直奔伦敦，会在那里待上一周，然后再回到都柏林。

我离开柏林以来，走的是一条奇怪的"之"字路：哈勒（去看莫里茨堡的画作），一个爱上了墨西哥的 Bühnenbildne[1]，他在那儿遇见了特拉文和《智者集》（多数是基希纳的作品），爱尔福特（主要是去看并不特别精美的赫克尔壁画），魏玛，瑙姆堡，莱比锡（在那里，甚至大型的"克林格尔画展"和布商大厦的音乐会都安抚不了我），再从那里直奔德累斯顿，终于解脱。[2] 我在那里惬意地待了三周。遇见了许多友好、睿智的人，包括一大群俄罗斯侨民，他们出身高贵，笑对窘困。发现别雷和伏特加相安无事。还有，舞蹈演员帕流卡和一个潇洒的艺术史学者眼下已适时地深受厌弃了，但依然泰然处之，对现象兴趣盎然，无暇顾及流放之事。魏尔·格洛曼，名下有几本谈克利、康定斯基和鲍迈斯特等人的著作，还编辑他们的作品目录。[3] 幸而有他的相助，你才得以看到艾达·比纳特的藏品，那肯定是德国最好的现代收藏馆之一，从塞尚到蒙［德］里安几乎什么都有，唯独桥派的作品一幅都没收藏：有你见过的最棒的康定斯基画作，有许许多多克利的作品，还有三幅有

---

[1] 德语，"舞台设计师"。

510

趣的毕加索画作。还有考考斯卡画的一幅女性肖像画，是好几年前你在巴黎了解到的！[4]

如我所说，茨温格宫的画挂得一团糟，灯光也打得差劲。伦勃朗展厅——波塞馆长引以自豪、视作乐园的画室——却是个丢脸的地方。弗美尔的《鸨母》蜷缩在伦勃朗的《老头》和波尔的《哲人》之间，挂在大得没边又肮脏的玩意儿（应该是埃克霍特的哪幅画）下面，几乎都看不见。离开的那天，我才第一次看见它，是在一间最不起眼的房间打开所有灯光时看见的，一位临摹画家想尽了办法才把它临时挪到了那里。[5]乔尔乔内的画一团糟，整条左腿被19世纪某位狗屁修复师给毁了，他想迎合裸童天使和那只鸟儿违背的趣味，现在上面又涂满了毫无意义的风景。看了那张 X 光照片，不过上面没有多少内容。[6]

尽管陈列得一无是处，而且存在几处断代（没有佛兰德和意大利原始派的绘画），但那个画廊依然精彩绝伦。我从没见过比《圣塞巴斯蒂安》更棒的安托内罗画作。[7]

虽说这里那里进行了相当犹豫不决的修补，但茨温格宫本身还是充分展现了珀佩尔曼的意图，就是向人展示巴洛克式建筑的精华和忧郁气质。走廊显得阴郁，拱廊通向花园那边的入口。我觉得王冠门不对劲，太高太华丽了，不匹配。但是据贝洛托（我才不叫他卡纳莱托）看来，那座城门一开始就是这样。[8]

我有心无意地出去逛了几趟，虽说天气不佳，但还是去了梅森，那里的教堂［大教堂］有几幅雕像多半是那位瑙姆堡大画师的作品，还去了皮尔尼兹，那里的水上宫殿很漂亮。[9]

每个有这种冲动的傍晚，我在德累斯顿见到的妓女都很多，老派的妓女，比自去年 10 月以来所有月份里和离开汉堡以来去过的所有地方的加在一起还要多。Sächsische Stützwechsel！[10]

行程从德累斯顿继续，途经弗赖堡、班贝格、维尔茨堡、纽伦堡还有雷根斯堡。正如我多多少少预料的那样，纽伦堡糟糕透顶，让我甚至对那"伟大的时代"都满怀恨意，还找到充足的理由质疑施托斯、克拉夫特、葡雷登武夫、菲舍尔、沃尔格穆特［沃格穆特］甚至了不起的AD 本人的价值观，而这些理由多半与 1499 年驱逐犹太人（400 年他们都回不来）和 1517 年的威滕堡浩劫相关。日耳曼国家博物馆里的丢勒厅也是名不符实，沃尔格穆特的肖像画加上庸俗画坊最枯燥的作品，外加一幅《使徒》的临摹画，居然也凑个展厅！[11]

离慕尼黑太近，所以我没法很确切地说我其实更喜欢汉堡或柏林。也许是 föhn！不必说，我大多数时间都待在老绘画陈列馆，眼下那家画廊你都如数家珍了，甚至可以不必途经鲁本斯的画就穿过了整个展区！[12] 原定的游荡都没有成行，加尔米施、米滕瓦尔德、新天鹅堡等都还没去，也不准备去，虽说在宫廷酿酒屋遇见一个喜好高山运动的排版工，他一定要我相信，《圣母之死》的画师很多，只要是个画师，都能画死去的圣母，但楚格［峰］却只有一个。[13]

我同赛弗林书店的一个女孩通过几封礼节性的信，她在莱比锡认识了你和考恩。按她的措辞，你是"der grosse Schwarze"。过一个时辰，就能荣幸地在那里由她引荐给阿尔韦德斯了，他的《小小的旅程》我读了一点儿，但没有读下去。[14] 卡罗萨的《秘诀》《纪恩》和《指南》是好心的考恩借来的，我一直在读，也读了不少了，但是但率［坦率］地说，却终究发觉它无聊透顶，完全遁入了文体。不过我遇见了里尔克的另一个朋友，在每两个有一定德语水平的人当中，似乎就有一个是里尔克的书迷，那人是巴伐利亚国家博物馆的文物修复员，他向我保证说，在"灵魂的去中心化"当中，里尔克可与普鲁斯特相提并论。[15] 还遇见了演员埃格斯–克斯特纳，他到汉堡以来的情况我可能记得。他有一幅精美的画，是巴尔默、克鲁斯和鲁赫沃尔兹［鲁沃尔茨］的作品，还有优雅的哈特曼水彩画中最优雅的那幅。他把巴尔默的《只有海迪格尔先生！》［海德格尔］给你读，还有一本《德国性与基督教》的手稿，思路相同，但太像斯坦纳，门外汉读不懂。[16] 你刚跟皮珀打了电话，想买下巴拉赫的几幅画，但对方用战战兢兢的语调答复道，"Ich will nicht, ich will nicht." [17]

我见到了慕尼黑的传奇人物瓦伦汀，发现他是个真正一流的喜剧演员，不过开始走下坡路了。[18]

余下的事情留待下封信再写。国内的地址我想你已经有了：爱尔兰自由邦都柏林克莱尔街6号。我们保持联系吧。在劳动营和兵役的阵痛中，你会有许许多多的话不吐不快，而且——我希望——会有闲暇来倾诉。之前听说你那位画家朋友已经小有成就了，我甭提多高兴。代我向他问好。听说格林结婚了。[19]

向你家人致以最诚恳的祝愿。

此致

s/ 萨姆·贝克特

TLS；1 张，2 面；BIF，UoR，MS 5037。

1. 3 月 28 日，贝克特收到了德国诗人、小说家特奥多尔·冯塔内（1819—1899）的《艾菲·布里斯特》（1894）（BIF，UoR，GD 6/f. 55）。

"Postlagernd"（德语，"存局候领"）。

2. 此信中，贝克特总结了离开柏林以来的德国游历经历；这些记录没有重复描述，而是交互参照。

埃里希·赫克尔的壁画《生命的阶段》见爱尔福特市安格尔博物馆一间展厅的四面墙上，绘于 1922 年至 1924 年间。贝克特很欣赏其中德国诗人史蒂芬·乔治（1868—1933）被圈子里的人簇拥着的形象，但发觉这幅壁画充塞着偶像，且修复得并不理想（BIF，UoR，GD 4/f. 27，1937 年 1 月 24 日；亦参见梅尔提德·卢克、埃里希·赫克尔与安德烈亚斯·胡内克，《埃里希·赫克尔的〈生命的阶段〉：爱尔福特市安格尔博物馆里的壁画》［德累斯顿：艺术出版社，1992］）。1937 年稍晚及二战期间，为防止纳粹进入，赫克尔展厅的入口封闭了起来；因此，该壁画的损坏源自长期潮湿和阴冷，但经修复后，现在已于安格尔博物馆重新展出了。

莱比锡的马克斯·克林格尔画展：参见贝克特致托马斯·麦格里维的信，1937年1月30日，注1；莱比锡布商大厦1月28日的音乐会：参见贝克特致托马斯·麦格里维的信，1937年2月16日，注13。

3. 德累斯顿的俄罗斯侨民，尤其是奥伯伦斯基一家和凡·格斯多尔夫一家：参见1937年2月16日的信；关于别雷的讲座：参见1937年2月23日的信。

经海因茨·博勒普的介绍，贝克特见到了德国舞蹈演员、编舞师格雷特·帕流卡（1902—1993），其前夫是艾达·比纳特的儿子弗里茨·比纳特（1891—1969）。帕流卡又介绍贝克特认识了艺术史学者威尔·格洛曼。格洛曼的作品：参见1937年2月16日的信，注14。

4. 贝克特参观艾达·比纳特收藏馆的情况：参见1937年2月16日的信。比纳特直接从康定斯基手里买下了他的许多作品（其收藏馆的格洛曼作品目录只有1933年的收录甚广；《德累斯顿的艾达·比纳特陈列馆》，第21页，图36，图36—42；后来获得的藏品及当时拥有的康定斯基作品，参见汉斯·K.罗特尔与让·K.本杰明，《康定斯基油画编年目录》两卷本［纽约州伊萨卡：康奈尔大学出版社，1994］，第150、156、280、337、373页）。

比纳特收藏馆里的保罗·克莱德画作有39幅（格洛曼编，《德累斯顿的艾达·比纳特陈列馆》，第1—22页，图43—59）。该馆收藏的毕加索画作为《戴帽子的女人》《华尔兹》和纸上广告色画《女裁缝》（第23—24页，图7—9）。

当时，比纳特还拥有南希·丘纳德的肖像画《英国女士》，该画由考考斯卡于1924年创作：参见1937年2月16日的信，注15。

5. 德累斯顿的茨温格宫及管委会主任汉斯·波塞：参见1936年2月16日的信，注2和注11。

弗美尔的《鸨母》及其挂在茨温格宫伦勃朗展厅的情况，参见1937年2月16日的信，注8、注9；该画挂在伦勃朗的画和萨洛蒙·科宁克的画之间，上方是费迪南德·波尔的画，而非赫布兰德·凡·登·埃克霍特（1621—1674）的画。

贝克特上次参观该博物馆是在2月17日：

> 看见那幅画了，光线敞亮，确属第一次看清了左边那个男人，穿过他和［？女人］之间的空间还看到了艳丽的傍晚天空，那片天空在伦勃朗展厅里不起作用，而且压平、定义了整幅画的密匙，给画面带来实质和直观性，一种永恒的转瞬即逝的直观性，将它置于永恒之中。没有它，那幅画就［……］漫无目的，过度拥挤，过度热烈，唯有卓绝的体裁。有了它，就成就了弗美尔。（BIF，

6.茨温格宫收藏的乔尔乔内画作《维纳斯》：参见 1937 年 2 月 16 日的信，注 4。

7.贝克特指安东内洛·达·梅西纳的画《圣塞巴斯蒂安殉难》；1937 年 2 月 2 日，贝克特将一张印有该画的明信片寄给了麦格里维，而且在 1937 年 2 月 16 日的信中，他再次描述了这幅画（亦可参见该信注 7）。

8.贝克特对茨温格宫建筑和修缮的具体看法：参见 1937 年 2 月 16 日的信，注 2。在意大利画家贝尔纳多·贝洛托（1721—1780）的画《德累斯顿的茨温格宫》（NPG，629；参见 bildarchiv.skd-dresden.de/）中，有对王冠门（茨温格宫大门上的王冠式门楼）的描绘。出了意大利，贝洛托就以"卡纳莱托"为名，但贝克特认定这是其叔父、大画师卡纳莱托（原名乔瓦尼·安东尼奥·卡奈尔，1697—1768）的名字。

9.2 月 12 日，贝克特去了梅森一趟。梅森大教堂（约 1260—1280）为中期哥特式建筑，其唱诗席和四角都有雕像，据称是 13 世纪瑙姆堡大画师的作品；雕像大过真人，但写实风格不如其瑙姆堡的雕像那样明显（汉斯-约阿希姆·姆鲁兹，《三座撒克逊大教堂：梅泽堡、瑙姆堡、梅森》[德累斯顿：艺术出版社，1976]，第 370 页）。

2 月 16 日，贝克特去了皮尔尼兹一趟；他对该镇做了描述，镇中耸立着马特乌斯·珀佩尔曼设计的皮尔尼兹堡，有台阶直下平台，又从平台直通易北河的岸边。

10."Sächsische Stützwechsel"（德语，"萨克森支撑系统"）；贝克特将沿街列队的妓女比作"支撑系统"——萨克森州罗马式建筑的典型样式，各式石墩或柱子交替排列；在德国日记中描述希尔德斯海姆大教堂时，他就注意到了这个术语。

11.萨克森州的弗赖堡。贝克特对纽伦堡的态度：参见 1937 年 3 月 7 日的信。

12.当地人常把"Föhn"（德语，从阿尔卑斯山吹来的温暖、干燥的"暑热南风"）当作疾病或神经紧张——Föhnkrankheit（暑热南风病）——的根源。

1936 年慕尼黑老绘画陈列馆收藏的鲁本斯画作有 64 幅，挂在第五、第六展厅和第十二、第十四展柜里；展厅远离门廊，展柜则贯穿展厅（卡尔·贝德克尔，《德意志帝国及其周边地区：火车与汽车旅行指南》[莱比锡：卡尔·贝德克尔出版社，1936]，第 472 页）。

13.贝克特没有按典型的线路从慕尼黑出发去外地游览：加尔米施-帕滕基兴（1936 年冬季奥林匹克运动会举办地）和巴伐利亚阿尔卑斯山区的米滕瓦尔德，以及巴伐利亚州新天鹅堡附近的国王堡——路德维希国王二世（1845—1886）城堡，他均未前往。在 1937 年 3 月 25 日的信中，贝克特提到了宫廷酿酒屋、排版工、《圣母之死》的画师及楚格峰。

14.贝克特听从博勒普的朋友牙医理查德·扎尼茨医生的建议，参观了慕尼黑的赛弗林书店。阿克塞尔·考恩：参见 1937 年 1 月 18 日致玛丽·曼宁·豪的信，注 10。

"der grosse Schwarze"（德语，"黝黑的大个子"）。

当天，贝克特在该书店遇见了德国作家、编辑保罗·阿尔韦德斯（1897—1979）；他刚开始读《小小的旅程：日记摘录》（1933）。阿尔韦德斯以小说《吹口哨的人》(1929)最为出名，并同贝克特就该小说进行了探讨（BIF, UoR, GD 6/f.63）。

15. 阿克塞尔·考恩借给贝克特的书包括《成熟生活的秘诀：安格曼的生活记录》（1936）、《纪恩医生》（1931）和《指南与陪伴：人生回忆录》（1933）；作者是汉斯·卡罗萨。

贝克特指汉斯·吕佩（参见 1937 年 3 月 25 日的信，注 12）。在日记中，他记载了自己同吕佩对里尔克和普鲁斯特的探讨（BIF, UoR, GD 6/f.7）。

16. 库尔特·埃格斯–克斯特纳的艺术藏品中，有一幅巴尔默画的埃格斯–克斯特纳子女的肖像画（参见 1937 年 3 月 25 日的信，注 12），好几幅克鲁斯的作品（包括一幅巴拉赫的肖像画），以及哈特曼的几幅无题水彩画。贝克特已通过格林见到了艺术家汉斯·马丁·鲁沃尔茨（参见 1937［1936］年 11 月 28 日的信，注 15，及贝克特，《万事难料》，第 50—51 页）。

卡尔·巴尔默，《只有海德格尔先生！谈马丁·海德格尔的弗赖堡大学校长就职演说》（巴塞尔：冯·鲁道夫·吉尔林出版社，1933）。巴尔默受到奥地利裔人类学奠基人鲁道夫·斯坦纳（1861—1925）的理论的影响。其手稿事后很久才得以出版，而且也许经过了修订，书名《歌德风格论神智学中的德国性与基督教》（瑞士贝萨齐奥：托玛西拉出版社，1966）。

17. 埃格斯–克斯特纳代表贝克特联系了慕尼黑出版商赖因哈德·皮珀（1879—1953），看贝克特是否可以买下恩斯特·巴拉赫的画卷《图画集》（皮珀出版社，1935）。皮珀很不情愿，担心该画卷会被海关发现，但他回答说，此事他会仔细考虑。

巴拉赫的画集策划于 1934 年，当时巴拉赫的画尚未遭禁；即使到 1935 年巴拉赫的作品撤出了公众的视野，出版工作仍在继续。但 1936 年 3 月 24 日，"巴伐利亚州政法干警禁止巴拉赫画集继续销售，并没收了出版商仓库里已装订和未及装订的 3419 册，理由是该画集的内容很可能危及公共安全和秩序"（彼得·帕雷特，《反对第三帝国的艺术家：恩斯特·巴拉赫在 1933—1938 年》［剑桥：剑桥大学出版社，2003］，第 96 页）。皮珀和巴拉赫都采取了与禁令针锋相对的措施（帕雷特，第 77—107 页）。

"Ich will nicht, ich will nicht"（德语，"我不想，我不想"）。

18. 贝克特看了德国夜总会及电影喜剧演员卡尔·瓦伦汀（1882—1948）在慕尼黑奔驰夜总会的一场表演，之后不久，即离开德国的当天，贝克特又同演员艾奇海

姆一道去见了瓦伦汀（诺尔森，《盛名之累》，第241页；BIF，UoR，GD 6/f. 71
及 f. 73）。

19. 1937 年初，阿尔布雷希特来到劳动营服全民兵役。其画家朋友尚不知所指。
威廉·格林于 1937 年 3 月娶了凯西·弗兰克（1910—1992）。

伦敦
乔治·雷维

1937 年 4 月 13 日 　　　　　　　　　　　　　　　　　都柏林

　　　　　　　　　　　　　　　　　　　　　　　　　克莱尔街 6 号

尊敬的乔治：

　　谢谢您的便笺。

　　听说纳尔逊想推出爱尔兰作家系列。也许您可以接着把《莫菲》
交给他们。[1]

　　但现在最好的机会似乎在美国，其次才是诺特。[2] 要是您需要第
三份手稿，我可以寄给您。相信第二份手稿您已收妥。

　　整件事是您愿意管到底，我随时给您寄来新的手稿。

　　"庄重哥"依然让我放不下。[3]

　　向弗农小姐致以最诚挚的问候。[4]

　　　　此致

　　　　　　　　　　　　　　　　　　　　　　　　　　　　萨姆

ALS；1 张，1 面；TxU。

1. 托马斯·纳尔逊父子出版社在爱丁堡、伦敦和纽约设有分公司，推出了爱尔

兰作家肯尼斯·萨尔（原名肯尼斯·希尔斯·雷汀）的小说《海边某地》（1936），但没有证据表明该公司确定了新的出版方向。

2. 贝克特指给《莫菲》寻找出版商。在 1937 年 2 月 23 日写给雷维的信中，贝克特交代说第二份手稿在美国的玛丽·曼宁·豪手上，第三份在都柏林。

3. 贝克特指自己对塞缪尔·约翰逊的研读和相关创作；在讽刺诗《鬼魂》（伦敦：威廉·弗莱克斯尼出版社，1762）当中，查尔斯·丘吉尔（1731—1764）给约翰逊取绰号"庄重哥"。

4. 克罗丁·格威内思·凯德（原名弗农-琼斯），雷维的未婚妻。

伦敦
乔治·雷维

1937 年 4 月 14 日   都柏林

克莱尔街 6 号

尊敬的雷维：

在昨天的便笺里我说的是纳尔逊吗？请留心，那是我有意这么说的。[1]

从波士顿的朋友豪太太那里听说，她正将《莫菲》交给道布尔迪-多兰出版公司一个叫哈里森·史密斯的人审读，要是必要的话，再交给维京出版社她认识的某个人审读。[2] 假如美国那份手稿您想统管起来，您不觉得该跟她联系一下吗？怕您丢了她的地址，在此重写：马萨诸塞州波士顿市桃金娘街 136 号。

Gehorsamst [3]

萨姆

APCS；1 张，1 面；TxU。

1. 托马斯·纳尔逊父子出版社。

2. 1936 年，奥利弗·哈里森·史密斯（1888—1971）的哈尔斯与史密斯出版社和兰登书屋合并，此后至 1938 年，他改任道布尔迪–多兰出版公司主编（奥登·惠特曼，《〈周六评论〉的哈里森·史密斯去世了》，《纽约时报》，1971 年 1 月 9 日：第 30 版；《哈里森·史密斯（1888—1971）》，《周六评论》第 54 卷第 4 期［1971 年 1 月 23 日］，第 30 页）。

玛丽·曼宁·豪在纽约市维京出版社的熟人尚不知是何人。

3. "Gehorsamst"（德语，"最恭顺地"，"敬上"）。

伦敦
托马斯·麦格里维

1937 年 4 月 26 日

［都柏林郡］

福克斯罗克

亲爱的汤姆：

万分感谢您的来信。您对奥费朗和弗里尔 - 里夫斯的介绍令人欣慰。[1]

回国以来我一直感觉迷迷糊糊，而且无所事事，舒舒服服。同 J. B. 叶芝待在一起的那个下午令人愉快，正如同他单独待在一起时总是如此。他有一幅漂亮的以"沼泽与大海"为题材的新画，叫作《布莱夫泥的小浪》［布莱夫尼的小浪］。有 5 幅画在艺院展出，其中那幅《男孩与马》我有临摹画，两幅崭新的画恐怕自己还没见过。我还没去过艺院。[2] 戈加蒂公开说，他还从未在任何地方看过这样的画展。科迪看完安妮街瓦丁顿美术馆的霍恩水彩画展，稍后也进来了，懊悔不已地说她没法同杰克一起赴艺院的晚宴。接下来的周一，我同弗兰克一起见到了霍恩夫妇。克兰普顿·沃克的推介辞里有个小小的拼写错误，"杜比尼"

拼成了"杜毕尼"。³

您没说收到了《都柏林杂志》，上面载有我转弯抹角吹捧《阿玛兰瑟一家》的短文的那期。确实给您寄过。⁴

吕尔萨的画又挂在墙上了，挂在查利蒙特大楼里，就我所见，修复得相当不错，可惜挂得不像样子，矮矮地挂在灯光过亮的长厅里，同 J. E. 布朗什的那些烂画一起挂在角落里。听说馆长凯利（管他叫什么名字）丧气地向斯特拉·所罗门斯·斯塔基——所有人爱戴的艺术家！——赔罪，说对此画了解甚少。但他补充道，自己在细心研读。⁵我去参观的那天，杰克·叶芝的《低潮》——两年前就挂在艺院，而且由法官梅雷迪思做了推介——正受到三位女士的讥笑。AE 的新画似乎不少，其中一幅画的是月光下两个穿睡衣的女孩跨在屋脊上。⁶

一周前的上个周六，叫我再喜欢不过的那条老母狗（用氯仿）处理掉了，趁我在杰克·叶芝那儿时瞒着处理的。我伤心透了，一直想陪着它到最后，也许有办法让它好受一点。⁷此后两天，老妈都趴在床上动弹不得，而且让她理性地看待一个人无法理性地看待的事情，确实太不容易了。除此之外，她基本上还是老样子，状况确实好的日子跟状况真的糟的日子都不多。多数空闲时间，弗兰克都和自己的女友待在一起。他买了乔伊斯的三卷本《爱尔兰语地名》，对凯尔特语词源已经知之甚多，而且还弄干净了自己的颜料盒。明天，我们俩要去水彩学会画展看看！⁸

有一天，我同茜茜去看望了波士。他已经挪了地方，安顿在拉斯德拉姆村附近高地上的新地方，那地方附属郡疗养院，基本上是善良的杰拉尔德叔叔规划的，由一些慈光会修女管理。⁹在那儿他过得舒坦些，只不过比我上次见到他时又多经受了七个月的煎熬。心想，现在他知道自己时日不多了，已经放弃了总有一天搬回家的念头。当然，我没法激励他，但是当利亚姆·奥布莱恩夫妇和谢默斯·奥沙利文夫妇南下来看望时，他还是用老办法哄他们开心。茜茜的身体也比以前差些，不那么能四处奔波了。［……］他们的儿子还在非洲草原，没心情回家。[10]

收到了乔治的半张明信片，说再次遭到退稿。我给他寄去另一份手稿，因为他手里的两份都投出去了，其中一份我想是投给了纳尔逊。他还提到，布莱恩已经过来了。[11]还没有咨询他，也没找过但尼斯［丹尼斯］。听说但尼斯找过《今日都柏林》［《今日爱尔兰》］唯一拿薪水的编辑爱德华·希伊，说让我给他的诗集写书评。那不是我会乐在其中的活儿，但我自然还是得应约而为。[12]还没听到人家是怎么答复的。

我同利文撒尔吃过中饭，但并不期待经常见到他。他似乎同 S. 奥沙利文和奥斯汀·克拉克交上了朋友，现在已经搬到这儿（基维格）安顿下来了［……］在艺院露过面，表情愈加忧郁了。[13]

有一次去拜访艾思娜·麦卡锡，但她不在家。当时，年轻的"波尔伯斯老太太"正斜靠着墙。[14]

在图书馆遇见了约·霍恩，他邀请我到周六的时候共进晚餐，我盛情难却。后来到最后时刻，他打来电话，说他妻子说同样应邀的伦诺克斯·鲁宾逊夫妇是我的凤敌，因此这事成不了！我回答说，听到这样的事儿我无言以对，因为我从来就记不得谁爱我，谁恨我，谁宽容，谁记恨在心，只希望想方设法把它抛诸脑后。过了两三天，我去共进晚餐，是唯一的客人，得了一瓶烈性黑啤。[15]［……］

普桑的一些画借给巴黎了，克拉纳赫的画借给弗里德里希大帝博物馆了，弗兰斯·哈尔斯的那幅烂画则借给别的哪个地方了。[16]

南希·丘纳德从法国寄来了《两首诗》，一首是她自己的，另一首是一个西班牙人的，满是惯常的愤慨与怒火。[17]

鲁迪在《都柏林杂志》上出洋相，生拉硬扯些对亡妻的回忆，并未到来的脚步，只有他在她身边安息下来时才会有的安宁，如此等等，都是些适合塔莱布［塔布莱］爵爷诗歌的题材。有一篇维林［路维林］·波伊斯谈约翰逊博士的臭文，说他是个典型的约翰牛，那事实上是正统的废话。顺便说一句，我跟约·霍恩提到过文森特·奥沙利文那件事，但霍恩先前从没听说过，说他会的，假如知道向什么单位认购，他会十分乐意订购的。[18]

我越来越喜欢瞎逛了，越没有目标越好。周六到了大舒格洛夫山上，昨天则在恩尼斯凯里附近的田野里发现一个漂亮的小凯尔特十字架，上面仍然有模糊的基督殉难的浅浮雕，头部适当向北倾斜。弗兰克要我在圣灵降临节同他一起去克郎莫尔，逛逛戈提山脉和黑梯山，我答应了。真想再去看看卡舍尔。[19]

如果说算得上一直在奋笔疾书的话，那我就一直在写关于约翰逊的戏，结果经过许多次失望之后，却发现自己原则的诉求比敢于祈求的更醒目地得到了确认。现在看来十有八九了，就是他荒唐地爱上了她，因为整整15年他都待在斯特里特姆，不过没有文字材料证明其性无能。这出戏变得更有趣了——表现自己不近女色时装出愤怒的样子，认识到没必要不近女色时就真正愤怒了，在两者底下是恋人没有东西与人相恋的绝望——而且难写得多了。[20] 它解释了还从未得到过解释的事情，就是他对蠢货斯雷尔先生的敬重。[21] 他们最后一次见面是在1783年，离她嫁给皮奥齐大约还有6个月，距他去世也还差一年，见面的情况一直没人澄清。这事儿他在自己的《沉思录》里简要地提了一下。我想那次见面一定要写一写，只是我也该早就希望把它全都写进1784年，或者把它拉长，以接上斯雷尔夫妇发现他跪在德拉普医生面前，祈祷自己的理性能维持下去那场戏。在整个谣传过程中黏在斯雷尔太太身边的斯特里特姆圈子当中，阿瑟·莫菲是个重要角色，即使不排除范尼·伯尼也是唯一的狠角儿。我想，我们会看到一个十分安静的约翰逊博士。也许他雇的黑奴弗兰克·巴伯，才是他从不对之咆哮的唯一一个人。[22]

读了迪雅尔丹的《月桂……》，弄明白了在乔伊斯作品里让他提及拉尔博是多么地仁爱，而且他对独白的构思与范文并不相同这一提议是多么地谦逊。不然，那就既非仁慈亦非谦逊，乃又是 astuce 而已。[23]

昨天，艾伦·汤普森的老婆给他生了个儿子。[24]

对于同查尔斯待在一起的那个傍晚，您的叙述语气不大快活，窃以为那方面您过于敏感了点儿。我还没给他写过信，但必须得写。[25]

有两三个晚上，就在几乎刚好 11 年前第一次经历这个毛病时躺着的那张床上，心脏和脑袋炙热得像内燃机似的，但我不如当年焦虑。也许是因为对自身局限的急躁快要成为过去了。现在我觉得，未来的绝大多数日子都会在这里度过，会知足常乐，不大会因坐享其成而心怀愧疚，也不大会为事业的精进而殚精竭虑。毕竟做过一次努力了。不过，也许我错了。也许，同漂亮的女人坐上邮车，快活地往返于乌有之乡，那是约翰逊博士的幸福梦。[26]

茜茜在格兰奇宅遇见了奥马利，对他印象不错。[27]

盼尽快回信。

　　此致

　　　　　　　　　　　　　　　　　　　萨姆

ALS；5 张，5 面；TCD，MS 10402/126。

1. 麦格里维对肖恩·奥费朗和伦敦出版商弗里尔－里夫斯的评论详情不明。

2. 1937 年 4 月 20 日杰克·叶芝给麦格里维写信道，上个周六即 4 月 17 日，贝克特来访过（TCD，MS 10381/143）。

叶芝的新画指《布莱夫尼的小浪》（私人收藏，派尔 495）。在爱尔兰皇家艺术学院第 108 届年度画展上，他参展的画作有：《男孩与马》（见 1936 年 1 月 29 日的信，注 2），《小草在生长》（沃特福德都市艺术美术馆 76，派尔 492），《城市的清晨》（NGI 1050，派尔 493），《春日的傍晚》（私人收藏，派尔 494），以及《甲板上的舞蹈》（伦敦瓦丁顿美术馆，派尔 443）。

3. 4 月 17 日，科迪·叶芝到了南安妮街 28 号的维克多·瓦丁顿美术馆，看了 4 月 13 日至 20 日在该馆举行的爱尔兰风景画家纳撒尼尔·霍恩（1831—1917）的油画和水彩画个展。S. 贝克特和弗兰克·贝克特于 4 月 19 日周一看了画展。爱尔兰艺术家约翰·克兰普顿·沃克（1890—1942）编辑了《已故爱尔兰皇家艺术学院士纳撒尼尔·霍恩在维克多·瓦丁顿美术馆展出画作目录》；在生平介绍那页，法国风景画家查尔斯–弗朗西斯·杜比尼（1817—1878）的姓氏拼错了。

4. 贝克特的书评《〈阿玛兰瑟一家〉：一部充满想象力的作品！"》，第 80—81 页。

5. 吕尔萨《装饰风景》遭到的损坏（临近中心有一个穿孔，边上还有好几个略小的穿孔）已由格拉夫顿街 51 号的画作修复师詹·杰·戈瑞修复（修复发票，1935 年 8 月 13 日，都柏林休雷恩市立现代艺术美术馆；亦可参见 1935 年 5 月 5 日的信，注 6，及［1935 年 9 月 22 日］周日的信，注 2）。1935 年 10 月 1 日至 1954 年，约翰·F. 凯利担任市立现代艺术美术馆馆长一职。斯特拉·所罗门斯·斯塔基是萨拉·珀泽的闺蜜；珀泽是爱尔兰国家收藏馆藏友会会长，之前负责将该画纳入收藏目录。

当时列入收藏目录的雅克·埃米尔·布朗什（1861—1942）画作中，包括《珍妮》与《淘气》（都柏林休雷恩市立现代艺术美术馆，294 号，293 号）。

6. 杰克·B. 叶芝的《低潮》在 1935 年爱尔兰皇家艺术学院画展中展出过；该画由法官詹姆斯·克里德·梅雷迪思购得，1937 年捐赠给市立现代艺术美术馆；参见 1935 年 5 月 5 日的信，注 3。

当时该馆收藏的 AE 画作有 13 幅，其中多幅是 1904 年休雷恩美术馆赠送的。该馆位于查利蒙特大楼，1933 年开馆；也许是由于采用了轮换的方式展出画作，贝克特提及的那幅作品《屋顶上，月光下》（都柏林休雷恩市立现代艺术美术馆，32 号）在他看来才像是"新作"（帕特里克·凯西，都柏林休雷恩市立现代艺术美术馆，2006 年 6 月 2 日）。

7. 贝克特指家里的老狗"狼儿"。

8. 弗兰克的女友吉恩·维奥莱·赖特（1906—1966）。

弗兰克·贝克特买了帕特克·韦斯顿·乔伊斯的三卷本《爱尔兰语地名的来源与演变史》（都柏林：爱尔兰教育出版社；伦敦：朗文–格林出版公司，日期不详［晚于 1913 年］）。

爱尔兰水彩协会第 83 届画展于 1937 年 4 月至 5 月在都柏林梅里恩街的米尔斯厅举办。

9. 杰拉尔德·保罗·戈登·贝克特（1888—1974）是贝克特的叔叔，任威克洛郡医务长官。波士·辛克莱已于 1936 年 11 月转院（参见 1937［1936］年 11 月 28 日的信，注 25）。

10. 利亚姆·奥布莱恩（即"奥·布里恩"，1888—1974），爱尔兰民族主义者，戈尔韦大学学院法语教授。辛克莱夫妇的儿子莫里斯在南非谋生。

11. 乔治·雷维致贝克特的信尚未找到，但贝克特于 4 月 13 日写了回信。哈米什·汉密尔顿于 1937 年 4 月 9 日给雷维写信，退回了《莫菲》："哎，贝克特的作品正如我担心的那样晦涩！我觉得自己没法接受投稿。"（TxU）贝克特已提出纳尔逊有可能出版《莫菲》，但没有证据表明手稿寄给了他们。

布莱恩·科菲已到达伦敦。

12. 贝克特指丹尼斯·德夫林的诗集《调解》；该诗集尚未由雷维的欧罗巴出版社推出。爱尔兰作家爱德华·希伊（约 1910—1956）是《今日爱尔兰》的编委；该杂志由弗兰克·奥康纳主编，于 1936 年至 1938 年间发行。该书评贝克特还没写。

13. 基维格为都柏林一郊区。爱尔兰皇家艺术学院年度画展在这段时间举行。

14. 艾思娜·麦卡锡在波尔伯斯画院作的画：参见 1935 年 2 月 20 日的信，注 13。

15. 维拉·霍恩；伦诺克斯·鲁宾逊和多莉·鲁宾逊。

16. 1937 年 6 月至 10 月借给巴黎的王宫国家美术馆，在法国美术大师作品展上展出的普桑作品共有 3 幅：《耶稣入殓》（NGI 214），《阿西斯与加拉蒂亚》（NGI 814），及水墨纸画《阿西斯与加拉蒂亚的婚礼》（NGI 2842）；卢卡斯·克拉纳赫的画《十字架上的基督》（NGI 471）借给了柏林的弗里德里希大帝博物馆（自 1937 年 4 月 24 日）；弗兰斯·哈尔斯的《席凡宁根的年轻渔夫》（又名《打渔的男孩》，NGI 193）借给了荷兰的哈勒姆，在弗兰斯·哈尔斯个展上展出（1937 年 7 月至 9 月）（《爱尔兰国家美术馆：外借与购买》，《爱尔兰时报》，1937 年 4 月 8 日：第 8 版）。

17. 1936 年夏季和秋季待在西班牙期间，南希·丘纳德遇见了诗人巴勃罗·聂鲁达（1904—1973），后者介绍她认识了一些西班牙诗人，并鼓励她编辑一套丛书，刊印受西班牙内战启发创作的诗歌。1937 年，丘纳德和聂鲁达一道，在位于雷安维尔的出版社手工印制了 6 本小册子：《全世界诗人捍卫西班牙人民》。第一册《两首诗》由聂鲁达的《乌纳斯遗址诗篇》和丘纳德的《假装相爱吧》合成，维森特·亚历山大译（夏佩尔–雷安维尔出版社，1937；奇泽姆，《南希·丘纳德传》第 235—238 页；拉菲尔·奥苏纳，《巴勃罗·聂鲁达与南希·丘纳德：全世界诗人捍卫西班牙人民》[马德里：奥利金出版社，1987]，第 21—30 页）。

18. 托马斯·鲁德莫斯·布朗在《都柏林杂志》第 12 卷第 2 期（1937 年 4—6 月刊）第 72—74 页发表了对埃尔纳·洛学位论文《试论塔布利男爵的诗》（维也纳大学，1935）的评论。在该评论中，鲁德莫斯·布朗写到他于阿伯丁就读时，塔布利男

525

爵约翰·伯恩·莱斯特·沃伦（1835—1895）的诗怎样影响了自己；他还引用塔布利男爵的诗行（"余生的岁月要多么孤独地度过/直到我在你的身旁安歇"，及"聆听一声不会到来的脚步"）暗指自己的亡妻。

路维林·波伊斯，《约翰逊博士——闲散、漫步、掉队之人》，《都柏林杂志》第12卷，第2期（1937年4—6月），第9—15页。

美国裔英国作家文森特·奥沙利文（原姓肖恩·奥撒里温，1872—1940）当时在金融和美国公民身份上遇到了困难（参见1937年3月6日致谢默斯·奥沙利文的信，TCD，MSS 4630—49/1439；［1937年］3月1日致A.J.A.西蒙斯的信，见文森特·奥沙利文，《书信集》，艾伦·安德森编［苏格兰娄恩赫德：特拉格拉出版社，1993］，第43—45页）。1934年至1935年，文森特·奥沙利文给约瑟夫·霍恩论乔治·摩尔的专著做过有偿研究（文森特·奥沙利文，《十五封致谢默斯·奥沙利文的信》［爱丁堡：特拉格拉出版社，1979］，第20—24、28页）。

19. 大舒格洛夫山（1 659英尺）位于威克洛郡布雷镇西南。贝克特指恩尼斯凯里镇东北1英里、布雷镇西南偏西2英里处的法萨罗十字架，该十字架安放在狭窄岔路（SN 337路）北边的一处壁龛里；一面是原始的殉难图，另一面是两颗人头（安东尼·维尔，《早期爱尔兰：实地指南》［贝尔法斯特：黑杖出版社，1980］，第231页；威廉·卡明，都柏林公共工程局国家纪念碑管理处建筑师，1994年11月1日）。

1937年的圣灵降临节在5月16日。克郎莫尔是爱尔兰南部蒂珀雷里郡最大的镇。戈提山脉是爱尔兰内地最高的山脉，从蒂珀雷里郡的凯希尔向西绵延16英里。黑梯山（2 411英尺）位于卡罗郡境内，靠近蒂珀雷里郡的卡舍尔。

20. 贝克特关于塞缪尔·约翰逊（尤其是其与赫斯特·斯雷尔的关系）的读书笔记，可在其《人性的愿望》笔记本中找到（BIF，UoR，MS 3461/1—3）。

约翰逊与斯雷尔夫妇：参见1936年12月13日的信，及注6、注8。

中风后，约翰逊于1785年6月19日给赫斯特·斯雷尔写信道："我以高尚的爱心爱过你，以诚挚的敬意尊重过你。所有的爱慕请不要遗忘。"（塞缪尔·约翰逊，《塞缪尔·约翰逊博士书信集第2卷：1777年1月15日—1784年12月18日》，乔治·伯克贝克·希尔整理、编辑［纽约：哈珀兄弟出版社，1892］，第303页）

怀疑斯雷尔太太已嫁给加布里埃尔·皮奥齐时，约翰逊在1784年7月2日那封"粗鲁的信"中对她横加指责："假如你已抛弃了自己的孩子和宗教，那就求上帝宽恕你的罪恶。"接着，他以为自己依然可以阻止那桩婚姻，就补充道："我，爱恋过你、尊重过你、敬重过你、效劳过你的人，我，长期以来把你当作最杰出女性的人，恳求在你的命运无法挽回之前，允许我再见你一次。"（约翰逊，《塞缪尔·约翰逊博士书信集》，第2卷，第405—406页；BIF，UoR，MS 3461/1.f.10—11R，f.12 R）

21. 英国传记作家 C. E. 乌里亚米（1886—1971）写到，斯雷尔先生"永远都不可能从自己的体制性麻痹中清醒过来，而且我们对他的了解证明，他是个智商低于中等水平的人"。但在家庭纷争中，约翰逊站在斯雷尔一边，"对斯雷尔先生表示了崇高的敬意，其中不难发现虚荣或者固执的痕迹"（《斯特里特姆的斯雷尔太太》，第 68—69、72 页）。

22. 1784 年 7 月 23 日，赫斯特·斯雷尔在伦敦嫁给了皮奥齐。她最后一次与约翰逊见面是在 1783 年 4 月 5 日，那时约翰逊在自己的《日记》（而非《沉思录》）中写道："我离开了斯雷尔太太。深受感动。劝诫了她几回。她说自己也有类似的触动。"（塞缪尔·约翰逊，《日记、祷告与年鉴》，E. L. 麦克亚当与唐纳德·海德和玛丽·海德编，《耶鲁版塞缪尔·约翰逊作品集》，第 1 卷［纽黑文：耶鲁大学出版社，1958］，第 358—359 页）

1766 年 6 月，发现约翰逊跪在约翰·德拉普医生（1725—1812）面前时，斯雷尔夫妇"恳求上帝让他保持理性"，并决定带他到自己的乡间庄园斯雷特姆；在那儿，约翰逊从 6 月底一直待到 10 月，而且此后成了常客（贝特，《塞缪尔·约翰逊》，第 412 页；BIF, UoR, MS 3461/1.f.41 R）。

爱尔兰作家阿瑟·莫菲（原名查尔斯·兰杰，1727—1805）是亨利·斯雷尔最年长的朋友，他将约翰逊引荐给了斯雷尔夫妇；莫菲支持斯雷尔太太改嫁皮奥齐的决定，而反对的人群中，甚至斯雷尔太太的朋友弗朗西丝·伯尼（昵称范妮，1752—1840）都力图阻止这桩婚姻（贝特，《塞缪尔·约翰逊》，第 572 页；BIF, UoR, MS 3461/1.f.14 R 及 f.35 R）。

接受《绅士杂志》"我们机灵的气象记者"的采访时，弗兰克·巴伯坦言约翰逊从未咒骂过他，听到约翰逊对他说过的最恶劣的词是"你这条粪堆狗"（《一名气象学家从沃顿到伦敦的旅行》，《绅士杂志年鉴》第 63 卷第 1 期［1793 年 7 月］，第 620 页）。

23. 法国意识流小说先驱爱德华·迪雅尔丹（1861—1949）的《月桂树被砍了》。乔伊斯 1902 年至 1903 年读了该小说，1917 年联系迪雅尔丹不成，但承认他对《尤利西斯》产生了影响（艾尔曼，《詹姆斯·乔伊斯传》，第 126、411、520 页；伊丽莎白·凡·德·斯塔伊，《瓦莱里·拉尔博作品中的内心独白》［巴黎：捍卫者-斯拉特金纳出版社，1987］，第 84—85 页；玛丽·科拉姆对这一影响有异议，参见其《生活与梦》，第 394—395 页）。1921 年，乔伊斯向拉尔博提起过迪雅尔丹的小说，还给他留了一本；对于该书，后者钦佩不已，还为它再版时（巴黎：梅森出版社，1925）撰写了前言（艾尔曼，《詹姆斯·乔伊斯传》，第 519—520 页）。

"astuce"（法语，"精明"）。

24. 艾伦·汤普森和弗朗西丝·西尔维娅·汤普森（原姓里夫斯，1904—1982）的儿子名叫杰里米·汤普森，生于1937年4月25日。

25. 查尔斯·普伦蒂斯。即使贝克特给他写了信，那封信也尚未找到。

26. 1777年9月19日，鲍斯威尔关于约翰逊写道："（他说道，）'假如没有职责，也没有未来可以提，那我宁愿在轻松地同一个漂亮女人在赶着邮车的路上打发人生；但是，她应当是一个理解我的人，会给对话增添点儿什么。'"（鲍斯威尔，"1776年至1780年间的约翰逊"，《鲍斯威尔所撰约翰逊传》，第3卷，第162页）。在《人性的愿望》笔记本中，贝克特评论道，这是性无能的症状（BIF, UoR, MS 3461/1.f.90 V）

27. 格兰奇宅是谢默斯·奥沙利文的住宅。贝克特的姑妈茜茜·辛克莱在那儿遇见了欧内斯特·奥马利（1898—1957）；奥马利是共和党、记者，爱尔兰艺术家支持者。

伦敦
托马斯·麦格里维

1937年5月14日　　　　　　　　　　　　　　福克斯罗克

库尔德里纳-

亲爱的汤姆：

听到雷文的事儿，我心里很难过。完全能体会其中的付出。一段时间里，他对此事的心情多半会好很多。希望所有这些烦心事儿都没有您的份。别再信人家的话回15号去。[1]

两周来我没干成什么事儿。一周前的上个周二，波士·辛克莱在拉斯德拉姆疗养院去世，接下来的周四在犹太公墓下葬。此前那一周，同茜茜南下不知有多少次。他最后对我说的话是，陪伴不周，深表歉意。哈里给他送了终。茜茜处之泰然，她的情感装置已经疲惫不堪了。他不是从莫恩路那栋房子出去的，因为他从未到过那里。哈里和茜茜要我给《爱尔兰时报》写点儿什么，我照做，只用了一个小时草就。哈里把稿子交到斯迈利手上，没说是谁写的，我则敬而远之，站在他们目光所及的地方。斯迈利答应刊发，事实上早已找哈里要过什么，但稿子没有登出。最终，哈里不得不亲自写点儿什么。[2]

　　猜想您读过那份诽谤诉状了，是哈里在告戈加蒂的状。完全卷进去了。好在波士想要打这份官司，在去世前几周就看到诉状好不容易进了法庭。过去三四天，戈加蒂一直在回避传票送达，我觉得甚至现在他们也没有候着他。估计是从后门溜出去，睡在霍斯，诸如此类的伎俩。他觉得这样做对自己有什么好处吗？各种尘土都会被耙起来，猜想他们会想办法，说我是《徒劳》的作者，来败坏我的声誉。就是说，假如戈加蒂出庭应诉的话，但这一点我猜他会回避，除非考恩与里奇［里奇与考恩］坚持庭外解决。表面看来，在小说的每一处细节上，他和他们都征求意见，只不过意见来自伦敦某位没有能力欣赏参考文献的律师！我想，也许就因为那一点，无论对被告多不同情，这里大多数人都不赞同起诉。可是，粗话有度，冷嘲热讽的放任也有度。这案子于我不是好事儿，不会有任何好处。但会逗我的乐子。而且波士要这样做。Assez.[3]

　　一天傍晚我在霍恩斯遇到了弗朗，一吃过晚饭就任他瞎侃，让他聊那位急着沿袭自己的事务和精致的芬格［尔］女士的亲爱的印度邦主，听他的声音里南希、梅费尔区和蒂珀雷里郡的元素相遇而不混合的奇异。妙不可言的肩膀。他唯一的美学评论是，弗美尔在蓝色与黄色的对比中构造起了自己的画面。我几乎要问他，您是指哪个弗美尔。[4]接着他聊起纳粹迫害，一副老一套的伤感腔调。他问，你到过巴黎。回答，恰恰相反。他不抽烟，不喝酒，钟爱的是品茶派对——

　　看到他对美术馆做了些什么，真是震惊。他把所有荷兰画都取了下来，放在文印室里，而且印版画都放在地下室里。文印室变成了一间冰冷黑暗的科学实验室，或者说公共盥洗绿地。没一盏顶灯，而且那些画

529

都大模大样地挂成一条线，比看不见还要糟。因为墙上没有足够的空间把它们都挂上去，他就拿移动屏风来做实验。他盼着用同样的方法来处理雕塑厅，也就是移走塑像，把绘画放在那儿。那儿顶上也没有灯光。无论谁从什么角度去看一幅画，他的眼里都有那盏灯。而且它们挂的高度全都跟耻骨不相上下。[5]

若是有足够的空间，准线也设在合适的高度，那份挂成一条线的狂热倒也无妨，但现在是楼上照做，意大利绘画从荷兰厅（和爱尔兰厅）开始挂，最后真蒂莱斯基和皮亚泽塔的烂画挂到了曾经挂过的大厅里。墙纸刷成了难以形容的凤尾鱼色度，弗朗宣称那种色度与"意大利绘画""两相匹配"，就像一个人兴许会有偏见，喜欢拿烈性黑啤和牡蛎搭配。背景色对卡纳莱托和贝洛托的蓝色调绘画有一种令人愉悦的效果。挂成一条线的结果就是，大片大片的这一沉重、阴郁的色彩对画作和品画人产生了压抑感。栏杆他整个儿都移走了。[6]罗萨尔巴的景物画隔着楼梯遥相呼应。佩鲁吉诺的大型画送到维也纳"接受检查"去了。巴里的《亚当与夏娃》下放到了地下室。他从哪儿弄到的钱我不得而知。就是说，他究竟是怎么让监护董事会批准的无从得知。现在他需要人工照明，还要求开放至傍晚。[7]是时候有人提醒他美术馆的宗旨了，就是呈现值得一看的绘画，提供看画的便利。

杰克·叶芝和科蒂出城到福克斯罗克来喝茶，同老妈相处得不错。过去两周他卖了价值280镑的画。一幅30镑的画（《男孩与马》）卖给了布赖恩［布莱恩］·吉尼斯；艺院那幅100镑的画《小草生长的地方》［《小草生长的时节》］卖给了哈弗蒂信托公司，而大型新画《布莱夫泥的小浪》［《布莱夫尼的小浪》］应该曾经跟您提过，卖给了一位伦敦客商，他到叶芝的画室看过那幅画，好像名字叫塔尔伯特·戴维斯——[8]

艺院糟糕得令人难以置信。现在，布里奇特［布里吉德］·奥布莱

恩接任院长一职是十拿九稳了——[9]

　　有一天同布莱恩共进中餐。[10]他没把心里话告诉我。大多数时间聊圣〔－〕伯夫和批评的功用。还提到他正在伦敦找一份兼职教职。昨天在图书馆又见到了他，看起来心事重重。

　　今早老妈坐邮船离开了，同曼宁太太一起走的，她明天从利物浦启程去美国，老妈是去帮她接生的。之后，老妈会到纽瓦克附近的弟弟那里小住。今天下午，弗兰克和我要南下，去凯希尔住3到4天。盼着在南下的路上再去看一眼卡舍尔——[11]

　　昨天他们把绿地公园的《乔治二世》给炸了，其实那是都柏林最棒的雕像之一。假如是维多利亚的雕像或者阵亡纪念碑，就不会有人想到要炸掉了。[12]

　　我在艺院遇到了开心的（？）斯凯芬顿先生（带了夫人），于是祝贺他重返板球赛场。[13]"哦，我敢打赌，"他说道，"只要做个自我<u>分析</u>，你会爱上打板球的。"正确的回话是，我已经克服了必须回归呕吐物的毛病。[1]

　　很遗憾，您跟鲁宾逊夫妇提过啥了。正如我的想法那样，霍恩觉得维拉的计谋是无理无据的。他干吗要喜欢我的书呢？或者喜欢我呢？霍恩夫妇下周去瑞士，带着可怜的小戴维一起去，然后把他留在那儿。维拉已经申明，他有病，而且城里有半数医生已经给予过他沉重打击了。[14]

　　利文撒尔的评论，一部毁谤案的谈话录："我赞赏你们démarche的宣传价值。"[15]

　　上帝保佑。盼尽快回信。

　　　　永远的

　　　　　　　　　　　　　　　　　　　　　　　萨姆

---

[1]　贝克特在伦敦接受过两年"精神分析治疗"，不愿再听到"分析"二字。

ALS；3 张，6 面；［水渍损坏，且（右页）左下页边即［左页］右下页边撕毁］；TCD，MS 10402/127。

1. 托马斯·雷文希尔是麦格里维的朋友，曾借住在切尔西区切恩花园 15 号；贝克特所说麻烦事不知具体所指。

2. 威廉·波士·辛克莱 1937 年 5 月 4 日去世，5 月 6 日葬在都柏林郊区多尔芬货仓的犹太公墓。哈里·辛克莱和波士是双胞胎兄弟。在波士生病、住院期间，茜茜·辛克莱已搬家到拉斯戈尔区莫恩路的一幢房子里。尽管贝克特"就波士·辛克莱的死讯给《爱尔兰时报》匆匆草就了大约 100 行"，但《爱尔兰时报》的主编 R. M. 斯迈利（1893—1954）只登载了一篇未署名讣告（贝克特致玛丽·曼宁·豪的信，1937 年 5 月 22 日，TxU）；通讯员报道，《威廉·亚伯拉罕·辛克莱去世》，1937 年 5 月 8 日：第 10 版）。

3. 正如《爱尔兰时报》所报道的（《据称小说中有中伤内容：戈加蒂博士收传票，伦敦出版商遭起诉》，1937 年 5 月 14 日：第 2 版），哈里·辛克莱对奥利弗·圣约翰·戈加蒂及其伦敦出版商里奇与考恩出版社提起了法律控诉，控告戈加蒂的小说《当我沿萨克维尔街走去：实为幻想曲》（伦敦：里奇与考恩出版社，1937）中有多处故意中伤的段落。原告指出了诋毁自己和亡兄的段落，以及中伤其外祖父莫里斯·哈里斯（1823—1909）的段落；其外祖父生前在都柏林纳索街 47 号经营"哈里斯与辛克莱古碟、珠宝与艺术品"商行，直到该店迁到格拉夫顿街 4 号。

诉状提名贝克特为证人，其宣誓证词有如下条款：

> 伍德先生审读了一份宣誓证词，证词是福克斯罗克镇库尔德里纳的萨缪尔·贝克特先生写的，他是作家，申明由于读了许多促销广告，还说因为作者声名狼藉，自己对《当我沿萨克维尔街走去》无限好奇，于是就买了一本。一读到第 65、70 和 71 页上的那些段落，他立马推断，以"萨克维尔街的两个犹太人"开头的那些句子写的是亨利·莫里斯·辛克莱和已故的威廉·亚伯拉罕·辛克莱，而且"老高利贷者"和"孙子们"这些词影射已故的莫里斯·哈里斯先生及其两个孙子。他认为，这些词对亨利·莫里斯·辛克莱先生及其亡兄构成了十分严重的侵犯。（第 2 页）

贝克特认为，作为《徒劳无益》的作者，这一身份会被辩方用来贬损自己的声誉；在庭审中，《论普鲁斯特》和《腥象》也用于那一目的（尤里克·奥康纳，《奥利弗·圣约翰·戈加蒂：诗人及其时代》［伦敦：乔纳森·凯普出版社，1964］，第 280—281 页）。

"Assez"（法语，"够了"）。

4.乔治·弗朗，爱尔兰国家美术馆馆长。

弗朗聊的是什么邦主已不得而知。在给玛丽·曼宁·豪的信中（1937年5月22日；TxU），贝克特提到过吉大港（当时属东孟加拉，现属孟加拉国）的一位土邦主，但自从1760年割让给东印度公司以来，吉大港就不是王室殖民地，因而没有土邦主（大英图书馆东方与印度图书专藏，多利安·勒维克，2006年6月21日；爱德华·桑顿，《东印度公司管辖领地及印度大陆本土各邦地名辞典》［伦敦：威廉·H.艾伦出版社，1857］，第206页）。

弗朗指伊丽莎白·玛丽·玛格丽特·普兰科特（原姓伯克，1866—1944），即当时的芬戈尔伯爵遗孀（丈夫、第11任芬戈尔伯爵贺拉斯·普兰科特1929年去世之后）。在贝克特听来，弗朗的声音融合了南希［？·丘纳德］、梅费尔区（伦敦上流社会）和蒂珀雷里郡（爱尔兰农村）的腔调。

爱尔兰国家美术馆的藏品中没有弗美尔的作品。

5.爱尔兰国美馆收藏的荷兰画从原厅撤出，挂到了底楼的展厅；该展厅曾用作文印室，只有边窗采光，玻璃起雾后厅内就一片昏暗（约翰·道林，《艺术：建议与估算免费》，《今日爱尔兰》第2卷第10期［1937年10月］，第63、77页）。

6.爱尔兰国美馆收藏的意大利画重新布展，挂到了二楼的3个展厅（先前为荷兰厅、爱尔兰厅、意大利厅）里。贝克特指真蒂莱斯基的《大卫杀死巨人歌利亚》（NGI 980）和《装饰小组》（NGI 656，现认定为乔瓦尼·巴蒂斯塔·皮亚泽塔［1682—1754］画室的作品）。

卡纳莱托的画：《圣马克小广场即景》（NGI 286），《大运河与致敬教堂》（NGI 705），及《大运河与明爱会教堂》（NGI 1043）。贝洛托的画：《德累斯顿以南的易北河》（NGI 181）与《德累斯顿以北的易北河》（NGI 182）。

7.威尼斯洛可可派画家罗萨尔巴·卡列拉（1675—1757）的四幅彩粉画：《春》（NGI 3846），另一幅《春》（曾名《夏》，NGI 3847），《秋》（NGI 3848），以及《冬》（NGI 3849）。

佩鲁吉诺的《圣殇》（NGI 942）送去了维也纳接受评估和清理（参见［1936年］7月17日的信，注6）。

爱尔兰艺术家詹姆斯·巴里（1741—1806）的画《亚当与夏娃》（NGI 762）已放入了地下库房，等待新爱尔兰厅装饰完毕。

国美馆办公室和工作间之前只有自然光，此时增添了电灯（［弗朗］馆长致公共工程部长的信，1936年12月4日；馆长致教育部长的信，1937年12月13日；NGI档案馆）。政府建议傍晚开放，经理与监护董事会遂于1937年2月3日授权延长开馆时间（S. 奥尼尔，教育理事会致国家美术馆馆长的信，1936 年 12 月 19 日；馆长致教育部部长的信，1937 年 2 月 3 日；教育董事会 S. 奥［尼尔］致教育部部长的信，1937 年 12 月 6 日；NGI 档案馆）。

8. 杰克·B. 叶芝有 5 幅画在 1937 年 4 月的爱尔兰皇家艺术学院画展上展出。叶芝的画《男孩与马》（派尔 476 号；私人收藏）卖给了布莱恩·吉尼斯（1905—1992），《小草生长的时节》卖给了哈弗蒂信托公司（现收藏于沃特福德艺术博物馆，76 号）。《布莱夫尼的小浪》（派尔 495 号；私人收藏）未在画展中展出，而是直接卖给了亨利·塔尔伯特·德·维尔·克利夫顿（1907—1979），即威廉·B. 叶芝《青金石》一诗题献的对象（派尔，《杰克·B. 叶芝油画作品分类目录》，第 1 卷，第 450 页）。

9. 1937 年爱尔兰皇家艺术学院画展。

罗丝·布里吉德·奥布莱恩·甘利是时任爱尔兰皇家艺术学院院长德莫德·奥布莱恩的女儿，1935 年以来任皇爱美院成员。

10. 布莱恩·科菲。

11. 陪苏珊·曼宁到达利物浦后，梅·贝克特又去了诺丁汉郡的纽瓦克，去看望弟弟爱德华·普莱斯·罗。

12. 乔治二世骑马的铜像由小约翰·范·诺斯特（卒于 1780 年）雕刻，原立于圣斯蒂芬绿地公园，1937 年 5 月 12 日在回应乔治六世加冕仪式的抗议浪潮中被炸毁。在一封致《爱尔兰时报》的信中，威廉·B. 叶芝哀叹说，那是"都柏林唯一以美和优雅让我愉悦过的雕像。他们若是炸毁了圣斯蒂芬绿地公园里的任何别的雕像，我都会欢呼雀跃"（《乔治二世》，1937 年 5 月 14 日：第 4 版）。

都柏林的《阵亡纪念碑》：［1936 年］1 月 16 日的信，注 11。维多利亚女王的雕像由约翰·休斯（1865—1941）雕刻，1903 年置于林斯特大楼前（1947 年移走，1987 年交给澳大利亚悉尼市）。

13. 欧文·希伊-斯凯芬顿和安德烈·希伊-斯凯芬顿。

14. 贝克特指维拉·霍恩撒回共进晚餐的邀请一事（参见 1937 年 4 月 26 日的信）。

15. "démarche"（法语，"步骤"）。

伦敦
托马斯·麦格里维

1936［1937］年 6 月 5 日 ［都柏林郡］

福克斯罗克

亲爱的汤姆：

自我从凯希尔回来以来，事情就没有任何连贯性。老妈外出了一周，
先是在利物浦跟曼宁太太告别，接着去诺丁汉跟弟弟小住，回家时身体
有所恢复，但就是不承认这一点儿。弗兰克和我是经利默里克回来的，
他在那里有些活儿，而我去看了圣母马利亚教堂。修复得糟糕透顶，但
西门很漂亮。猜想您知道那个门。不经意跟肖恩·奥沙利文提了一下，
他回应道，"仅仅一道西门还没法叫我激动起来"。En effet.[1]

昨天举行了禁止令庭审。双方的表现都乏善可陈。裁定留待下周一
公布。我们赢没赢这一轮，似乎没多大关系。有陪审团出席的庭审本身，
是不大可能在十月之前举行的。上帝才知道那时我会在哪里。估计无论
在哪里，我都得回来参加庭审。会变成阴招频出的拉锯战，真希望自己
没有卷进去。尽管利文撒尔赞赏这场官司的宣传价值，但于我不会有任
何益处。可是，即使有出路，我也不会接受。唯一可能的辩护昨天有人
指出来了，就是缝制帽子不是为了适合所有人。该死的谎言，可是要证
明显而易见的事情却可能很难。而且即使此案的原告拿到了裁定，拉锯
战也才刚刚开始。考恩与里奇还没有出庭应诉，就这样回避司法管辖。
美国版恶劣得多，补充了 16 行打油诗，大意是在那儿无论买了什么，
您都真真正正被出卖了。[2]

康斯特布尔照惯例掸了掸礼帽，就把《莫菲》打发了。现在，稿子
在拉瓦特·迪克森手上。[3]我收到柏林一家出版公司的来信，叫洛沃尔
特［罗沃尔特］，建议选一些约阿希姆·林格尔纳茨（1934 年去世，卡
塞尔的辛克莱一家对他很熟悉）的诗歌翻译成英语。我写了回信，说自

535

己坚持 en principe[1]，那项原则无所不包。他们提议用费伯版的《杂集》。霍加斯出版社好像更有希望，但他们自己就能解决那一方面的事儿。[4]

杰弗里寄来一份日内瓦某"非盈利机构"招聘法英译员的广告，是从《听众》上剪下来的。我写了回信询问详情，但忘了签名。Verschreiben 的范例。还有鲁迪给了一份开普敦招聘意大利语讲师的广告。他们是直接给他写的信。那个岗位眼下我不准备申请。[5]

辛克莱母女（总共三人）准备八月份出国去南非，这样入冬前儿子就不必回家了。猜想他们也想在拉锯战期间外出透透气。一想到案子，茜茜就心烦。[6]

我第一次去拜访了科伦夫妇，在那里遇到了戈尔曼。现在他在搞乔伊斯的大型传记，那时正在寻找夜市的入口。去的时候想着会唾沫四溅，结果除了有些沉闷，面聊倒也不赖。带了慕尼黑一位画家的消息给科伦的女儿。她从德国带回了一幅精致的小画，是一个叫沙尔的人画的。[7] 50 马克。康斯坦丁像个甲壳虫似的笨手笨脚，撞上了一个独家住宅母牛垫，对谁都没有坏话说。

过了几天，在叶芝家里又见到了戈尔曼。他带了乔伊斯写给哈里·辛克莱的祝词，不得不说这事儿让我很惊讶。他聊了巴黎的那个圈子，说起了约拉斯、L. P. 法尔格、佩洛尔松，还有他们寻找 Stammtisch 的情况，那儿酒水得便宜，Stimmung 得渐变；得略带法郎 kaputt[2] 时弃船而逃的耗子们的轻蔑。[8]

有一天，我开车接杰克、科蒂和约·霍恩出城，去看老妈和驴子。算得上相当顺利。老妈处之泰然，无比自在，就像那头驴子那样，决不允许乔在远处的喃喃自语打搅自己。科蒂戴着一顶露顶帽，一切都令人愉快。杰克钦佩自己的画作。顺便说一句，他一直顺风顺水，告诉过您

---

[1] 法语，"原则上"。
[2] 德语，"破产"，"完蛋"。

吗，一周内就卖出了380镑的画。两幅是从美院买走的，小幅的《男孩与马》卖给了布赖恩［布莱恩］·吉尼斯，大幅的《小草生长的地方》［《小草生长的时节》］卖给了哈弗蒂，还有一幅可爱的大型新画直接从画室卖给了伦敦的一个经销商，应该是兰顿·戴维斯。[9]他把日子改成了周四。

有个周日，我同科菲一家共进午餐。校长就基督教建筑侃侃而谈，布赖恩［布莱恩］则拿自己那篇谈圣伯夫的文章来看。显而易见，丹尼斯·德夫林要我给里尔·穆尼一首诗，让她在电台去朗读。心想那一激励几乎就足以促使我写一篇新作了。布赖恩［布莱恩］没把心事说出来。我们相处得比我以前的感觉要好些。真是好笑，他忽然产生把圣斯蒂芬绿地公园里拒绝裹入一种观念的郁金香吃掉的欲望，弄得心神不宁。几天前，我收到伦敦寄来的未署名信函，信封上的收信地址用的是大写字母，只有用约博士为商标的巴克雷啤酒瓶上的标签粘在一张空白纸上。猜想是他寄来的。同一批邮件中还有埃尔·格列柯的"慕尼黑悲伤的圣母"，上面只写着"Bonjour"[1]和一个看不懂的字母组合图案。[10]

一天傍晚，我在茜茜家的时候，奥斯汀·克拉克也来了，是带着索尔克尔德和弗弗弗弗弗兰奇-马伦来的，那人过去这个月一直同辛克莱一家待在一起，准备在维纳斯山附近修一幢农舍。克拉克满怀恨意，但即使看到了我刊发在《读书人》上的文章，对我似乎也并无恶意。[11]他确实可怜，又富有同情心。要不，就是任何类型的文学合同人家都想抓住？他正想着找您呢。当然了，戈尔曼也是这样。

我收到过查尔斯的来信，给他详详细细地写了回信。[12]此后他就只言片语都没了，让人担心他又病了，去不了佛罗伦萨。要是您有他的消息，请转告我。

唯一算是正事儿的事情，是去过图书馆查约翰逊的资料。眼下对整

---

[1]　法语，"祝好"。

个故事都烂熟于心了，随时可以动笔。可是，表妹要带丈夫来跟我们住一个星期，在他们走之前，想要静下心来创作是万不可能的。今天傍晚全家都会去阿比，去看亨特–奥康纳的惊悚剧。[13] 多年而且是好多年没去那里了。

一定程度上我算是又同杰拉尔德叔叔拉近关系了，他曾跟老爸一起四处奔波。兴许原因无外乎此。他是威克洛郡的医疗巡视员，住在灰石镇。我们一起海浴，一起弹二重奏，他还给我介绍珊瑚礁、托克马达，以及从原理上看，心灵感应怎样尿过去就成了远处的反方形。[14]

您的翻译做得怎么样了？千万尽快回信，把您的进展告诉我。[15]

此致

s/ 萨姆

TLS；1 张，2 面；TCD，MS 10402/97。日期判定：晚于贝克特 1937 年 5 月 18 日写给麦格里维的信（TCD，MS 10402/132），该信提到贝克特准备去凯希尔和卡舍尔；戈加蒂毁谤案的预备庭审在 1937 年 6 月 5 日的《爱尔兰时报》上有报道；招聘法语译者的广告登在 1937 年 5 月 5 日和 12 日的《听众》上。

1. 利默里克的圣母马利亚大教堂位于香农河中的国王岛上，其西门为罗马式建筑（19 世纪修复），主楼高 120 英尺，有四处阶梯式角楼。原教堂 1168 年由芒斯特国王唐纳·莫尔·奥布莱恩创建，王宫一并并入。西门兴许是原王宫的大门（诺琳·艾乐克，圣母马利亚大教堂）。

"En effet"（法语，"确实"）。

2. 1937 年 6 月 4 日的庭审中，原告要求发出禁止奥利弗·圣约翰·戈加蒂的《当我沿萨克维尔街走去》继续出版的强制令。被告（由拉尔夫·布里尔顿–巴里代理）声称，小说中的描述本意不在表露原告的身份（《戈加蒂毁谤诉讼案：谋求新的禁止令，但法庭未当庭裁决》，《爱尔兰时报》，1937 年 6 月 5 日：第 13 页）。

亚伯拉罕·雅各布·利文撒尔。

伦敦出版商里奇与考恩。

美国版增添了两节诗和第三节的起首：

他们经营古董店售卖

古时名匠的旧物

你们都真正遭到出卖

无论购买了何物。

但韦利花钱如此急切

带来奇怪的灾难

因他寻觅旧物的热烈

不及婚外的新欢。

另一个……

（戈加蒂，《当我沿萨克维尔街走去：实为幻想曲》［纽约：瑞纳尔与希契科克出版社，1937］，第68—69页；奥康纳，《奥利弗·圣约翰·戈加蒂》，第277—278页。）

3. 伦敦出版商：康斯特布尔出版公司；拉瓦特·迪克森。

4. 阿克塞尔·考恩在德国诗人约阿希姆·林格尔纳茨（原名汉斯·波蒂谢尔，1883—1934）的出版商罗沃尔特出版社工作。罗沃尔特曾给贝克特写信，说英译林格尔纳茨诗歌选兴许可以入选费伯出版社的"准则杂集"（1919年至1936年推出的专著系列），但这封信尚未找到；贝克特的回信也不知所终。霍加斯出版社推出了好几位诗人的英译诗选，包括里尔克的。

5. 杰弗里·汤普森寄来的广告登在《听众》第17卷第434期（1937年5月5日）第895页和第17卷第435期（同年5月12日）第950页上。"Verschreiben"（德语，"笔误"）。

鲁德莫斯–布朗；开普敦大学：1937年7月29日的信，下文。

6. 茜茜·辛克莱与两个女儿（南希和戴尔德丽）计划去南非看望莫里斯·辛克莱。

7. 赫伯特·舍曼·戈尔曼（1893—1954）正在撰写《詹姆斯·乔伊斯传》（1939），借住在康斯坦丁·科伦的家里。"喀耳刻"（插曲15）以固定的引子开篇，描述"从马伯特街进夜市的入口"（詹姆斯·乔伊斯，《尤利西斯》［巴黎：莎士比亚书店，1922］，第408页）。

伊丽莎白·科伦在慕尼黑见过埃德加·恩德，贝克特也是在那儿见过他（参见1937年3月25日的信，注13）。贝克特指约瑟夫·沙尔（1896—1954）的《鲍恩霍塞特》，该画为伊丽莎白·科伦所有。

8. 贝克特到底是在威廉·B. 叶芝家还是在杰克·B. 叶芝家见到戈尔曼的，这一点难以确定。波士·辛克莱的兄弟哈里·辛克莱、欧仁·约拉斯、列昂－保罗·法尔格、乔治·佩洛尔松。

"Stammtisch"（德语，酒吧或餐馆里的"常客餐桌"）。"Stimmung"（德语，"情调"，"氛围"）。美元对法郎大幅贬值，使得在法国生活代价更大，因此 20 世纪 20 年代和 30 年代早期滞留法国的许多美国侨民已经离开。

9. 杰克和科蒂·叶芝，约瑟夫·霍恩。贝克特买下了叶芝的《街头混混》和《清晨》两幅画（参见 1936 年 5 月 7 日的信，注 2，及 1935 年 5 月 5 日的信，注 4）。关于所卖画作：参见 1937 年 5 月 14 日的信，注 8；正如此处指出，第三幅画应该是《布莱夫尼的小浪》，但买家不是兰顿·戴维斯，而是亨利·塔尔伯特·德·维尔·克利夫顿。

10. 布莱恩·科菲一家；他父亲丹尼斯·科菲是都柏林大学学院校长。布莱恩·科菲发表了书评：《评安德烈·泰里夫作序的〈圣伯夫佳作选〉》"，《准则》第 16 卷第 64 期（1937 年 4 月），第 716—721 页。

丹尼斯·德夫林参与爱尔兰电台的工作，播送作品朗读和文学评论：参见 1935 年 10 月 8 日的信，注 17。里尔·穆尼（1904—1973），爱尔兰女演员、制片商，常为电台朗诵文学作品。

贝克特以为是科菲匿名寄来了那张啤酒标签。巴克雷啤酒是巴克雷、帕金斯及伙伴公司（该公司成立于 1781 年 5 月 31 日，意在买断赫斯特·斯雷尔在安克酿酒厂的股份）生产的啤酒。塞缪尔·约翰逊是个"壮实的学究，他把住一只一品脱的大酒杯，成了酿酒厂的形象代言人"（www.thrale.com/history/english/hester_and_henry/brewery/index.php, 2006 年 6 月 15 日）。

收藏于慕尼黑的埃尔·格列柯画作是《给基督更衣》（老绘画陈列馆 8573），不是《圣母马利亚》（斯特拉斯堡美术馆，MBA 276）；因此明信片上印的图片及寄卡人的身份均不明确。贝克特写的是"字母组合图案〈也许是〉露西娅"。

11. 在发表于《读书人》（1934）的文章《近年爱尔兰诗歌》中，贝克特对奥斯汀·克拉克的作品并未赞赏。

塞西尔·索尔克尔德。

借宿在拉斯加尔区莫恩路茜茜·贝克特家的也许是道格拉斯·弗弗兰奇－马伦（1893— 1943）；维纳斯山位于都柏林郡伍德敦村附近，是一处环形巨石阵。

12. 查尔斯·普伦蒂斯的来信和贝克特的回信均无从找到。

13. 罗比娜·希拉·佩奇（原姓罗，昵称希拉，贝克特又称伊莱，1905—1993）

和丈夫唐纳德·坦普尔·佩奇（1901—1989）正在库尔德里纳拜访亲戚。《在火车上》由休·亨特根据弗兰克·奥康纳的短篇小说改编而成，1937年5月31日在阿比剧院上演。

14. 杰拉尔德·贝克特是威廉·贝克特的弟弟，住在威克洛郡灰石镇波特兰路的德拉曼尼（本拿比庄园）。

托马斯·德·托克马达：参见［1934年］5月10日的信，注1。

心灵感应指印象表面上直接从一个人的脑海传递到另一个人的脑海里，与物理学中"反向方形"法则描述的因果关系相反。

15. 麦格里维翻译的是马亚尔的《难以抵达的绿洲》（海涅曼出版社，参见1936年12月22日的信，注1），及亨利·德·蒙泰朗《少女们》（共4卷，1936—1939；《哀女性》）的第1卷《少女》（伦敦：乔治·劳特利奇出版社，1937）。

瑞士洛桑
约瑟夫·霍恩

1937年7月3日
　　　　　　　　　　　　　　　　　　　都柏林

　　　　　　　　　　　　　　　　　　　（国会街）

　　　　　　　　　　　　　　　　　　　埃塞克斯街

　　　　　　　　　　　　　　　　　　　海豚宾馆

亲爱的约：

您要的估计就是下面这一段：

"人的偏见是其判断的指针，我承认自己往往这么想，就是像恩贝多克利去了埃特纳那样，我父亲去了下议院，扑倒在悬崖边上，因为他渴望了解火山口的内部是个什么样子。我担心，对我父亲去下议院的原因的这一解释，对像我兄弟那样就我国的国家大会持正常观点的那些人一样，会显得滑稽可笑；然而，我兄弟似乎并没有整个回避这一盛行的信念，就是下议院是个时代错误，正如上议院那样。他并不像莫里大人和温斯顿·丘吉尔先生那样，用同样不知疲倦的勤勉把辩论按顺序记录下来。他对表决铃声的重要意义印象深刻，但没有达到他们那种程度，而且本可以更少受其影响，假如熟读了他们的作品的话——精彩的作品，信息丰富，思想活跃，文学性强，瑕疵极少，只要不是揣摩不透，就可以说是完美的作品了。"[1]

———————

相信这一段既不太短，也不太长——

收到您的来信真是欣喜。阿兰（on se fait à tout）把您在洛桑的地址给了我，正想着给您写信呢，可日子悄然过去，啥正事儿都没做。[2]

明天上午准备开着老爷车同卡恩［卡亨］去卡帕。去年您和我一起南下，是不是差不多同一个时间？希望贝弗里［贝弗利］外出了。杰克·叶芝说，当一袋煤分发到位时，他的嗓音就最最悦耳动听（就像在夜总会里哄骗小姐那样）。确切地说，让我想起作坊漏斗的阀门。是纳什，要不就是格林。[3]哎，这就是区别，一部分区别。

有人帮我找了一份活儿，就是给卡洛附近的一家房地产（拉斯道恩爵爷的？）当代理，年薪 300 镑，外加一幢免费住的房子。我把活儿让给珀西，可他拒绝了，理由是一旦他转身而去，贝弗利就会赶紧娶个新婆娘。在我看来，那份工作本来像是给他量身定制的。[4]

鲁德莫斯-布朗要我申请开普敦大学意大利语讲师的岗位，也许会申请的。[5]他说是果实补偿了卡菲尔人。本该自己颠倒这个命题的。

收到南希·丘纳德的来信。她在收集作家们对西班牙内战的表述。我回信道："共和国永不倒。"后来她又写了信来，要求说充分些。[6]

柏林的一家出版商写信来，要我编选一本约阿希姆·林格尔纳茨的诗集，再译成英语，交给费伯出版社。

依然有大量的旁注以后会派上用场的，比如说在《年鉴》中他第一次回想起，在他一岁半同老妈睡在一起时，老妈就教他知道了天堂与地狱的二分法。她说，天堂就是有些人去的乐土，地狱就是迷途者去的<u>伤心地</u>。她似乎根本就不是高教会的。第二天上午，为了让他记住自己的教导，她要求他给家庭牧师托马斯·杰克逊复述一遍。可他就是不。[8]这一切会相当自然地在最后一幕加以表现，比如说由于持有这一观点，就是永恒的折磨胜过毁灭，就遭到神职朋友泰勒的斥责时，他就对死亡充满恐惧。他肯定有过<u>积极</u>的毁灭这一概念。有多少人，就有多少种说法。[9]

我一直在拿贝洛克[1]的《论弥尔顿》侮辱自己，剩余的精力则用来读叔本华的《论女性》。[10]

老哥已经订婚，婚期不远了。代理商乔治·雷维也是如此。[11]德夫林的诗集就要出版了，跟我的集子是一套<u>丛</u>书。那部诗集请您关注。我自个儿的交给艾伦与昂温。[12]

谢默斯让我给麦克尼斯［麦格尼斯］的《出局》写书评。我把任务转交索克尔德太太了。[13]

盼尽快回来。想您。代我向维拉、萨利和戴维问好。[14]

此致

萨姆

ALS；3 张，6 面；信头；TxU。

1. 引文出自莫里斯·乔治·摩尔《爱尔兰绅士乔治·亨利·摩尔：其旅行、奔

[1] 贝洛克（Hilaire Belloc, 1870—1953），英国裔法国作家、史学家。

波与政治观》（伦敦：T. W. 劳里出版社，1913）的序言，第 xv—xvi 页。在回忆录中，约瑟夫·霍恩就贝克特写道："我请他替我查查乔治·摩尔给其（摩尔的）先父、爱尔兰政治家乔治·哼利[亨利]·摩尔所写传记中的一段（《谈谈我是怎么结识萨姆·贝克特的》：TxU，J. M. 霍恩/作品）。

约翰·莫里，布莱克伯恩第一代子爵莫里（1838—1923）；温斯顿·丘吉尔（1874—1965），英国保守党领袖，两度出任英国首相。

2. 厄谢尔的名字叫珀西瓦尔·阿兰；尽管之前大家叫他"珀西"，但当时他更喜欢"阿兰"这个名字。"on se fait à tout"（法语，"人什么都能适应"）。

3. 贝克特把公共工程理事会的罗伯特·卡亨称作"另一个失意的知识分子"（贝克特致麦格里维的信，1937 年 7 月 7 日，TCD，MS 10402/128）；卡亨追求学者、语言学家兼文学批评家的事业，是《犹太人年鉴》的爱尔兰通讯员（阿[兰]·厄[谢]，《罗伯特·卡亨先生敬辞》，《爱尔兰时报》，1951 年 12 月 12 日：第 5 版）。厄谢尔的祖宅卡帕位于沃特福德郡，归阿兰·厄谢尔的父亲贝弗利所有。

贝克特指英国戏剧家、讽刺散文家托马斯·纳什（1567—1601）和英国诗人、剧作家、小说家罗伯特·格林（1558—1592）；未发现具体典故。在贝克特《腥象》笔记本（BIF，UoR，MS 3000）的末尾，有 12 页的页首写着"供篡改"，记载内容包括罗伯特·格林《马纳芬》（1589）的引文，该剧见《值钱的机智，拿百万次忏悔买来；罗伯特·格林忏悔录，1592 年》，G. B. 哈里森编（伦敦：鲍利海出版社，1923），及《罗伯特·格林戏剧、诗歌合集》，J. 切顿·柯林斯编，二卷本（牛津：克拉伦登出版社，1905）（皮林，《"供篡改"：贝克特与英国文学》，第 218—219 页）。

4. 贝克特并不确定地产归谁所有。拉斯道恩地产位于都柏林郡，属于戈德弗雷·约翰·博伊尔·切特温德（1863—1936），即切特温德子爵兼拉斯道恩男爵；其儿子亚当·邓肯·切特温德（1904—1965）继承他的爵位。卡洛郡的拉斯顿内尔地产更接近贝克特的描述。拉斯顿内尔爵爷托马斯·利奥波库·麦克林托克–班伯里（1880—1937）住在英格兰，其地产"里斯纳瓦"从 1930 年到 1951 年聘用的是同一个经理。但有这样一种可能，就是附近一个较小的家族产业"橡树公园""1937 年也许招聘过经理"（拉斯顿内尔爵爷[1938 年生]，1992 年 11 月 30 日；该地产的卷宗不复存在）。

在[1937 年 6 月 15 日之前的]信中，贝克特向阿兰·厄谢尔描述了这个岗位："多数时间是跟着审计员跑，还有地产商（他似乎大多数时候住在英格兰，这会儿过来了，在某个地方钓鱼。哎，不知道他叫啥名字）。"（TxU）。1937 年 7 月 7 日，贝克特给麦格里维写信说，自己鼓励阿兰·厄谢尔和约·霍恩二人都应聘：

我催厄谢尔应聘这个工作，但他不大上心，看来他相信，一旦自己离开

544

卡帕村的房子，他老爸就会再娶，从而危及自己的继承权。整个通信的情况早已跟约·霍恩（眼下在洛桑）提过了，收到了他从卡帕发来的电报，恳求我帮他弄到这份工作！但愿做得到，但我担心现在为时已晚。（TCD，MS 10402/128）

5. 1937 年 6 月 15 日，贝克特给阿兰·厄谢尔写信道："虽然已收集齐了开普敦焦热地狱所需的推荐信，但我倒产生了放弃申请的念头。"

6. 南希·丘纳德的来信和贝克特的回信均未找到，但 1937 年 7 月 7 日，贝克特给麦格里维写信道："南希·丘纳德向我游说，要我就西班牙内战表述观点。我回信说'共和国永不倒'。她又写信来，要求说充分一些。……我又回信，说自己没法说得再明确一些了，除非她坚持要求我那样。此后就再无来信。"（TCD，MS 10402/128）

哈里·兰瑟姆人文研究中心的丘纳德收藏馆藏有与丘纳德的项目相关的文件，包括回复 1937 年 6 月从巴黎寄出的调查问卷的一些原始信件；"这些信件是丘纳德收到的 150 至 200 封信中仅存的。其余信件'放在我位于诺曼底雷安维尔镇的房子里，二战期间不见了'"（莱克，《无义可索，符号不存》，第 36 页）。

南希·丘纳德于 1937 年 6 月在巴黎启动这个项目，"问卷"发给"英格兰、苏格兰、爱尔兰和威尔士的作家与诗人：……对西班牙共和国合法政府和人民，您是支持还是反对？对法兰西和法西斯，您是支持还是反对？"贝克特的回答（"！共和国永不倒！"）发表在南希·丘纳德编，《作家们就西班牙内战各抒己见》（伦敦：左派评论［1937］）［6］。该"问卷"要求作家们将投稿限定在 6 行内；贝克特的回答是最简洁的。

7. 林格尔纳茨诗选英译的建议：参见 1936［1937］年 6 月 5 日的信，注 4。1937 年 6 月 15 日，贝克特给阿兰·厄谢尔写信道："林格尔纳茨诗选英译的事儿我也得打退堂鼓。"贝克特 1937 年 7 月 7 日致麦格里维的信写得更具体："柏林的人寄来了林格尔纳茨的 3 卷诗。比我以前以为的还要差，翻译他的诗选这份活儿我是不想去干的。几天前又收到他们的信，要我将译诗样品寄给艾略特！！！"（TCD，MS 10402/128）。

此处缺失一页；在回忆录中，霍恩就贝克特写道："所附信件（不幸的是有一页缺失了）是 1937 年暑期我在瑞士时写给我的。"（《谈谈我是怎么结识萨姆·贝克特的》；TxU，J. M. 霍恩／作品）下文中，贝克特进而讨论为创作关于塞缪尔·约翰逊的戏剧所做的准备。

8. 贝克特指塞缪尔·约翰逊 1712 年大斋期所撰《年鉴》里有关自己的词条（《日记、祷词与年鉴》，第 10 页；BIF，UoR，MS 3461/3.f.1R）。

9. 贝克特指约翰·泰勒的《一封致塞缪尔·约翰逊博士的信,谈及未来的国度[附约翰逊博士所撰及可能与其合撰的几封信]》(伦敦:T.卡德尔出版社,1787;BIF, UoR, MS 3461/3.f.1R)。

诗人安娜·苏厄德(1742—1809)声称,害怕毁灭"是没有理据的"。据说在同她的一次交谈中,约翰逊说道:"光存在就比虚无好上万倍,于是即便痛苦,人也宁愿存在。"(贝特,《塞缪尔·约翰逊》,第452页)读到这段对话,贝克特写道:"虽说如此害怕来世,但他更恐惧毁灭。"(BIF, UoR, MS 3461/2.f.81R)

10. 希莱尔·贝洛克,《论弥尔顿》(伦敦:卡塞尔出版社,1935)。

阿图尔·叔本华,《论女性》,见《散文与格言》,第80—88页。

11. 弗兰克·贝克特与吉恩·赖特订了婚;1937年7月7日,贝克特给麦格里维写信道:"弗兰克希望大约在8月中旬结婚。又走了一个。当然是说从我身边走了。他忙着找房子。千万写信来,向他表示祝贺。"(TCD, MS 10402/128)

乔治·雷维与克罗丁·格威内思·凯德订了婚。1937年7月7日,贝克特给麦格里维写信道:"动身[去卡帕村]之前,我给乔治寄了一只梅森红酒杯,但还没收到确认收悉的回信。猜想他明白自己在做什么,但不替他感到遗憾也不容易做到。只怕他不会再写多少诗歌了。"(TCD, MS 10402/128)雷维的档案中,有一份标明1937年7月1日哈里斯与辛克莱商行从都柏林寄来的鉴定证书(TxU;雷维藏品,杂项)。

12. 丹尼斯·德夫林,《调解》,"欧罗巴诗人"丛书(伦敦:欧罗巴出版社,1937)。贝克特的诗集《回声之骨》是该丛书中的第3辑。

《莫菲》正由伦敦的艾伦与昂温出版社审稿。

13. 谢默斯·奥沙利文请贝克特给路易斯·麦格尼斯(原名弗雷德里克·路易斯·麦格尼斯,1907—1963)的《出局》(1937)写书评;布雷诺伊·索克尔德的书评刊发在《都柏林杂志》第12卷第4期(1937年10—12月),第67—68页。

14. 约·霍恩的妻子维拉,及二人的子女萨利(夫姓库克-史密斯,1914—2003)、戴维(1928年生)。

柏林

阿克塞尔·考恩

[以下贝克特致阿克塞尔·考恩的信只有草稿,不同年代留下了不

同人的修正；现呈现在此，编辑未予纠正。]

1937 年 7 月 9 日 [1]

爱尔兰自由邦

都柏林

克莱尔街 6 号

亲爱的阿克塞尔·考恩：

　　来信收悉，万分感谢。来信寄达时，我正要写信给你。可那时须外出奔波，像林格尔纳茨笔下的男性邮票那样，只是情形不那么热烈。¹

　　即刻就告诉你，而且不再旁敲侧击，就是在我看来林格尔纳茨不值得你费心，那最好不过。从我这里听说此事，你多半不会比我此前要做出这一定论时更加失望。

　　已通读了 3 卷文稿，选出了 23 首诗，并译了其中 2 首当作样本。²在翻译过程中它们不可避免地丧失的那点品质，当然只能依据它们必定要丧失的东西来评判，而且我得说，我已发现这一品质丧失的折算率很小，甚至在他最像诗人而非韵律的苦力的那些地方也是如此。

　　不能依此就推论说，林格尔纳茨作品的英译文既激不起英语读者的兴趣，也不会大卖。但是在这一方面，我绝无能力做出判断，因为文坛以及读者大众的反应对我而言变得越来越令人费解了，而且雪上加霜的是，越来越无关紧要了。因为我没法从幼稚的二选一当中解脱出来，即至少就文学而言，一物到底是值得还是不值得，我不得其解。而且假如我们一定得挣钱，那我们就到别处去挣吧。

　　我毫不怀疑，作为人，林格尔纳茨是不同凡响的。可是作为诗人，他似乎与歌德意见一致：写**无物**胜过根本不写。但是，甚至 Geheimrat

<hr>

[1]　原信用德语写成。最初的中译文见萨缪尔·贝克特《碎片集》，曹波等译，第 67—73 页，现据《书信集》中的注解及译者对贝克特文体的新感悟做了修正。

547

也会允许译者感觉自己配不上这 kakoethes。[3]

假如你有了解他的想法，那就向我更细致地解释我对林格尔纳茨的诗行固恋的憎恶，我会乐意为之。可眼下我不跟你唠叨了。兴许你跟我一样，都不怎么喜欢祭文。

兴许我还能就已选的诗给你提提建议，把试译的那两首寄给你。

收悉你的来信，我总是心情愉快。因此请尽量多写，写得广泛一些。你依然要求我用英语依葫芦画瓢吗？你读我的德语信厌烦得跟我写英语信一样吗？假如你觉得我们之间有某种契约是我此刻做不到的，那我非常抱歉。需要解答一下。

让我写正儿八经的英语，这确实变得越来越困难，甚至不明智了。在我看来，我的语言越来越像一层面纱了，要抵达背后的事物（或者空无），得把面纱撕开。语法与文体！对我而言，它们似乎变得像一套 Biedermeier 浴衣那样不相干了，或者说变成了绅士的沉着。[4] 一个面具。让我们期待那一时刻终将到来，谢天谢地，在某些圈子里已经到来，那时语言愈是有效地误用，用得就愈是有效。既然我们没法即刻就把语言铲除干净，那么对于能使其声名狼藉的事情，我们至少应该无事不做。给语言钻上一个又一个窟窿，直到潜伏在语言背后的事物——无论是有物还是空无——开始渗漏出来，——我无法想象，当今的作家还能有更高的目标。

换言之，按照许久以前就已被音乐和绘画抛弃的陈旧、懒散的方法留在背后的，只有文学吗？在词语罪恶的属性中，是否有神圣得让人麻痹的东西是在其他艺术的元素中找不到的呢？词语表层可怕的物质性竟没法解体，比如说像贝多芬《第七交响曲》的声音表层被巨大的停顿撕裂那样，这样经过整页整页的空白，我们就什么都感知不到，只有音轨悬浮在令人目眩的高度，将沉默的无底深渊连接起来，这是否有原因呢？[5] 需要解答一下。

我知道，有些人——敏感、睿智的人——认为沉默是无时不有的。我只能假定他们有些耳背。因为在绝非象征的象征的丛林里，绝非阐释的阐释的小鸟是从不鸦雀无声的。

当然，此时此刻也得知足。起先，那一问题只能是设法找到通过众多词语再现对词语的这一嘲讽态度的方法。在这手段与用途间的龃龉中，兴许能感受到那末端音乐的耳语，或者那居于**一切**之下的沉默的耳语。

依我看，乔伊斯的最新作品与这样的计划扯不上任何关系。[6] 在他的作品里，不妨说是词语被神化的问题。除非"升入天堂"和"坠入地狱"是一回事，绝无二异。能够相信确实是那么回事，那该多美好啊。不过，此时此刻我们不要让话题超越意图本身。

也许格特鲁德·斯泰因的语符更接近我的想法。哎，即使只是纯属偶然，而且似乎是因为与法宁格的方法类似的技巧，但是，至少语言的质地变得多孔了。[7] 无疑，那不幸的女士（她还活着吗？）依然爱着自己的工具，尽管只是像数学家爱自己的数字那样；对数学家而言，问题的解决绝对是次要的，确实数字的死亡对于他才必定显得恐怖之至。把这一方法与乔伊斯的技巧联系起来，正如时兴的那样，在我看来是不明智的，蠢得如同企图拿（经院派意义上的）唯名论和现实主义比较一番（此事我还未曾听闻）。[8] 在通往这一非词语的文学（多么令我神往的文学啊）的路途上，某种形式的唯名论讽刺也许是必要的阶段。但是，让游戏失去部分神圣的严肃性，那是不够的。游戏应当整个儿停止！因此，让我们像那位疯狂的数学家那样——过去，在计算的每一步，他都使用不同的测量原则。以美的名义对词语发动的突袭。

与此同时，我什么都没做。只是时不时地，像眼前这样，得到了这样的慰藉，即无论愿不愿意都对一门外语犯下了罪行，正如我宁愿凭知识和意图去冒犯自己的语言那样，而且——Deo juvante——我会这样的。[9]

致以衷心的问候，

我该把林格尔纳茨的那 3 卷诗还给你吗？

特拉克尔的作品有英译本吗？ [10]

TL；2 张，2 面；墨水及铅笔书写便笺，书写者可能不止一位；劳伦斯·哈维文献集，达特茅斯，MS 661；先前出版：贝克特，《1937 年的德语信》，《碎片集》，马丁·艾斯林译，德语文本，第 51—54 页；英语文本，第 170—173 页；重印，奥利弗·斯特姆，《马丁信中与信件页同一的信件：谈贝克特的信件》（汉堡：欧罗巴出版社，1994），第 210—213 页；荷兰语重印，《1937 年德语信的荷语译文》，格罗宁根历史大学翻译小组，《简报：〈文学杂志〉》第 21 卷第 193 期（1992 年 2 月），第 35—36 页；西班牙语重印，《萨缪尔·贝克特：1937 年的德语信》，阿娜·玛丽亚·卡罗莱纳，《贝克特文体：贝克特的神学笔记》，第 5 卷（1997 年 2 月），第 89—91 页。

此处呈现的文本系草稿；贝克特多半把该信寄了出去，这一点得到了如下事实的印证，即他抄录该信的一部分，1937 年 7 月 11 日寄给了阿兰·厄谢尔："对您的敬佩使我别无选择，只有让您享有所附内容的益处，即一封信的摘录，原信是写给柏林的林格尔纳茨研究会的"；该信结尾写道："您对偶像破坏的思考，可否梳理一下，赐予我呢。"（TxU）

此文本基于色带打字件，非炭笔抄件，可代表贝克特的打字初稿，初稿上有贝克特写信时用墨水做的修正。该文件于 1960 年至 1966 年间由贝克特赠予劳伦斯·哈维；达特茅斯学院图书馆手稿部前主任菲利普·N.克罗宁维特同两位编辑的意见一致，即我们均认为用铅笔所做的修正和标记可能是当时贝克特和/或劳伦斯·哈维所为。

马丁·艾斯林誊写的信件融入了各式各样"沉默的"修正（贝克特，《碎片集》，第 51—54 页）。

1. 贝克特指林格尔纳茨的诗《曼利夏邮票的一次经历》（汉斯·波蒂谢尔与理查德·泽瓦尔德编，《邮票：在菲尔森和画廊的瞎逛》[慕尼黑：R. 皮珀出版社，1912]，第 4 页；参见原文及欧内斯特·希曼的译文，www.beilharz.com/poetas/ringelnatz/，2006 年 5 月 25 日）。该诗将男性邮票拟人化，让他在被公主舔过后经历了身份的觉醒；他渴望回吻，但不得不随信奔波，于是他的爱便徒劳无获。

2. 贝克特已收到考恩所在罗沃尔特出版社寄来的三卷林格尔纳茨诗歌，但未明确交代收到的是哪几本，也未说明翻译的诗是哪两首。在 1937 年 6 月 15 日致阿兰·厄谢尔的信中，贝克特引用了《蚂蚁》一诗（TxU）。

3. 贝克特引用了歌德《择邻记》第一章的末尾句，参见《少年维特的烦恼、择邻记、艾本的克莱纳·普罗萨》，沃尔特拉德·魏特希德与克里斯托弗·布莱希特编，《歌德全集》第 8 卷，弗里德马·阿佩尔、亨利克·拜恩斯与迪特尔·沃希米尔编（法兰克福：德意志古典出版社，1994），第 278 页；约翰·沃尔夫冈·歌德，《亲和力》，戴维·康斯坦丁译，"世界经典丛书"（牛津：牛津大学出版社，1994），第 9 页。

"Geheimrat"（德语，"大公国议员"），此处指歌德。

"kakoethes"（希腊文，"恶意"，"恶癖"）。在贝克特的诗《小夜曲之一》中有："正如他们所说的恶习"（1932 年 10 月 8 日的信）。

4. "Biedermeier"（德语，"彼德麦式样"，1815—1848）受法兰西帝国风格的影响，通常用于德国资产阶级的家具装饰和服饰；后变成贬义，指思想保守、狭隘。

5. 贝多芬的 A 大调《第七交响曲》，曲集 92。

6. 乔伊斯《进展中的作品》先前已在杂志上连载，1939 年合订本出版时定名《芬尼根守灵夜》。

7. 虽然在创作中美国作家格特鲁德·斯泰因（1874—1946）确实更强调声音和节奏，而非意义，但"语符"并非她使用的术语；贝克特将其比作莱昂内尔·法宁格的立体主义技巧——用颜料涂出棱柱形平面的绘画技巧。

1937 年 7 月 11 日，贝克特给玛丽·曼宁·豪写信道："我在创立一个语符协会。[……]眼下我是唯一的会员。理念就是爆裂写作，这样虚空就可以凸显出来，就像疝气那样。"（TxU）

8. 称作"现实主义"的哲学传统认为，"真实""美"和"公正"这样的词语都是普遍的概念，而且它们命名的是精神以外的、确实存在的实体。唯名论则认为，这些词语只是名称（英语 names，即拉丁文 nomen）而已，并无与之对应的实体。这场中世纪争论的简介，参见弗雷德里克·科普尔斯顿，《哲学史》，第 2 卷（马里兰州威斯敏斯特市：纽曼出版社，1955），第 136—155 页。

9. "Deo juvante"（拉丁文，"在上帝的帮助下"）。

10. 奥地利表现主义诗人格奥尔格·特拉克尔（1887—1914）的作品 1937 年时尚未译成英语。

伦敦

乔治·雷维

1937 年 7 月 27 日 都柏林

克莱尔街 6 号

尊敬的乔治:

此处引用豪太太的来信:"请告诉雷维,我已把你的手稿寄给纽约的科维奇–费雷德(？)[科维奇–弗里德]出版公司。假如他们拒绝出版,稿子就转投道布尔迪–多兰出版公司的哈尔·史密斯。雷维在纽约的办事处我根本找不到地址,请他通知他们,此后的事务他们有权处理。"[1]

我一直在努力把对约翰逊内心世界的幻想付诸笔端。这一幻想有不容辩驳的依据。它能解释从未有人解释过的问题(比如他对妻子和斯雷尔先生的古怪太度[态度]。说出口很难,因为紧要关头他已如此年迈,而她对他不大可能还有过高的期待。[2] 我们要把他写得比实际情况年轻些,疯狂些。[3]

代我向弗农小姐问好。[4]

A toi[5]

萨姆

ALS;1 张,1 面;TxU。

1.玛丽·曼宁·豪写给贝克特的信尚未找到。罗马尼亚裔芝加哥出版商帕斯卡尔·科维奇(1888—1964)与唐纳德·弗里德(1901—1965)合力在纽约创办了科维奇–弗里德出版公司(1928—1937)。

欧洲文学书局没有在纽约设立任何办事处。

2.1736 年,塞缪尔·约翰逊娶了寡妇伊丽莎白·波特(原姓杰维斯,昵称赫蒂,

1689—1752），当时她已 46 岁，而他才 25 岁（贝特，《塞缪尔·约翰逊》，第 147 页）。贝特写道："1737 年 12 月至 1739 年 5 月间，虽然约翰逊偶尔去看望妻子，但夫妻'开始分居'了。"（第 177—178、187—188 页；鲍斯威尔，《鲍斯威尔所撰约翰逊传》，第 1 卷，第 192 页）不过，对约翰·霍金斯爵士的观点——约翰逊对妻子的喜爱"动机不纯"，鲍斯威尔提出了异议。他写道："我们找到了令人信服的证据，表明他对妻子的尊重和喜爱从未烟消云散，即使在妻子过世之后也是如此。"（鲍斯威尔，《鲍斯威尔所撰约翰逊传》，第 1 卷，第 192 页，第 96 页，第 234 页）

看来，如果贝克特的手稿写的是"对妻子和斯雷尔先生"，那么他认定约翰逊抱有的"古怪态度"就与约翰逊对他们看似不相称的敬佩有关。假如这张字迹略显模糊的纸上写的是斯雷尔"先生／太太"，那么贝克特就是在拿伊丽莎白·波特和赫斯特·斯雷尔进行比较——在丈夫面前，她们俩都是在情感和房事上与丈夫不大可能交融的伴侣。

亨利·斯雷尔去世时，约翰逊也已 71 岁高龄。

3. 在笔记本里，贝克特抄录了《鲍斯威尔所撰约翰逊传》中记载的 1764 年春约翰逊的特异行为：显露抑郁症状，离群索居，"叹气、呻吟、自言自语，焦躁不安地从一间房子走到另一间"。鲍斯威尔认为约翰逊强迫症式的行为出于"迷信习惯"（比如刻意调整步伐，总是让同一只脚跨过门槛），并记载了约翰逊的下意识行为："用嘴唇弄出声响……反复地咀嚼食物，……吹一声冈声不响的口哨……母鸡般地咯咯叫……鲸鱼般地长吐一口气。"（《鲍斯威尔所撰约翰逊传》，第 1 卷，第 483—486 页；BIF, UoR, MS 3461/1, f.42R）

4. 乔治·雷维于 1937 年 7 月 16 日娶了克罗丁·格威内思·凯德。

5. "A toi"（法语，"您的"）。

南非
开普敦大学

1937 年 7 月 29 日

爱尔兰自由邦

都柏林

克莱尔街 6 号

尊敬的先生：

本人诚挚地向开普敦大学申请意大利语讲师的岗位。

附寄几份证明和一份简要的履历。[1]

下列人士愿意担任推荐人：

托马斯·C.罗斯先生，律师，都柏林南弗雷德里［克］街31号。

阿瑟·阿斯顿·卢斯，牧师，圣三一学院神学系神学博士，都柏林拉斯加尔区，布西公园路里斯洛。

杰弗里·汤普森，医生，伦敦西1区哈里街71号。

　　此致

s/ 萨缪尔·贝克特

（萨缪尔·贝克特，圣三一学院文科硕士）

萨缪尔·巴克利·贝克特
爱尔兰国教会
单身

| 1906 年 4 月 | 出生于都柏林。 |

1906 年 4 月　出生于都柏林。

1916—1919 年　都柏林阿尔斯特寄宿制预备学校就读。

1919—1923 年　北爱尔兰弗马纳郡恩尼斯基林镇波托拉皇家学校就读。

1923—1927 年　都柏林圣三一学院就读。专攻法语、意大利语。1925 年高年级模范生。1926 年议院奖学金得主。1927 年 4—8 月漫游意大利。1927 年 10 月毕业，获得法语及意大利语方向一等学位第一名，并获大金质奖章。

1928—1930 年　巴黎高等师范学校任英语讲师。

1930—1932 年　都柏林圣三一学院任法语讲师。

<u>1932—1937 年</u>　独立研修及创作。漫游法国、德国。

<u>已出版著作</u>　《论普鲁斯特》（伦敦：查托–温德斯出版社，1932）

《短篇小说集》（伦敦：查托–温德斯出版社，1934）

《诗集》（巴黎：欧罗巴出版社，1935）

及各式译文、书评、诗歌、短篇小说等。

鲁德莫斯–布朗教授致南非开普敦大学的信

1937 年 6 月 5 日　　　　　　　　　　　　　　　都柏林

圣三一学院

本人非常荣幸地推荐 S. B. 贝克特先生申请开普敦大学的意大利语讲师岗位。贝克特先生 1927 年大学毕业，是法语和意大利语专业最优秀的学生。他精通这两门语言，并通晓德语。他曾在意大利、法国和德国居住，熟知三国国情及其文学。贝克特先生在巴黎高等师范学校担任过两年英语讲师（1928—1930），发表过一篇极富真知灼见的普鲁斯特专论，及谈文学话题的许多文章和一些散文作品与诗歌。可以毫不夸张地说，他不仅精通意大利语、法语和德语，而且还有非凡的创作才能。

签字：T. B. 鲁德莫斯–布朗，都柏林大学罗曼语教授，校务委员会秘书，文科硕士、文学博士，Soci dou Felibrige。[2]

附：允许本人补充一句，对古代和现代普罗旺斯文学，贝克特先生也可谓通晓。

<u>抄录</u>

沃尔特·斯塔基教授致南非开普敦大学的信

1937 年 6 月 11 日   都柏林

                                                                大学俱乐部

　　萨缪尔·贝克特先生请本人为其意大利语言及文学的造诣作证。在都柏林大学攻读专业的四年间，他听取了本人开设的意大利文学课程，1927 年毕业时获现代文学（意大利语与法语）一等学位。贝克特先生是一名优秀的学生，通晓意大利历史和文学。在课程结业考试中，考生应展现出对伟大古典作家的研读深度，尤其是对但丁的深入了解。贝克特先生的答题出类拔萃，显示了绝非一般的文学天赋。本人乐于推荐他申请贵校意大利语讲师岗位。

　　　　签字：沃尔特·斯塔基，文科硕士、文学博士，都柏林大学教授，

　　　　都柏林圣三一学院研究员。

抄录

罗伯特·W. 泰特教授致南非开普敦大学的信

1937 年 6 月 12 日   都柏林

                                                                圣三一学院 40 号

　　萨缪尔·B. 贝克特先生 1927 年大学毕业，获法语及意大利语一等学位，并获大金质奖章。在其研读意大利语的过程中，本人担任授课教师兼考官，因而熟知其功底。本人坚信，没有几位外语学生像他那样通晓意大利语的用法，像他那样精通意大利语的语法和文法。

签字：R. W. 泰特，圣三一学院研究员、导师。

抄录

鲁德莫斯－布朗教授，通用证明

1932 年 7 月 7 日
都柏林
圣三一学院

S. B. 贝克特先生在都柏林圣三一学院度过了最为出众的大学生涯。他是该年级法语方向最优秀的学生，法语和意大利语议院奖学金得主，及法语与意大利语专业一等生（一等荣誉学士学位）。本人挑选他为圣三一学院提名人，前往巴黎高等师范学校工作两年，之后将从所有毕业生中挑选他留在圣三一学院担任法语讲师。他的法语口语和书面语均流畅得像受过最佳教育的法国人一样。他对法国文学的了解极其深入，还完成了一部很有创见、非常有趣的谈马塞尔·普鲁斯特的专论。本人觉得他是个优秀的讲师，远远超过年轻讲师的平均水平。不过，当他为了继续居留巴黎而辞去本校岗位时，本人深感遗憾。他的意大利语水平不逊于其法语水平。德语他也懂。

本人有充分的理由推荐贝克特先生申请大学教职。

签字：T. B. 鲁德莫斯－布朗，都柏林大学罗曼语教授，校务委员会秘书，文科硕士、文学博士，Soci dou Felibrige。

抄录

让·托马，通用证明

1932 年 7 月 22 日 [1]　　　　　　　巴黎 5 区

乌尔姆路 45 号

巴黎大学，高等师范学校

自 1928 年 11 月至 1930 学年末，萨缪尔·贝克特先生连续两年在巴黎高等师范学校担任英语讲师。凭借对英国文学和法国文学的学识，以及既准确又丰富的一般涵养，他给予了我校学生莫大的教益。请允许本人补充两句，一是他同不少高师人建立了密切的情谊，二是认识他的人都对他印象良好。

签字：让·托马，巴黎大学教师，高等师范学校教务委员。

抄录

TLS；2 张，2 面；附件：T. B. 鲁德莫斯-布朗致开普敦大学的信，1937 年 6 月 5 日（TLC；1 张，1 面）；沃尔特·斯塔基致开普敦大学的信，1937 年 6 月 11 日（TLC，1 张，1 面）；R. W. 泰特致开普敦大学的信，1937 年 6 月 12 日（TLC，1 张，1 面）；通用证明：T. B. 鲁德莫斯-布朗，1932 年 7 月 7 日（TLC，1 张，1 面），及让·托马，1932 年 7 月 22 日（TLC，1 张，1 面）；开普敦大学。

1. 通用证明是开放性的文件，求职者可申请开具；推荐材料由推荐人直接寄给需要材料的机构。开普敦大学没有托马斯·康兰德·罗斯（1896 年至 1946 年任事务律师，卒于 1947 年）、阿瑟·阿斯顿·卢斯和杰弗里·汤普森的信件，说明开普敦大学并未联系这三位推荐人。

2. "Soci dou Felibrige"（普罗旺斯语，"菲列布里什学会会员"）。

---

[1] 原信用法语写成。

托马斯·麦格里维

1937 年 8 月 4 日　　　　　　　　　　　　　　福克斯罗克

亲爱的汤姆：

收到您那封生动的信，真是欣喜若狂。[1]

约博士的 dogmatisme[1] 是惊恐的外表。18 世纪满是 ahuris——看起来像"理性"时代的原因也许就在乎此——可是，像他那样身处孤独时如此不知所措的人，或者意识到这一点时如此惊恐的人，不大可能有许多——甚至库珀都不是。您要是不信的话，请读一读《祷告与沉思》。[2]

斯雷尔太太原姓索尔兹伯里——赫斯特（！）·林奇（！）·索尔兹伯里。[3]在这件事上无论如何有所偏心，这是毫无疑问的。他让她过得体面，她让他过得舒适。给她写那封众所周知的粗鲁的信时，他并不知道自己在干什么。在"20 年亲密的交谈里从未有哪怕一句刺耳的话伤害的友谊"中，那多半是唯一一次公开的指责，正如她本人在致对方的最后那封信中用非常庄重的语言所说的那样。而且个中的苦楚她当然不比他多，自然而然少了许多，因为她根本没有必要去受苦，或者说毫无痛苦的必要（而他却难免有），而且在他身上从来就找不到可以挂好他给她造成的痛苦的楔子。我料想，他对爱她的恐惧是他对最终毁灭的恐惧的一种模式或者范式——害怕死亡时，他宣称自己宁愿接受永恒的折磨，也不笑对毁灭。[4]再者，假如这部戏写的是他，而不是她，那也并不意味着他就没有过错，或者诸如此类的胡说，而只意味着他在精神上有自我意识，是个悲剧人物，即值得作为自我所属的整体的一部分记载下来，只意味着她在肉体上有自我意识，于我个人没那么多探究的

---

[1]　法语，"教条"。

价值。当然，她也没有得到自己想要的，因为皮奥齐是个蹩脚的演员。《人性的愿望》。[5]

[……]

确实宁愿《今日爱尔兰》请您来给《调解》写书评，也不愿我自己来动笔。从谢默斯那里我总能拿到。会跟丹尼斯解释清楚的。[6]被新婚贺礼弄得破产了，要过完整个八月份才能拿到下一张支票，就这样，本想订购3本书，可支票都还没能给雷维寄过去呢。[7]不过，我想给无疑已经欠他的数额再添上这一笔，他也不会在意的。

上周申请了开普敦大学意大利语讲师的岗位。这会是个重拾话题的借口，而且熟识的人都说开普敦有其优势。去哪里、干什么，我真不在乎，因为我好像没能耐或者说不想再写什么了，要不我们就谦恭一点，只谈眼前。猜想让老妈独自生活这一前景本该捆住了我的手脚，但事实上没有。

水牛城来的那个人还没有露面。要是他说那儿有什么活儿干，我多半也会申请那个职位。[8]

两周没见J. B. 叶芝了。听说您再次拾笔写关于他的东西了，真是喜从中来。启迪您的是康斯特布尔的画展吗？记得曾问过您有没有发现其中的亲和性，但您说没有。我只不过是指偶尔有些段落在处理方式上有些相似。[9]

除了去桑迪湾泡海浴，我是不大出门，没有钱出去花。从身体乏力来看，最近肯定是泡海浴、晒太阳多了。一周后的明天，茜茜和家人要动身去伊丽莎白港。会是个损失。[10]

附寄阿德莫尔西墙局部的照片一张，上面有个跪着的人物，其意义于我而言不同一般。这幅壁画好像之前跟您提过。"Portant leur fatigue，等等。"[11]

我读过艾略特的《但丁》。那种盛气凌人、矜持不阿的口气和学者派头，多叫人难以忍受啊。接着重读了薄伽丘的《传记》，以及莱奥纳尔多·布鲁尼的，里面提到了以前藏于圣克罗齐教堂的塔地奥·迦底壁画肖像。[12]

仿佛有好些年头没收到查尔斯的来信了，或者说没给他写信了。[13]不知道他那里是不是有什么阻隔了，甚至他的正餐都成了不散的宴席。当然大家都有拖延症，但我是说一个完整的生活习惯，之前我肯定总是觉得是一个个例的习惯。倒是想了解一下他的性向。

此致。别许久不来信。

萨姆

ALS；4 张，7 面；TCD，MS 10402/130。

1. 麦格里维致贝克特的信尚未找到。

2. "约博士"即约翰逊博士。"ahuris"（法语，"疑惑的人"）。

此处贝克特把英国诗人威廉·库珀（1731—1800）比作塞缪尔·约翰逊，但在其有关库珀"从未存在过"的愿望的笔记中，这一点并无反映。贝克特写道："约博士从未有过这样的愿望。"（BIF，UoR，3461/2.f.80R，尼克松誊写）

贝克特指塞缪尔·约翰逊的遗作《祷告与沉思》（1785）；该书由约翰逊请乔治·斯特拉罕（1744—1824）代为编辑。

3. 贝克特在"赫斯特"后面添加感叹号，兴许是指赫斯特·道登。贝克特知道，对于地道的英国名字当中忽然出现地道的爱尔兰名字"林奇"所带来的乐趣，麦格里维一定会心领神会。

4. 约翰逊致赫斯特·斯雷尔的那封"粗鲁的信"：参见 1937 年 4 月 26 日的信，注 20。贝克特也指赫斯特·斯雷尔 1784 年 7 月 4 日的回信：

今天上午收到您如此粗鲁的一封信，对一封写得既温柔又敬重的信的回信，让我不得不渴望终结没法再维持的通信关系了。……您总是命令我尊重您，长期以来享用着 20 年亲密的交谈里从未有我哪怕一句刺耳的话伤害的友谊的果实。您的意志我从不违背，您的愿望我也从不抑制；您不必如此的苛刻本身也没法让我再那么敬重您；但是，当您改变了对皮奥齐先生的看法时，那我们就不再交流了。上帝祝福您。（约翰逊，《文学博士塞缪尔·约翰逊书信集》，

第 2 卷，第 406 页；RUL，MS 3641/1，f. 12R）

虽然尚未成婚，但在这封信中，斯雷尔太太已称呼皮奥齐为"丈夫"了。

5. 斯雷尔太太的同代人推动了对皮奥齐的活力的猜测（乌里亚米，《斯特里特姆的斯雷尔太太》，第 234、260 页）。

贝克特给这部以约翰逊为主角的戏取名《人性的愿望》，是戏仿约翰逊诗歌《人性的愿望之虚妄》的标题（1749），暗示对斯雷尔太太的欲望没有得到满足（鲍斯威尔，《鲍斯威尔所撰约翰逊传》，第 1 卷，第 192 页；萨缪尔·贝克特，《人性的愿望》，见《碎片集》，第 155—166 页）。

6. 先前丹尼斯·德夫林曾邀请贝克特给《今日爱尔兰》写一篇对自己诗集《调解》的书评。最终写书评的是麦格里维；在书评中，他借机简要描述了贝克特和德夫林作为诗人的相似性和差异性（《都柏林新诗》，《今日爱尔兰》第 2 卷第 10 期［1937年 10 月］，第 81—82 页）。贝克特未给《今日爱尔兰》撰写对《调解》的书评；其书评以《丹尼斯·德夫林》为题，登载在《转变》第 27 期［1938 年 4—5 月］，第 289—294 页。

7. 乔治·雷维已于 1937 年 7 月 16 日结婚，弗兰克·贝克特的婚礼也迫在眉睫。

1937 年 8 月 3 日，贝克特在雷维的欧罗巴出版社（参见 1937 年 8 月 14 日的信）订购了 3 本限量版《调解》（印第安纳大学，米歇尔/贝克特手稿）。

8. 玛丽·曼宁·豪的丈夫刚在水牛城大学（现纽约州立大学水牛城分校）获得教职；她提到过有可能在那里给贝克特谋个职位。在 1937 年 8 月 30 日致曼宁·豪的信中，贝克特写到过一个叫"水牛比尔"的人；"那个人"多半指当时在欧洲出差的该校英语系主任亨利·滕·艾克·佩里。

9. 1937 年 4 月至 8 月底，为纪念浪漫派风景画家约翰·康斯特布尔（1776—1837）去世 100 周年，伦敦的大英博物馆、泰特美术馆和威尔登斯坦美术馆都举办了画展。

在《论杰克·B. 叶芝》一书中，麦格里维认为康斯特布尔可能对叶芝的创作产生过影响，但也强调了两者间的差异："杰克·叶芝关注人类价值，而康斯特布尔却不是如此。"（第 11 页）

10. "40 步"海滨浴场：参见［1936 年］5 月 23 日的信，注 6。

11. 沃特福德郡阿德莫尔大教堂废墟据称是圣德克兰（活跃于 5 世纪）的下葬之地，其西山墙上的人物塑像贝克特曾在 1936 年 9 月 9 日致麦格里维的信中描述过："上周我同约·霍恩在卡帕（邓加文）的厄谢尔家里待了几天，参观了阿德莫尔和卡舍尔。阿德莫尔的西门上有一幅雕刻精美的微型画像，刻画的是个在长矛下俯下身去的人物（佩洛尔松的《长矛墓穴》），猜想表现的是德克兰的转世。是我见过的最可爱的六英寸见方的石刻。"（TCD，MS 10402/107；照片参见 www.waterford-countymuseum.org）

西山墙拱廊里的这幅凸雕人物画表现的是牧师赐福拿着长矛下跪的武士的场景；它让贝克特想起了乔治·佩洛尔松诗歌《规划》中的一句："忍受着疲倦，就像拿着严肃的长矛。"（《转变》第 21 期［1932 年 3 月］，第 182—183 页）

12. T. S. 艾略特，《但丁》（伦敦：费伯出版社，1929）。

乔瓦尼·薄伽丘，《但丁传》（约 1348—1373）。

尽管佛罗伦萨圣克罗齐教堂的壁画有许多是本地艺术家、乔托的弟子塔地奥·加迪（1290—1366）创作的，但莱奥纳尔多·布鲁尼（1369—1444）在《但丁传》（约 1436 年）中并未提及他是个艺术家："他的画像在圣克罗齐教堂可以看到，靠近教堂的中央，当你走近高高的祭坛时就在你的左手边，是那个时代一位杰出的艺术家最忠实的画作。"（莱奥纳尔多·布鲁尼，《但丁与彼特拉克》，安东尼奥·兰扎编［罗马：美国侨民历史出版社，1987］，第 45 页；詹姆斯·鲁宾逊·史密斯译，《最早的两部但丁传记：由乔瓦尼·薄伽丘和莱奥纳尔多·布鲁尼·阿雷蒂诺的意大利版译出》，"耶鲁英语研究丛书"［纽约：霍尔特出版社，1901；重印，纽约：拉塞尔出版社，1968］，第 90 页）

但丁的壁画画像已遗失，但在佛罗伦萨国家图书馆（书库编号 215，帕拉蒂诺手稿 320/f.II 页右）可以找到一幅 15 世纪的临摹画（伯恩哈德·德根哈特与安妮格列特·施密特，《意大利绘画全集：1300—1450》［柏林：曼恩兄弟出版社，1968］，第 2 卷，第 282—284 页，注 186，第 4 卷，205c；小弗兰克·朱伊特·马瑟，《但丁的几幅画像：据其头颅的尺寸比较并重新分类》［普林斯顿：普林斯顿大学出版社，1921］卷首插图，第 11—18 页）。

13. 查尔斯·普伦蒂斯。

伦敦

乔治·雷维

1937 年 8 月 4 日 都柏林

克莱尔街 6 号

尊敬的乔治：

> 啊道布尔迪－多兰
>
> 氧少于笨蛋
>
> 你的脑瓜像流娼
>
> 前往班多兰[1]

———————————

约翰逊那事儿怕要泡汤了。是说写约翰逊的想法。因为啥都没有付诸笔端。太疲惫了。

但愿旅途的每一分钟您都十分享受。希望不久就能见到你们俩。丹尼斯对样书称心如意。[2] 随信附上最后的闪身。做得到您就放进去。女人中少有。男人中从无。[3]

向格威内思问好。[4]

 此致

萨姆

ALS；1 张，1 面；附件不复存在；TxU。

1. 《莫菲》手稿准备寄给道布尔迪－多兰（参见 1937 年 4 月 14 日的信，注 2；1937 年 7 月 27 日的信）。班多兰是信于多尼戈尔郡的一处海滨胜地。

该诗也出现在贝克特 1937 年 10 月 10 日之后写给玛丽·曼宁·豪的信中，但有几处改动；此处据 1937 年 8 月 6 日的信，参见贝尔，《萨缪尔·贝克特》，第 262 页，但与所写版本略有差异；贝尔书中的版本重印于约恩·奥布莱恩，《贝克特国度》，第 308 页。

2. 乔治与格威内思·雷维在度蜜月。

丹尼斯·德夫林的诗集《调解》10 月 15 日由雷维的欧罗巴出版社出版。

3. 尽管此信的开篇有一首诗，但"最后的闪身"多半指另一篇作品，兴许就是原信所附《漂白》[1]（该信右上角有夹纸回形针留下的淡淡锈迹）。

此外，贝克特还篡改了当时的流行诗句：

> 耐心是美德
> 能有则不弃
> 女人中少见
> 男人中从无

4. 贝克特习惯性地把格威内思的名字"Gwynedd"写成"Gwynned"。这一拼写错误通篇都纠正了，未一一指出。如贝克特拼写正确，则做出注解。

南安普顿，赴南非途中
茜茜·辛克莱

［1937 年 8 月］14 日　　　　　　　　　　　　都柏林

　　　　　　　　　　　　　　　　　　　　　　格雷舍姆酒店

亲爱的茜茜姑妈：

　　［……］

　　今天上午收到您的来信，真是喜不自禁。想让您喝饮品的时候就想起我。会用别的什么说法来表述相同的意思吗？有许多种。

　　至少逃脱了库尔德里纳、那对 Liebespaar 还有莫莉。贺喜的礼物都蜂拥而入，今天上午一声锣响真是讨厌至极，离家生活的障碍，环形就要闭合。自由了多少啊，而且 liebesfähig（wenn es darauf[an]kommt！），配了家具的寓所，且没有包袱。1 同锣鼓和茶点推车焊接在一起，酒吧背依云天，多么<u>绝望</u>啊。对所有女人来说，"家"的意义就是这样，有

---

[1]　原题"Whiting"意为"漂白"，后改作"Ooftish"（意为"现钱"）发表在《转变》上。

565

看得见摸得着的家具，而且不会受人忽视，要不，有些女人有另一种家的感觉，或者有些女人过够了居家生活，也就不再需要家了呢？

又见到了伊尔莎，但是她"körperlich nicht ganz auf der Höhe"。我们都懂这句话的意思。所以我们就攀谈，没错，真的攀谈。汉斯来过电话，请她一起吃饭。她谢绝了。莫茨［莫兹］毕业了。[2] 这种攀谈很让人恶心、反胃，当然她自己也感觉到了。不用多久就会结束。

我没法干正事儿。一个月来都没装过干正事儿了。甚至专注的神态都放弃了，连 de quoi écrire 都没要了。[3] 即使开普敦的工作弄到手了，只怕也干不了两个星期。假如职权范围没有缩小的话，那就是降级。总是预见身体的危机即将来临。它会解决有待解决的麻烦当中兴许最严重的烦心事，澄清问题的根源，我想这才是我们能期待的最佳方案。

还收到托马斯的来信，是跟您的一起送来的。他在写杰克·叶芝专论——看来，叶芝是受到了某场康斯特布尔画展的启发，以及本人碰巧就他最近所画作品的华托风格发表的言论的激励。每个周四都似乎有什么阻止我进去看他。[4] 就当自己不想去看他吧。华托纳入了半身像和陶瓷。想冒昧地提出有机物的无机性这一概念——他笔下的人物本质上都是矿物质，既无添加的可能，亦无减损的希望，是纯粹无机质的并置——但杰克·叶芝甚至都没必要这么做。他画出男人的头和女人的头并排摆着，或者面对面地放着，那种画法令人恐惧，两种极简的单一并置，之间是无法穿越的浩瀚。大概给其画作带来静止感的就是这一点，仿佛传统忽然间搁置起来了，爱与恨、快乐与痛苦、给予与领受、拿来与取走的传统和表演。一种固化的洞察，对某人最终、死硬、极简、无机的单一性的洞察。一切均以超越悲剧的平心静气的接受来处理。总觉得华托是个悲剧天才，就是说他心中存有对自己所见世界的怜悯。可我却感觉不到任何怜悯，即叶芝的画作中没有悲剧。甚至没有同情。只有感知和心平气和。就个人而言，他甚至有些冷酷无情，这一点您难道还没感觉到吗？

假如祸不单行（别误解），[1] 那么这封信就有所谓文学价值，也许加上几行诗，这种价值就会有所提升。您会觉得它们无足轻重，而且令人心情不快；创作时把它们修饰一番，或者按照时髦的方式表述得委婉一些，于我似乎毫无意义。正如下文一样，它们就这么现身笔端了。

漂白[2]

掏出来一把摔下

各各他只是一枚引蛋

癌症心绞痛对我们都一样

咳出肺结核别这么小气

没有琐事微不足道哪怕是血栓

任何性病都特别受欢迎

那件旧长袍有樟脑丸就无虫繁育

不必伤感想必你也不会再穿它

把它送走我们会将它与其余的一起放进罐里

与你已得到和未得到回报的爱一起

拿走得太晚的东西拿走得太快的东西

灵魂阉牛疼痛的阴囊

它假如你忍受不了你就治愈不了

它就是你它等同于你任何傻瓜都得可怜你

所以把整件事打好包送走

即所有确诊的未诊的误诊的悲苦

---

[1]　贝克特的姑父因肺结核（以下诗歌第4行提及）去世不久，他不敢刺激茜茜姑妈，故强调对"祸不单行"一语"（千万）别误解"。

[2]　原译文见萨缪尔·贝克特《诗集》第107—108页，此处有多处修订。诗题原文均为大写字母。

叫朋友们照做我们不会把它浪费

我们会找寻它的意义把它与其余的一起放进罐里

全都熔化成羔羊的血 5

———————————

［……］

此致。常写信。

dein 萨姆6

ALS；4张，8面；信头：辛克莱。日期判定：1937年8月14日贝克特致托马斯·麦格里维的信附有同一首诗的打字手稿（有两处细小的改动）；《漂白》发表时改作《现钱》。提到这首诗时，贝克特致麦格里维的信用了类似的措辞："所附内容您多半会觉得无足轻重，简直令人心情不快"，"把诗写得曲折一些，或者拿它胡来，我看没有任何意义。它是照本来的面貌现身笔端的"。

1. 贝克特的表姐莫莉·罗正在库尔德里纳做客，那里正在为弗兰克·贝克特的婚礼做准备；8月23日收受、查看了贺礼，8月25日举行了婚礼。

"Liebespaar"（德语，"恋人"）。"liebesfähig（wenn es darauf [an]kommt！）"（德语，"［当爱来的时候］更有能耐去爱的"）。

在1937年8月23日致托马斯·麦格里维的信中，贝克特用同样的风格进行了详细描述：

观看礼品鱼贯而入真是一件苦差。可怕的是社交上的［玩］世不恭深藏潜意识，它明白社交关系归根结底指向锣鼓和茶点推车，明白没有这些就毫无"相聚"的意味。直到最后，人性的个人要素竟然窒息得在"去"一词中不复存在，蜕变成好好持家、居家闲聊的场合而已，这几乎成了婚姻的定律。家庭稳定派里的蛋杯。假如培育精神的东西，甚至生理的东西，或者让两者存活下去，要不将它们合二为一，合成既非温存的男欢女爱亦非男欢女爱的温存的统一体，在最中庸的卧房客厅两间间里云雨，那儿人至少拥有空无，即为空无拥有，如此的话，比起身处锣鼓和茶点推车之间，喧闹、繁忙得将你从一种关系变成一种条件的热闹当中，那么人该更自由得多少啊。长大了的时候就不

568

再聊人际关系——两个人之间无遮无掩、尽心尽意、受之有愧的精神和生理的交流，谢天谢地，也不再聊你是否能得到派里的蛋杯，是不是这样呢？Quoi qu'il en soit，看到一旦有成长的新颖社交模式的一丁点儿迹象，社交就怎样接手过来，这有些可怕。他们俩都不需要这场收礼和接待的喧闹，假使能免去这场瞎忙活的话，都本来宁愿不收礼，可是两人都向社交屈服了。（TCD，MS 10402/133）

"Quoi qu'il en soit"（法语，"无论如何"）。

2. 伊尔莎·斯塔克（生卒年不详）是海纳·斯塔克的妹妹；1933 年佩吉在斯塔克家位于巴特维尔东根市的公寓里死于肺结核时，海涅已与她非正式订婚了（1996 年 7 月 24 日，莫里斯·辛克莱）。此时，海涅和伊尔莎正在都柏林拜访。

"körperlich nicht ganz auf der Höhe"（德语，"生理上未到这一程度"）。

汉斯·莫兹（1909—1987），奥地利裔犹太物理学家，1935 年在都柏林圣三一学院获科学硕士学位。

3. "de quoi écrire"（法语，"创作所需的经费"）。

4. 在一封致麦格里维的信（仅剩片段，写于 1937 年 7 月 23 日前）中，贝克特写道："J. B. 叶芝看了一幅又一幅华托的画。最新的那幅名为《乌西柯与比安科尼》，中间隔着一道瀑布，站在月光下的林间空地上。"（《纪念乌西柯与比安科尼》；派尔 498；NGI 4206；TCD MS 10402/129）在专论《论杰克·B. 叶芝》中，麦格里维引用了贝克特的这一陈述：

> 几个月前，萨缪尔·贝克特给我写信，说他一直在看杰克·叶芝最近的画作。"他越来越像华托了。"［……］在我看来，这一联系自有道理，而且当我克服了这一惊讶时，即不得不将这两位画家的作品在我记忆里留下的实际画像关联起来时，我发现自己在确定两人间的相似之处，不是绘画技巧上的类似，而是人性方法上的共同点。（麦格里维，《论杰克·B. 叶芝》，第 14—15 页）

周四傍晚是杰克·叶芝"居家迎客"的时间。

5. 贝克特的诗《漂白》也附在 1937 年 8 月 14 日致麦格里维的信中，只有少许不同。此诗附在致麦格里维的信中时出现的变动，在发表于《转变》第 27 期（1938 年 4—5 月）第 33 页时予以保留。

6. "dein"（德语，"您的"）。

伦敦

托马斯·麦格里维

1937 年 8 月 14 日　　　　　　　　　　　　　［都柏林郡］

福克斯罗克

亲爱的汤姆：

　　过去我常常装作在干什么正事儿，在带着专注的神色四处奔波，而且 de quoi écrire，但现在再也不装了，真的。先前，约翰逊那篇稿子的思路在脑子里清晰得很，可一段时间不想这事儿，就又朦朦胧胧了。[1]也许别的方面更清晰了。

　　一周前的今天，弗兰克从家里出来，帮他沐浴、开车四处送他、给他穿衣服，诸如此类的事儿让我有段时间过得很充实。他又差不多身体超棒了，而且不会像他担心的那样会不得不推迟原定 25 号举行的婚礼。蜜月在招手，苏格兰自驾游。估计他们还想过去赫布里底群岛。这让我想起得把约博士的《西部群岛》给他。这事儿他显得相当愉快，泰然处之。您的《莱奥纳多》寄来了，他十分满意。[2]

　　周三早晨，茜茜带着女儿动身了。我开车送她们上的船。今天上午收到从南安普顿寄来的信，事事顺利。大约再过一个月，就会搞清楚她们怎么去的了。

　　过去的三个上午都在国美馆度过。他们弄了一幅丑陋的大型画，是乔瓦尼·贝内代托·卡斯蒂廖内的新作《找到赛勒斯》，鲁本斯画风，确实糟糕透顶，而《伊利亚以火祈求》（您还记得它吗？）也属鲁本斯画派，但在我看来却相当不错。对意大利十八世纪那些经人慎重考虑的深远影响，弗朗似乎有股热情。[3]佩鲁吉诺的大型画又弄回来了，清理得过了头。帕里斯·博尔多内的《肖像画》真是不同凡响，差不多跟慕尼黑那幅妙不可言的画一样棒——更加沉默寡言——但我弄不明白他们怎么拿《圣乔治》给他当马鞍。奥利弗里奥的大型画不见了。有两幅莫雷托的大型画《圣徒》，当时看起来也非同一般。估计他仔细端详过丢勒的《使徒》。[4] 多么希望我们能在新近布展的意大利厅里一起待上几个小时啊。您会震惊的，而且不经意间看到首次展出的作品，也会喜悦的。当然，出于种种意图，荷兰画在国美馆里都看不到了。[5] 但这一点并不会像烦扰我一样烦扰您。

周四似乎总有什么事儿阻止我去看望 J. B. 叶芝。[6] 我感觉，他冷静，不像华托那样有悲剧意识，他把握得如此有分寸的，是自然与人形动物的异质性，是这两种现象无法改变的异己性，是两种孤独，或者说是孤独与寂寞，孤独中的寂寞，无法加速奔向寂寞的孤独与无法堕入孤独的寂寞之间那无法逾越的浩瀚。康斯特布尔的画中毫无这类意识，他笔下的风景或庇护，或威胁，或有益，或毁灭，他心中的自然真的感染上了"精神"，最终像特纳心中的自然那样人性化、浪漫化了，正如克劳德和塞尚心中的自然没有人性化、浪漫化那样。[7] 上帝才知道，要在爱尔兰感觉到这一点是无需多么敏感的，几乎像舞台布景一样纯属无机、无关人性的一种自然。而且，这兴许就是杰克·叶芝绘画的终极性质，一种万物终为无机物的意识。华托拿半身像和古瓮来突出它，笔下的人物终究是矿物质。一幅纯粹无机物并置的画作，无物可减，亦无物可添，且绝无改动或替换的余地。比如说，在叶芝画出男人的头和女人的头并排放着或者面对面地摆着的方法中，我发现了某种恐怖的东西，即骇人地接受永远都不会合而为一的两个实体。一个男的坐在灯笼海棠树篱下读书，背朝大海和雷暴云，那幅画您还记得吗？[8] 只有看过别人的画之后，才会意识到他的画有多么平静，几乎固化了一般，有一种效能的突然悬停，同感与反感、相遇与分离、快乐与悲伤的传统的突然悬停。

得知杰弗里过得很顺心，我心里甭提多高兴。他不知道欠了我多少封信了。收到了乔治和格威内思从佛罗伦萨寄来的明信片。

他们回来了吗？[9]

布莱恩很少见面，丹尼斯则根本见不到。有一天撞见了布莱恩，他正在去见华盛顿助理国家公诉人的路上。没错，您提到的那首诗他寄给［了］我。整首诗都喜欢，除了使用伊丽莎白时代文体的起首，骇人地写道"尔等耄耋"。他说是从福罗里欧的《蒙田》里誊抄而来的。我催促他修改起首。盼着看到丹尼斯张罗好给自己诗集写的几篇书评。我筹了款，给乔治寄去 3 本的钱。迄今啥都没收到。[10]

所附小诗您多半会觉得无足轻重，令人反感。[11] 在我看来，表述委婉一些或者胡写一通，那是毫无意义的。这首诗是如其存在方式一样现诸笔端的。

上帝保佑。盼尽快回信。

您不能放弃瑞士之行，立马过来吗？

此致

萨姆

要是见到查尔斯的话，请代我问好，告诉他我马上就写。[12]

ALS；3 张，5 面；附件打字手稿《漂白》，1 张，1 面（参见下文注 11）；TCD，MS 10402/131。尽管这一存档位置依据信内证据予以了排除，但该附件依然存放在 TCD，MS 10402/113。

1. "de quoi écrire"（法语，"创作所需的经费"）。

2. 弗兰克·贝克特手部受了伤；他的婚礼定于 1937 年 8 月 25 日举行。

塞缪尔·约翰逊，《苏格兰西部群岛之行》（1775）。

保罗·瓦莱里，《论莱奥纳多·达·芬奇的画法》，托马斯·麦格里维译（伦敦：约翰·罗德科尔出版社，1929）。

3. 乔瓦尼·贝内代托·卡斯蒂廖内（1609—1664），《牧羊人找到婴儿赛勒斯》（NGI 994）。在 1932 年的爱尔兰国家美术馆画作目录中，《伊利亚以祷告——来自天堂的圣火——来祈求》（NGI 357）归在卡斯蒂廖内的名下，但后来归为贾钦托·迪亚诺（1731—1804）的作品；1956年经鉴定，更名《耶路撒冷圣殿献词》（《爱尔兰国家美术馆：总库油画目录》[1932]，第18页；玛丽·伯克，爱尔兰国家美术馆画作管理员，1998年10月16日）。

4. 佩鲁吉诺的《圣殇》（NGI 942）已在维也纳清理和修复（参见[1936年]7月17日的信，注6）。

贝克特把意大利画家帕里斯·博尔多内（1500—1571）的《男人肖像画》（NGI 779）比作其藏于慕尼黑的另一幅《男人肖像画》（老绘画陈列馆512）。据爱尔兰国家美术馆的鉴定，《圣乔治与恶龙》（NGI 779）的作者是博尔多内。

威尼斯画家亚历山德罗·奥利弗里奥（活跃于1532—1544）有两幅画收藏在爱尔兰国家美术馆，《圣女与圣子在天使的簇拥下即位》（NGI 480）是其中较大的；在《爱尔兰国家美术馆：总库油画目录》（1932）中，该画列在他的名下，但后来更名为《圣母与圣子，在天使的簇拥下即位》，归在威尼斯画派的名下（《爱尔兰国家美术馆：意大利画派作品目录》[都柏林：文书局（1956）]，第75—76页）。

在《爱尔兰国家美术馆：总库油画目录》（1932）中，《圣巴塞洛缪》（NGI 80）和《福音使者圣约翰》（NGI 78）归在布雷西亚画家亚历山德罗·邦维奇诺·莫雷托（原姓同，约1498—1554）名下；但后来，这些画又归在了米兰画家、贝加莫画派的艾尔·塔尔皮诺（原名埃内·萨尔梅吉尔，约1565—1626）名下。贝克特援引了慕尼黑老绘画陈列馆收藏的阿尔布雷希特·丢勒的两幅画《圣约翰与圣彼得》及《圣保罗与圣马可》（545，540）。

5. 在弗朗重新布展之前，荷兰画挂在国美馆大厅的一面墙上，意大利画则挂在大厅的另一面墙上；后来，意大利画布展的空间更大，而荷兰画则从明亮的配套展厅里挪到了底层的角落里（科伦，"重返国家美术馆"，第66页）。

6. 杰克·B. 叶芝。

7. 贝克特指约翰·康斯特布尔、约瑟夫·透纳（1775—1851）、克劳德·洛林、保罗·塞尚。

8.《风暴/高尔史昂》（派尔477，私人收藏；参见派尔，《杰克·B. 叶芝：油画作品分类目录》，第1卷，第432页）。

9. 杰弗里·汤普森。

乔治和格威内思·雷维正在欧洲大陆度蜜月。

10. 在[1937年]7月7日致麦格里维的信中，贝克特提到自己经常在图书馆见到布莱恩·科菲："我请他出来喝杯酒，或者来杯咖啡，他就教导我。"（TCD, MS 10402/128）

丹尼斯·德夫林。

"华盛顿助理国家公诉人"所指不明，科菲依据《蒙田散文英译》（米歇尔·蒙田原著，约翰·弗洛里奥英译，第 3 卷，1693）所写诗歌亦无法查明。米歇尔·艾奎姆·德·蒙田（1533—1592）；约翰·弗洛里奥（1553—1625）。

丹尼斯·德夫林的诗集《调解》；贝克特致麦格里维的信，参见 1937 年 8 月 4 日的信，注 6。

11. 贝克特的诗《漂白》本来附在信中，但此处未予重印，因为该诗也附在［1937 年 8 月］4 日致茜茜·辛克莱的信中（两个版本间有细微差异，参见该信注 5）。

贝克特告诉劳伦斯·哈维说，该诗受到黑岩镇万圣教堂加能·亨利·多布斯所做布道的启发；这也证明该诗创作于 1937 年 8 月，当时贝克特在都柏林（哈维，《萨缪尔·贝克特》，第 156 页）。

12. 麦格里维计划于 8 月 21 日动身，同赫斯特·道登坐车去维也纳；贝克特于 1937 年 8 月 25 日给他写信道："周六傍晚，我想到您踏上了旅程，也期待因为您，自己有一次不同的旅程——短暂的旅程，从您原来所在的地方继续向西。"（TCD，MS 10402/134）

查尔斯·普伦蒂斯。附言的位置：结尾与签名右边 3 行。

前往慕尼黑途中
托马斯·麦格里维

［1937 年］8 月 19 日

［都柏林郡］

福克斯罗克

亲爱的汤姆：

现代画由新国家美术馆（国王广场，古代雕塑展览馆对面）和德意志博物馆的图书馆（博物馆岛）均分。[1] 前者几乎不会让您产生回访的念头，整个都是 19 世纪德国绘画，不过也有些出类拔萃的，如勃克林、汉斯·冯·马雷、莱布尔、特吕布纳和舒赫的画，尤其是最后提到的那位的作品［，］3 幅精妙绝伦的静物画——《苹果》《牡丹》《天门冬》。[2]可是，德意志博物馆就很值得一去了，因为那儿有凡·高的《自画像》，有塞尚的画、洛特雷克的画。此外，还有雷诺阿的画、库尔贝的画，应该还有马蒂斯的一幅静物画，以及马约尔 4 幅相当乏味的画。[3]走进博物馆大院的时候，朝左拐就能见到图书馆。那儿的画挂在二楼，完全是临时性展出。要找到法国画，得从入口处的小门直走，穿过整个大院，能走多远就有多远。那些画从后墙开始挂起，开头的应该是凡·高的画。看完后，走回头路经过那些画，回到入口处的小门口。然后，要是明智的话，您就出去，不过博物馆别的地方还有（或者说在最近一次清理之前曾经有）孟克［蒙克］的画、马尔克的画、考考斯卡的画、伦布鲁克很棒的两尊雕塑、巴拉赫的画和霍德勒的画，包括那幅著名但个人觉得很糟的《厌世者》，真是丢勒《使徒》的伤感版。[4]总的来说，很值得四处瞥一眼，不过 au diable，因此要是时间紧的话，个人觉得就不如去古画陈列馆待一上午了。[5]

我收到珀西·厄谢尔从布达佩斯寄来的一张明信片，上面是农夫勃鲁盖尔的《老夫妻》。[6]现在，他可能在维也纳。希望这趟旅程轻松随意。担心您会跟赫斯特关系紧张，也会厌倦一路开车。

您喜欢那首诗，这对我是莫大的宽慰。昨天同布莱恩待了一下午，他也喜欢拙诗。以前只知道，拙诗写完的时候并不冒犯我个人的 goût。当然，我不能拿它四处示人，也许除非刊载在《转变》上。[7]

写信到此。会再给您写信，寄往维也纳。

Gute Reise & Viel Vergnügen. 向赫斯特问好。[8]

　　此致

萨姆

ALS；1 张 , 2 面; TCD, MS 10402/106。日期判定: 托马斯·麦格里维同赫斯特·道登一道去维也纳：参见查尔斯·普伦蒂斯致麦格里维的信，1937年8月24日（TCD，MS 8092/110），及普伦蒂斯致麦格里维的信，1937年9月3日写往布鲁塞尔，该信交代收到了麦格里维从维也纳寄来的信，及赫斯特同行并不令人厌倦的消息（TCD，MS 8092/111）。

1. 慕尼黑两家博物馆的布局：参见贝克特致托马斯·麦格里维的信，1937年3月7日，注2。

德意志博物馆位于博物馆岛上。贝克特所说其图书馆的藏品属于临时性展览，因为德意志博物馆主要承办科技展览（参见1937年3月25日的信，注7及注8）。

2. 贝克特此处的行文不统一，表述画作时，有时在画家姓氏的后面用了撇号（如Leibl's，"莱布尔"），有时又没用（如Cézannes，"塞尚的"）。

在新国家美术馆收藏的瑞士裔德国画家阿诺德·勃克林（1827—1901）、汉斯·冯·马雷、威廉·莱布尔、威廉·特吕布纳（1851—1917）和维也纳画家卡尔·舒赫（1846—1903）的画作当中，贝克特特意提到了舒赫的《苹果、葡萄酒杯和白镴罐静物画》（8563）、《牡丹》（8599）和《天门冬静物画》（8907）。

3. 德意志博物馆所属图书馆有些画作（当时临时挂在2楼）给贝克特留下了深刻印象。他对那些画的描述见其旅行日记（BIF，UoR，GD 5/f.93.95）。

该处展出的塞尚画作（特别是《铁路豁口》）以及凡·高的自画像和其他画作：参见1937年3月25日的信，注7。

在该处收藏的法国艺术家雷诺阿、让–德西雷–古斯塔夫·库尔贝（1819—1877）和亨利·马蒂斯（1869—1954）的画作中，贝克特特别提到了马蒂斯的《天竺葵静物画》（8669）（BIF，UoR，GD 5/f. 93）。

在旅行日记中，贝克特提到了法国艺术家阿里斯蒂德·马约尔（1861—1944）的《青年》（B.53）、《弗洛拉》（B.154）、《莫里斯·丹尼斯夫人半身像》（B.54）和《奥古斯特·雷诺阿》（B.59），以及图卢兹–洛特雷克的《乔治斯·德·维拉切农肖像画》（8667）和《在包厢里》（BIF，UoR，GD 5/f. 95）。

4. 在旅行日记中，贝克特提到了蒙克的《农夫与马》（9037，1937年作为"堕落艺术"移出；现归私人收藏）和《庑廊上的年轻女子》（9267，现归私人收藏）；对马尔克的《芦苇间的鹿》（9598）和《红鹿其二》（8923，1937年作为"堕落艺术"移出；1940年收回，且"遵令'用锁匙'妥善保管"）做了描述（安格莱特·霍贝格与伊萨贝拉·简森，《弗朗茨·马尔克全集——第1卷：油画》[伦敦：菲利普·威尔逊出版社，2004]，第213页；BIF，UoR，GD 5/f. 93）。

贝克特在旅行日记中提到的考考斯卡画作有《威尼斯》（9328）和《多洛米蒂山

中的风景》（8985；现归维也纳的利奥波德博物馆，624 号）。贝克特提到了德国雕塑家威廉·莱姆布鲁克（1881—1919）的《女性躯干像》（B 87）和《跪着的大个女人》（借自伦布鲁克夫人）（巴伦编，《"堕落的艺术"：纳粹德国先锋派的命运》，第 114、292 页）。

在旅行日记中，贝克特提到了恩斯特·巴拉赫众多名称不明的雕像之一——《牧羊人》，及巴拉赫的雕塑《死亡》（B 155）（BIF, UoR, GD 5/f. 93; 卡尔·迪特里奇·卡尔斯，《恩斯特·巴拉赫》［纽约：弗雷德里克·A.普雷格出版社，1969］，第 81、212 页）。

在瑞士画家费迪南德·霍德勒（1853—1918）的画作中，贝克特在旅行日记中特别提到的是《厌世者》（9446），并把该画比作丢勒的《使徒》（参见 1937 年 3 月 25 日的信，注 9）。

5. "au diable"（法语，"几英里开外"）。

6. 阿兰·厄谢尔在布达佩斯，给贝克特寄了一张《一对老夫妻》（现名《带着陶罐的农夫》，布达佩斯古典大师美术馆，559）的明信片；原以为该画为彼得·勃鲁盖尔（信中称作"农夫"，而非"老彼得"，以与其儿子区分开来）所画，故其名字题写在画上（"Petrvs Brvegel F."），但现在归在"16 世纪下半叶某位佛兰德或者德国大师"的名下（埃尔迪克·艾姆伯、苏珊·乌尔巴克与安娜玛利亚·戈斯托洛面，《古典大师美术馆：布达佩斯美术馆概要目录——第 2 卷：早期尼德兰、荷兰与佛兰德绘画》［布达佩斯：国立美术馆，2000］，第 69 页）。

7. 贝克特让布莱恩·科菲看了《漂白》一诗。

"goût"（法语，"品味"）。

8. "Gute Reise & Viel Vergnügen"（德语，"旅途顺利，玩得开心"）。

纽约州水牛城

玛丽·曼宁·豪

1937 年 8 月 30 日

都柏林郡

福克斯罗克

库尔德里纳

亲爱的玛丽:

收到你的便笺,还有照片。致以 500 个感谢。你看起来 pétillante。小苏姗也可爱之至。[1]

没有,没收到道布尔迪-多兰的任何消息。雷维带着他那只威尔士新花瓶一直在度糖浆蜜月,跑遍了地中海。[2] 幸福得一塌糊涂。他们都幸福得一塌糊涂。你觉得,那能是自由的交媾吗?

听说我有个德国女孩,真是让我喜不自禁。你觉得自己能把她的名字和地址告诉我吗?他们预备期的表现是独一无二的。

有可能让你提起兴趣的消息,我是一点儿也没有。珀西在维也纳。麦格里维在布达佩斯。辛克莱一家在去南非的途中。利文撒尔(我)几个月没见了。(他当上了《蝶属》的主编!)。杰克·叶芝同[同前]。[3] 我呢,啥都不干,既不怎么愧疚,也无多少欢心。这种状态再适合我不过了。稀奇古怪的诗现形的时候就写下来,这才是唯一值得做的事儿。有一种叫 accidia 的极乐——在 idées obscures 的灰色骚动中无欲无求。[4] 光的诱惑、带来的温热和抚慰都终有尽期。对儿童和昆虫而言,光即是善。下[定]决心终有尽期,就像一磅茶那样,把意识的黄油拍成见解也总会终结。真正的意识是混沌,是思想的灰色骚动,既无前提亦无结尾,既无问题亦无解答,既无案件亦无判决。数天躺在地板上,或者躺在树林里,有伴也好无伴也罢,处于思想的一般感觉中,毫无用处的思想上的自我知觉的一种充盈中。没有冲突的单子,既无光明亦无黑暗。过去常常装作干正事儿,现在再也不装了。过去常常在思想的沙地里四处乱挖,搜寻喜好与厌恶的海蚯蚓,现在再也不挖了。理解的海蚯蚓。

不要嫉妒,不要可怜。

见了吉尔摩夫妇两次。有一天晚上去了他们家的派对。和肖恩·奥沙利文一起到的,灌满了威士忌。一如往常,大家都沉醉酒肆,直至天明。

后来，有一天的下午单独去了一次，还开车送他们进了城。雷汀夫妇收到了参加派对的邀请，但肯尼斯不愿去，也不愿让诺拉去。[5]

吉尔摩夫妇的家境开始趋好了。不用多久，大家就不会在意那污秽和不适了。大家匮乏的会越来越少。这就是正道。

有两三个傍晚过得略有意思，是同肖恩和纽约市来的两个美国女人一起度过的，她们戴着包皮似的毡帽，穿着赛璐玢雨披，长着硬硬的脑袋。[6]甚至什么都没发生过。美国女孩令人无法抗拒，无机物的魅力。

申请了开普敦的岗位，只怕晚秋之前都收不到回音。听说你的水牛比尔来过又走了。[7]

无尽的痛苦胜过单一的痛苦。

顺安

萨姆

ALS；2 张，3 面；印制信头；TxU。

1. 玛丽·曼宁·豪及刚出生的女儿苏珊。"pétillante"（法语，"容光焕发"）。

2. 贝克特指纽约出版商道布尔迪-多兰出版公司，该社一直在审读《莫菲》的手稿。乔治和格威内思在度蜜月。

3. A. J. 利文撒尔直到 1957 年才升任都柏林圣三一学院所办杂志《蝶属：都柏林圣三一学院师生论文学、科学与哲学文章系列》的副主编；1937 年 6 月，任命为《蝶属》主编的是威廉·亚历山大·戈利格（艾琳·凯利，圣三一学院，2005 年 8 月 17 日）。

4. "accidia"（意大利语，"懒散"，"慵懒"）。"idées obscures"（法语，"混沌的思想"）。

5. 查理·吉尔摩和莉莲·多纳吉一起住在约·坎贝尔位于威克洛郡的农舍里（参见 1936 年 7 月 7 日的信，注 9）。在 1937 年 8 月 23 日致托马斯·麦格里维的信中，贝克特对那个傍晚进行了描述："我常借钱去狂饮一番。上次是在上周六，在格伦克里谷里的一个派对上。吉尔摩夫妇——查和莉莲，外加多纳吉。我把漂亮的帽子、手表还有半瓶子 J. J. 输掉了。凌晨 2 点在［4］0 步泡澡时还把头给割破了。"（TCD，MS 10402/133；该页左边被撕）

肯尼斯·雷汀（参见1936年8月7日的信，注8，及1937年4月13日的信，注1）与诺拉·雷汀（原姓林伍德，生卒年不详）。

6. 肖恩·奥沙利文；纽约市来的两位女性身份无法查证。

7. 在1937年8月25日致托马斯·麦格里维的信中，贝克特写道："收到了从开普敦寄来的简短、正式的收讫确认函。真害怕得到那份工作呢。"（TCD，MS 10402/134）

贝克特提到的"狂野的西部"主持人威廉·科迪（人称"水牛比尔"，1846—1917），此处多半指水牛城大学英语系主任：参见贝克特致托马斯·麦格里维的信，1937年8月4日，注8。

伦敦
托马斯·麦格里维

[1937年] 9 月 21 日　　　　　　　　　 [都柏林郡，福克斯罗克]
　　　　　　　　　　　　　　　　　　　　库尔德里纳

亲爱的汤姆：

　　谢谢您的来信。我大约有10天卧床不起，得了（所谓）胃部流感，而且只是在最后这些天里，才感觉精力恢复到了正常但可怜的水平。开车出门的第一天就与一辆货车相撞。小车完蛋了，可我本人没事儿。由于只买了最低第三方强制险，就只有靠从别人那里获得赔偿了，这一方面我成功的希望估计很小。无论如何，我厌倦了小车，真想把它丢到一边，买一辆自行车。

　　上周，弗兰克带着老婆度蜜月回来了。他好像一路上并不劳顿。现在，他们住在库尔德里纳，因为基利尼的那幢房子要到10月1日才能腾出来。听说他从苏格兰给您寄了一张明信片，心里真高兴。[1]他有件令人懊悔的事儿，永远不要提起，但是假如只依靠他的话，那件事儿迟早会解决的。在迎合女人方面，他练就了一身的本事。

昨天在伦斯特街撞见了雷文。[2]之前，我并不知道他过来了。我们喝了一杯速溶咖啡。请他今天和我共进中餐，可他今早来了电话，说没法成行。他做事温文尔雅，可我们没有再一起待一会儿，感觉很遗憾。有人告诉过他，说我不在家，反正找不到人……

丹尼斯的诗集寄来了。有些片段写得很有味儿，比如《雕像与焦虑的市民》的最后一节，还有《埃菲尔铁塔》那首的不少诗行，但个人觉得这样的片段是偶然发生的，因而总的说来相当失望。在我看来，《读书人》那篇文章引用的几行诗依然像书中的任何诗行那么妙笔生花。《酒神节》窃以为写得很差很差，是惠特曼–吉卜林–害病的 piétinement sur place 当中最差的那种。至于其中的意象，似乎并非那么不受拘束，仿佛与整体的意象割裂开来了，全都信马由疆〔缰〕，恣意而为。假如是刻意如此，那就无关紧要了。可是，按照通常的机制，当过程并非感知失败的画面时，那它显然就是唤醒所感的画面。因为总而言之，它似乎是一种感知、感觉、本能且即时的天赋，而根本就不是构想甚至思辨的才能。当他形而上的时候，情况就糟了。布莱恩说他没有能力细察入微，也许他确实做不到。个人觉得这没关系。感知是一回事儿，观察是另一回事儿。上文提到的那节诗是细腻感知的材料，窃以为唯一的意象在第一行，而且是一个特性不鲜明的意象。肖·奥萨把诗集寄来，让我写书评，那些不值得推荐的方面，我是不会费很多心思去写的。上次见到希伊的时候，据了解您是在替《今日爱尔兰》写书评。[3]

因为要随阿比剧院去美国，希金斯受托递交了为圣约·戈辩护的证词。我还没见到那份逐字比照的报告，但人人都说写得极其严谨，当他把遭到投诉的诗行和那些尚未遭到投诉的诗行描述成民间文学时，证词的意味就达到了顶点。戳他妈的！[1]没谁期待庭审本身在 11 月之前举

---

[1] 原文"pokornography"为动词"poke"（戳）和名词"pornography"（色情文学）拼合而成。

行。[4]要是得到了开普敦的活儿，我一得到就立马接受（因为不可能两个条件都得到满足），就直奔意大利，必要的话也可以受托递交为哈里辩护的证词。但本人希望事情不要闹到这个程度。我是个没用的目击证人，这一点毫无疑问，心想要是装在盒子里，兴许对他更有用些。

布莱恩同他老爸和妹妹在斯莱戈，周四回来住上一天或者两天，然后就带着妹妹去安特利姆郡。昨天收到他的一封长信，把丹尼斯的优点和缺点一五一十地讲了一遍。今天收到查尔斯的来信，说旅行已经让您受益了。[5]他一直都乐呵呵的。

我生病时，发现自己读得进去的只有叔本华。[6]也试过读别的，但只是加深了生病的感觉。真是好生奇怪。仿佛一扇窗子忽然间打开，把闷热污浊的空气泄了出去。一直都知道，他是对我影响最大的人之一，而且此时开始理解为何如此，在很长时间里这都是一种比任何乐趣都要真实的愉悦。况且，找到一位可以当作诗人来阅读的哲学家，全然不管先验的验证形式，这也是一种愉悦。尽管事实上，就那些形式来判定，他的归纳比大多数人的归纳都要严密不少。

老妈长期出租库尔德里纳的计划暂时泡汤了。她发现有一个租户得了结核病。但我觉得，我们会说服她干脆外出度假，也许去伦敦投亲访友。我则多半会继续住在库尔德里纳，由厨师和那条狗来做伴。

收到从开普敦寄来的那张明信片以来，我就再也没有茜茜·辛克莱的消息了。也没收到过雷维的只言片语。丹尼斯和布莱恩都喜欢《莫菲》，让我心花怒放。[7]心想，无论是谁，其态度都是再诚恳不过的。拙作迟早都会出版，对此我依然感到神情轻松得难以置信，而且令人惊讶的是，对于拙作最终能否出版，我也依然有些忧虑。

上帝保佑。盼尽早回信。

此致

萨姆

ALS；2 张，8 面；TCD，MS 10402/136。日期判定：AN，添加了"37"字样；弗兰克·贝克特度蜜月回来了；F. R. 希金斯于 1937 年 9 月 13 日、14 日做了"逐字抄录"。

1. 弗兰克·贝克特和吉恩·贝克特已在基利尼买了房子。

2. 托马斯·霍姆斯·雷文希尔。

3. 在给丹尼斯·德夫林诗集《调解》所写的书评中，贝克特特别提到了《雕像与躁动的市民》（最后一节）、《从埃菲尔铁塔传来的消息》和《酒神节》这三首诗（《调解》，第 13—14 页，第 32—47 页，第 26 页）。

美国诗人沃尔特·惠特曼（1819—1892）和英国小说家拉迪亚德·吉卜林（1865—1936）。

"piétinement sur place"（法语，"风格形成期"）。

布莱恩·科菲。

在《近年爱尔兰诗歌》（第 236 页）一文中，贝克特引用过德夫林的诗《我在》；其首行是"短语借他者扭曲"（德夫林，《调解》，第 52 页）。

4. 在辛克莱诉戈加蒂和里奇与考恩出版社的案件中，阿比剧院院长 F. R. 希金斯应亨利·J. 莫洛尼之邀，于 1937 年 9 月 13 日、14 日在法官阿瑟·考克斯位于都柏林圣斯蒂芬绿地公园 42 号的办公室里提交了证词。该证词有些片段用在了庭审中，包括对希金斯认为"纯属民谣"的那几节诗的看法（《诽谤诉讼中判给 900 镑声誉损害费》，《爱尔兰时报》，1937 年 11 月 24 日：第 5 版）。

5. 查尔斯·普伦蒂斯。

6. 当时贝克特读的是阿图尔·叔本华的哪部（些）作品，现已无从考证。

7. 贝克特已收到茜茜·辛克莱从开普敦寄来的明信片。

贝克特最后一次收到雷维的信件是在 1937 年 9 月 4 日之前；1937 年 9 月 4 日，他给麦格里维写信道："道布尔迪–多兰拒绝了拙作……'冗长、玄奥的专题探究，显然属于乔伊斯一派，写得较滥，无法不叫人心生抵触，厌倦之情溢于言表，如此这般'，管他什么意思！现在，书稿投给费伯了。"（TCD，MS 10402/135）

贝克特同布莱恩·科菲已"在他动身［去斯莱戈］之前的那天共进了中餐。我已把《莫菲》交给他审读，心想他确实实非常热忱"（贝克特致麦格里维的信，1937 年 9 月 4 日，TCD，MS 10402/135）。贝克特也给丹尼斯·德夫林送了一份书稿。

伦敦

托马斯·麦格里维

1937 年 10 月 6 日   库尔德里纳

亲爱的汤姆:

今天上午收到您的来信,谢谢。您的信弗兰克也会在今天收到。

自从老妈走开后,我就一直躺在这儿。不知道她在哪儿,也说不清她会离开多久,而弗兰克也既无确切的消息,也没交代说消息不能道给外人听。一直在翻找自己的稿子,想把藏书约略整理一下。起初想把所有的东西都归位到中间地带,但最终得到体贴的许可,就是锁好书房的门,把钥匙交给弗兰克。就这样省去了许多麻烦。

原以为在家里走动要蹑手蹑脚,心智会遭到蚀咬,没想到眼下没有老妈住在库尔德里纳,对那种畅快我正惊讶不已呢。而且个人也希望,没有我在身边的时候,她只怕也有同感。不过,对于她我什么祝愿都没有,既不祝她也不咒她。我是她野蛮关爱的产物,而且两人当中有一个终究要接受那一点,这是好事。这段时间里一直都是这样,就是在她那大字不识的彬彬有礼的十月里,要求我为人处世都要符合她的标准,在亲朋好友面前也得如此,还要遵守老爸理想化了——去人性化了——的商业准则("每当把握不住[该]做什么时,就问问自己宝贝比尔会怎么做")——怪诞得无以复加了。就像是漫长的晌午之后,拇指螺钉接到bourreau 的命令,得带着感情演奏自己最喜欢的无歌词曲子。¹说白了,就是不想见到她,不想给她写信,也不想收到她的来信。至于心中的安宁,以及据说太阳让发酵得好得多的所有其他牛奶布丁,在两人之间它们是无论如何都不会存在的,尤其作为正式和解的成果是会荡然无存的。白发之人将在愁苦中苟延残喘,想在愁苦中苟延残喘,正如之前在愁苦中出生一样，因为他们就是那类人。而且假如这会儿来了电报，说她死了，我是不会向愤怒女神坦白的，说自己应该负间接的责任。

所有这些话归结起来，只怕等于说，我作为儿子有多不争气。那么，阿门。于我而言，儿子只是个既非颂扬亦非恶贬的称号。就像把树木说成不顶用的影子那样。

要是她回家时没赶上，那我多半下周一就动身去伦敦。上哪儿投宿我下不了决心。雷维写信来了，请我跟他同住些日子，直到我找到别的住处。兴许会那样，然后去巴黎。钱会相当 knapp。再也不会有多给余钱这样的善行了。上帝才清楚，我不想跟任何人同住。最不想同住的是那个威尔士太太。[2]

很喜欢您发表在《今日爱尔兰》的那篇书评，对您引用的文字当时就感觉称心如意。自个儿把"最后一个儿子砰地关上门"一句做了标记。得说对 Fioretti 一书丹尼斯不会太高兴，但还没见到他，听他说说自己的想法。对您没有给予更多的空间一事儿，布莱恩义愤填膺。[3] 希伊在吵嚷着要稿子，所以我会把《漂白》给他寄去！[4]

上周一大半天我都在香克希尔法庭度过，等着审理自己的案子。在区法官雷汀先生的面前替自己做了辩护，结果罚款 1 镑，还要承担一半费用，这意味着从对方保险公司得不到任何补偿。雷汀对在场的警察和重罪犯进行了说教，大意如下："贝先生是最杰出的爱尔兰作家之一。假如他的事业过早就打止，那将令人遗憾。哼。文学自有天地。那些天地他迄今已拿——呃，手段——驾驭好了。至于他驾车的本事，我就说不准了。如此等等。"[5] 布莱恩到了南郊，自始至终陪着，胳肢窝里夹着一本雷蒙·卢塞尔的书。今天下午我们要去山里走走。他老爸入选审查委员会的新闻，想必您是读到过的。[6]

弗朗西斯·斯屠尔特［斯图尔特］在海豚出版社工作，上周一请我共进了晚餐。这会儿他正在图书馆寻找一本关于 18 世纪爱尔兰的小说。

这人有些沉闷。带着格莱纳维夫人办事儿，进了瑞典领事艾里克森［埃里克森］的房间，眼下已离开了。7

戈加蒂的案子要等到 11 月份才会审理，届时得回来参加庭审。听说他在同皇爱协协商，后者想买下他的房子和花园作为新的办公用地。哈里处境艰难。8

我收到了茜茜从南非寄来的信，想听到的消息——比如说她还好吗，桑尼怎么样了——她一点儿都没说。9 她谈了开普敦，说那所大学四周山峦叠翠，绿树成荫，但这样的话激不起我任何的兴趣。

听说利文撒尔应聘到了圣三一学院，找了个新设的工作，担任"秘书长"，已经离开了玛丽街，旧人换新颜了。我几个月都没交上好运见到他了。10

按时（要是做得到的话）到达伦敦的时候，我定会告诉您。不过，动身离开有可能只是最后一分钟才忽然间做得到，那样的话，一到达哈林顿街，我就会给您打电话。记没记下您的号码还真说不清。您可以写张明信片来，把号码告诉我吗？11

A bientôt.[1]

萨姆

ALS；2 张，4 面；AN AH：第 2 页第 3 面上方空的部分：〈第 3、第 4 及第 5 层，5 3/4 1bs 白铅粉 @ 5d.〉；TCD，MS 10402/139。

1. "bourreau"（法语，"折磨人的家伙"）。
2. "下周一"即 10 月 11 日。"威尔士太太"指乔治·雷维的妻子格威内思。
"knapp"（德语，"抠得紧"，"缺"）。
3. 在给丹尼斯·德夫林《调解》所写的书评中，麦格里维引用了德夫林的诗歌《从埃菲尔铁塔传来的消息》："……举棋不定 / 像一位母亲掩住两耳 / 当最后一个儿子

[1] 法语，"再见"。

586

砰地关上门，而她听到回声直哆嗦时 / 我就不得不说话了。"（《调解》，第 47 页）

"Fioretti"（意大利语，"花朵"）。麦格里维把德夫林的诗集比作《阿西西的圣方济各的小花》——这部畅销故事集搜罗了有关意大利中部阿西西城的神父圣方济各生平的传奇，成书于 14 世纪末之前，编者不详（托马斯·麦格里维，《都柏林新诗》，《今日爱尔兰》第 2 卷第 10 期［1937 年 10 月］，第 81—82 页）。

4. 贝克特是否真的把《漂白》经爱德华·希伊投给了《今日爱尔兰》，这已无法查证；该诗未在该刊发表。

5. 区法官肯尼斯·雷汀。1937 年 9 月 28 日，贝克特给麦格里维写信道：

上上个周六［9 月 18 日］发生了一场交通事故，因与此相关的危险驾车，我正遭到国民警卫队的迫害；在我看来，这太不公平了，真想下周一［10 月 4 日］把他们告上法庭，一路告到底，寸步不让。我清楚，这样做遭到的罚款会有干脆下跪再道个歉之后的两倍那么多。Tant pis. 没有什么动物让我痛恨得比对国民警卫队还要深恶痛绝——国民警卫队是爱尔兰的象征，带着正儿八经的凯尔特粗鲁无礼的自鸣得意，还有洗马桶的 Schreinlichkeit，而且在逃离这噩梦般的国度之前，假如我能将这种感觉的哪怕一小部分塞进区法官雷汀先生那油盐不进的头颅里的话，那我会乐意为这一乐趣额外付一镑。如果不是因为下周一的这件事儿，本周末之前我就多半会跑到伦敦去了。（TCD，MS 10402/137）

"Tant pis"（法语，"糟透了"）。

"Schreinlichkeit"（德语生造词，"扪心无愧"）。

6. 布莱恩·科菲随身带着法国作家雷蒙·卢塞尔（1877—1933）的一本书。1937 年 9 月底，其父丹尼斯·J. 科菲博士入选出版物审查董事会（《大学笔记，科菲博士新任命，新医学社联合会》，《爱尔兰时报》，1937 年 10 月 4 日：第 4 版）。

7. 弗朗西斯·斯图尔特在为自己的小说《了不起的乡绅》（1939）查阅资料。

比阿特丽斯·坎贝尔（戈登太太），格莱纳德夫人（原姓埃尔韦利，1881—1970）。哈里·埃里克森（1892—1957），1930 年至 1937 年 7 月 1 日任瑞典驻都柏林领事；其房间位于菲兹威廉广场 17 号（格伦·瑞德伯特，瑞典外交部档案部主任，斯德哥尔摩）。

8. 诉奥利弗·圣约翰·戈加蒂《当我沿萨克维尔街走去时》诽谤案的庭审直到 11 月底才举行。

1939 年，皇家爱尔兰协会购买了戈加蒂位于艾利街 15 号的房子，以及曾为乔治·摩尔花园的那片绿地。

哈里·辛克莱，对戈加蒂提起诉讼的原告。

9. 茜茜·辛克莱在南非探望儿子莫里斯；当时，莫里斯正在东开普省的赫拉夫 – 里内特镇担任沃特梅尔家的家庭教师。

10. A. J. 利文撒尔已离开阿特拉斯家具公司——该公司位于都柏林玛丽街 56—58 号，为其岳父约瑟夫·兹拉托瓦（又名戈德曼，约 1858—1938）所有——他担任都柏林圣三一学院教务处副处长兼招聘委员会秘书长。

11. 当时，托马斯·麦格里维住在伦敦西南 7 区哈林顿路 49 号。

伦敦
托马斯·麦格里维

周三晚［1937 年 10 月 27 日］　　　　　　　　巴黎 6 区
　　　　　　　　　　　　　　　　　　　　大草堂别墅路 12 号
　　　　　　　　　　　　　　　　　　　　萨拉辛家庭旅馆

［无问候］

在这里住个每晚 16 法郎的房间，看来是我出得起价的最好的房间了。照这个价，只怕住不到一个星期。刚在圣塞西尔吃过 entrecôte，外加奶酪和半份 carafe rosé[1]——花了 19.75 法郎！ [1]

旅途无比顺利，没几个人出门，离开纽黑文的小雨后，没多久阳光就灿烂耀眼了。火车上没见到布莱恩的影子。[2] 兴许他根本就不在这儿。明天我给他住的宾馆打个电话。

　　　上帝保佑

　　　　　　　　　　　　　　　　　　　　　　　　萨姆

---

[1]　"Entrecôte"，法语，"排骨肉"；"carafe"，法语，"瓶子"；"rosé"，法语，"玫瑰红葡萄酒"。

APCS；1 张，1 面；寄往：伦敦西南 7 区哈林顿路 49 号，托马斯·麦格里维先生收；邮戳：1937/10/27，巴黎；TCD，MS 10402/141。日期判定：据邮戳；1937 年 10 月 27 日为周三。

1.贝克特已于 10 月 16 日周六的晚上从都柏林出发，10 月 17 日的中午抵达伦敦(贝克特致麦格里维的信，〔1937 年 10 月 14 日〕TCD，MS 10402/140)。1937 年 10 月 27 日，贝克特从巴黎给雷维写信道："我问了一下拉斯帕伊宾馆、和平饭店和自由宾馆，然后就在本地 16 法郎一晚的 cabinet de malaisance 里瘫软下来。"（TxU）萨拉辛家庭旅馆位于大草堂别墅路 9 号，在自由宾馆的街对面。

"cabinet de malaisance"（表厕所的法语术语 "cabinet d'aisance"〔抽水马桶；放松〕与 "malaise"〔不安〕的拼合）。

圣塞西尔是咖啡馆还是大餐馆已无从考证。

2.布莱恩·科菲。

贝克特先是从英国的纽黑文港乘渡船抵达法国北部的迪耶普港，接着再乘火车前往巴黎的。

都柏林
托马斯·麦格里维

〔？ 1937 年 11 月 3 日〕   巴黎 6 区
                                        大草堂别墅路 12 号
                                        萨拉辛家庭旅馆

亲爱的汤姆：

今天上午收到您的来信。只要是您的来信，我都希望不会错过。昨天收到哈里的电报，"案件可能下周庭审"，真是避之不及。刚给他写了信，说从巴黎也好从伦敦也罢，我都不会动身回都柏林，直到他把传票要求的日期转发过来。他肯定会至少提前 3 到 4 天得知庭审的具体日期，这

样我就能及时赶到。¹

您提议说，在您外出期间我可以住在您的房间里，真是菩萨心肠，而我也会乐意这么做。萨里（老妈在伦敦时就住在那儿）的表妹写了信来，请我过去住上几天，我呢，倒是宁愿接受这份邀请，也不能让您掏钱让我住在 49 号。此外，还有雷维夫妇。² 当然了，在月底之前，这会是个几乎没有定论的问题。

昨天我在穹顶外面撞见了托马，他现在是 Maître de Conférence de la faculté de lettres de l'Université de Poitiers[1]，但好像至少有一半时间住在巴黎。他问起您的情况，真是情真意切，还要了您的地址。既然他说正要给您写信，这里我就不写他在巴黎的地址来劳烦您了。他要下周二才回来，所以这趟行程怕是难得见道［见到］他了。他看起来还是原来那个样子，比我记忆中的还要健康得多。³ 他说佩隆已在这里的一所 lycée[2] 任职，还说可以从巴黎高师新任处长拜卢那里打听到他的地址。我照做了，昨天去拜访了他，很顺利。他在约拉斯位于纳伊的学校接替了佩洛尔松的活儿。再次同他相聚真是不亦乐乎。周五同他共进晚餐。

今天上午，我在《巴黎午间》给佩洛尔松打了电话，约好了下午跟他见面。⁴ 还打定了主意，想跟乔伊斯联系上。

我跟布莱恩和邓肯夫妇一道受到邀请，今天要和尼克、妮娜共进晚餐。⁵

昨天去了卢浮宫，par un temps radieux，看了法国原始派和枫丹白露派的艺术展。此前早忘了《阿维尼翁圣殇》那幅画有多棒了。⁶

假定与此同时没有收到哈里的通知，我最晚周三上午回到伦敦，多

---

[1] 法语，"普瓦捷大学法文系讲师"。
[2] 法语，"公立中学"，"国立高等学校"。

半会在周二上午。但愿那时您依然在那里。

　　此致

　　　　　　　　　　　　　　　　　　　　　　　　　萨姆

　　ALS；1张，2面；亲笔补上日期，1937/11/3；TCD，MS 10402/144。日期判定：1937年10月30日，贝克特从巴黎给麦格里维寄了一张明信片；1937年11月10日，贝克特身在伦敦（据贝克特致哈里·辛克莱的明信片，盖有"伦敦，1937/11/10"字样的邮戳［基达尔］）。甚至到了伦敦，贝克特也没有确定的回到都柏林的计划。

　　回都柏林参加庭审之前，贝克特住在巴黎的萨拉辛家庭旅馆；庭审结束后，他回到巴黎，住在自由宾馆（参见贝克特致乔治·雷维的信，1937年11月3日［1937年12月3日］）。

　　1. 哈里·辛克莱的电报发于1937年10月30日之后，11月7日（周日）之前，但原件尚未找到。在一封从巴黎写给哈里·辛克莱但未署日期的信件（约1937年11月3日）中，贝克特写道：

　　　　昨天收到你的电报。［……］除非在此之前收到确定的庭审通知，否则周一傍晚之前我是不会动身的。那样的话，我最早要周三上午才能到达都柏林，因为我得在伦敦耽搁一会儿，领取购买余下船票所需的款项。

　　　　假使与此同时没有收到你的任何消息，那么我最晚下周三回到伦敦。这样，周一傍晚之前到不了巴黎的所有信件或电报，你最好像往常那样寄到或发到伦敦西南7区的哈林顿路49号去，我即使不住那儿，也会前去收取信件和电报。（NNC, RBML，西格尔·肯尼迪存档）

　　那个周三，贝克特从伦敦给哈里·辛克莱写了信（参见1937年11月10日的信）。
　　2. 麦格里维多次计划前往巴黎，已同意让贝克特借住在他位于伦敦哈林顿路49号的房间里。
　　贝克特的表妹，希拉·佩奇。
　　3. 1934—1936年，让·托马曾在索邦大学担任法国语言与文学教学代课教师，此时已在普瓦捷大学和里昂大学谋得了新职位（1936—1944）。穹顶咖啡吧，蒙帕纳斯大街108号。
　　4. 1936年，让·拜卢（1905—1990）就任巴黎高等师范学校的督查长，之后该岗位更名为校务秘书长（皮埃尔·让，《巴黎高师200年记：从名不见经传到了不起的高师》[巴黎：拉鲁斯出版社，1994]，第213页）。

1936年，佩隆赴巴斯德大街的比丰学院就任；他可能在玛丽亚·约拉斯开办的纳伊双语学校担任过代课教师，但没有相关档案记载（贝琪·约拉斯、亚历克西斯·佩隆）。1936年至1939年，乔治·佩洛尔松一直担任科研处处长；同时，他还在《巴黎午间》杂志兼职（1932—1940）。

5. 布莱恩·科菲；艾伦·邓肯和贝琳达·邓肯。尼克（卒于1939年）和妮娜·巴拉谢夫是邓肯夫妇的俄罗斯朋友，但具体身份尚未查明。

6. "par un temps radieux"（法语，"沐浴着灿烂的阳光"）。

贝克特所谓的"法国原始派"指14、15世纪活跃于法国的艺术家：包括尼德兰画家亨利·贝勒休斯（活跃于1415年，约卒于1445年）；北尼德兰插图师波尔·德·林堡（约1375—约1415）、赫尔曼·德·林堡（约1385—约1416）和让·德·林堡（卒于1439年之前），他们以为贝里公爵让的《美好时光》和《多彩时光》所做插图而闻名；法国画家、插图师让·富凯；阿维尼翁画家昂盖朗·卡尔东（约1420—1466）。关于"原始派"的画风，参见：里昂-欧诺赫·拉班德，《法国原始派：西普罗旺斯的画家与玻璃锈蚀艺术家》[马赛：塔吉塞勒出版社，1932]。

贝克特评论的是卡尔东的画《维伦纽夫-雷斯-阿维尼翁的圣殇》（卢浮宫，R.F.156）。

贝克特多半指第一代枫丹白露派（法国16世纪30年代至17世纪初）的画家，包括枫丹白露画院的院长（约1533—1540）、意大利壁画与装饰性粉刷艺术家罗索·菲奥伦蒂诺（1494—1540），继任者弗朗切斯科·普里马蒂乔（约1504—1570），尼古拉·德拉巴特（约1509—约1571），安东尼奥·凡图齐（约1508—约1550），老让·古尚（约1500—约1560）及其儿子小让·古尚（约1525—约1595），弗朗索瓦·克卢埃（约1516—1572）和安托万·卡伦（1521—1599）等。

都柏林

亨利·M. 辛克莱

[1937年11月10日]   伦敦西南7区

                                                        哈林顿路49号

592

［无问候］

今天上午一到达就收到你的来信。收到日期确定的传票之前，我是不会动身的。万一你想电话通知，哪天上午 11 点之前都可以打到肯星顿去，分机号 7325。很高兴，对事情的进展你还算满意［。］[1]

A bientôt.

萨姆

APCS；1 张，1 面；（伦敦）"黑衣修士桥"；寄往：爱尔兰自由邦都柏林纳索街雅梅餐馆，亨利·M. 辛克莱先生收；邮戳：1937/11/10，伦敦；基达尔。日期判定：据邮戳。先前出版："索引本"，6 号目录（2003 年 9 月），封底影印。

1.贝克特正等着起诉戈加蒂诽谤罪的案件何时开始庭审的消息。发给当庭证人（贝克特是其中一人）的传票于 1937 年 11 月 12 日签发；庭审于 11 月 22 日至 24 日进行。

伦敦
乔治·雷维

1937 年 11 月 3 日［1937 年 12 月 3 日］ ［巴黎］6 区
大草堂别墅路
自由宾馆

尊敬的乔治：

我有望在这里待上至少 10 天，或者两周，甚至可能待到圣诞节之后。这样嘛，寄给我的东西您可否转寄到这儿来呢？[1]

还没见到约拉斯，但听说他准备在下一期登出丹尼斯诗集的书评。见到他时，我问问他是否反对让您重刊。把书评交给布莱恩去读了，告诉过他再把书评转交给您。[2]

盼着明天上午见到范费尔德，届时我会把颜料给他。[3]

向格威内思问好，并再致谢意。

此致

萨姆

但愿您的感冒好些了。[4]

APCS；1张，2面；寄往：伦敦中西1区大奥蒙德街7号，乔治·雷维先生收；邮戳：1937/12/3，巴黎；TxU。日期判定：贝克特写的是"1937/11/03"，但邮戳是"1937/12/03"。

1. 在都柏林参加诉戈加蒂诽谤案的庭审后，贝克特再次前往巴黎，途经伦敦时住在雷维家里。

2. 欧仁·约拉斯。

贝克特指自己的书评《丹尼斯·德夫林》；该书评即将在《转变》发表，之前交给布莱恩·科菲读过。

3. 1937年11月2日，乔治·雷维从巴黎写信道："此时此刻，范费尔德穷得连颜料都没了，感觉可怜兮兮呢。"（TxU）赫拉尔杜斯·范费尔德（昵称赫尔，1898—1977）是荷兰画家，雷维夫妇已请贝克特带些颜料给他。

4. 补写，位于问候语的右边。

伦敦

托马斯·麦格里维

1937年11月3日［1937年12月3日］　　　　　　［巴黎］6区

大草堂别墅路

自由宾馆

594

亲爱的汤姆：

　　跨海跋涉真是糟透了，直到过了一大半路程。要想不生病，就得待在室外，待在凄风冷雨中。艾伦、贝琳达和布莱恩到车站接了我。先前布莱恩到了自由宾馆，给您订了这个房间。自萨拉辛之后，这样的条件算得上奢侈了。在佛朗哥意大利餐馆一块儿吃了饭。布莱恩得了早期扁桃体炎，住在国际 bordel 里显得凄凄惨惨的，他同贝琳达喃喃耳语，让艾伦酸水直翻，仿佛看见了花神。哎，感觉疏远得很，就像以前在同一伙人当中经常感到的那样。觉得无论巴黎会是别的什么样子，都不是那样，也不会是那样。特别是贝琳达身上有种素质，叫我心中充满 scoram，就是虚假的镇静和精明，奥林匹亚的兔子到了洞穴口。特别是布莱恩不顾病痛的折磨，在那儿表示爱慕的时候。[1]

　　我刚给闪打通电话，被诺拿［诺拉］接了过去，说他还没刮完胡子。她说发现您变了，但没说怎么变的。还说约拉斯正要刊载丹尼斯诗集的书评。我忽然想到，拙文在《转变》发表，会败坏他在爱尔兰的名声。可是，在爱尔兰有什么能败坏他的名声，却如同不败坏那样呢？今晚我会跟他们共进晚餐。[2]

　　对于您的事儿，这些日子我思考再三，真的下了决心要去问问洛吉耶。[3] 要是他话中带刺地把我打发走，那也不会是第一次。即使您的大脚趾到到［原文如此］了伦敦，结果会怎样呢？不过，留到下周再说吧，万一您对这件事儿有想法要说呢？

　　对于房间，贝琳达毫无提议。但兴许佩洛尔松或者佩隆会有所建议。与此同时，我也询问了自由宾馆的月租价，16 天是 480 法郎，这只是每天减了 2 法郎，là-dessus 10% 的服务费。已经花了 100 多法郎了。所以我得日复一日地待在自由宾馆，jusqu' à nouvel ordre。[4] 心想您把邮件转寄到那儿，而不是转交布莱恩，这样会好些。他过圣诞要回家。

　　请您也把您那份巴黎街道图寄来好吗？我这份同书籍一道打包了，

等着寄出去，上帝才知道何时成行。感觉能干正事儿，但居无定所，使之难上加难。一张 3 年有效期的 carte d'identité 要 200 法郎，还要一份 papier timbré 和 5 张照片。[5] 兴许到开春的时候，我就会住在自己的地方了，没有欠款，证件也办妥了。

　　数月来我第一次感到不再迫不得已地漂泊，街道、房子还有空气不再浸透着告别的气息——可是，只怕谁也说不清。

　　　　谨上

　　　　　　　　　　　　　　　　　　萨姆

　　向赫斯特和雷文致以 Grüße [6]。

　　ALS；1 张，4 面；TCD，MS 104502/143。日期判定：书写特征上，所写日期与寄给乔治·雷维、邮戳时间为 1937 年 12 月 3 日的明信片相似。11 月中旬或下旬，麦格里维在巴黎。

　　1. 布莱恩·科菲与艾伦·邓肯和贝琳达·邓肯。科菲已在自由宾馆订好这个房间，供麦格里维 11 月来巴黎时居住。叫佛朗哥意大利餐馆的酒家有好几个（蒙马特路 151 号，全景走廊，以及马提尼翁街 5 号）。

　　此时，科菲住在巴黎国际大学城的佛朗哥–不列颠学院，该学院实为供留学生居住的商住综合楼，位于巴黎 14 区佐登大街 9 号。

　　"bordel"（法语，字面意思"窑子"；此处指"烂摊子"）。

　　花神咖啡厅，巴黎圣日耳曼大街 172 号。

　　在其自传中，乔治·[佩洛尔松·]贝尔蒙对贝琳达·邓肯进行了描述，说她"长得像洋娃娃，外表脆弱，身子骨却硬如钢铁……一种柔软的甜美和沉默，从中要么是令人敬畏的真理的爪子会不经意地跳跃出来，要么是最流畅的污言秽语的洪流喷涌而来，看说话的对象而定"（贝尔蒙，《荒诞的交际圈回忆录》，第 367 页）。

　　"scoram"（意大利语，源自"scoramento"，"无精打采"）。

　　2. 詹姆斯·乔伊斯和诺拉·乔伊斯。丹尼斯·德夫林：参见 1937 年 11 月 3 日［1937 年 12 月 3 日］致乔治·雷维的信，注 2。诺拉的名字乔伊克特经常写成"诺拿"。

　　3. 麦格里维的朋友亨利·洛吉耶是法国外交部阁僚，任外交部长（1936—1938）伊冯·德尔博斯（1885—1956）的助手。由于工作的原因，洛吉耶对政府补贴了如指掌：在法外国人士只要能增进海外对法国文化事务的意识，即可申请法国政府的补贴。贝克特想接近洛吉耶，给麦格里维谋得申请政府补贴的机会。

4. "là-dessus"（法语，"外加"）。"jusqu'à nouvel ordre"（法语，"直到收到进一步通知"）。

5. 外籍人士凡欲在法国逗留4个月以上者，均须办理"carte d'identité"（法语，"身份证"）；"papier timbré"（法语，"印花证明"）。

6. "Grüße"（德语，"问候"）。

伦敦
乔治·雷维

［1937 年 12 月 10 日］[1] ［巴黎］
自由宾馆

小孩子们！

　　但愿渎神者们的上帝赐福于你们，直到众神的亵渎者能盛情招待你们的时候！ ¹

　　APCL；1 张，2 面；寄往：伦敦中西1区大奥蒙德街7号，乔治·雷维先生与太太收。邮戳：1937/12/10，巴黎；TxU。日期判定及地址：据邮戳。

　　1. 贝克特1937年12月9日给雷维所发电报（尚未找到）写的回信，声称伦敦出版商劳特利奇已接受了《莫菲》。

---

[1] 原信用法语写成。

伦敦

托马斯·麦格里维

1937 年 12 月 10 日

［巴黎］6 区

大草堂别墅路

自由宾馆

亲爱的汤姆：

谢谢您写来长信。这些人迄今还一个都没拜见。您是说洛吉耶提议您为英国读者写些法国题材的文章，给您断然拒绝了，是吗？即使"试用期"延长到（比如说）3 个月，也决不接受？窃以为这样应答有所不当。应允他至少可以让您前来此地，使您可以四处走走，找一份美术馆的工作。要是真的去见洛吉耶，我一定会说清楚，告诉他您是不是准备接受他提议您做的活儿。[1]

我一身疲惫地在市区跑了很多地方了，目前却什么落脚的地方都还没找着。最后给自己 abonné了 P.O.P（巴黎居民公共管理处）的服务，35 法郎，今天跑了其中的一些办公地。在我看来，甚至找到本人想要的那类单间，就是说有暖气和自来水，每年租金不到 4 500 法郎，不配家具，那也是断不可能的。就 POP 的价目表来看，至少显得如此。[2] 这已是预期的两倍了。感觉自己卡在这儿了，至少要卡到 1 月中旬去。

过去的 3 天里，我一直同乔治在他位于谢弗庄园街的公寓里，干着整理《进展中的作品》第 1、第 3 部的苦差。会有酬劳，多少就说不清了。那种活儿叫人麻木，而且没干完的还多得不可胜数。在电话里提议让我来干时，闪是带着试探的口吻说的，仿佛对我的态度心知肚明。我早已告诉海伦和乔治，说《新法兰西杂志》上的那篇文章是我胡诌的，是对评论界的最后告别。[3] 进展缓慢。又遇见了珀蒂让，原先就觉得他是个令人厌烦之至的小家伙[1]，这次这一印象得到了强化。4

有天傍晚在大客栈见到了约拉斯夫妇。《丹尼斯·德夫林》书评的校样今早寄到了，每隔一个字就有一个错。5

自从到达巴黎的那个晚上起，我就没见过艾伦或贝琳达了。Si，单独见过一次艾伦，只见一次也好。据说尼克得了胃溃疡——照布莱恩的说法，就是诸如此类的毛病。6他看起来挺悲惨的，有时候跑这里来磨蹭一阵子，我们就一起吃饭或者玩台球。只有他为人谦和。

哈里·辛克莱写了信来，说既然我收到了到都柏林出庭的传票，还有支付旅费的5镑支票，那么就不会申索额外的花销了，但他又说，就个人而言，当他兑现的时候（假如他果真如此），他会保证不让我自掏腰包。我回了信，说这种情况下，我是什么都不会要的。Roture oblige. 他还问，乔伊斯愿不愿意在伦敦给他做证呢！7

佩隆也是凄凄惨惨。佩洛尔松忙得没时间沉思。一天晚上我跟他和玛塞勒在皮埃尔酒家共进晚餐。过了大约一个时辰，他就陷入茫然，除非聊天的话题一直再具体不过：《志愿者［们］》可能周三推出。8

家里音讯皆无。给弗兰克写了信，为在都柏林时给他带来苦恼道了歉，并重申一旦他需要，我随时乐意给老妈写信，可是他没有回信。9

我精神萎靡，麻木不仁了，啥事没干。有一个皮卡比亚的画展，还有一个洛特的画展，但除了自己的照片（四处奔波竟然没有丢失），我啥画都没去看。范费尔德对叶芝的画满腔热情。他跟我深有同感，但个人以为，您不大会看重他。10

一天晚上我从"图卢兹黑人"出来的时候，跟托马擦肩而过。当时我同乔治和玛塞勒在一起。他拽掉礼帽，说道"Tiens! Bonsoir"，然后就继续赶路。11

---

[1] 据下文注4，乔伊斯每次要求弟子鼓吹《进展中的作品》，珀蒂让都应命撰文，让只写过《但丁…布鲁诺·维柯··乔伊斯》一篇文章且急欲特立独行的贝克特烦恼不已。

去高师图书馆借过一次书。默弗雷［默弗莱］伸出了小手指的上关节。埃塔当天不值班。[12]

昨晚很晚回来时，我发现乔治发来的一封电报，说劳特利奇接受《莫菲》了。但还没收到详情。没有丝毫的欢欣鼓舞，但 bien content quand même。该感谢的是您，接着是 J. B. 叶芝。[13]

要是离厕所再远一丁点儿，这个房间就更好了。

回到这儿时涌起的解脱感，什么都改变不了。就像四月里走出监牢那样。

上帝保佑。感觉自己写这封信时，您也在写来信。

　　谨上

　　　　　　　　　　　　　　　　　　萨姆

我以前带在身边的那份小巧的红色地图指南，恳请您寄来。

ALS；2 张，4 面；附言位于第 1 面左页边上；TCD, MS 10402/146。

1. 洛吉耶所提条款在 1937 年 12 月 22 日的信里有所提及。

2. "abonné"（法语，"预订"），贝克特在词尾添加了英语动词过去式后缀 "-ed"。巴黎居民公共管理处，位于巴黎 8 区帕斯基耶街 44 号的公共事务大楼。

3. 当时，乔治·乔伊斯与海伦·乔伊斯住在巴黎 16 区很短的谢弗庄园街。1937 年 12 月 18 日，保罗·莱昂给哈丽雅特·肖·韦弗写信，谈及《进展中的作品》（《芬尼根守灵夜》的暂定书名）第 2 部修订和增补的事："我的活儿看来做完了，可是核实修订之处，查证增补的地方，通读整个初稿，得找五六个人来弄。"（乔伊斯，《詹姆斯·乔伊斯书信集》，第 3 卷，第 409 页）

尽管乔伊斯请他就尚未出版的《芬尼根守灵夜》给《新法兰西杂志》写一篇文章，但在 1937 年的圣诞节前夕贝克特还是放弃了这项任务（贝尔，《萨缪尔·贝克特》，第 272 页）。只有雅克·麦肯顿写成了文章（《谈〈芬尼根守灵夜〉》，《新法兰西杂志》第 52 卷第 308 期［1939 年 5 月］，第 858—864 页）；不过，据乔伊斯 1939 年 9 月 8 日给麦肯顿的明信片，他期待麦肯顿再写一篇文章发表在该杂志上（乔伊斯，《詹姆斯·乔伊斯书信集》，第 3 卷，第 454—455 页）。

4. 法国批评家阿曼德·珀蒂让（1913—2003）是巴黎高师毕业生，经常给《新法兰西杂志》撰稿；之前，他就给乔伊斯翻译过片段，也撰过文刊登在《转变》和亨利·丘奇主编的《节拍》（1935—1940 年，1948 年）上。

5. 玛丽亚·约拉斯和欧仁·约拉斯；大客栈，位于蒙马特郊区路 16 号。贝克特指文章《丹尼斯·德夫林》的初稿，即给《转变》所写、谈德夫林诗集《调解》的书评。

6. 艾伦·邓肯和贝琳达·邓肯；尼克·巴拉谢弗；布莱恩·科菲。"Si"（法语，"是的"）。

7. 哈里·辛克莱是诉戈加蒂毁谤案的原告，已判决获赔精神损失费 900 镑及诉讼花销，但尚未收到付款。（《毁谤案结果：戈加蒂博士赢得 5 镑精神损失费，原告获得 900 镑奖补》，《爱尔兰时报》，1937 年 11 月 25 日：第 2 版）

贝克特拿常识性概念 "noblesse oblige"（法语，"位高则任重"）玩文字游戏，用 "roture"（法语，"平民百姓"）替换了 "noblesse"（法语，"贵族"，"权贵"）。

里奇与考恩是戈加蒂《当我沿萨克维尔街走去：实为幻想曲》的伦敦出版商，不受爱尔兰法庭的司法管辖，因此辛克莱在考虑到伦敦向他们提起诉讼。

8. 阿尔弗雷德·佩隆。

乔治·佩洛尔松在筹备杂志《志愿者们》（1937 年 12 月—1939 年 8 月，1940 年春）的第 1 期，同时还在《巴黎午间》杂志和纳伊双语学校兼职。玛塞勒是佩洛尔松的妻子。皮埃尔酒家，位于瓦卢瓦路 4 号。

9. 先前，贝克特已就自己在辛克莱诉戈加蒂毁谤案（参见诺尔森，《盛名之累》，第 254—259 页）中所做证词带来的负面影响向弗兰克致歉。

10. 法国画家弗朗西斯·皮卡比亚（1878—1953）的画展名为"弗朗西斯·皮卡比亚：达达派绘画与近年山水画"，于 1937 年 11 月 19 日至 12 月 2 日在博讷美术馆举行。1937 年，法国立体派画家安德烈·洛特（1885—1962）在巴黎的好几个画展中都有作品展出，并于当年 12 月在波耶特美术馆举办了个展（《立体派画家安德烈·洛特传》[巴黎：国立博物馆联盟，2003]，第 249 页）。

赫尔·范费尔德很喜欢杰克·叶芝的画作《清晨》；该画为贝克特购得，参见 1936 年 1 月 29 日的信，注 3。

11. 让·托马。图卢兹黑人咖啡厅当时位于蒙帕纳斯大街 157—159 号。"Tiens! Bonsoir"（法语，"哦，哦！晚安"）。

12. 当时，巴黎高师图书馆的馆员包括：让·默弗莱（1901—1971），1926 至 1943 年任馆长助理；保罗·埃塔（1905—1963），1936 年至 1950 年任馆长（《巴黎高等师范学校校友录》[巴黎：小斧出版社，1973]及《巴黎高等师范学校校史录》[巴黎：小斧出版社，1990]）。

13. 乔治·雷维的电报尚未找到。"bien content quand même"（法语，"依然很高兴"）。

1937 年 11 月 22 日，在麦格里维的恳求下，杰克·叶芝给自己作品的编辑、劳特利奇出版社的 T. M. 拉格（1897—1953）写信道：

> 萨姆·贝克特是我的朋友，他有小说《莫菲》的手稿即将投寄给贵社。该小说我尚未见过，但他的另一部小说我是读过的，觉得是一部货真价实的作品。里面不乏灵感。［……］这次写信来，是有这样的想法，就是假如你本人没法立即审读贝克特［的］手稿，那就请你转交某位思想十分开明的审稿人。（UoR，劳特利奇，1715）

1937 年 12 月 6 日，拉格给雷维写信道："我盼着［……］同您讨论一下 S. 贝克特的小说《莫菲》。长久以来，审读该作品比审读任何别的作品都让人愉快。不过，也得承认，我总有这种感觉，就是这本书将来很难卖得动。"（UoR，劳特利奇，1733）1937 年 12 月 8 日，拉格还写信感谢杰克·叶芝：

> 这部小说我喜欢得不得了。想推出它，正计划明天见雷维，跟他好好谈谈这件事。只担心小说太深奥了，没法成为畅销书，或者吸金石，这是毫无疑问的。另一方面，像您的书［《美丽人生》］那样，贝克特的小说会给少数读者带来巨大的乐趣。非常感谢您向我推荐这部作品。（UoR，劳特利奇，1715）

纽约州水牛城
玛丽·曼宁·豪

［1937 年 12 月 10 日之后］   ［巴黎］

［片段］

阿格特给《青春》写的告示登在《星期日泰晤士报》上。至少意图上尚友好。[1] 抨击约翰逊的那部戏还一个字都没写。相信相关的智力活动正在某个地方进行。这会使我最终弄明白，这部戏与《徒劳》《骨》和《莫菲》怎么不谋而合，根本上吻合，而且从根本上与我会写的或者想写的所有作品一致。[2]

我心里清楚，听到挨过了 18 个月，《莫菲》终于有劳特利奇出版社接受了，你一定会高兴的。在汤姆·麦格里维的恳请下，杰克·叶芝写了封信给社长，默默地推荐我。[3] 他们计划一签合同就付给我 12 镑 10 先令，一出版就再付同样的数额，即第一批 1 000 册 10% 的版税。还想预购之后的两部小说。对那家公司我了解不多，只知道他们最近才加入出版小说的行当，正在推出法国作家蒙泰朗和马尔罗小说的英译本。不管怎样，只要能把书弄出来，什么合同我都愿意签。料想这一点做到了，在美国也可以做点儿什么。他们想立刻就做好安排，二月份把书推出来。[4]

没收到过从开普敦寄来的任何回信，不过在远赴南非就任这一点上，我当然会打退堂鼓。要是在水牛城找到了什么活儿，旅费由对方支付，我是不会介意去那儿待上几个月的。不然，我就没本钱远涉重洋了。[5]担心汤姆·麦格里维拿自己那本谈艾略特的专论扰乱了自己在美国的市场。他太绝对了，为爱尔兰而满脸愁容，是个几乎无可救药的人，就像一个人想去救助的大多数人那样。他在伦敦过得相当穷困，靠给《画室》写些艺术类短文谋生，酬劳止不住挨饿。[6]

每次往返的途中，一旦到了伦敦，我都去见杰弗里和厄休拉，感觉他们比以前清闲多了，身体也好得多了。容貌上她已有所长进，可圈可点的地方多了，而且在心情、兴致、酒精中毒和精液沉醉的某些组合中，有了十分漂亮的外表。[7]

下面这节诗请转交多兰：

啊道布尔迪–多兰

氧少于笨蛋

你的脑瓜像流娼

前往班多兰。[8]

Calomniez! Calomniez! Il en restera toujours quelquechose. [9]

《新法兰西杂志》准备二月或者三月推出向乔伊斯致敬的特刊，为此我要写一篇应景之作，给自己的批评生涯致以期待已久、正中屁眼的一踢。此后就不再胡诌了。《进展中的作品》也匙［也是］定于二月推出。或者三月。手头太拮据了，不得不允许自己接受他的雇用，给他当首席校稿员。[10]这一点你个人知道就够了。若非坚持进行表面上的进一步黏合，这个团体就极其难以解体了。

爱你

s/ 萨姆[11]

在伦敦时，我将你寄给莉莲的那 1 美元挪作自己用了。后来在都柏林撞见了查理（他在找当消防员的工作），把 4 先令和邮政汇票给了他，心想当时他正需要那张汇票，急需得不同寻常。[12]我没法出远门去看他们。多纳吉在恩尼斯凯里，同他的山羊胡非法同居。[13]

萨尔托的诗歌里有些美妙的东西，但是"放开它"这一洛可可式修饰语是我长久以来所见过的最糟糕的短语了。[14]

TLS；1 张，片段（开头［几］页丢失）；TxU。日期判定：1937 年 12 月 10 日或之后（参见贝克特致麦格里维的信，1937 年 12 月 10 日），且 1938 年 1 月 7 日（贝克特在巴黎被人拥伤那天）之前。

1.玛丽·曼宁·豪的戏剧《年少正当……季？》（1931）由朗福德伯爵演艺团在伦敦的威斯敏斯特剧院排演，首场演出于 1937 年 10 月 5 日推出。《星期日泰晤士报》"戏剧评论员"詹姆斯·阿格特（1877—1947）写道："这部小戏相当精彩，写得相当有

604

水准［……］我惊讶地发觉，这是一个十分罕见的东西，一个满是生动人物的舞台。"（《〈年少正当……季？〉：谈玛丽·曼宁的新戏》，1937年10月10日：第4版）

2. 贝克特所谓"是相关的智力活动"，指为撰写关于塞缪尔·约翰逊与斯雷尔太太二人关系的戏剧所做的前期研读。《徒劳无益》《回声之骨》及《莫菲》。

3. 杰克·叶芝向劳特利奇出版社推荐《莫菲》的信：参见1937年12月10日致麦格里维的信，注13。

4. "12镑10先令"是劳特利奇出版社支付给贝克特的预付款。贝克特签字的合同于1937年12月17日由雷维交还给T. M. 拉格；预付款于1937年12月17日寄给乔治·雷维（UoR，劳特利奇，1716）。

劳特利奇出版了（1938）斯图尔特·吉尔伯特和阿拉斯塔尔·麦克唐纳英译的马尔罗《希望的日子》（1937）。蒙泰朗的《少女》（共4卷，1936—1939）也出版了英译本，译名《哎，女人》（第1卷：《少女》［1937］，托马斯·麦格里维英译；第2卷：《哎，女人》［1937］，约翰·罗德克英译）。

5. 1937年7月，贝克特向开普敦大学申请了意大利语讲师的岗位；之前，玛丽·曼宁·豪还曾建议贝克特向纽约州的水牛城大学申请教师职位。

6. 麦格里维的《论托马斯·斯特恩斯·艾略特》列入"海豚丛书"，由查托-温德斯出版社推出（1931）。在该专论中，麦格里维对美国人的庸俗进行了严厉抨击（参见1931年2月3日的信，注2），同时也对艾略特的新英格兰新教思想进行了批判：

> 艾略特先生的诗除去了纯粹社会性的元素，从而净化了自身，因为他已走向天主教思想，甚至即使显得体面也实为杂种、分裂、闭塞的那种天主教；无论如何，他略带新英格兰的派头，暂时在那种天主教面前止步了。（要当个盎格鲁天主教徒，试图在约翰牛的特性或山姆大叔的特性和天主教思想之间达成妥协，这几乎就是试图把财神和上帝调和起来。）（麦格里维，《论托马斯·斯特恩斯·艾略特》，第16页）

麦格里维是《画室》的首席艺术评论员。

7. 杰弗里·汤普森和厄休拉·汤普森。贝克特得从巴黎回到都柏林，参加1937年11月22日到23日举行的戈加蒂毁谤案的庭审，为此他必须途经伦敦。

8. 道布尔迪-多兰出版公司已在玛丽·曼宁·豪的鼓动下派人审读了《莫菲》，但依然拒绝出版（参见1937年7月27日的信）。贝克特把自己的讽刺诗寄给了好几个人，文本仅略有差异（参见1937年8月4日的致乔治·雷维的信）。

9. "Calomniez! Calomniez! Il en restera toujours quelquechose"（法语，"继续诋毁！

总会有什么留存不移")。

10. 在《进展中的作品》改名《芬尼根守灵夜》出版前夕，乔伊斯想请人撰写一组评论发表在《新法兰西杂志》上（参见1937年12月10日致麦格里维的信）。他想让这部巨著在自己生日的当天（1938年2月2日）推出，后来又想改在其父亲生日的当天（7月4日）出版，但该书直到1939年2月2日才进入书市。

11. 签名写在最后两段打字文字上方。

12. 莉莲·多纳吉和查理·吉尔摩。

13. 约翰·莱尔·多纳吉已和莉莲结婚。

14. 先前，玛丽·曼宁·豪试图安排贝克特和梅·萨尔托见个面，还把她的诗寄给了他。此处，贝克特指她的《第15首十四行诗》，诗中叠用短语"放开它"达六次（梅·萨尔托，《四月的邂逅》[波士顿：霍顿·米夫林出版公司，1937]，第81页）。

伦敦
托马斯·麦格里维

1937年12月22日

[巴黎] 6区
大草堂别墅路
自由宾馆

亲爱的汤姆：

寄来地图，万分感谢。[1]

如您所猜，我一时还没找到任何着落。[2]永远都找不到了。得请人帮我代劳。

我刚给老妈写了信，提议说至少保持通信联系。希望这样会让她圣诞节期间少那么一点点忧伤。[3]

大约一周前我给贝拉尔写了信，但一直没收到回信。[4]接着又给洛吉耶写了信，昨天收到他回的短笺，是本月他第三次患流感卧床期间在床上写的，要我当天前去拜访，我照做了。他待人十分友好，而以下就是我们对话的最后结果。

几乎可以肯定，假如以适当的形式提出申请，您就会得到 10 000（一万）法郎的补助，聘期 3 个月。洛吉耶不能直接这么做，不能越俎代庖。得有某位第三方（此情此景，那便是我）代表您，向外交部阁僚长提出正式申请，阐明情况，说明申请金额。洛吉耶在申请书上签上 d'accord，申请书就通过了，补助金就会存放在我这里。看来，您得为此干任何类型的具体工作这样的问题是不存在的。"rapprochement-franco-britannique" 这个短语仅仅是个短语而已，并不强求您要谨守任何形式的党派舆论。我向洛吉耶提议说，由于您急于守住《画室》的那个饭碗，强求您整整 3 个月都住在巴黎，这一做法并不令人期待。他赞同说，这一申请绝不会因为如此措辞，以强制您前来法兰西，从而带有偏见或者有所危害，而且绝不强求您在法兰西不间断地住上 3 个月。对于您在这里弄到长久的活儿，比如海伍德（？）小姐在卢浮宫享用（？）的那份工作的急切心情，我做了解释。他说那当然远不在他的影响范围内，但又补充道，您兴许会朝那个方向做出的任何 démarche，他都会乐于给予支持。说起您来，他深表同情和关心，他拍了拍脑袋，深奥地说了句 "Très riche"。[5]

呃，亲爱的汤姆，我知道您一接受这个提议，就立马会觉得存在各种各样的难处和险境，在伦敦和巴黎之间分配时间有多不方便，虽说我深信情形会截然相反，但您仍有可能卷入政治代理的角色，还会遇到许多我一时半会儿[想]不到的麻烦，但是我恳求您别把它们想得过于重要。即使这 3 个月在巴黎找不到稳定的工作，您也丝毫不会比目前的境况更遭，而且您会得到休整，得到激励，重新精神焕发。此外，我觉得还有一点是想当然的，就是随着画展春季开展，以及与此相关的新画展或者新画作得以策展，您就会找到心仪的那类工作。[6]至于得拿出与花在您

607

身上的钱相称的业绩，凭我对这一岗位的理解，这依然是个完全看您怎么看待、怎么措辞的问题。不存在让您当政治掮客的问题。大家都明明白白，就是这会儿推荐您担任的是文化顾问，而且整个安排都会基于文化交流。洛吉耶把您当朋友，乐于帮您个忙，但不能直接代办，所以得遵守游戏的规则，这样他才能成全您。我敢肯定，他绝不会让您卷入令您厌恶的情形。

我清楚，在您打定主意之前，还会有许多细节闪现在您脑海里，对那些细节您会觉得自己肯定了解得更加到位。如果您告知详情，我会跟洛吉耶面谈。可是，我个人觉得，假如您亲自把详情直接告知洛吉耶，那兴许更好，对您自己也更能达成心愿。毕竟，在他面前我感到有些拘束，而您跟他相当熟络，是不会感到拘谨的。

当然了，只要您 en principe 同意，在递交之前我会把代写的申请书投递给您过目。

您知道，我多么希望您会答应啊。

我得了该死的感冒，感觉不那么爽，四处漂泊，天天酗酒，又不干活儿。乔伊斯给了我 250 法郎，算作花 15 个小时给他校稿的酬劳。不必多说，这只是说给您个人听的。后来，他又做了弥补，送了一件旧大衣和五条领带！我没有拒绝。比起伤害他人，受人伤害是如此简单的一件事儿。收到了圣诞节跟他们共进晚餐的邀请。跟莱昂夫妇和乔治夫妇一道！无疑还有约拉斯夫妇，只要他们没打算外出。海伦收到了她老爸的坏消息，一会儿就会动身去美国。她差不多昨天就走了。她要乔[治]一块儿去，可他不想去。我想 ça marche assez mal。[7] 对《新法兰西杂志》那篇文章我再也没动过手了，真想丢下不管。当然，当那部作品以书的形式出版时，绝不会出现有无绪论或者后论的问题。而且，假如这意味着决裂，那么就让我们决裂吧。至少这次不是因为他们家女儿的事。顺便提一下，就我的了解，那个女人越来越深陷悲剧，越来越难以脱离苦海了。[8]

再也没有乔治发来的消息了。我名字都没有签（纯粹遗忘，无疑影响深远）就把合同寄回去了，这事儿多半惹恼了他。[9]

收到这封信时，您该见过布莱恩了。一本送给您的书我托付他了。买回来后，我匆匆翻了一下，担心您在书里找不到多少令人兴趣盎然的内容。查尔斯写了信来，兴高采烈地谈了《莫菲》的事儿。[10] 比起这部小说遭到拒绝的时候，当它终于有出版社接受时，我感到的喜悦甚至更少。

上帝保佑，还有赫斯特和雷文。[11] 盼尽快写信来，说"保持联系"。

此致

萨姆

ALS；2 张，4 面；TCD，MS 10402/148。日期判定：这封信用了两种纸张，第 1 张 r/v 写在信笺上；第 2 张 r/v 写在方格纸上，是从笔记本里撕下来的（第 3 面左页边撕破，第 4 面右页边撕破）。内容从第 2 面连续写到第 3 面［"您仍有可能卷入政治代理的角色"］，因此可以假定是同一封信，而贝克特写在第一面上的日期就是写信的日期。

1. 先前贝克特请麦格里维把他的巴黎地图册《巴黎街道地图》寄了过来（参见 1937 年 12 月 10 日的信）。

2. 贝克特正在巴黎寻找出租公寓。

3. 贝克特同母亲的决裂，参见诺尔森，《盛名之累》，第 253—254 页。

4. 阿尔芒-马克斯-让·贝拉尔（1904—1989），巴黎高师毕业生，1936 年 6 月担任法国外交部阁僚长，1937 年 7 月担任外交部部长（《法兰西共和国驻外大使馆及总领馆年鉴》，新 49 卷［巴黎：国家印刷局，1938］，第 223 页）。

5. 洛吉耶的任职：参见贝克特致麦格里维的信，1937 年 11 月 3 日［1937 年 12 月 3 日］，注 3。

麦格里维在《画室》的任职：参见［1937 年 12 月 10 日］的信，注 6。

1937 年，卢浮宫没有名叫海伍德的工作人员（贝松夫人，巴黎卢浮宫国家艺术馆，1995 年 3 月 14 日）。

"d'accord"（法语，"同意"）；"démarche"（法语，"移动"）；"Très riche"（法语，"阅历丰富"）。

6. 在国王乔治六世、法兰西共和国总统和法国国家博物馆委员会的赞助下，不列颠美术展"18及19世纪英国绘画"于1938年3月4日在卢浮宫开展；为让国王莅临起见，画展延期到了1938年7月22日（《美术珍宝：拍卖估价师》，《时光》，1938年7月22日：第5版）。

7. 保罗·莱昂及妻子伊丽莎白·露西·莱昂（假名露西·诺尔，1900—1972），乔治，海伦，以及斯蒂芬·乔伊斯（1932年生），欧仁·约拉斯与玛丽亚·约拉斯。

海伦·乔伊斯的父亲是美国商人阿道夫·卡斯托尔（1856—1947）。"ça marche assez mal"（法语，"情况不那么妙"）。

8. 提议就乔伊斯《芬尼根守灵夜》所写、预备发表在《新法兰西杂志》上的文章：参见［1937年12月10日之后的］信，注10。

9. 乔治·雷维。

10. 经布莱恩·科菲转寄麦格里维的书尚无法查明。查尔斯·普伦蒂斯的贺信尚未找到。

11. 赫斯特·道登，托马斯·霍姆斯·雷文希尔。

1938 年年表

1938 年 1 月 5 日前	贝克特看望了佩吉·古根海姆、拉兹·阿伦森、阿德里安娜·贝瑟尔、布莱恩·科菲和格威内思·雷维。遇见了海明威。
1 月 6 日	在奥尔良大街被人刺伤。住进布鲁塞医院。
1 月 9 日	梅·贝克特、弗兰克·贝克特和吉恩·贝克特抵达巴黎。
1 月 17 日	贝克特收到《莫菲》的清样。
1 月 22 日	出院。
1 月 25 日	寄回《莫菲》清样。作诗一首，题为《他们来了》。
1 月 31 日	对麦格里维谈杰克·B.叶芝的专论做出回复。
2 月 2 日	同佩吉·古根海姆一起参加乔伊斯的生日聚会。
2 月 11 日前	把《他们来了》寄给《今日爱尔兰》。杰克·卡哈内建议贝克特翻译萨德的《所多玛 120 天》。
2 月 14 日	贝克特出席对凶犯普吕当的传讯。
2 月 28 日	出席对普吕当的审讯。
3 月 7 日	《莫菲》出版。
3 月 8 日	接受卡哈内请他翻译萨德作品的提议，但卡哈内拖延了数月。
4 月	佩隆法译的《晨曲》见刊于《舱位》。
4 月 3 日前	贝克特写了第一首法语诗。
4 月 14 日前	搬至巴黎 15 区快马街 6 号的公寓。

5月	《哎呀哎呀》和贝克特为丹尼斯·德夫林《代人祈祷》所写书评《丹尼斯·德夫林》刊登在《转变》上。
5月3日	在伦敦参加古根海姆·热纳画廊举办的赫尔·范费尔德画展开幕式，5月5日个人参观。
5月12日	在巴黎。
6月15日前	收到从都柏林寄来的书。参观奥托·弗罗因德利希作品展。
6月15日	将几首法语诗寄给麦格里维。
6月20日前	同赫尔·范费尔德、丽索·范费尔德和佩吉·古根海姆一道前往沙特尔。
6月28—30日	与佩吉·古根海姆一道开车，将赫尔·范费尔德和丽索·范费尔德送往滨海卡涅；返回巴黎途中，贝克特和古根海姆在第戎停歇。
7月19日	经停伦敦，逗留数日后回到都柏林。
7月30—31日	与弗兰克·贝克特和吉恩·贝克特在南多尼戈尔共度周末。
8月10日	在艾比剧院观看 W. B. 叶芝戏剧《炼狱》的首演。
8月19日前	纽约的朗文–格林出版社拒绝出版《莫菲》。
8月底	贝克特和苏珊娜·德舍沃–迪梅尼尔去诺曼底看望了阿兰·厄谢尔，还去布列塔尼看望了佩隆。
9月29日	《慕尼黑协定》签订。
10月24日左右或之后	写了10首法语诗，完成《爱情与忘川》一半的法译。写了《两种需求》交给弗罗因德利希。
11月9—10日	打砸抢之夜。
12月	贝克特在都柏林过圣诞节；从母亲小住的灰岩镇写信给友人。

伦敦

麦格里维

1938 年 1 月 5 日

[巴黎]

自由宾馆

亲爱的汤姆：

Epître à Ronsard

Ton esprit est, Ronsard, plus gaillard que le mien;

Mais mon corps est plus jeune et plus fort que le tien ;

Par ainsi je conclut qu'en savoir tu me passes

D'autant que mon printemps tes cheveux gris efface.

L'art de faire des vers, dût-on s'en indigner,

Doit être à plus haut prix que celui de régner.

Tous deux également nous portons des couronnes:

Mais, roi, je les reçus; poète, tu les donnes.

Ton esprit enflammé d'une céleste ardeur

Eclate par soi-même, et moi par ma grandeur.

Si du côté des dieux je cherche l'avantage,

Ta lyre, qui ravit par de si doux accords.

Te soumet les esprits, dont je n'ai que lès corps.

Elle t'en rend le maître [,] et te fait introduire

Où le plus fier tyran n'a jamais eu d'empire.[1]

未及时回信，见谅。过去的两周，身边的人你来我往地吵，我是彻底 affolé 了。乔伊斯家更是闹得鸡飞狗跳，主要是因为海伦父亲病重，她和乔治临时决定赶去纽约。我只好做个和事佬。他们今早出发了。诺拿［诺拉］精神沮丧，就连新年前夕也不肯出门，我傻坐着，听闪苦劝了她两个钟头，结果闪自己也不出去了，害得我单独和海伦、乔治两人一起跨年。希望今晚能劝老两口出门，去看看《摩登时代》。[2]

您总算 en principe 愿意接受洛吉耶的提议了，我心中欢喜。一旦您需要我写信回复，尽管说，不过，显然是请巴黎更有名气和地位的人物来写这封信更合适些。[3]

佩吉·古根海姆来过了，我经常见她。她正在科克街开画廊，本月22 号开张，届时会展出科克托的画作和家具。接着是举办康定斯基、阿尔普、布朗库西、本诺等人的展览，到了五月，有一场赫尔·范费尔德的展览，是个展。届时乔治会把画展的事儿告诉您。[4] 我把您的地址给了古根海姆，她迫不及待地想跟您取得联系，说联系得越早越好。估计她明天就会回伦敦。但愿您从中能有所收获。

阿伦森也来过这儿。越来越喜欢他了。还有都柏林一个叫贝瑟尔太太的人，我跟她很熟。布莱恩周一回来了。[5]哈里的信倒是收到了几封，可一个子儿都没收到。[6]什么正事儿都没干，出租房也没找。跟闪说好了，由我写那篇致敬的文章在《新法兰西杂志》上刊发，不提他的名字。[7] 这个点子看来合了他的意。鲁特理奇［劳特利奇］一页清样都还没寄来。[8] 乔治说它们马上就会寄来。感觉格威内思的气色很糟，快75岁的人了。她很不想离开。但愿她的病情不要恶化。[9]

经比奇介绍，在她的书店结识了海明威。长得酷似艾伦的帕卡德轿车。麦卡蒙也会去凑热闹。[10]

收到老妈一封爱心满满的信。那条匿名寄来的领带是老妈寄的，还没收到我的信，她就在圣诞夜斟了香槟，为我举杯庆祝了。总算放心了。我不会回爱尔兰，但我们可以在伦敦见面。乔治要我在《莫菲》面世的时候过去，我五月份肯定会去，去看看范费尔德的画展。他还要我春天时陪他们夫妇俩去荷兰。Qui sait.[11] 我觉得，《进展》写完时，还得应邀去趟苏黎世。要是我猜得中书名，老乔会奖励我100法郎。[12] 昨晚他意气昂扬，极尽所能地驳斥了说他没有才华的观点。我看不出和老乔打交道有啥害处。他就是个和蔼可亲的平常人。

康德的全集从慕尼黑寄来了。我得跑到巴黎东站那头才能取到包裹。是两个巨大的包裹，我好不容易从海关拎到出租车上，还没来得及拆开呢。[13]

那一镑没搞错。

赫斯特的明信片赏心悦目，我会给她回封信。一直没见到艾伦和贝琳达，也没见过鲁宾逊。很高兴得知多莉此行愉快。[14]

盼望早日看到你谈叶芝的全文。他的《清晨》人见人爱。[15]

上帝保佑。

　　此致

　　　　　　　　　　　　　　　　　　s/ 萨姆

TLS；2 张，2 面；TCD，MS 10402/150。

1. 麦格里维需要国王查理九世（1550—1574）此诗的全文；在谈杰克·B. 叶芝的专论中，他引用了该诗中的两行："Ta lyre, qui ravit par de si doux accord, / Te sommet les esprits, dont je n'ai que le corps"（法语，"你的里拉琴啊，弦音甜美，沁人心脾，摄走了人的心神；而我只空有他们的躯壳"）（《论杰克·B. 叶芝》，第 32 页）。此信抄录的文稿与正式出版的版本略有差异，缺了最后两行（参见《王室诗歌：法兰西国王与其他皇室成员诗歌集》，戈捷·费里埃编［巴黎：桑索出版社，1909］，第 105—106 页）。

2. "affolé"（法语，"发疯"）。电影《摩登时代》（1936）由查理·卓别林（原名查尔斯·斯宾塞·卓别林，1889—1977）执导，1936 年春在法国上映，名为 *Les Temps modernes*；该电影在巴黎德朗布尔路 11 号的德朗布尔影院放映，从 1937 年 12 月 29 日连映到 1938 年 1 月 5 日（《电影世界》第 479 期［1937 年 12 月 29 日—1938 年 1 月 5 日］）。

3. 亨利·洛吉耶提议发放的津贴：参见 1937 年 11 月 3 日［1937 年 12 月 3 日］的信，注 3，及 1937 年 12 月 22 日的信。

4. 1938 年 1 月 22 日，女继承人、美国艺术收藏家玛格丽特·古根海姆*（又称佩吉，1898—1979）在伦敦的科克街 30 号开了一家美术馆。

古根海姆·热纳画廊的首展；1938 年 1 月 24 日开展，2 月 12 日闭幕。接着展出的是康定斯基的作品（2 月 18 日至 3 月 12 日）和"当代雕塑"（4 月 8 日至 5 月 2 日），后者包括罗马尼亚裔雕塑家康斯坦丁·布朗库西（1876—1957）和德裔艺术家汉斯·阿尔普（1887—1966）的作品。阿尔普的作品在"拼贴艺术展"（1938 年 11 月 3 日—11 月 26 日）中也有展出。美国艺术家本杰明·本诺（1901—1980）和丹麦艺术家丽塔·科恩·拉森（1904—1998）的画作于 5 月 31 日至 6 月 18 日展出。赫尔·范费尔德的画展于 5 月 5 日到 5 月 26 日之间举行。

乔治：指乔治·雷维。

5. 拉扎勒斯·阿伦森（1894—1965），英国诗人，康·利文撒尔的朋友，在伦敦城市学院教授经济学。

1937 年底，阿德里安娜·詹姆斯·贝瑟尔（原姓奥普，生卒年不详；丈夫约翰·莱昂内尔·贝瑟尔，卒于 1933 年）暂住巴黎。后来，就任都柏林郡邓莱里镇一家古董店的店主后，她表示自己曾与贝克特通过信（参见《贝克特，1937 年》，《晚报》，1969 年 11 月 10 日：版面不详）。在给辛克莱的信中，贝克特提到她于 1937 年至 1938 年间造访过巴黎："我算是见过阿德里安娜，在巴黎逗留的那天她过来了，傍晚和乔伊斯夫妇共进了晚餐。"（1938 年 2 月 2 日，NNC, RBML, 西格尔·肯尼迪文稿）

布莱恩·科菲先前在都柏林与家人度假，此时已回到巴黎。

6.戈加蒂毁誉案的原告哈里·辛克莱拿到了赔偿金，但尚未报销贝克特返回爱尔兰出庭做证所花的旅费（参见贝克特致托马斯·麦格里维的信，1937年12月10日，注7）。

7.《新法兰西杂志》上推介乔伊斯《芬尼根守灵夜》的文章：参见贝克特致托马斯·麦格里维的信，1937年12月10日，注4；贝克特致玛丽·曼宁·豪的信［1937年12月10日之后］；及贝克特致托马斯·麦格里维的信，1937年12月22日，注9。

8.劳特利奇准备出版《莫菲》；定稿在1937年12月17日寄给了印刷商，样张于1937年12月23日寄给劳特利奇核定（UoR，劳特利奇）。

9.格威内思·雷维得了胸膜炎。

10.西尔维娅·比奇的莎士比亚书店是作家们的聚会场所。贝克特把欧内斯特·海明威（1899—1961）比作艾伦·邓肯的美国帕卡德牌大轿车。美国作家、出版商罗伯特·孟席斯·麦卡蒙（1896—1956）是布莱恩·科菲的朋友。

11.1975年4月15日，乔治·雷维致信弗吉尼亚·多拉齐奥道："我们俩，尤其是萨，说服了佩吉在伦敦展出［赫尔·范费尔德的］作品。"（TxU，雷维收藏）

"Qui sait"（法语，"谁知道呢"）。

12.《进展中的作品》终于出版时，詹姆斯·乔伊斯鼓励别人猜测书名；猜中的人是欧仁·约拉斯（艾尔曼，《詹姆斯·乔伊斯传》，第543、708页）。

13.贝克特订购了《康德著作全集》；该《全集》由恩斯特·卡西雷尔、赫尔曼·科恩、阿图尔·比舍诺等编（柏林：布鲁诺·卡西雷尔出版社，1921—1923），共11卷。

14.赫斯特·道登寄给贝克特的明信片尚未找到。

艾伦·邓肯和贝琳达·邓肯。

伦诺克斯·鲁宾逊在巴黎，当时其妻多莉·鲁宾逊在伦敦探望母亲赫斯特·道登。

15.贝克特指自己购得的杰克·B.叶芝画作《清晨》。

伦敦
托马斯·麦格里维

1938年1月12日 　　　　　　　　　　巴黎14区

迪多路

布鲁塞医院

亲爱的汤姆：

看来我是不会有事儿的。虽然伤到了胸膜，但显然没伤到肺。起先住在普通病房，后来老乔把我转到了单人病房。大家都无比和蔼可亲。老妈、弗兰克和吉恩都来了。从一开始，我就央求大家别让他们过来。可是看情形，消息一瞬间就传遍了都柏林，还添油加醋，传得沸沸扬扬。老妈看起来可怜兮兮，弗兰克可没这么多空，当然了，他也不想把老妈撇在这儿。她说，她要待到我康复为止。Enfin——[1]

但愿你要的就是查理的那首诗。[2]

我得一直平躺着才能呼吸，夜里很是难熬，也就是晚上 9 点到凌晨 5 点之间——至于其他时段，ça va。

南希·丘纳德从西班牙回来了，前天晚上突然造访。见到她我甭提有多开心。[3]

可怜的艾伦和贝琳达过得紧张兮兮的，既要应付警察，又要支开记者。估计您知道了，他们抓到了普吕当那个家伙。[4]

不知您是否收到过洛吉耶的信，抑或事情是否有了结果。

请速速回信，告知您的消息。向乔治和格威内思问好。谢谢电报和来信。问他是否找到了"猿猴对弈"那幅画。会想一想，替劳特利奇想出些人选。[5]

敬上

萨姆

ALS；1 张，1 面；TCD, MS 10402/151。

1. 1 月 6 日深夜，贝克特与艾伦·邓肯和贝琳达·邓肯一道，离开位于迈内大道 234 号的泽耶咖啡馆（在迈内大道与奥尔良大道［今勒克莱克将军大道］的交叉口），前往韦伊中心别墅的公寓，途中被人用匕首刺伤。后来经查证身份，肇事者是罗贝尔－儒勒·普吕当（生卒年不详），他在途中纠缠贝克特，贝克特回应道："我把他推开。

618

他带了匕首。"（萨缪尔·贝克特，1989年7月）邓肯夫妇发觉贝克特伤势严重，就即刻把贝克特送往布鲁塞医院（参见诺尔森，《盛名之累》，第259—262页）。

次日，《爱尔兰时报》对这一事件进行了如下报道："贝克特先生靠近心脏的部位挨了一刀，伤势严重，已送往医院。"后文写道："贝克特先生送朋友回家，路遇流浪汉纠缠。据称，贝克特先生叫那人走开，那人便踹了贝克特先生一脚，随后两个人就厮打起来。贝克特先生到了朋友家后，解开外套，才发现伤口鲜血直流。"该报道称，虽然检查结果尚未可知，但贝克特的状况还算"让人放心"；报道的结尾总结了贝克特的创作生涯。（《都柏林作家遇刺：巴黎街道案发现场》，1938年1月8日：第10版）

布莱恩·科菲1938年1月9日给乔治·雷维写信，提供了更多细节：

> 萨姆的最新消息：昨天下午，没有并发症发生的话，他就没有生命危险，
> ［……］事情是这样的。大概8：30时，萨姆和艾伦、贝琳达一道，正从奥尔
> 良大道的泽耶咖啡馆回公寓，这时，有个人从集市货摊后面冒出来，想与艾伦
> 搭讪。艾伦没搭理他，可这人纠缠不断，先是辱骂艾伦，然后又羞辱贝琳达。
> 艾伦推开他，接着萨姆和他发生了争执，两人拳打脚踢。随后那人便逃走了。
> 没过一分钟，萨姆说自己受了伤。艾伦和贝琳达发现他手上有血。（TxU）

各种报道给出的案发时间很不一致。

在1938年1月12日致乔治·乔伊斯和海伦·乔伊斯的信中，乔伊斯提到，梅·贝克特、弗兰克·贝克特和吉恩·贝克特于1938年1月9日乘机抵达巴黎（乔伊斯，《詹姆斯·乔伊斯书信集》，第3卷，第411页）。在周三（1938年1月12日）致麦格里维的信中，弗兰克·贝克特写道："每天都去医院探望他，伤情有所好转，只要没有尚未发现的并发症，他应该很快就能出院。我会一直守在这儿，等到他无疑脱离了生命危险，再赶回爱尔兰，那大概是下个周末的事了。"（TCD，MS 10402/152）

"Enfin"（法语，"好吧"）。

2. 贝克特指麦格里维先前要的那首诗：参见1938年1月5日的信，注1。

3. "ça va"（法语，"一切都好"）。

南希·丘纳德在西班牙待了三个月，刚回到巴黎（奇泽姆，《南希·丘纳德传》，第242页）。

4. 艾伦·邓肯和贝琳达·邓肯是证人，需要提交警方报告；肇事者罗贝尔–儒勒·普吕当在迈内大道155号的旅馆被捕，当时使用的名字是热尔曼·普吕当（《罗贝尔·普吕当袭击爱尔兰作家贝克特，已被捕》，《人道报》，1938年1月11日：第8版）。

5. 乔治·雷维和格威内思·雷维。

贝克特希望可以在《莫菲》的封面重印“猿猴对弈”一图：参见1936年11月13日的信，注5。

雷维已请贝克特推荐合适的书评写手。

伦敦

乔治·雷维

1938年1月13日

［巴黎］14区
迪多路
布鲁塞医院

尊敬的乔治、格威内思：

收到电报和信件，万分感谢。“侍人狈克特”[1]让人喜不自禁。

简直就是新版《第十二夜》呢。

布莱恩肯定会写信告诉您的，所以不会在此详述。1

看来我不会有什么大碍，只是要等到能自己起床，下楼去X光室，才能好好地透视一下。他们根本不向我透露伤情，只是不声不响地进来，有时几人一起，有时一个人，来握一下手，看一下心电图，问问呼吸情况，再厌烦地拍几下，跟鉴定师应邀鉴别伪劣的迈森瓷器一样，然后悄悄地出去。所以我不清楚啥时候才允许起床。今天，就因为我开了窗户，médécin chef就差点揍了我一顿。哪门子规定。2

您知道该把拙作寄给哪类人。稍后我会列个名单。当然，我希望能自己把清样审读一遍。要是寄到宾馆，肯定可以收到。不然就寄到大学

[1] 原文“boet Peckett”系由“poet Beckett”（诗人贝克特）交换首字母而成。

城，请布莱恩代收吧。无论如何，得让维京社看到拙作。比起给其他出版社留下回心转意的机会，我更中意这么做。不过我不会让乔伊斯插手此事。[3]若是别人这么做了，我会十分遗憾。个中缘由是显而易见的。就算没有名人推荐，拙作这会儿也会有美国出版社接受的，迟早会有的。

希望格威内思的胸膜炎早点儿好。也希望你们俩开始感受超支的好处了——

敬上

萨姆

"猿猴"一画怎么样了？[4]

ALS；1 页；2 面；铅笔；TxU。

1. 雷维的电报和信件尚未找到。他的确剪下了《每日电讯报》（1938 年 1 月 8 日：版面不详，及 1938 年 1 月 11 日：版面不详）中"海外资讯"一栏的相关内容，把剪报寄给了贝克特。在这两篇报道中，贝克特的名字都拼写正确。在报道遇袭事件的伦敦报纸中，并未发现有哪篇文章提到了"侍人狈克特"；不过，在《人道报》和《费加罗报》上，贝克特被称作"萨缪尔·狈克特先生"（"简讯"，《费加罗报》，1938 年 1 月 8 日：第 4 版；《深夜案件：爱尔兰作家被陌生人刺伤》，《人道报》，1938 年 1 月 8 日：第 7 版）。

2. "médecin chef"（法语，"主治医师"）。

3. 当时贝克特住在自由宾馆。科菲的住址：参见 1937 年 11 月 3 日（指 1937 年 12 月 3 日）的信，注 1。

先前雷维建议把《莫菲》寄给维京出版社。乔伊斯《青年艺术家的画像》的出版商是纽约的本杰明·W. 许布施（1876—1964）；早在 1925 年，他就把自己的出版社与维京社合并了；1939 年维京社推出了《芬尼根守灵夜》。

1938 年 1 月 15 日，劳特利奇开始寄样书给可能的书评写手和图书经销商（UoR：劳特利奇）。

4. "猿猴对弈"：参见 1936 年 11 月 13 日的信，注 5。

伦敦

乔治·雷维

[1938 年 1 月] 17 日   [巴黎]

布鲁塞医院

尊敬的乔治：

清样顺利收到。希望周末能寄还给您。"对弈"那节的校对会耽误些时间——只怕得叫赫尔带上棋盘过来推演一番。[1]

我相信，推介词不会出现在拙作中，就是说，实际上不会出现在封面与封底之间。那种做法我是断然不会接受的。若是他们非把推介词印在书皮上不可，想来我也拿他们没辙。要是说话管用，我一定会加以阻止。不过绝不会让推介词和本人的文本钉在一起。[2]

"猿猴"一画的事儿估摸着也泡汤了。[3]真是失望。不管怎样，着哪门子急呢？

您和格威内思还好吗？和古根海姆有过 pourparlers 了吗？去参观过她的美术馆了吗？[4]

今早照了 X 光。从他们嘴里榨不出我啥时候才能出院的回答。现在还是卧床。

向两位致敬

萨姆

ALS；1 张，1 面；铅笔；TxU。日期判定：1938 年 1 月 8 日被刺伤后，贝克特一直住在布鲁塞。

1. 贝克特指莫菲与恩东先生之间的象棋对弈（《莫菲》，第 242—245 页）；贝克特想和赫尔·范费尔德对弈，验证棋局的走法。

2. 在清样中，《莫菲》的推介词出现在扉页之前（InU）：

描述。——定义已被"定义"为"把思想的旷野圈在文字的围墙内"。给某些事物下定义就是扼杀它们；这部小说更是如此。倘若它有意义，那也是含蓄的、象征的，绝非具体的。对莫菲这一角色来说，未知即现实，而已知只是通往现实的必然障碍。其人生的目标是跨过这一障碍，而且他还无视甚至蔑视物质世界的条条框框。因此，他生活在社会的最底层；有时他同一个妓女厮混，但妓女的反复劝说也没能打动他，让他改善将来的物质生活。莫菲装模作样地四处求职，但只要做得到，他每天都花些时间来探索内在的精神世界，而这就是他所有的顾虑。最后他跑到精神病院找了份工作，在住院病人的身上找到了某种归属感。

小说的主题不容描述，但文字并非如此。场景的刻画十分高超。只有头脑中储备了大量看似对立的知识体系的人才写得出的明喻，在小说中各式各样，而且词汇和短语展现了作者对我国语言的精通，以及约翰逊们也许会赞赏的运用上的自然差异。行文充满了一种凯尔特式的任性，这种任性既引人入胜，又难以捉摸，让读者对其乐趣的源泉不明就里。

推介词印在订购单上时，做了重大修订，且省略了故事梗概（RUL，劳特利奇），印在书皮内侧时则更加简短。

推介词有一部分印在劳特利奇春季书单的公告上（参见 T. M. 拉格致乔治·雷维的信，1938 年 1 月 11 日，TxU）。当天雷维致信拉格，请他暂时不要发布《莫菲》的简介，因为他希望另寻思路；1938 年 1 月 12 日，拉格向雷维确认说，自己已经照办；1938 年 1 月 26 日，拉格提醒雷维勿忘此事，并请他帮忙为该书的销售出谋划策（UoR，RKP，103/6）。

3. 指"猿猴对弈"。

4. "pourparlers"（法语，"协商"，"洽谈"）。贝克特指佩吉·古根海姆和伦敦的古根海姆·热纳画廊（参见 1938 年 1 月 5 日的信，注 4）。

伦敦
托马斯·麦格里维

1938 年 1 月 21 日 　　　　　　　　　　　　　[巴黎]
　　　　　　　　　　　　　　　　　　　　　　布鲁塞

亲爱的汤姆：

　　您的短笺、电报以及关心都给予了我莫大的鼓励。随着您的电报而来的，还有乔和格的信，接着昨天还收到了丹尼斯的信。[1]他动身过来了吗？

　　我恢复得很好，但呼吸时伤口仍然作痛。第一次 avants[-]hier 坐起身来，下午坐了几个钟头。那天方丹来了，说觉得我明天就能出院。但愿今天过来时她能预言成真。我会直接回自由宾馆，看得出他们会马上把我的房间换到一楼去。我清楚，要想恢复正常还需要些时日，而且医生还说，在今后几年，我会是个引以自豪的胸膜晴雨表所有者。不过一切都安排妥了，铅笔就拿在手里，我这心里早已出院啦。[2]

　　可怜的艾伦和贝琳达一直都善良如天使。昨天他们迫不得已去见预审法官，与那个混蛋对质了，那家伙与其说歹毒，倒不如说是个白痴。[3]

　　但愿您在伦敦见到了老妈和弗兰克。[4]踏上回家的路，他是开心了，可老妈却忧心忡忡。她过来看我时，我感到阵阵柔情、敬重和怜悯涌上了心头。割不断的母子情啊！

　　各色人等都过来看我，那些人我要么是不记得了（比如埃夫拉尔夫妇），要么就是压根儿不认识（比如丹尼斯在爱尔兰驻法公使馆工作期间的好友克雷明夫妇，女的俊俏，男的敦厚）。乔伊斯夫妇无比热心，从烤灯到乳蛋布丁，什么东西都给我送来。[5]

　　清样快校对完了。修改的地方比预想的多，主要是想找点儿事做。

这会儿感觉这活儿真是枯燥无味，费心劳神，虽值得认可但实在无聊。阿尔菲·佩隆希望能拿出译文投给《新法兰西杂志》。把清样寄还雷维时，我会请他交给您浏览一遍，看看还遗漏了哪些排版［的］错误，或者其他比较明显的纰漏。想必您不会介意。推介词印在了扉页上，实在叫人恼火，于是我写信给雷维，不许他把推介词插到封面与封底之间，甚至后悔没法阻止他把推介词印在书皮上。后来我才发现，推介词可能是雷维自己或格威内思写的，又或者是两人共同的杰作！请您替我查明。当然了，封面印上"猿猴对弈"的插图，这个创意就此作罢了。校样上的插图显得太矮了。[6]

这是魏尔伦笔下的医院，对吧？[7]

眼下您随时可以把《论叶芝》寄到自由宾馆，手头上的其他作品也行。我应该想到，P. 古根海姆最后还是得招个人，亨德森太太不会长期干下去。洛吉耶和德尔博斯还在外交部，给他们写信吧。[8]

当然，科克托的作品只有当作变态心理学才有意思。至少比尼金斯基的舞蹈更像演出［……］[9]

开始读冈察洛夫的《奥勃洛摩夫》了。Pereant qui ante nos nostra dixerunt！

有几个 infirmières 简直是活宝。其中一个俨然是天生的喜剧家——一边痛苦地弯腰捡东西，一边念叨着"Ah, que la terre est basse"。即兴半行诗。[10]

收到鲁迪关怀满满的一封长信。[11]

到时候正好可以在自由宾馆给您回信。谢谢雷文的来信还有赫斯特的良好祝愿。[12]

　　敬上

　　　　　　　　　　　　　　　　　萨姆

ALS；2 张，3 面；TCD，MS 10402/153。

1. 麦格里维随雷维夫妇和丹尼斯·德夫林同时寄来的信件和电报尚未找到。

2. "avant-hier"（法语，"前天"）。

乔伊斯已安排自己的医生泰蕾兹·贝特朗–方丹（1895—1987）为贝克特诊治。方丹是巴黎该家医院的第一位女性医生。

3. 艾伦和贝琳达·邓肯是目击证人，需要面见预审法官，指认袭击贝克特的普吕当。

4. 弗兰克·贝克特致麦格里维的信：参见 1938 年 1 月 12 日的信，TCD，MS 10402/152。

5. 亨利·埃夫拉尔（1908—1985）是高等师范学校毕业的教师，在阿尔及利亚、马赛和巴黎担任教授，后来担任公共教育督察长。爱尔兰驻法公使馆的一秘科尼利厄斯·克里斯托弗·丹尼斯（1908—1987）及妻子帕特里夏·约瑟芬·克雷明（原姓奥马奥尼，1913—1971），是丹尼斯·德夫林和托马斯·麦格里维的朋友。

6. 阿尔弗雷德·佩隆没有把《莫菲》译成法语发表在伽利玛的《新法兰西杂志》上，不过他与贝克特合作翻译，在博尔达斯出版法译本时（1947），贝克特把译本献给了他。

《莫菲》的推介词和插图《猿猴对弈》：参见 1938 年 1 月 17 日的信，注 2 和注 3。

7. 1887 年至 1895 年间，魏尔伦曾数次住进布鲁塞医院；对医院人物的描述，见其《我的医院》（1891）和收入《医院奇观》的《住院》（1895）（安托万·亚当，《保罗·魏尔伦的艺术》，卡尔·莫尔斯译［纽约：纽约大学出版社，1963］，第 48—51 页）；保罗·魏尔伦，《散文全集》，雅克·博雷尔编，"七星文库"（［巴黎：伽利玛出版社，1972］第 1229、1237 页）。

8. 贝克特指麦格里维谈杰克·B. 叶芝的专论，该手册预定 1938 年 1 月面世，但直到 1945 年 6 月才出版（麦格里维，《论杰克·B. 叶芝》，第 33 页）。

温·亨德森（1896—1976）在古根海姆·热纳画廊工作，是古根海姆的助理，此前曾在南希·丘纳德的时光出版社工作（杰奎琳·博格拉德·韦尔德，《佩吉：叛逆的古根海姆》［纽约：E. P. 达顿出版社，1988］，第 160 页）。

洛吉耶和德尔博斯：参见贝克特致托马斯·麦格里维的信，1937 年 11 月 3 日［指 1937 年 12 月 3 日］，及 1937 年 12 月 31 日，注 3。贝克特催促麦格里维考虑一下洛吉耶的建议，申请项目津贴。

9. 古根海姆·热纳画廊的第一场画展是让·科克托作品展（参见 1938 年 1 月 5 日的信，注 4）。瓦斯拉夫·福米奇·尼金斯基（1890—1950）是波兰裔俄罗斯舞蹈家和编舞师，1919 年被诊断出精神分裂症（彼得·奥斯特瓦尔德，《瓦斯拉夫·尼金斯基：一念成魔》〔纽约：卡罗尔出版集团，1991〕，第178—184页）。

10.《奥勃洛摩夫》（1858）是俄国小说家伊万·冈察洛夫（1812—1891）的作品；同名主人公懒惰至极，甚至卧床办理业务。"奥勃洛摩夫"是佩吉给贝克特取的爱称。

"Pereant qui ante nos nostra dixerunt"（法语，"叫那些班门弄斧的人死掉吧"），这句谚言出自公元4世纪的罗马文法家、修辞教师埃利乌斯·多纳图斯。

"infirmières"（法语，"护士"）。"Ah, que la terre est basse"（法语，"哦，地面离得太远了"）。

11. T. B. 鲁德莫斯－布朗。

12. 托马斯·霍姆斯·雷文希尔。赫斯特·道登。

伦敦
乔治·雷维

1938 年 1 月 22 日 [1]　　　　　　　　　　　　　　　　　〔巴黎〕

　　　　　　　　　　　　　　　　　　　　　　　　　　　　自由宾馆

〔无问候〕

　　收到您的便笺，谢谢。一切顺利，只是搞不清到底顺利在哪儿。

　　清样会在今晚或明早寄到。只能再说一句话，哎！末尾，他快成为该死的话痨了，莫菲·奥勃洛摩夫。小弟下半辈子都要为"猿猴"那幅画后悔。[1]

　　　　够了，我们继续吧！　　／　　得意洋洋，重复自己的话
　　　　萨姆　　　　　　　　　／　　好似他是个天才

　　APCS；1 张，2 面；寄往：伦敦中西 1 区大奥蒙德街 7 号，乔治·雷维先生收；邮戳：1938/1/24，巴黎；TxU。

---

[1]　原信用法语写成。

1. "莫菲·奥勃洛摩夫"是对同名小说《奥勃洛摩夫》主人公的戏仿。

"猿猴对弈"：参见 1936 年 11 月 13 日的信，注 5。

伦敦

乔治·雷维

1938 年 1 月 25 日   巴黎 6 区

                                                           大草堂别墅路 9 号

                                                           自由宾馆

尊敬的乔治：

清样随信寄来。相信没有超出预算。请您把清样交给汤姆过目好吗。[1]

上帝保佑

萨姆

APCS；1 张，2 面；寄往：伦敦中西 1 区大奥蒙德街 7 号，乔治·雷维先生收；邮戳：1938/1/26，巴黎；TxU。

1. 贝克特请麦格里维审读校对过的《莫菲》清样。

伦敦

乔治·雷维

628

1938 年 1 月 27 日   ［巴黎］

自由宾馆

尊敬的乔治：

给文雅的排版员身侧扎上一针，真是抱歉，但要我修改校订过的地方，我实在无从下手。那些地方经过再三考虑，于我而言似乎必不可少。插入第 5 章末尾的内容尤其如此。即使它们让我欠下谁 10 镑或 20 镑的债务，那我也无能为力。遗嘱执行人会挑起这副担子的。无论您干吗，千万别把清样寄回来，让我增加更多内容！[1]

上帝保佑您。

萨姆

APCS；1 张，2 面；寄往：伦敦中西 1 区大奥蒙德街 7 号，乔治·雷维先生收；邮戳：1938/1/27，巴黎；TxU，雷维。

1. 雷维写给贝克特的信尚未找到。校订过的清样尚未找到；《莫菲》最后一部打字稿署明 1936 年 6 月 26 日，现存于哈里·兰瑟姆人文研究中心（TxU）。在《癫狂的细节》一书中，C. J. 阿克利对该打字稿和劳特利奇出版的版本之间的区别进行了研究。

伦敦

托马斯·麦格里维

1938 年 1 月 27 日   ［巴黎］

自由宾馆

亲爱的汤姆：

几封来信都收到了，万分感谢。没有及时回信，见谅。本想等今天上午看过方丹医生后，再给您写信来着。[1]

打周六起就住在了这儿（一到门口就收到乔伊斯夫妇送的巨大一捆帕尔玛紫罗兰），而且尽量放松，每天溜出去两次，有时只有一次，吃了饭就马上回来，晚上九点多就上床睡觉，直到第二天晌午才起床。尽管如此，伤口却疼得更厉害了。于是给方丹医生打了电话，把明天在布鲁塞尔的预约改到了今天。[2]

刚去看过方丹医生回来。她给我做了检查，说伤情在正常康复，疼痛是意料之中的事儿，还说我估计得忍上几天。她开了些抗神经痛的药剂给我服用，还告诉我每天傍晚都必须量体温。对于我出门用餐，她丝毫都不反对。她叮嘱说，过一个星期再来接受进一步的检查，拍个 X 光。然后她就把我交给助手福韦尔，他给我做了放射镜，说周边还有点儿瘀血，还说了些跟方丹所言多多少少相同的话。接着就把我交给了护士长，她在我的前胸和后背扣上 21 个吸杯（拔罐），让我在这 15 分钟里感觉自己就像是在给欧司朗打广告。短时间内解除了痛苦，效果显而易见。[3]

您瞧，我想恢复得有多好就恢复得有多好，大家大可放心了。邓肯夫妇十分热心，每天都过来看望，有时甚至一天来两趟，什么忙都肯给我帮。[4]

今早收到雷维寄来的明信片，上面写满了对我校订处的警告。我回了信，给出了唯一可能的回答。抱歉，您还得费 corvée 请人看一遍清样。[5]

千万把您的《论叶芝》寄来，我迫不及待想看了。一直在读《奥勃洛摩夫》，是一个叫纳沙利［纳塔利］·达丁顿的人翻译的，译笔糟糕透顶。[6]

佩隆想给《新法兰西杂志》翻译《莫菲》。料想还是个无限顺从地和雷维打交道的问题。[7]

老妈是个奇迹，从尤斯顿到邓莱里，她一路上都坐得直直的。他们渡海回家，实在艰苦。[8]

收到厄休拉的一封长信，于是给他们一块儿回信，写得和厄休拉的一样长。[9]

乔伊斯 avant-hier 过来了，他对露［西娅］忧心忡忡，因为露西娅的情况很不妙。他不清楚复活节时杰弗里会不会过去。他说，一过了他的他的［原文如此］生日，就去苏黎世休养。不出意料，他会邀我同去。其实我并不在意，这段时间以来他待我真是好得出奇，可是我还没有完全康复。再过一周就是他的生日派对了，可那时我去不了啊。[10]

前天晚上灵光乍现，作诗一首：

　　他们来了

　　不同又相同

　　对每个都不同又相同

　　对每个爱的匮乏都不同

　　对每个爱的匮乏都相同

本想把拙诗寄给希伊——后来还是作罢了。[11]

范费尔德要我这个周末去枫丹白露，但是 rien à faire。

很遗憾，您没法接受洛吉耶的提议。我刚给佩隆讲了您的大致情况。他在卢浮宫有熟人，正打算去咨询一下。[12]

住这儿多好啊。即使身侧挨了一刀。昨天阳光普照，比全爱尔兰的整个夏季都明亮。

收到曼宁的来信。看来，夏天奔赴哈佛和水牛城都有可能。茜茜也来了一封欢天喜地的信，此刻她已驶离开普敦，在海上航行 20 分钟了，要四月初才能回家。[13]

上帝保佑

此致

萨姆

ALS；2 张，3 面；TCD，MS 10402/154。

1. 麦格里维的那几封信尚未找到。关于方丹医生：参见 1938 年 1 月 21 的信，注 2。

2. 贝克特是 1938 年 1 月 22 日（周六）离开布鲁塞医院的。

3. 方丹医生的助手福韦尔的身份尚未确认。贝克特接受了吸杯治疗，以促进肺部血液循环；首次治疗时，吸杯也许看起来像电灯泡。欧司朗通用电气公司生产电灯泡、发热灯和电灯管。

4. 艾伦·邓肯和贝琳达·邓肯。

5. 雷维寄给贝克特的明信片尚未找到。贝克特先前请过麦格里维通读清样。"corvée"（法语，"事儿"）。

6. 贝克特指麦格里维谈杰克·B.叶芝的专论。他一直在读伊万·冈察洛夫的《奥勃洛摩夫》，读的不是原著，而是纳塔利·A.达丁顿的译本（1929）。有一篇书评这样评价达丁顿的翻译："一部呕心沥血、妙笔生花的作品……译本要有多好就有多好。"（《谈冈察洛夫的〈奥勃洛摩夫〉》，《泰晤士报文学副刊》，1929 年 11 月 14 日：第 919 页）

7. 佩隆翻译《莫菲》的想法：参见 1938 年 1 月 21 日的信，注 6。

8. 梅·贝克特、弗兰克·贝克特和吉恩·贝克特已经回到都柏林。途经伦敦时，他们从尤斯顿车站出发，乘火车到达通往邓莱里的渡口。

9. 厄休拉·汤普森和杰弗里·汤普森。

10. "avant-hier"（法语，"前天"）。

露西娅·乔伊斯得了精神疾病，正在接受治疗；杰弗里·汤普森正在伦敦担任见习精神病医师。

乔伊斯的生日是 2 月 2 日。他大约 2 月 6 日前往瑞士，前往苏黎世途中在洛桑暂住（罗杰·诺伯恩，《詹姆斯·乔伊斯年表》[纽约：帕尔格雷夫–麦克米伦出版社，2004]，第 181 页）。

11. 据 1938 年 2 月 11 日致麦格里维的信，后来贝克特还是把诗寄给了《今日爱尔兰》的爱德华·希伊："我把《他们来了》（佩隆译作'ils viennent'！！）寄给了

《今日爱尔兰》，那儿的人思想纯洁，宅心仁厚，无疑会联想到绝不会有如此天真或轻易的图谋的性高潮，于是拒绝了本人的诗。"（TCD，MS 10402/156）

该诗先以英语发表于佩吉·古根海姆的《出自本世纪：古根海姆小传》（［纽约：日晷出版社，1946］第 205 页；后经修订，更名为《出自本世纪：一名艺术瘾君子的忏悔》［纽约：万象图书，1979］第 175 页；在该版中，原诗每行的首字母均为大写，第 3 行中的 "&" 改为了 "and"（又），第 5 行中的 "love"（爱）改为了 "life"（生命）。费德曼和弗莱彻认为，是贝克特把第 5 行中的 "love" 改为了 "life"；但是，据眼前这封信中插入的版本，可知是佩吉·古根海姆在誊写此诗时做了改动（《萨缪尔·贝克特：作品与评论》，第 23、50 页）。法译本题为《她们来了》，发表于《诗 38—39》，见《现代》第 2 卷第 14 期（1946 年 11 月），第 288 页；其中每行的首字母并未大写，且第 5 行为："对每个爱的匮乏都相同"。

12. 赫尔·范费尔德和伊丽莎白·范费尔德（原姓约克尔，又名丽索，生于 1908 年）。"rien à faire"（法语，"没有实际行动"）。

亨利·洛吉耶的提议：参见 1937 年 12 月 10 日致麦格里维的信。阿尔弗雷德·佩隆。

13. 玛丽·曼宁·豪致贝克特的信尚未找到。其丈夫在水牛城大学任教，有亲戚在哈佛工作。

茜茜·辛克莱前往南非开普敦附近的赫拉夫 – 里内特看望儿子莫里斯：参见 1936［1937］年 6 月 5 日的信，注 6。

伦敦

托马斯·麦格里维

1938 年 1 月 31 日　　　　　　　　　　　　巴黎 6 区

　　　　　　　　　　　　　　　　　　　　大草堂别墅路 9 号

　　　　　　　　　　　　　　　　　　　　自由宾馆

亲爱的汤姆：

　　来信和谈叶芝的文章都收到了，感激不尽。您筹资出版大作遇到了这样的困难，真是叫人遗憾。非得把作家协会（管它叫什么）牵扯进来吗？[1] 就不能和叶芝私下商议，达成于您更加公平的协定吗？

大作我读了两遍了，心想您对它肯定是十二分的满意。当然了，我觉得前 18 页里半个字都无需改动。人物和景观之间既有关联亦有梳离［疏离］，这一点论述得最为精彩。[2] 而且过度类比的害处也完美地化解了。在第 7 页，杜阿尼·鲁索这个名字叫我联想到了纳安家族、夏尔丹、米勒和库尔贝，不过这个理念兴许太宽泛了，没法表达您的需要。[3] 您评述华托的画作，所用方法与我之前构想的大相径庭，没有那么哲理化和绝对化，但多半更加公正，这种方法当然得到了既指向它又远离它的论据的证明，而我对"无机的并置"和"非人格化人性"所持的观点是本不会得到验证的。[4]

文章的其余部分我感觉写得没有开头那样显而易见，但紧凑严密，堪称滴水不漏。兴许更加"construit"，更加 Catena。我理解，您急于从政治和社会的角度来剖析叶芝 1916 年前后的画作，而且尤其在谈及最后几幅画的那些段落，我觉得您已经指明了线索，那条线索会对许多人大有裨益，对身处柏格森阶段、直到把"流体凝固"后才能快乐的那类人大有裨益，也就是对大多数人颇有益处。窃以为，不仅在他的绘画中，而且在其写作中（他刚把《美丽人生》寄给了我），对本地性的背离即使只是有此意图，也与其说是源自本地性的崩溃，或者本地人的解体，不如说是源自一种尤为典型也极为普遍的心理机制，那种机制在青年艺术家身上以 naiveté[1]（或者叫本能）的形式运作，在老艺术家身上则以智慧（或者叫直觉）的形式运作。[5] 要是有专业知识，我肯定会给您解释一番。作为历史学家，您比我能做到的更加看重环境因素，因为我对 fable convenue 一点儿都不感冒，也一点儿都不相信。然而，在第 34 页您自个儿说了这样的话。[6]

---

[1] 法语，"天真"。

我想就文章的后半部分做出而且觉得行家们当然会做出的评价之一，就是对这般精炼的文章而言，政治和社会层面的分析显得相当冗长。比如说，我得到的印象大致是这样的，就是随着文章的展开，您关注的焦点从他本人转移到了塑造他本人的，甚至是与他无关的因素上。还有就是，您的注意力有些牵强地从那些因素回到了他本人身上。不过，那兴许也是我情绪的过错，以及慢性理解无能的过错，即作为任意命题的成员，我没法理解"爱尔兰人"这样的短语，也无法想象无论是在联合之前还是在联合之后，它在给无论什么形式的艺术穿上的灯芯绒裤子里放过一个屁，或者在牧师们和为其利益而蛊惑民心的政客们灌输进来的初始思想和行为之外，它还曾产出过什么思想抑或行为，或者即使总有一天知道了，它会比艾伦泥沼在乎或者知道的更在乎爱尔兰曾经有位叫作杰克·巴特勒·叶芝的画家。[7]这不是对评述的评述——无论在爱尔兰还是在芬兰，我只能看作无名无姓且十分丑陋的民众的东西，您却当作有知觉的主体——而只是想说，作为由偏见凝结而成的家伙，我更欣赏大作的前半部分，因为里面谈到了真实存在且容光焕发的个体，但不大喜欢后半部分，因为里面是我们民族的场景。Et voilà. [8]

　　最近几天康复了不少——疼痛减轻了。本周得去布鲁塞做个体检，拍个 X 光，毫无疑问还得接受吸杯治疗。保罗医生是法国的斯皮尔斯布吕，一直再［在］催促我早上 9：15 赶到他那儿，而我耐心又恭敬地回复说，鄙人身体不适，不到晌午不能起床。[9]很快他们就会来逮住我。有各种各样的理由 que je me porte partie civile，但我也有五花八门的由头不这么做。似乎有渺茫的希望从巴黎市得到赔偿金，可是假如还得和律师们打交道，那我就宁愿不要那笔钱。警察还保留着我的衣服。但是，无论我做什么，无论审理如何进行，在案件成为 affaire classée 之前，还是会有诸多的不快。[10]

　　乔伊斯的生日狂欢下周三在约拉斯家和莫拉斯家举办，en principe

我接受了邀请。首次广播祝福从阿斯隆播出［。］ 11

您不觉得我俩当中该有人给洛吉耶写封信，告诉他您没法接受这个项目吗？毕竟，一直以来他都很热心。要是您不想写的话，我会很乐意代劳。12

要是您碰见丹尼斯，请替我谢谢他的来信，告诉他我正在回信。13

上帝保佑，汤姆，我的话别介意。我没法像您那样看待爱尔兰。

此致

s/ 萨姆

TLS；1 张，2 面；TCD, MS 10402/155。注：《上升》《苍蝇》和《祈祷》附于 MS 10402/155 中，但当时是否附于该信之后还存疑，因为三首诗的折痕与信件的折痕不匹配。不过，纸张左侧的页边折痕和火烧痕迹 / 水渍与 MS 10402/163 匹配。

1. 麦格里维已经把《论杰克·B. 叶芝》的手稿寄给了主人公，这位艺术家在 1938 年 1 月 6 日回信道："往后，要是我们得到了许可，我当然会主动咨询作家协会。"（TCD, MS 10831/151）1938 年 1 月 26 日，叶芝写信给麦格里维，附上了作家协会建议的合同条款，并鼓励麦格里维考虑入会："没有他们，我自己都会迷惘。但凡协议的事，我都咨询他们，不过他们建议的条款我通常并不全盘接受。"（TCD, MS 10831/154）

2. 此处页码指麦格里维文章手稿上的页码：TCD, MS 7991/2。

关于叶芝作品中人物与景观的关系：参见麦格里维《论杰克·B. 叶芝》，第 11—13 页。

3. 贝克特提示麦格里维说，在描摹麦格里维所说的 "petit peuple"（法语，"普通人"）方面，纳安派画家（安托万·纳安［约 1600—1648］，路易·纳安［约 1600—1648］，马蒂厄·纳安［约 1607—1677］），以及让－西梅翁·夏尔丹（1699—1779）、让－弗朗索瓦·米勒（1814—1875）和库尔贝，均可看作杰克·B. 叶芝的先驱：参见麦格里维，《论杰克·B. 叶芝》，第 9 页。对于这个名单，贝克特还建议把亨利·鲁索（又名杜阿尼·鲁索，1844—1910）添加进去。

4. 在此前写给麦格里维的两封信中，贝克特对华托进行过评价：参见［1937 年 7 月 23 日之前和］1937 年 8 月 14 日的信；在［1937 年 8 月］14 日写给茜茜·辛克莱的信中，贝克特本人对这些观点的阐发更加鲜明，甚至使用了他在此处引用的术语（也可参见下面的注 5，及麦格里维《论杰克·B. 叶芝》，第 14—17 页）。

5. "construit"（法语，"刻意建构的"）。

"Catena"（拉丁文，"锁链"，"连锁"），首字母通常不大写。虽说贝克特兴许指意大利画家文森佐·卡提纳（约 1470—1531），但这一说法没有明确的依据。

麦格里维在爱尔兰政治现状的语境下对叶芝作品的定位：参见麦格里维《论杰克·B. 叶芝》，第 17—25 页。麦格里维对其放弃具体以反映想象力"主体倾向"的后期画作的评论：参见第 27—33 页，尤其是他对《加利福尼亚》（派尔 501，私人收藏）和《纪念布西科和比安科尼》（派尔 498，NGI 4206）的分析。

贝克特对柏格森的评价尚未找到直接的出处，但在《创造性进化》中，柏格森采用了游泳者的类比——在学习"与[水的]流动性抗争"的时候，游泳者会"拽住……固态性不放"。"决定了飞跃而过时，我们的思想亦是如此"（阿瑟·米切尔译［伦敦：麦克米伦出版社，1920］，第 203—204 页；《创造性进化》［巴黎：菲利克斯·阿尔康出版社，1907］，第 210—211 页）。

劳特利奇刚出版杰克·B. 叶芝的小说《美丽人生》（1938）。

6. "fable convenue"（法语，"公认的智慧"）。

7. 在专论的印刷版中，麦格里维告诫人们要反对泛化："不消说，所有爱尔兰人都不像那样，正如所有法国人都不像华托绘画中的人物。"但在讨论政治背景的那节，他却说道："在叶芝年幼时，爱尔兰人的精神就专注于政治……"（《论杰克·B. 叶芝》，第 16—17 页）

艾伦泥沼位于爱尔兰岛中部，是一大片泥炭沼泽，基尔代尔郡的博因河就发源于此。

8. "Et voilà"（法语，"正是这样"）。

9. 夏尔·保罗（1879—？）医生是一位"médecin légiste"（法语，"法医"），此处贝克特把他比作英国法医学专家伯纳德·斯皮尔斯布吕医生（1877—1947）。

10. "que je me porte partie civile"（法语，"我为何要起诉"）。"affaire classée"（法语，"已结案件"）。

11. 贝克特确实参加了生日庆典，庆典分为两个环节：先在乔伊斯的公寓收听爱尔兰广播电台播放的生日祝福，接着去欧仁·约拉斯和玛丽亚·约拉斯的家中聚餐。在电台广播中，康斯坦丁·柯伦朗诵了乔伊斯的《个人素描》（乔伊斯和莱昂，《詹姆斯·乔伊斯与保罗·莱昂卷宗》，第 92 页）；其女儿伊丽莎白·柯伦同贝克特一起参加了巴黎的派对，这一点可参见她 1938 年 2 月 3 日写给父亲的信（C. P. 柯伦，《纪念詹姆斯·乔伊斯》［伦敦：牛津大学出版社，1968］，第 90—91 页；也可参见古根海姆，《出自本世纪：一名艺术瘾君子的忏悔》，第 168 页）。对此，贝克特在 1938 年 2 月 11 日给麦格里维写信道：

> 聚餐的共有 15 人，后来沙利文和约拉斯太太嘶声吆喝了起来。菲利普·苏波天黑了才露面。再次见到他我很开心。当时他还想着请您出席。尼诺·弗兰奇 [弗朗克] 也在场，他兴许能把这儿的电影人介绍给我——万一我心血来潮，又想跟外界联络联络呢。傍晚时分我觉得一如往常。乔伊斯跳舞一副旧式风格。（TCD，MS 10402/156）

贝克特指爱尔兰男高音约翰·沙利文（原名约翰·奥沙利文，1877—1955），乔伊斯曾鼓励他从事音乐事业。意大利裔影评人尼诺·弗朗克（1904—1988）与乔伊斯合作，把《安娜·利维娅·普鲁拉贝尔》译成了意大利语。

12. 贝克特曾代表麦格里维与洛吉耶协商，此时他觉得有必要向洛吉耶道谢，感谢他费心了，尤其在麦格里维竟然拒绝的情况下更应如此。

13. 丹尼斯·德夫林。

伦敦
乔治·雷维

1938 年 2 月 7 日 ［巴黎］

自由宾馆

尊敬的乔治：

对于韦恩酒店，汤姆有点儿担忧。但我改不了整个地貌。那就 stet[1] 吧。[1]

一旦确定下来，请即刻告知准确的出版日期，好吗？

应该还会在这儿住一阵子，偶尔要去 Katzensprung 的布鲁塞。Na ja. [2]

---

[1] 拉丁文，印刷术语，"不删"，"保留"。

给格威内思带好。

　　此致

s/ 萨姆

　　TPCS；1 张，2 面；AN AH，铅笔，左页边上方"回《莫菲》"；托寄往：伦敦中西 1 区大奥德蒙街 7 号，乔治·雷维先生收；邮戳：1938/2/7，巴黎；TxU。

　　1. 韦恩酒店位于都柏林下阿比街 35—36 号（贝克特，《莫菲》，第 54—56 页）。1938 年 2 月 11 日，贝克特致信麦格里维道："我觉得，书中提及韦恩酒店是完全不必忧心的。不过，还是要感谢您让我注意到了这一点。"（TCD，MS 10402/156）
　　2. "Katzensprung"（德语，字面意思"一步之遥"）；"Na ja"（德语，"就这样"）。

伦敦
乔治·雷维

［约 1938 年 2 月 8—19 日］　　　　　　　　　　　　　　　　［巴黎］

自由宾馆

亲爱的乔：

　　抱歉。

　　我忽然想到，对一本只有 75 000 个词的书来说，8 镑 6 的定价实在太贵了。您何不建议拉格把价格定在 5 镑多呢？[1]

　　此致

萨姆

　　APCS；1 张，2 面；AN AH，铅笔"回《莫菲》"；TxU。

1. 先前《莫菲》的定价是 8 镑 6；但新书简介上给出的价格是 7 镑 6。

伦敦
乔治·雷维

1938 年 2 月 20 日

［巴黎］
自由宾馆

尊敬的乔治：

丘纳德目前的住址是：巴黎卡皮西纳大道 43 号劳埃德公寓。[1]

很高兴听到这一消息，就是赫尔的画展将在五月份进行。近来没怎么见过他了。他们四月份去荷兰，邀我同去。Ne demande pas mieux，可又拿不出那笔钱。康定斯基的画展您觉得怎么样？[2]

除了免费的赠本，我还需要 6 本《莫菲》——谁让我是个穷光蛋呢。福特的诗集也请寄一本来。并请告知需要给您寄一张多大的支票。[3]

多希望您能在我身边啊，就（给杰克·卡哈内）翻译（萨德［的］《120 天》）帮我拿拿主意。我倒是很想揽下这个活儿，而且条款也基本合人心意，可就是整不明白这对我在英格兰的文学市场会有什么样的影响，或者说对今后在那儿推出自己的作品会带来怎样的不利。原作的表层是前所未闻的淫词秽语，而且 100 个人里也没有 1 个会在这部色情作品里头或者这些春宫文字的底下发现文学的影子，更不会认为这是 18 世纪的杰作之一，而在我看来却是一部顶呱呱的作品。遭人抨击我不在乎，相反还会帮我步入某个名誉堂。但作为作家，我是不想被人一刺毙命的。我是说最假惺惺这个意义上的公众人物。当然，对于方尖碑出版的图书，不会有人想在英格兰或美国地区发售，绝不会想办法的，虽说我明白肯特订购了 8 本哈里斯的《生活与恋情》。要是不能署名，我决计不干。可他让我马上做出决定。要是觉得您下周会过来，那我就拖延一下，先跟您商量商量。可是只怕毫无这种可能。思来想去，还是仓促地做了决定，虽然想到您会考虑得更周全，但此举的后果却不可预见。总共 150 000 个单词，每 1 000 个单词 150 法郎，这比 AE 翻译一首诗来得划算，但说实话，这不是问题的核心。[4]

在 Bordel de Justice 见 到 了 Sieur Prudent。他 说："Excusez-moi, Monsieur."我答道："Je vous en prie, Monsieur."昨天头一回打了喷嚏，说明康复了。[5]

向格威内思问好。Ora pro me.[6]

s/ 萨姆

TLS；1 张，1 面；TxU。

1. 南希·丘纳德的地址。

2. 古根海姆·热纳画廊的赫尔·范费尔德画展将在五月份举行；康定斯基画展已于 2 月 18 号开幕：参见 1938 年 1 月 5 日的信，注 4。

"Ne demanche pas mieux"（法语，"不能再有奢求"）。

3. 贝克特订购了几本《莫菲》和美国作家查尔斯·亨利·福特（1913—2002）的诗歌《凌乱的花园及其他诗》（伦敦：欧罗巴出版社，1938）。

4. 1938 年 2 月 11 日，贝克特致信麦格里维道："我说那做不到，但还是会过去商量一下。我去了，说 1 000 个词起码要有 150 法郎，我才会动心。[……]虽说我喜欢萨德的作品，喜欢很久了，而且还急需用钱，否则绝不答应。"（TCD, MS 10402/156）

与法国精装图书出版商亨利·巴布（生卒年不详）短期合伙（1930—1931）之后，英国记者杰克·卡哈内（1887—1939）于 1931 年在巴黎创办了方尖碑出版社，推出了害怕出版审查制度的其他出版商拒之门外的许多作品。其中有美国作家查尔斯·亨利·福特和帕克·泰勒（1904—1974）的《青春与罪恶》（1933）；爱尔兰裔美国作家弗兰克·哈里斯（原名詹姆斯·托马斯·哈里斯，1856—1931）的《我的生活与恋情》（1933）；美国作家亨利·米勒（1891—1980）的《北回归线》（1934）、

《回到纽约》（1935）、《黑色的春天》（1936）、《马克斯和白细胞》（1938）及《南回归线》（1939）；法国作家阿娜伊斯·宁（原名安热拉·阿娜伊斯·宁·伊·库尔梅尔，1903—1977）的《乱伦之屋》（1936）和《技巧之冬》（1939）；以及英国作家劳伦斯·达雷尔（1912—1990）的《黑书》（1938）。为了"资助严肃书籍"，杰克·卡哈内还出版色情作品（约翰·圣若雷，《被缚的维纳斯：奥林匹亚出版社及其作家的海涅之旅》［纽约：兰登书屋，1994］，第12页）。

萨德侯爵，《所多玛120天，又名放纵学校》（1785年创作，1904年出版，欧仁·杜兰编辑［巴黎：藏书家俱乐部，1904］）；该小说收入莫里斯·海涅编辑的三卷本评述版（巴黎：司汤达出版公司，由藏友资助，1931—1935）。当时没有英译本。

方尖碑出版社并不正式在国外发售图书，但的确把书卖给了个人；肯特的身份尚未确认。

贝克特拿每个词的翻译单价与想象中爱尔兰诗人AE的要价进行对比。

5. 1938年2月14日，贝克特出席了肇事者罗贝尔–儒勒·普吕当的预审，正如1938年2月11日他致信麦格里维道："下周一就要见juge d'instruction了，应该会碰到普吕当。兴许还能劝他们把衣服还给我。"（TCD, MS 10402/156）"juge d'instruction"（法语，"预审法官"）。

"Sieur Prudent"（法语，"普吕当先生"）；"Bordel"（法语，字面意思"窑子"）指Palais de Justice（法语，"法院"）。"Excusez-moi, Monsieur."（法语，"请原谅，先生。"）；"Je vous en prie, Monsieur"（法语，"没关系，先生"）。

6. "Ora pro me"（意大利语，"祝我好运"）。

伦敦
托马斯·麦格里维

1938年2月21日   ［巴黎］

                                                      自由宾馆

亲爱的汤姆：

收到您的两封信，万分感谢。[1] 未及时回复，见谅。

喜欢您评述绘画的文章，正如喜欢您就绘画侃侃而谈，甚至嫉妒您对绘画的热情历来不减。自打来了巴黎，还没去过卢浮宫呢！别的地方也同样没逛过。就是这种生活让约翰逊博士感到无比厌恶。唯有时光荒废。倒是挺适合我。[2]

又开始找房子了，把 14 区差不多爬梳了个遍。几乎没有房子可以入住。有些单间公寓贵得住不起，有间不错的可望见蒙苏里公园，竟要 12 000 法郎！不过物有所值。在穆谢元帅路有幢新房子，房间都有热水和冷水，还有暖气，要 2 000。不过，就是楼层低了些。下周二会去那儿看看房间，要是碰巧合适的话就暂且搬进去。就算不合适，也要搬出自由宾馆，因为那地儿太贵了，而且根本不采光。在布朗基林荫大道和冰川街的交叉口有一家宾馆，去看了一间房，就在拐角处，楼层高，有两扇窗，采光良好，加上服务费才 440。而在自由宾馆，刚收到上个月的账单，加早餐共 785 法郎。宾馆倒是相当体面，可这样的价格我断然付不起。[3]

今天上午见了杰克·卡哈内。他同意了以下条件：1. 本人应当撰写序言；2. 本人的佣金应当是 1 000 个词 150 法郎，无论英镑的汇率如何波动；3. 一旦签署和同［合同］，本人即可预支一半佣金，交付手稿时即可支取另一半；4. 应当没有时间限制。于是我说，过一周再给他明确的回复。他准备分 3 卷（错时）出版，每卷将近 50 000 个词。我应当分卷支取佣金。应当得到一本原作（1 500 法郎）和 6 本赠送的译本（3 卷，每卷 150 法郎）。法语原作我已读到第 1 卷和第 3 卷。表面上的淫秽难以形容。没见过比这尺度更大的。叫我心中激荡着一种形而上的极乐。谋篇布局不同凡响，和但丁一样严谨细致。假如对 600 场"激情"的冷静陈述是禁欲主义，是尤维纳利斯式讽刺的完全缺场的话，那么正如您所说，它就的确是清教式的、尤维纳利斯式的。[4]无论是不是，对它您都会厌恶之至。会不会把它译成英语，我还拿不定主意。心想大概会吧。译本会限量发行，共 1 000 本。不会在英格兰或美国发售。可是，大家自然会知道译者就是我。不署上自己的大名，我是不会干这活儿的。招来骂名这一点，我也了然于心。可对于自己今后在英格兰和美国的文学行为的自由，这事儿有何实际影响，我还不得而知。让人知道我就是译者，把"污秽得无以复加的作品"翻译得如此直白，这不会把我本人这个未来的作家一刺毙命吗？会因此遭到封杀，此后就寂静无声了吗？序言很关键，因为我可以在里面阐明自己的态度。艾伦、贝琳达和尼克都反对我接手。布莱恩只说，要是他的话肯定不干。貌似很多人都想接下这桩活儿，比如佩吉·古根海姆的前夫骆朗斯［洛朗斯］·瓦伊。[5]

真想自己在伦敦，看了康定斯基的画展。您觉得画展怎么样？[6]

周四还要去趟布鲁塞，但愿是最后一次。一周前在法院跟普吕当对质，我们互致了善意。马上就要审判了，届时我就能兴高采烈地拿回想念已久的衣物，甚至还能拿到一笔用法郎支付的赔偿金。[7]说到这儿，我听说戈加蒂在贝力［贝利］举办了一场牡蛎派对，以庆祝我英年早逝，还把埃利路的房产卖给了爱尔兰皇家艺术学院，此举意味着哈里兴许能拿到点儿钱，而我呢，也能拿到往来巴黎的旅费了。[8]

敬上

萨姆

ALS；2 张，3 面；印制信头：蒙帕纳斯大道 102 号法兰西学院；TCD，MS 10402/157。

1. 麦格里维写给贝克特的信尚未找到。

2. 塞缪尔·约翰逊把"戒除懒惰"列为自己的首要目标（1761 年复活节前夕）；贝克特引用了约翰逊《祈祷与沉思杂录》（1765 年 4 月 7 日复活节）中的话："不知时光是如何从我身边流逝。"（约翰逊，《日记、祈祷与年鉴》，第 92 页；贝克特国际基金会，BIF，UoR，MS2461/1，f. 1R）

3. 从 1937 年 11 月底以来，贝克特就一直住在自由宾馆。他在 14 区寻找单间。

从 1938 年的生活成本 / 消费价格指数来看，法国的生活成本大幅增长，开创了自 1929 年以来的新高（达 115，而爱尔兰为 99）（B. R. 米切尔，《国际历史数据：欧洲 1750 年至 1988 年》，第 3 版［纽约：斯托克顿出版社，1992］，第 848 页）。

4. 贝克特指萨德的《所多玛 120 天》，共 3 卷，由莫里斯·海涅编辑（参见 1938 年 1 月 20 日的信，注 4）。

尤维纳尔（原名德西默斯·尤尼乌斯·尤维纳利斯，约 55—140），以讽刺诗鞭挞罗马社会的丑恶。

5. 艾伦·邓肯和贝琳达·邓肯，尼克·巴拉谢弗，布莱恩·科菲。

法裔作家、艺术家洛朗斯·瓦伊（1891—1968）于 1922 年和佩吉·古根海姆结婚，后于 1929 年离婚。

6. 古根海姆·热纳画廊举办的康定斯基画展：参见 1938 年 1 月 5 日的信，注 4。

7. 受伤后贝克特即刻送往布鲁塞医院，出院后还数次回到该处接受检查。贝克特和普吕当的和解：参见 1938 年 2 月 20 日的信，注 5。

8. 在哈里·辛克莱提出的诽谤诉讼中，贝克特曾出庭做证，致使奥利弗·圣约翰·戈加蒂败诉。得知贝克特受伤，戈加蒂禁不住在都柏林的贝利酒店（当时位于公爵街 2—3 号）"进行庆祝"。

戈加蒂准备出售的埃利路的房产：参见 1937 年 10 月 6 日的信，注 8。

哈里·辛克莱赢得了赔偿金，但此时尚未兑付；因此贝克特往返于都柏林和巴黎之间的旅费尚未报销。

伦敦

乔治·雷维

1938 年 3 月 8 日   巴黎 6 区

大草堂别墅路 9 号

自由宾馆

尊敬的乔治:

收到您的明信片，万分感谢。《莫菲》共 3 本，分两批寄来，谢谢。封面令人十分满意，把本人打造成爱尔兰人的心思也很是感人。[1] 就本人之见，文本中找不出任何错误了。

希望劳特利奇把拙著寄送下列人士:

杰克·叶芝（地址他们有）;

阿兰·厄谢尔先生，爱尔兰沃特福德郡卡帕村卡帕居;

杰弗里·汤普森医生，伦敦西 1 区哈里街 71 号;

汤姆·麦格里维;

拉兹·阿伦森先生，伦敦西 2 区韦斯特博恩台地路 26 号;

阿克塞尔·考恩先生，德国乌克马克县格赖芬贝格;

丹尼斯·德夫林（地址您有）。[2]

毫无疑问，若是以后才想起别的人，那我可就真够笨的。

已经接受了萨德作品的翻译工作，报酬为 1 000 个词 150 法郎。他想延后 3 到 4 个月。我写了信，说本人不敢保证那时不会变卦，或者腾得出时间。所以尚未签合同。[3]

普吕当判了两个月，这个判决让我松了口气。他有人做强力辩护，狡诈地提出当时烂醉如泥的抗辩，还指控说是我寻衅滋事。[4]

阿尔弗雷德·佩隆住在巴黎 14 区伊苏瓦尔公墓路 69 号，他急着把《莫菲》译成法语。佩隆是我的好友，老到的译者，要是请他来翻译，那我不知有多高兴呢。他有一帮熟人，就是说有自己的朋友圈，特别是认识《新法兰西杂志》和德诺埃尔与斯蒂尔出版社的人。[5] 这事儿您有什么想法吗，或者说您愿意让我们来做吗? 或许等您过来了再做决定为妙。啥时候来呢?

向来不大和别人搭腔，更别提跟范费尔德说话了，所以没怎么见过他。序言还没写，真不知道自己会不会写。昨晚在花神咖啡馆，斯特恩夫妇介绍我认识了一个叫布莱恩·霍华德的人，是应他的请求介绍的。他想在我这儿打听一下计划今夏在伦敦举办的德国现代艺术大型回顾展（里德与波伦纽斯）。他喝醉了，和南希·丘纳德在一起，南希说她的臀部好些了，可眼睛还是瘀青。她说，既然她是第一个同时推出我和霍华德的作品的出版商，那我们就应该认识一下。可没做到。斯特恩有一本小说今秋会由赛克推出。6

身体康复如常了。昨天在米拉博那边打了7场网球，居然没有累趴下。7

向格威内思问好。

此致

s/ 萨姆

TLS；1张，1面；AH，叶芝、厄谢尔、汤普森和考恩的姓氏前用墨水标了"√"。

1. 雷维寄给贝克特的明信片尚未找到。

《莫菲》于1938年3月7日出版。1938年3月8日，贝克特给麦格里维写信道："收到了几本《莫菲》的新书样本。全是黄绿白三种颜色。是要向西莉亚致敬吗？[1] 他们不光是利用推介词，还费尽心思把我打造成爱尔兰人。"（TCD，MS 10402/158）。小说的封皮上写道："只有这位爱尔兰天才才能构思出的一出出精彩的喜剧，一幕幕讽刺的场景，展示了天马行空的想象，让读者身临其境。"

2. 在贝克特所列赠书名单上，打的钩说明该书已寄给了叶芝、厄谢尔、汤普森和考恩。贝克特给"拉兹和多萝西"（·阿伦森）寄送赠书是在1938年5月（InU）。

3. 萨德《所多玛120天》的译本于1954年由杰克·卡哈内的儿子莫里斯·吉罗迪亚出版（萨德侯爵，《所多玛120天；又名放纵学校》，皮埃亚力桑多·卡萨维尼［奥斯特里恩·温豪斯的笔名］译［巴黎：奥林匹亚出版社，1954］）。

4. 1938年3月8日，贝克特给麦格里维写信道："上周一审理了普吕当一按［原文如此］。艾伦和我一起出庭。我们没有不依不饶，他却狡辩起来，到头来我倒成

---

[1] "黄绿白三种颜色"指爱尔兰国旗。西利娅是《莫菲》中的女主角，来自爱尔兰。下文表明，贝克特不大认同新生的爱尔兰共和国。

了寻衅者，他就只判了两个月的监禁。"（TCD，MS 10402/158）1938 年 3 月 27 日，贝克特给阿兰·厄谢尔写信道："歹徒被判了两个月。对于第 5 次判刑来说不算严重。我的衣服还没讨回来，当时被警察作为 pièces de conviction 拿走，就再也没见到了。如今却要证明那是我的东西。心里真是无语了。"（TxU）。"pièces à conviction"（法语，"物证"）

5. 阿尔弗雷德·佩隆曾与贝克特合作，参与了乔伊斯《安娜·利维亚·普鲁拉贝尔》的初译；此时，他鼓励贝克特着手找人翻译《莫菲》。佩隆认识《新法兰西杂志》编辑部的人。

巴黎的德诺埃尔与斯蒂尔出版社于 1930 年由伯纳德·斯蒂尔（1902—1979）和罗贝尔·德诺埃尔（1902—1945）创办，但 1936 年底斯蒂尔回到美国后，该公司即更名为德诺埃尔出版社。

6. 贝克特已受人之托，要为即将在古根海姆·热纳画廊举办的赫尔·范费尔德画展写个目录说明。

英裔爱尔兰作家、翻译家詹姆斯·安德鲁·斯特恩(1904—1993)和妻子塔尼亚·斯特恩（原姓库雷拉，1904—1995）合作翻译德语作品；1938 年 3 月 8 日，贝克特给麦格里维写道："圣诞节我在阿伦森那儿遇见了他们，二人都很好。詹姆斯是爱尔兰国籍，作家。想来他的出版商是赛克。"（TCD，MS 10402/158）斯特恩的《出错了：十二故事合集》1938 年由赛克与沃伯格出版社推出。

布莱恩·霍华德（1905—1958）是"二十世纪德国艺术展"组委会成员（组委会主任由赫伯特·里德担任），该展览于 1938 年 7 月在伦敦的新伯灵顿美术馆举行，因为吸收、展出了私人藏品，所以对仍在德国居住的艺术家是不愿妥协的[1]：［赫伯特·里德］《1938 年 7 月——20 世纪德国艺术展》（伦敦：新伯灵顿美术馆，1938），第 5—7 页。芬兰裔艺术史学者、《伯灵顿杂志》主编(1940—1945)坦克雷德·博雷纽斯（1885—1948）是该艺术展的赞助人之一。

南希·丘纳德在加热器上烫伤了臀部（参见 1938 年 2 月 11 日贝克特写给麦格里维的信，TCD，MS 10402/156）。丘纳德出版了布莱恩·霍华德的《天佑吾王》（巴黎：时光出版社，1930）。

7. 米拉博室内网球场位于巴黎 16 区雷米萨路 1 号，离米拉博地铁站不远。

---

[1]　该画展的组委会不愿接受纳粹德国的艺术家前来参展。

伦敦
乔治·雷维

[1938 年] 3 月 23 日   [巴黎]

               自由宾馆

[无问候]

  收到剪报，谢谢。这么久过去了，还有人评述本人的创作意图，真是令人欣慰。[1] 这里没有新鲜事儿。说到绘画，还得从塞尚开始。

                 萨姆

  APSC；1 张，1 面；巴尔多维内蒂，《圣母与圣子》；寄往：伦敦中西 1 区大奥蒙德街 7 号，乔治·雷维先生收；邮戳：1938/3/23，巴黎；TxU。

  1. 截至该日，《莫菲》的书评包括：匿名，《谈萨缪尔·贝克特的〈莫菲〉》，《泰晤士报文学副刊》，1938 年 3 月 12 日：第 172 页；迪莉斯·鲍威尔，《逃离现实》，《星期日泰晤士报》，1938 年 3 月 13 日：第 8 版；埃德温·缪尔，《新小说》，《聆听者》第 19 卷第 479 期（1938 年 3 月 16 日），第 597 页；狄兰·托马斯，《近期小说》，《新英语周刊》第 12 卷第 23 期（1938 年 3 月 17 日），第 454—455 页；以及弗兰克·斯温纳顿，《民众与傀儡》，《观察家报》，1938 年 3 月 20 日：第 6 版。

  迪伦·托马斯评价《莫菲》时写道："该小说没有恰当地呈现应该显露的面貌，就是说没有恰如其分地展现贝克特先生的意图：讲述一个关于某些古怪人士的内心世界与外部世界的冲突的故事。该书没能达成宗旨，是因为书中人物的精神和躯体之间几乎没有半点关系。"（第 454 页）

伦敦

托马斯·麦格里维

1938 年 4 月 3 日　　　　　　　　　　　　　　　［巴黎］

　　　　　　　　　　　　　　　　　　　　　　　自由宾馆

亲爱的汤姆：

　　收到来信，谢谢。不，这些书评没有让人吃惊。甚至缪尔和托马斯两位先生的也没有。丘奇在《约翰·奥伦敦》上发表的书评说的是好话，据说凯特·奥布莱恩在上上期《旁观者》上发表的也是这样——不过那篇还没看到。[1] 雷维告诉我，说劳特利奇对拙作的销量很满意。但就我所知，截至目前，爱尔兰方面还没有任何反应。布莱恩本来有一篇长文要在《今日爱尔兰》上刊发，可惜那家报纸正好停刊了。重蹈了我在《读书人》刊文的覆辙。[2] 对了，我请雷维也给您寄一本，希望您收到了。在这儿我一本书都没寄出去，日子太艰苦，哪有精力打包，把书送到邮局去呢。您懂的，等咱俩见了面，我再在扉页上题几个字，那得多高兴啊。杰克·叶芝对拙著给予了好评，阿伦森和杰弗里也一样。[3]

　　自打乔伊斯夫妇从苏黎世回来，我就没怎么见过他们。他有只眼睛出了大毛病，接着又得了病毒性肠胃炎。[4]［……］

　　佩隆把我的《晨曲》译成了法语，发表在《舱位》上。不是他最出色的译作之一。[5] 他精神焕发，每周二我都和他共进午餐，然后再打网球。我想请他翻译《莫菲》。而他也迫不及待。我给雷蒙·格诺也寄了一本，他刚被指定为伽利玛的审稿员，在《意志》的 galère 里跟我见过面。但选择德诺埃尔与斯蒂尔或者水星出版社的可能性更大。[6]

　　昨晚去了花神，准备和艾伦一起外出，去看望一下他老妈；眼下，他老妈被安置在奥尔良城门外的一家养老院。洛吉耶带了女伴进来，不过我们都没有打扰对方。[7]

就用法语写了一首短诗，其他的啥都没写。[8]感觉要是将来还写诗，我会用法语来写。

今天上午收到了佩洛尔松的短笺，他要我下周六下午去他那儿，参加（他的戏剧）《卡利古拉》的诵读会。最近我根本就没见过他们。兴许是对其近期创作的转向我压根儿没什么兴趣的缘故。心想和您说过这事儿了，就是在乔伊斯的生日聚会上，当玛塞勒请我发表意见时，我实在是太努莽［原文如此］了，竟然跟她说那篇书评叫作 Nolontés 似乎更合适些。还有约拉斯、亨利·米勒、盖岗［盖冈］Cie.，所有这些领路的明灯，都不那么引人入胜。[9]

前天傍晚和南希·丘纳德聊了几分钟，第二天她就要启程前往法国南部，去看望背井离乡的道格拉斯。还见了霍华德，和他待了一小会儿，一副饱经风霜又漫不经心的样子。[10]

昨天在卢浮宫度过了一个愉快的下午，四处闲逛，随心所欲。样子全变了，虽说估计只是暂时的，但感觉是变差了。比方说，要从七米厅走到大画廊，得绕远路穿过法国展厅。大画廊有一半地方不开放。先前就忘了法布里蒂乌斯的那幅小画。认定是他的画太过草率，更像是弗林克的画。巴尔多维内蒂（？）和韦萝基奥［韦罗基奥］的《圣母与圣子》画得甜美可人，可曼特尼亚的画功力突变，叫人大失所望，只有《塞巴斯蒂安》那幅还凑合。[11]

家里来信了，说一切安好。老妈还在忙着花钱收拾灰岩港的蜗居，老哥三番五次请她回库尔德里纳住，她都回绝了，显然很寂寞。嫂子吉恩已经大腹便便，一看就知道过两个月就要生产了，而弗兰克呢，还是一如既往——昏天黑地地忙于工作。[12]

五月初我多半会来伦敦参观范费尔德的画展，希望能和杰弗里做个伴。此前他们会来我这儿过一个周末。[13]迄今仍没在巴黎找到单间之类的住处，久住宾馆却手头没书，真是厌烦透了，可我铁了心，除非找到了自己的狗窝，否则正经干活就免谈。

您还记得库尔贝的自画像吗？我原以为是提香《戴手套的男子》的临摹画，就无所谓地把它夹在自己的小书里了。[14]

速速回信。上帝保佑。

萨姆

ALS；2 张，5 面；印制信头：巴黎蒙帕纳斯大道 105 号蒙帕纳斯圆厅咖啡馆；TCD，MS 10402/159。

1. 狄兰·托马斯在书评中对《莫菲》提出了批评，但埃德温·缪尔却肯定了贝克特的才智，并总结道："书中有些插曲十分有趣……而且假如这本书并未让读者觉得无聊之至或者气恼至极，那它多半会给予读者不同寻常的乐趣。"（缪尔，《新小说》，第 597 页）理查德·丘奇称《莫菲》是"高雅情趣的一场骚乱"，而凯特·奥布莱恩（1897—1974）也写道："说实话，一直以来我极少对什么书如此兴趣盎然，如此渴望给予它最高的赞誉甚至是浮夸的歌颂。的确，《莫菲》精彩绝伦，十分宝贵……对于慧眼识珠的读者，这是一本万里挑一的佳作。"（理查德·丘奇，《萨缪尔·贝克特为我们呈上"高雅情趣的一场骚乱"》，《约翰·奥伦敦周刊》第 39 卷第 990 期（1938 年 4 月 1 日），第 23 页；凯特·奥布莱恩，《小说》，《旁观者》，1938 年 3 月 25 日：第 546 页）

2. 截至 1938 年 3 月 31 日，《莫菲》的正常销售已达 240 册（UoR，劳特利奇）。
爱尔兰没有相关书评见刊。布莱恩·科菲为《莫菲》写的书评标明"巴黎，1938 年 3 月"，打算发表在《今日爱尔兰》，但该刊 1938 年 3 月期（第 3 卷第 3 期）没有出刊（DeU，科菲，书评 AMS；TxU，科菲，书评 TMS）。贝克特想起了自己的文章《自由邦的出版审查制》，该文为《读书人》委托撰写，但该杂志于 1934 年 12 月停刊，因此该文未能发表（参见 1934 年 9 月 8 日的信，注 9）。

3. 杰克·叶芝、拉兹·阿伦森和杰弗里·汤普森写给贝克特的信尚未找到。

4. 据贝克特于 1938 年 2 月 11 日写给麦格里维的信（TCD，MS 10402/156），乔伊斯夫妇于 2 月 6 日从巴黎动身前往瑞士，计划在瑞士停留约 3 周；1938 年 3 月初，乔伊斯返回巴黎（诺伯恩，《詹姆斯·乔伊斯年表》，第 181 页）。1938 年 3 月 28 日，乔伊斯在巴黎给卡萝拉·吉迪恩–韦尔克写信，说自从回到巴黎，他就一直身体不适（乔伊斯，《乔伊斯书信集》，第 3 卷，第 418 页）。正如乔伊斯在给女儿海伦的信中所写，4 月 6 日贝克特和他们在戈尔曼家里吃了晚饭（第 419 页）。

5. 萨缪尔·贝克特，《晨曲》，A. R. 佩隆译，《舱位》第 9 期（1938），第 41 页。

6. 法国作家、编辑雷蒙·格诺（1903—1976）是《意志》（1937 年 12 月—1939）的创刊者之一，合伙人有乔治·佩洛尔松、欧仁·约拉斯、皮埃尔·盖冈（1889—1965）、亨利·米勒、弗雷德里克·约里奥-居里（原名让-弗雷德里克·约里奥，1900—1958）和卡米耶·舒韦（1888—1981）；贝克特称他们为 "galére"（法语，"船员"）（该团体的详情，参见：樊尚·吉鲁，《向维希的转变：以乔治·佩洛尔松为例》，《现代派/现代性》第 7 卷第 2 期［2000］，第 221—248 页）。

法国法兰西水星出版社成立于 1894 年。

7. 艾伦·邓肯的母亲埃伦·邓肯（原姓道格拉斯，又名埃利，约 1850—1939）是都柏林联合艺术俱乐部的创始人之一，都柏林市立现代艺术美术馆的第一任馆长。

贝克特可能碰到了亨利·洛吉耶及其伴侣玛丽·库托利（1879—1973）；她和洛吉耶一道收藏了一批珍贵的当代艺术品（参见《玛丽·库托利和亨利·洛吉耶在巴黎的收藏》［巴塞尔：贝耶勒美术馆，1970］）。

8. 该诗可能就是后来以《诗 38—39》之题出版的 12 首诗歌中的一首（《现代》，第 288—293 页）。

9. 佩洛尔松的戏剧《卡利古拉》系根据公元 37 年至 41 年间在位的罗马皇帝盖乌斯·恺撒·奥古斯都·日耳曼尼库斯（12—41）的生平写成，部分刊登在 3 期《意志》上：《卡利古拉——序幕》，《意志》第 1 期（1938 年 1 月），第 18—27 页；《卡利古拉——第 3 幕》，《意志》第 3 期（1938 年 3 月），第 41—59 页；《卡利古拉——第 4 幕》，《意志》第 8 期（1938 年 8 月），第 30—35 页。

根据欧仁·约拉斯为一部自传所写的注释，"那时佩洛尔松创作戏剧有法西斯的倾向，常会邀约朋友来听他朗读自己的作品"（CtY，欧仁·约拉斯和玛丽亚·约拉斯档案，GEN MS 108/ 第 5—12 盒［《巴别塔人》手稿］；未收入约拉斯的《巴别塔人》）。

贝克特已于 1938 年 2 月 11 日给麦格里维写信道："我在乔伊斯的聚会上直截了当地告诉玛塞勒·佩洛尔松，说我觉得乔治的社论比较消极，且过于激愤，还说按眼下的迹象来看，这篇书评改名《欠意志》还差不多。"（TCD, MS 10402/156）"Volontés"（法语，"意志"），名词，由拉丁语动词 "velle"（"想要"）派生而来；贝克特采用类似构词法，根据拉丁语动词 "nolle"（"不想要"）自造了一个反义词："Nolontés"。

"Cie."（法语，"及其他成员"）。

10. 南希·丘纳德前去看望诺曼·道格拉斯。多年来道格拉斯侨居佛罗伦萨，但因身陷法律纠纷，于 1937 年 6 月匆匆离开意大利，直到纠纷于 1938 年 1 月解决后，他才决定留在法国（参见马克·霍洛韦，《诺曼·道格拉斯传》[伦敦：泽克与瓦尔堡出版社，1976]，第 430—438 页）。

布莱恩·霍华德。

11. 卢浮宫的七米厅靠近达吕楼梯间，正常情况可以直接通往大画廊；但是，大画廊邻近展区已经关闭，只能穿过法国厅绕行才能进入（当时须穿过达吕厅、德农厅、多国厅，甚至要绕道更远，穿过莫利安厅和面对勒菲埃尔庭院的几个小型陈列室）。

贝克特指的是卡雷尔·法布里蒂乌斯的哪幅画现已无法确定。《老翁头像》（卢浮宫，R.F.3834）是一幅相对较小的肖像画（24cm×20.7cm）；此画卢浮宫于 1934 年购得，并认定是卡雷尔·法布里蒂乌斯的作品，但克里斯托弗·布朗对此表示质疑（《卡雷尔·法布里蒂乌斯：作品分类全集》[纽约伊萨卡：康奈尔大学出版社，1981]，第 129 页）。当时卢浮宫并没有收藏卡雷尔的弟弟巴伦特·法布里蒂乌斯（1624—1673）的画。荷兰画家霍法尔特·弗林克（1615—1660）。

《圣母与圣子》（卢浮宫，R.F.1112）是佛罗伦萨画家阿莱索·巴尔多维内蒂（约1425—1499）的作品。贝克特于 1938 年 3 月 23 日寄给乔治·雷维的明信片上印有此画。

佛罗伦萨雕塑家、画家安德烈·德尔·韦罗基奥（安德烈·迪·米凯莱·迪·弗朗切斯科·乔尼，1435—约 1488）是巴尔多维内蒂的门徒；巴尔多维内蒂的画室还招募了莱奥纳尔多·达·芬奇、洛伦佐·迪·克雷迪（约 1456—1536）、佩鲁吉诺和多米尼科·吉兰达约等人。署名韦罗基奥的画十分稀少，卢浮宫并没有收藏；但是，在达·芬奇及其他门徒绘制的许多《圣母与圣子》图像中，巴尔多维内蒂画室的熏陶还是有所体现；卢浮宫的学者认为，吉兰达约的《圣母与圣子》（卢浮宫，R.F.1266）受到了韦罗基奥的影响。

安德烈亚·曼特尼亚的《圣塞巴斯蒂安》（卢浮宫，R.F.1766）。

12. 灰岩镇位于威克洛郡海滨地带。弗兰克·贝克特和吉恩·贝克特正期待第一个孩子的降生。

13. 古根海姆·热纳画廊举办的赫尔·范费尔德画展：参见 1938 年 1 月 5 日的信，注 4。杰弗里·汤普森和厄休拉·汤普森。

14. 贝克特所说的古斯塔夫·库尔贝自画像指《系皮带的男子》（卢浮宫 R.F.339，现陈列于奥赛博物馆）；提香的《男子画像》又名《戴手套的男子》（卢浮宫，inv.757）。

伦敦

乔治·雷维

［1938 年］4 月 22 日

［巴黎］15 区

快马街 6 号

尊敬的乔治：

　　谢谢您的来信还有文章。虽说我觉得他并不像您认为的那般笃信寂静主义，但您的大作我的确还是十分喜欢。不过对大众而言，这种说法倒是妥当。还有，藏于国美馆的法布里蒂乌斯的《街角》一画还真有日本味儿。[1]

　　但愿某个美国傻瓜马上拿下《莫菲》。眼下急需用钱。[2] 请保管好那 50 法郎，待咱俩见面时再给我。

　　过去这一周，我在这个新地方扎下营，正慢慢地安顿下来。我喜欢这儿。屋子里亮堂堂的，还有楼梯，晚上可以蹒跚而上。希望您下次过来时能和我做个伴儿。[3]

　　收到了佩吉的信，她正为作品分类的事儿发愁，急着把毕加索风格的画都清理出来。我回信叫她别着急，说赫尔最有毕加索味道的画和道森的前超现实主义屁画差不多，都像毕加索的作品。她还告诉我，说她终究在利用我的短笺。还有我的名字。Tant pis pour tout le monde.[4]

　　哪天才能到伦敦还说不准。赶上 vernissage，这是我唯一说得准的。有可能免费 par les airs。[5]

　　非得见劳特利奇的人吗？两手空空地去？[6]

　　又写了一首法语诗。欧文局出版《英法双语诗集》吗？[7]

　　祝两位好

萨姆

ALS；2 张，2 面；印制信头：皇家路 25 号皇家酒店；TxU。

1. 贝克特指乔治·雷维给古根海姆·热纳画廊举办的赫尔·范费尔德画展写的绪论（《谈赫尔·范费尔德》，《伦敦简报》第 2 期［1938 年 5 月］，第 16 页）。雷维写道："在赫尔·范费尔德的画作里，欲望的动机已经消亡，因为生命已经毫不珍惜地度过了。取而代之的是永恒的怀旧，是一种没有实体的无处不在的和谐，相比西欧哲学，这种和谐更接近中国哲学的精神。"

贝克特指卡雷尔·法布里蒂乌斯的《代尔夫特与乐器贩子的摊位即景》，该画藏于伦敦国家美术馆（NGL，3714）。

2. 雷维正把《莫菲》寄给美国出版商。

3. 贝克特是在巴黎 15 区快马街 6 号的新公寓里写信。新公寓位于顶层，室内有楼梯通往阁楼卧室（参见诺尔森，《盛名之累》，第 265—266 页）。

4. 佩吉·古根海姆想把赫尔·范费尔德模仿毕加索风格的作品拿出来；也许就是这一点促使贝克特在短笺的末尾这样评述赫尔·范费尔德的作品："相信绘画应当只顾及自身之事，即色彩，即谈毕加索不应多于谈法布里蒂乌斯、弗美尔。反之亦然。"（《赫尔·范费尔德》，《伦敦简报》第 2 期［1938 年 5 月］，第 15 页；贝克特，《碎片集》，第 117 页）。贝克特的这份短笺上留有签名。"Tant pis pour tout le monde"（法语，"让大家都堵心得很"）。范费尔德画展的目录刊登在五月份的《伦敦简报》上，该期还同时登载了科克街上相邻的另两家美术馆的画展目录（伦敦美术馆，梅杰美术馆）（《艺术：流行阵线》，《骑兵队》［1938 年 5 月 21 日］，页码不详）。

彼得·诺曼·道森（1902—1960），英国超现实主义画家、平面艺术家兼陶艺家，是"伦敦派"成员，时任伦敦坎伯韦尔艺术与工艺学校副校长；其作品入选"当代绘画与雕塑艺术"展，于 1938 年 6 月 21 日至 7 月 2 日在古根海姆·热纳画廊展出。

5. 赫尔·范费尔德画展的"vernissage"（法语，"特邀观摩"）于 1938 年 5 月 5 日举行。

"par les airs"（法语，"坐飞机"）。1938 年 4 月 28 日，贝克特致信雷维道："现在没有任何飞行机器的消息，所以很难说得准什么时候能到。但是，除非 4 号周三那天可以免费搭乘飞机，不然 3 号周二晚上我就得赶到伦敦。"（TxU）1938 年 5 月 1 日，他再次致信麦格里维："要是有空房，您能帮我在［哈灵顿路］49 号预订周二晚上的房间吗？我走迪耶普到纽黑文的航线，预计晚上 6 点到达伦敦。"（TCD，MS 10402/165）

6. 劳特利奇是《莫菲》的出版商。T. M. 拉格只与雷维有过交往，尚未见过贝克特。

7. 贝克特刚写的法语诗到底是哪首尚不确定，但该诗作为组诗之一，发表在《现代》第288—293页的《诗38—39》里。雷维设在伦敦的办事处名为欧洲文学书局；旗下的欧罗巴出版社出版了贝克特的第一部诗集《回声之骨及其他沉淀物》。贝克特兴许在问，既然雷维把办事处设在了伦敦，那他是否愿意出版英法双语的作品。

伦敦
托马斯·麦格里维

[1938年] 4月22日 　　　　　　　　　　　　巴黎15区
　　　　　　　　　　　　　　　　　　　　快马街6号

亲爱的汤姆：

　　随信附上新地址。过去这一周，我一直在往那儿搬家。大家心地善良，送东送西，好让我尽早安顿下来，但收拾新居实在是太费钱了。我喜欢这地方，又亮堂又舒适，也喜欢这街区，离那帮舞台艺术家远远的。希望您很快就会过来，和我做个伴儿。[1]

　　近来过得很安生，看望过乔伊斯夫妇一小会儿，布莱恩一小会儿，还有一两个法国人，就这些。过去这两周写了两首法语诗，自打来了巴黎，就干了这么点儿正经事。一首正要发表在佩隆的《舱位》上，另一首兴许会刊登在《意志》上。[2]有天下午到了佩洛尔松夫妇[那儿]，去听乔治朗诵自己的剧本《卡利古拉》——共4幕加1段序幕。[3]虽说文采飞扬，却十分枯燥。他感觉到我对他的新作没有兴趣，于是我俩就不怎么见面了。

　　[……]

　　我会去伦敦参观范费尔德的画展，兴许会住在杰弗里那儿。倒是宁愿一个人住在哈灵顿路，可我囊中羞涩，其状戚戚。[4]也不指望自己能多住上几天，久住遭人嫌啊，恐怕会冒犯本来无意冒犯的人。

复活节时利文撒尔过来了，还有阿伦森，还有哈里·约翰逊[5][……]可算不用住宾馆了，这里又亮堂又通风（7楼，电梯全天运行）。

弗兰克生病了，这会儿已经好了。老妈郁郁寡欢。

请尽快回信。

　　敬上

　　　　　　　　　　　　　　　　　　　　萨姆

ALS；3张，3面；印制信头：巴黎皇家路25号皇家酒店；TCD，MS 10402/160。日期判定：参见地址。

1. 快马街6号靠近沃日拉尔地铁站，离沃日拉尔路不远。

2. 布莱恩·科菲。
贝克特的法语诗没有一首刊登在《舱位》或《意志》上。

3. 乔治·佩洛尔松和妻子玛塞勒。《卡利古拉》：参见1938年4月3日的信，注9。

4. 最初，贝克特本打算到伦敦后住在杰弗里·汤普森和厄休拉·汤普森家里，但4月28日他写信告知雷维，说自己多半会去哈灵顿路，住在麦格里维的房间里（TxU）。

5. 哈里·约翰逊可能指亨利·约翰·约翰逊（生卒年不详）。他自1931年在都柏林圣三一学院担任外聘审计员，1940年获得该校荣誉硕士学位；还曾担任爱尔兰银行的收银主管（约翰·卢斯，1993年8月31日，1993年11月12日）。

阿兰·厄谢尔

1938年5月12日　　　　　　　　　　　　　　　　　　巴黎15区

　　　　　　　　　　　　　　　　　　　　　　　　　快马街6号

658

亲爱的阿兰：

谢谢来信和手稿，我爱不释手。长吊线和吊袜带是很久以来我见过的最佳意象，比埃里奥笔下"过季的浪漫主义维生素"更胜一筹。把文章交给了我的代理商，但即使形而上的政治考量完全符合他的路线，也不敢奢望他能刊登出来。[1]

刚从伦敦回来，在那儿待了一周，参加荷兰裔巴黎友人赫尔·范费尔德的开幕式，即其手工绘图的展览。[2] 出席开幕式的有柯尼希太太，她说自己在柏林的时候，有段时间把最充沛的精力都花在解读我寄给您的明信片上了。[3] 当天傍晚在皇家咖啡馆撞见了莫里森，他刚在圣三一学院联合会[1]吃过晚饭，瞅准空当来冒个绿泡。第二天又碰见他在海姆斯牡蛎天堂吃中饭，他刚与人合作，成功地给同事的妻子做了绝育手术才过来。他引用了自己还在创作的一部作品的开篇，那部作品算得上英雄双行诗体的《摩西五经》，不过在哪种意义上都恣意散漫，在语调上更是鲜明的反犹太主义。这无疑是为了逗在场的阿伦森和沃伊特一乐。他拿不准手里的白兰地要就着哪种三明治来喝，女服务员就问他难道不爱吃"萨尔蒙"[2]吗，他答道："不，格卢克斯坦也不喜欢。"他认为Erse这个词是乔叟造的，还声称据耶和华手里唯一可见的那些章节来看，摩西得到的《十诫》就是用这种语言写成的，这就是障碍。如此云云。[4] 有个布朗先生，应该是苏格兰小说家希尔顿·布朗，他早早就离开了。[5] 我也是。沃伊特留了下来，这样就可以喝上几口，增长阅历。我觉得这位老哥讨人喜欢，而且过了一两个晚上，当他突发善心，把我谦卑又磕巴的见解融入一段广播演讲中时，就更觉得如此了。在对我而言精彩绝伦的那段演讲中，他引用了《午夜法庭》的开篇。[6]

还撞见了哈里·辛克莱，他和诺曼·雷丁在一起，那位英国律师是

---

[1] 指"圣三一学院伦敦校友联合会"。

[2] 原文"salmon"意为"三文鱼"，但也可指餐饮公司创始人之一的"萨尔蒙"。

英国以色列人的支持者。茜茜一家预计过一周左右就抵达伦敦了。他们在开普敦遇见了弗莱克，看来他在那儿小有成就。[7]

复活节那会儿，康在巴黎，阿伦森也在。康正被提名为新任教务长。这么多地方他偏偏希望把我论丞侯爵［圣侯爵］的文章收入《蝶属》中，还有，麦卡锡小姐忽然间开始翻译上面刊发的斯特凡·乔治［乔治］的诗了。[8]

跟沃伊特说起了您的几篇文章，他迫不及待地要拜读。干吗不把别的文章寄给他呢？当然了，我可以穿梭一下，请雷维把手头的文章转投给他。[9]

啥都不读，也啥都不写，除非是康德（de nobis ipsis silemus）和法国的阿纳克里翁派诗歌。[10]

Ew. Wohlgeb.

     ergebenster Diener [11]

                      s/ 萨姆

TLS；1 张，1 面；铅笔署名；TxU。

1. 阿兰·厄谢尔把文章《阴影时代》的手稿寄给了贝克特，文中探讨了从 18 世纪向 20 世纪过渡的情形：

    18 世纪时，古老的静态社会已经把将自身悬挂在天堂之门下方的线一根接一根地崩断了，直到最后只剩一丝线吊着；如今，最后一根线啪地绷断了……接着发生了第一次碰撞——世界大战；自那时起，我们就变得有点儿畏首畏尾，有点儿心惊胆战。可是大多数人都醉心于速度，只有少数人试图给狂奔的世界赋予某种主观的绝对性——**美好，抑或有用**（这就如同期望拉住自己的吊袜带来阻止坠落）。（阿兰·厄谢尔，《三篇文章》，《19 世纪及之后》第 124 卷第 742 期［1938 年 12 月］，第 736—737 页）。

贝克特将厄谢尔的意象与法国政治家、作家爱德华·埃里奥（1872—1957）笔下的意象进行了比较；后者曾就读于巴黎高等师范学校。短语"过季的浪漫主义维生素"出处不明。贝克特把厄谢尔的文章转交给了乔治·雷维。

2. 赫尔·范费尔德在古根海姆·热纳画廊举办的画展；贝克特所说"手工绘图"的意思不得而知。

3. 柯尼希太太与厄谢尔在柏林相识，但其身份还无从考证。

4. 爱德华·莫里森（1897—1968）是一名内科医生，曾在都柏林圣三一学院求学，此时正在伦敦行医；在 1939 年 1 月 7 日写给厄谢尔的信中，他谴责厄谢尔在爱尔兰安置犹太难民的想法，从而清楚地表达了自己的反犹主义态度（TCD, MS 9037/2597）。

海姆斯酒吧位于伦敦索霍区麦克莱斯菲尔德街 11 号，墙上挂有牡蛎壳，为特色菜品赚取人气。

说莫里森写有一本《摩西五经》，这是贝克特的虚构。

拉扎勒斯·阿伦森，犹太人。

弗雷德里克·奥古斯都·沃伊特（1892—1957），1936 年至 1946 年间《19 世纪及之后》的主编，英国广播公司常任评论员。在《献给恺撒：论现代欧洲的政治倾向》（1938）一书中，沃伊特详细阐述了自己的反纳粹立场。

约·里昂公司是伦敦的一家餐饮公司，由萨尔蒙（Salmon）和格卢克斯坦（Gluckstein）两个家族创立（伊萨多·格卢克斯坦，1851—1920；蒙塔古·格卢克斯坦，1854—1922；巴尼·萨尔蒙，1829—1897；阿尔弗雷德·萨尔蒙，1868—1928）；他们与约瑟夫·里昂（1847—1917）合作，并采用后者的名字给公司命名。

听到"Erse"（爱尔兰语）这个词，莫里森立刻联想到杰弗里·乔叟使用的"arse"（屁股；傻瓜）的拼法。

5. 苏格兰小说家查尔斯·希尔顿·布朗（1890—1961），其短篇小说经常由英国广播公司播出。

6. 弗雷德里克·沃伊特于 1938 年 5 月 9 日在英国广播公司就"世界事务"发表讲话，即"罗马讲话"。这是他于 5 月 5 日同贝克特见面后的第一场讲话，其中到底从贝克特的聊天中吸收了什么内容不得而知，也根本没引用布莱恩·梅里亚姆（约 1745—1805）用盖尔语创作的喜剧诗。当天傍晚，沃伊特肯定声情并茂地朗诵了《午夜法庭》（1780）的开篇，因为那不是他广播讲话的内容。

7. 杰拉德·诺曼·雷丁（1896—1942）律师、剧作家，活跃于都柏林的爱尔兰剧院，是大门剧院的创始董事。

茜茜·辛克莱正带着两个小女儿从南非经伦敦回都柏林。德国艺术家奥托·尤利乌斯·卡尔·弗莱克（1902—1960）曾在卡塞尔学院就读，拜在埃瓦尔德·杜尔贝格门下，辛克莱一家住在卡塞尔时与之相识；后来，他在开普敦和约翰内斯堡的数个重要收藏馆担任艺术品修复师，自己的作品于1938年在约翰内斯堡展出。

8. 没有证据表明当时利文撒尔是都柏林圣三一学院教务长的候选人，不过，他正在圣三一学院《蝶属》杂志的编辑部工作。

以贝克特对萨德的兴趣，这一点可能确有其事；但《蝶属》并未发表贝克特的文章。萨德侯爵有时也称"圣侯爵"，只是蹊跷的是，此处贝克特用了阴性形式。

艾思娜·麦卡锡将斯特凡·乔治的一首德语无题诗译成英语，发表在以《译诗》为题的那组诗中，该诗开篇写道，"我们在山毛榉树下巡逻……"（《蝶属》，第51期［1938年5月］，第152—153页）。

9. 后来，沃伊特在《十九世纪及之后》中发表了厄谢尔的3篇文章（参见上文注1）。

10. 贝克特那套《康德全集》：参见1938年1月5日的信，注13。"de nobis ipsis silemus"（拉丁语，"对于自己，我们沉默不言"）。贝克特引用了康德《纯粹理性批判》题头的这句话（伊曼努尔·康德，《康德著作全集》，第3卷，《纯粹理性批判》，艾伯特·格兰编［柏林：布鲁诺·卡西尔出版社，1922］［未分页］）。

11. "Ew. Wohlgeb."（［Ehrwürden Wohlgeboren］德语，"最尊贵的先生"），"ergebenster Diener"（德语，"最卑微的仆人"）。

伦敦
托马斯·麦格里维

［1938年］5月26日   巴黎15区

快马街6号

亲爱的汤姆：

之前没写信，见谅。天天都是人！人！人！害得我都纳闷自己到底发生了什么糗事，竟至于再也不得安宁了。佩吉跑过来，要把跟范费尔德签合同的事儿跟我叨叨，叨个没完。接着他也跑来了，还带着账目。

662

您知道，对这码子事儿我有多大的兴趣。我把您对她与雷维之间的龃龉的看法告诉了佩吉。对这事儿她好像冷静下来了。范费尔德似乎没有认识到佩吉对他的付出，而且听完当事双方的陈述后，我得说，这哥们儿算得上是贪得无厌了。他太天真了，竟以为自己在伦敦的市场价值如今已相当可观了，还以为梅森和兹温伯这样的人对他的绘画真有兴趣呢。我理解，他想得到经费保障，好闭门创作一年，可是催要250基尼而非250镑，这种小家子气跟他其他方面那是一点儿都不搭。总之，整件事儿我是受够了。[1]

从弗兰克的来信里得知老妈的消息，感觉心惊肉跳。似乎她是在床上就着烛光看书（想到她回头用蜡烛，真是令人心有余悸，个中缘由我不得而知，可能30年前她就是这样躺床上看书的吧），看着看着睡着了，醒来时发现床单着火了。那火她是扑灭了，可双手好像严重烧伤。当然了，她瞒着我。我心里愧疚，常常黯然泪下。我猜，这就是没有在分析中散去的那一部分吧。[1]

过5个星期嫂子让就要生产了。[2] 弗兰克兴高采烈地写信来，说起躺在阳光普照的花园里，四周簇拥着甜甜的豌豆和蔷薇。幸福的青年啊！

说实话，根本没见到布莱恩。上一次，就是大约一周前，我跟他约好了在圆环咖啡馆碰面，却没想在圆顶酒馆看到他与麦克卡蒙［麦卡蒙］等一帮人在一块儿，神情兴奋地说个没完。终于等身边没人的时候，他告诉我说，他发现那些人"至关重要"，激情与智力的融合"至关重要"，而当我说一丁点儿激情或者智力的痕迹都没看到时，他显得有些不悦。周二他南下去什弗留兹山谷，准备住在麦卡蒙那儿。看他朝着那方向发展，我很惋惜。他的对话正沦为17岁的人才会说的那种东

---

[1]　两年前贝克特结束了在伦敦的精神分析治疗。在"分析"中，他说出了对母亲的极度厌恶。但自从母亲赶赴巴黎照看住院的他以来，母子关系就逐步恢复正常了。"那一部分"指长期被压抑的"恋母情节"。

663

西——2年后要是小爷我还活着，就加入外国军团，云云。对方怎么回答的我倒忘了。[3]

根本没见到邓肯夫妇，也从不去花神或泽耶。我想得请他们喝茶。[4]昨天海伦、乔治和佩吉过来看了看地方，我们在谢弗庄园吃了晚饭，然后就出去了。一周多没见到他们父母了，上次见到还是在海伦召集的聚会上，来的除了那群常客就只有尼诺·弗兰克，他滔滔不绝地朗读了《安娜·利维娅》的意大利语译文。接下来老歌陈曲唱个遍，照旧迷迷糊糊。Quel ennui. 海伦和乔治没怎么提到您。昨天晚上，他带着酒后的忧郁，回顾了1928到1929年的时光，那时你们时不时就去于斯漫斯［于斯曼斯］街。[5]

隔壁开始放收音机了，吵得人心烦。一起床就打开，出门才关掉，而且一进门就又打开。有天早上，7点钟就把我吵醒了。只能忍着了。

身心疲惫，一直觉得哪儿有点不对劲儿。没什么顾虑，却让人心灰意冷。没有写成像样的东西，只有一首法语长诗，恐怕您不会喜欢。[6]伽利玛拒绝了《莫菲》。[7]

读了萨特的《恶心》，觉得精彩至极。[8]不过您不会这么觉得。

真的很享受我们在一起的午后时光，现在都还经常想起萨里巴和图卢兹-洛特雷克[9]。一个人的时候，我可没有劲头去这些地方逛逛。

大约两周前给佩洛尔松写了信，要求推迟约定，并请他再随便定个日子。此后就杳无音信了，只收到《意志》第5期，无耻之尤，更甚以往。[10]

神佑吾兄。假如您要来巴黎，而且吕尔萨夫妇也不见怪，那就请记着，我这里也房门大开。[11]

向赫斯特和迪丽问好。[12]

　　谨上

　　　　　　　　　　　　　　　　　　　　　　萨姆

ALS；4张，4面；左页边被撕；"1938年"为亲笔添加；TCD，MS 10402/162。
日期判定：据弗兰克·贝克特女儿卡罗琳的出生日——1938年6月26日。

1. 出于跟贝克特的关系，古根海姆同意展出赫尔·范费尔德的作品。参展作品成交较多，多半是由于她慷慨大方；其"画作被佩吉用多个化名全部买下了"。（韦尔德，《佩吉》，第161页）。

雷维与佩吉·古根海姆之间的龃龉无书面记载。

爱德华·莱昂·泰奥多尔·梅森（1903—1971），比利时艺术家、作家、美术馆馆长，于1938年至1940年担任科克街28号伦敦美术馆馆长；是1936年伦敦超现实主义画展的组织者之一，还担任《伦敦简报》主编（1938—1940）。荷兰裔艺术经销商安东·兹温伯（1892—1979）是兹温伯美术书店兼画廊的拥有人。该店兼画廊成了"画家、诗人、小说家们聚会的地方"（杰弗里·格里森，《安东·兹温伯：70寿辰之际部分友人的祝福》[伦敦：私人印发，1962]，第7—8页；重印，杰弗里·格里森，《回忆录：作家、艺术家等的往事》[伦敦：查托-温德斯出版社/霍加斯出版社，1984]，第39页）。

赫尔·范费尔德希望佩吉用基尼而非镑来支付展出费，这意味着会有250先令的差价；也许佩吉的画廊是以基尼给其画作标价的，这样就造成了误解。那时拍卖会的习惯做法是，竞标人用基尼付款，卖家则用镑收款（中间的差价由拍卖商或经销商持有）。

2. 吉恩·贝克特和弗兰克·贝克特的女儿卡罗琳于1938年6月26日出生。

3. 圆环咖啡馆与同名剧院（现位于富兰克林·罗斯福大道）是相连的。也许贝克特是指蒙帕纳斯大道105号的园亭咖啡馆，街对面正好是位于蒙帕纳斯大道102号的圆顶酒吧。

罗伯特·麦卡蒙的同伴尚未确认身份；那时麦卡蒙住在什弗留兹山谷的当皮耶尔，该地当时属塞纳瓦兹省管辖，1974年起划归伊夫林省。

4. 艾伦·邓肯和贝琳达·邓肯目睹了贝克特离开泽耶咖啡馆时被人捅伤的过程。他们也是花神咖啡馆的常客。

5. 海伦·乔伊斯和乔治·乔伊斯跟佩吉·古根海姆一起去看了贝克特新租的公寓。乔伊斯一家住在谢弗庄园。

尼诺·弗兰克和乔伊斯已将《芬尼根守灵夜》中的《安娜·利维娅·普鲁拉贝尔》译成了意大利语，而贝克特和佩隆也已完成了法译初稿。

"Quel ennui"（法语，"真是烦人"）。

乔治·乔伊斯先前住在于斯曼街街的一套公寓里。

6. 贝克特是指《诗38—39》中的哪一首，或是指另一首未出版的诗，这一点不得而知。

7. 贝克特是从他处得知伽利玛出版社拒绝《莫菲》的消息的：1938 年 5 月 9 日劳特利奇出版社致信乔治·雷维，说伽利玛已通过劳特利奇伦敦分社向贝克特递交信函，该信函于 1938 年 5 月 9 日收到，被人误拆，然后就转寄给了乔治·雷维（UoR，劳特利奇 1733）。伽利玛的退稿信尚未找到，贝克特是否见过也不得而知。

8.《恶心》（1938），作者让·保罗·萨特（1905—1980）。

9. 贝克特也许是指自己在伦敦参加赫尔·范费尔德画展开幕式那段时间（1938 年 5 月初）跟麦格里维聊起的话题。

1938 年 1 月 19 日到 2 月 10 日，伦敦的诺德勒美术馆从阿尔比博物馆租借油画和炭画，举办了图卢兹-洛特雷克租借画展；在《画室》第 115 卷第 541 期（1938 年 4 月）第 223 页的《画展简论》一文中，麦格里维对该画展进行了评述。尽管麦格里维是否已到了巴黎不得而知，但就柯洛租借给图卢兹-洛特雷克的法国绘画举办的画展（取名"法国画在瑞士"），于 1938 年 5 月 18 日在《美术报》报社的画廊开展了。

麦格里维对西西里画家安东尼奥·德·萨里巴(约 1466—约 1535)和彼得罗·德·萨里巴（1497—1530）的兴趣无文献记载。这两兄弟是其舅舅安东内洛·达·梅西纳画坊的成员，常常临摹舅舅的作品（焦阿基诺·巴伯拉，《安东内洛·达·梅西纳的生平与画作》，见《安东内洛·达·梅西纳：西西里文艺复兴中的大师》，焦阿基诺·巴伯拉编［纽约：大都会艺术博物馆，2006］，第 30 页）。彼得罗·德·萨里巴只有少数作品见于文献，其中一幅是《基督在柱子旁》（布达佩斯，国立美术馆，1156）；该画是安东内洛·达·梅西纳画作的摹本，现存于卢浮宫（R.F. 1992–10）。

10.《意志》第 5 期（1938 年 5 月）刊载的作品有：皮埃尔·盖冈的《临时》，保罗·伊博斯的《筛子》，欧仁·约拉斯的《电传打字机》，亨利·米勒的《宇宙的眼睛》，乔治·佩洛尔松的《戏剧与道德》，雷蒙·格诺的《让·科斯特与诗意体验》和《佩桑去城里》，卡米耶·舒韦的《无法写成之诗的主题》，以及马德林·维奥莱医生的《光与健康：梅尼孟丹儿童保健院》。

11. 麦格里维到巴黎时经常住在朋友让·吕尔萨家里。

12. 赫斯特·道登和朋友杰拉尔丁·卡明斯（迪丽）。

伦敦

托马斯·麦格里维

1938 年 6 月 15 日

巴黎 15 区

快马街 6 号

亲爱的汤姆：

感谢您寄来的信件和《问讯者》。[1]

我这儿没啥可提。阿伦森带着女孩从第戎回来时途经这里，他说第戎有康拉德·维茨的作品。没去那家美术馆看看，总是觉得后悔，其实那时是有机会的，可我和弗兰克在一块儿，他拒绝再次从图卢兹前往阿尔比！跟他们在圣拉扎尔附近吃了饭。他对无线报·詹宁斯［詹金斯］轻浮的空谈感到目瞪口呆，后者在上一期《简报》发表的文章遵循了最佳传统主义的传统。[2]

我的书寄到了，三大箱。过了个无聊透顶的下午，尽在巴蒂诺勒车站办理通关手续了。[3] 没有关税。目前还没有书架摆上这些书。找个木匠算了算，估价高得连把这份活儿交给他的想法我都不敢有，还是得自个儿动手，捣腾个什么玩意儿出来。

佩吉·古根海姆开车到了这儿，可我一直没见着她。说到这儿，也没见着范费尔德夫妇。也没见着乔伊斯夫妇。上次跟那对老夫妻共进晚餐的时候，就是大约两周前，他们家里来了一个讨厌的瑞士女人，是苏黎世富凯饭店的业主，还有她儿子。Il y a des limites. [4]

［……］

有阵子没见过布莱恩了，上周一终于跟他共进晚餐。他转攻水粉画了，这方面他好像有些天赋。他收到了丹尼斯寄来的一封热情洋溢的信。下周五，他准备在美国人的一间公寓举办鸡尾酒会；我想办法推托，不过，恐怕最后还是得去。月底他就要离开这儿了。[5]

去让娜·布歇［的］美术馆看了奥托·弗罗因德利希作品展。订购清单已打开，准备买一幅画交给网球场美术馆。看到洛吉耶和吕尔萨都预订了。刚提到的那幅画很精致，无疑是画展中最出类拔萃的。美术馆前面的小花园里还有一尊十分漂亮的雕塑。两三个月前曾遇见过一次，觉得他真是心有灵犀。[6]给老妈写了信，提出准备七月中旬回来看看，住到八月中旬，这个时间于她也方便。她已把库尔德里纳预租给外人了，租期自九月初起，共4个月；我猜，那段时间她会在灰岩港的小房子里度过。[7]回大陆的时候，我会带上单车，坐船去圣马洛，然后骑着车横穿半岛和卢瓦尔河，到佩隆正在度假的圣布莱文去。[8]正如您能想到的那样，我并不急着回爱尔兰，但是只要老妈尚在，就每年都要回去。

住在这儿依然舒舒坦坦，只是有时候有噪声——毛孩子和收音机的声音——扰人心绪。

附上最新的几首法语诗。待写了足够的诗，我就拿去找艾吕雅。[9]

没收到杰弗里一个字儿。表妹希拉从不写信来，对先前我没有抽空去看她有些恼火。[10]我跟她说，我打了电话，可是没打通！八月份她也会回爱尔兰，带着女儿们一块儿去。

此致

萨姆

上升[1]

穿越薄薄的隔板

那一天一个

---

[1] 这3首诗用法语写成，除《上升》最后一节因与后来成书的版本不同而由本书译者自译以外，其余译文均出自萨缪尔·贝克特《诗集》第115—118页。

随心所欲的浪子
回到家里
我听到噪音
它很激动它评论
足球世界杯

始终太年轻

同时透过大开的窗户
空气中一切在奔跑
悄悄地
忠诚者的人潮
她的血大量地喷涌
在床单上在香豌豆上在她的男人身上
他用他令人恶心的手指头闭上了眼皮
在大大的惊恐的绿眼睛上

她轻盈地闲逛
在我空气的坟墓上

他常常跟我一样
得到一只鸽子

苍蝇

在舞台和我之间

窗玻璃

空空荡荡除了它

肚子贴地

紧绷绷地裹在它黑色的肠子中

触角乱晃翅膀相连

爪子成钩嘴巴吸着空无

劈斩蓝天撞击看不见的物

在我无力的拇指底下它使

大海和宁静的天空倾翻

祈祷

漠然的音乐

寂静的心时间空气烈火沙子

爱情的流动

掩盖了它们的声音而我

我再也不愿意

缄口不语

ALS；2 张，5 面；TCD，MS 10402/163。注：虽然《上升》《苍蝇》《祈祷》这 3 首诗夹在 MS 10402/155 当中，但不可能是原来就附在 155 号信封中的，因为上面的折痕与信件的不一致。不过，附件左页边的折痕和火烧 / 水渍损毁处却与现存 MS 10402/163 上的痕迹一致。）

1. 麦格里维的来信及附件尚未找到。

2. 拉扎勒斯·阿伦森的同伴是多萝茜·卢因（生卒年不详），即他后来的第二任妻子。

第戎的波尔多市立美术馆收藏的康拉德·维茨画作《救赎镜祭坛画》是一联双面画（见1937年3月26日的信，注5）：《奥古斯都皇帝与提布尔的女巫》（D 161 A）和《圣奥古斯丁》（D 161 B）。

1931年，贝克特与哥哥从法国南部回巴黎的途中，曾在第戎歇脚；当年八月的第一周，他写信给麦格里维道："我们经迪涅、格勒诺布尔、阿讷西、第戎和特鲁瓦，不急不忙地回巴黎。"（1931年8月2日—1931年8月8日之间，TCD，MS 10402/12）贝克特提到位于图卢兹东北47英里处的阿尔比，就此判断，此时弗兰克·贝克特已无心按贝克特追逐艺术的路线继续旅行。

贝克特把月刊《赫伯特·詹金斯无线报》［伦敦］的名称与汉弗莱·詹宁斯的名字混在了一起。后者在文章《铁骑》中声称，"'抽象派'画家把自己或者画中的人物认作是机器"；他下结论说："创造伪机器的意旨不是为了利用机器，而是为了'亵渎''艺术'，这种亵渎与工程师对地球上原始'圣地'的亵渎可以一比。"（《伦敦简报》第3期［1938年6月］，第22、27—28页）

3. 巴蒂诺勒车站位于巴黎17区的罗马路和卡迪内特街，紧挨货物接受通关检查的货运站。

4. 佩吉·古根海姆、赫尔·范费尔德与丽索·范费尔德、詹姆斯与诺拉·乔伊斯。从苏黎世来乔伊斯家共进晚餐的客人尚不知身份。

"Il y a des limites"（法语，"有拘束"）。

5. 正如科菲给格威内思·雷维写信所说，他的朋友（后来成了他的妻子）布里奇特·罗莎琳德·贝恩斯（1914—1996）是个面料设计师，她"告诉我如何画水粉画，于是我画了一幅，而且让人惊讶的是，那幅画现在还挂在她的房间里呢"。（1938年5月27日，TxU）

丹尼斯·德夫林致布莱恩·科菲的信尚未找到。1938年5月27日给乔治·雷维写信时，科菲提到打算于6月8日为自己的生日举办"鸡尾酒会"，还计划于7月前往伦敦（TxU）。

6. 为纪念德国艺术家奥托·弗罗因德利希*（1878—1943）六十寿辰，让娜·布歇－米尔波尔美术馆（当时位于巴黎6区蒙帕纳斯大道3幢9号）从1938年6月17日起举办弗罗因德利希作品回顾展。订购的画作是弗罗因德利希1935年创作的《为致敬有色人种所作预备漫画》（蓬皮杜现代艺术中心，AM 1353D；基于该画创作的马赛克三联画《致敬有色人种》［1938］现存于蓬图瓦兹博物馆，DF 1968.1.41/42/43）（格哈德·莱斯特纳和索斯腾·罗迪克，《奥托·弗罗因德利希：抽象艺术的编织者》［雷根斯堡：奥特德斯彻美术馆，1994］，第227页；克里斯朵夫·杜韦维尔，2006年8月18日）。花园中矗立的雕像是《上升》（1929年，蓬皮杜 AM 1982—

671

124）。

7. 灰岩镇：参见1938年4月3日的信，注12。

8. 圣马洛位于布列塔尼北部海岸。阿尔弗雷德·佩隆和家人在位于卢瓦尔河入海口的圣布莱文。

9. 随信所附的短诗《上升》《苍蝇》《祈祷》后收入诗集，发表在《诗38—39》中（有改动），见《现代》，第288—293页；再版于萨缪尔·贝克特，《法语诗》（巴黎：午夜出版社，1978），第10—12页。

贝克特替《此季》翻译过保罗·艾吕雅的诗歌；许多译诗再版于雷维编选的艾吕雅诗选《雷霆的荆棘》。艾吕雅的作品常见于各种文学期刊，如《测量》《新法兰西杂志》《沙坑》《米诺陶》《转变》《谚语》《人道报》（维奥莱纳·瓦诺依克，《保罗·艾吕雅：自由的诗人》［巴黎：朱利亚出版社，1995］，第400—401页）。

10. 杰弗里·汤普森，5月初跟贝克特在伦敦见过面；希拉·佩奇，贝克特的表妹，住在萨里。

伦敦
乔治·雷维

1938年6月20日   巴黎15区
                                                     快马街6号

尊敬的乔治夫妇：

谢谢来信和赫尔碰巧刚付给我的50法郎。这笔钱依旧来得及时。[1]

请给我预订3本平装《第三人》。过几天会给您寄一张支票。[2]

同赫尔、丽索和佩吉去了沙特尔，旅程很愉快。[3]

这里一切安好，除了没干正经活儿。只新创作了几首法语诗。待新写的诗够数了，就想着寄给艾吕雅。自伽利玛拒绝以来，还没将《莫菲》投寄他处。

纽约有家朗文-格林出版公司，其编辑部有个叫朱莉·雷曼的小姐来了这儿。我并未见到她，不过看情况，美国图书馆的里德小姐就《徒劳》和《莫菲》跟她说了许多，所以朱莉留下口信，请我寄书给她，这事儿已经照办。倒不是我记得《莫菲》是否已经被她那家公司拒绝过了。[4]

没有萨德的新消息。[5]

大约两周前，艾伦·邓肯体内大出血——不过，看来不是肺出血。[6]他在美国医院拍了 X 光片，上次我去看他时，还没拿到结果。这期间，他可以起床走动，还跟往常一样浑身大汗。

打算下个月中旬回都柏林去看望老妈，多半会待一个月。然后可能会骑着自行车横穿半岛前往圣马洛，在布列塔尼跟佩隆待上一周左右。您九月份南下之前会来这儿吗？但愿如此。

要是您觉得这儿离蒙帕纳斯还不是太远，而且也不在乎没有电话的不便，那我希望您会来与我同住。[7]

向格威内思问好。

　　谨上

　　　　　　　　　　　　　　萨姆

《转变》刊载的拙诗也出了大问题。谈邓尼斯［丹尼斯］的那篇文章也有问题。[8]

ALS；1 页（折叠），3 面；附件，《第三人》订购单；TxU。

1. 雷维写给贝克特的信尚未找到。

2. 布莱恩·科菲，《第三人》，"欧罗巴诗人"丛书第 7 卷（伦敦：欧罗巴出版社，1938）。贝克特附上的科菲诗集订单，标注日期为 1938 年 6 月 21 日。

3. 赫尔·范费尔德与丽索·范费尔德、佩吉·古根海姆以及贝克特连夜驾车前往沙特尔，去看月光下的大教堂（参见诺尔森，《盛名之累》，第 264、674 页）。

4. 朱莉·雷曼（生卒年不详）就职于纽约的朗文－格林出版公司。之前《莫菲》并未投寄给该公司。

多萝西·里德（生卒年不详）自 1929 年起就职于巴黎的美国图书馆，1937 年至 1941 年 5 月担任该馆馆长一职；布莱恩·科菲向乔治·雷维提到，在给自己的书寻找销路方面，她可出了些主意：

> 雷德小姐说，我应该给所有小型米国［原文如此］图书馆寄送订书单，还答应给我一份这类图书馆的名单［……］一看到这本书面世，雷维小姐本人也会订购许多册。她读了我的手稿，爱不释手。不过，她想先把赠书收入图书馆，而且假如您乐意寄送的话，欧罗巴的其他任何图书她也会收入该馆。换言之，比方说（假如您不认识她的话，那就）让我把您推出的图书转交给她，我会请她把书摆在书架上。（参见 1938 年 6 月 23 日的信，TxU）

5. 贝克特临时接受了杰克·卡哈内请他翻译萨德《所多玛 120 天》的建议，但此后再未收到卡哈内的只言片语（参见 1938 年 3 月 8 日的信，注 3）。

6. 艾伦·邓肯在一战中遭到了毒气袭击。

7. 贝克特指自己在快马街 6 号新租的公寓。

8. 贝克特指《现钱》。该诗原题《漂白》（参见［1937 年 8 月］14 日写给茜茜·辛克莱的信和 1937 年 8 月 14 日写给托马斯·麦格里维的信），发表于《转变》第 27 期（1938 年 4—5 月）第 33 页。

贝克特的书评《丹尼斯·德夫林》尚未找到手稿，无法与《转变》上发表的版本进行比对。

伦敦
托马斯·麦格里维

周四［1938 年 8 月 4 日］　　　　　　　　　　［都柏林郡 福克斯罗克］

　　　　　　　　　　　　　　　　　　　　　　库尔德里纳

亲爱的汤姆：

　　收到来信，万分感谢。好像很久没给您写信了。

在巴黎时妥妥地收到了您留下的口信，可那时离您乘坐的火车驶出车站只有大约 15 分钟了。很高兴您在南下的过程中度过了一段活力满满的时光，愿您正享受这场变化带来的益处。[1]

发觉这儿一如往常。老妈十分焦虑，但不比往常更紧张。她把库尔德里纳出租了，租期 9 月到 12 月，因此这 4 个月会在灰岩镇的那幢小房子里度过。以后，要是觉得对库尔德里纳没有那么怀念了，那她多半会把故宅卖掉。

弗兰克、嫂子和宝宝全都平安。上周，我和他们在南多尼戈尔（大西洋岸边一个叫罗斯堡的地方）一起渡过［度过］周末，散散步，游游泳，好不惬意。[2] 产后嫂子一身赘肉，又不亲自喂宝宝，这样于恢复正常无益。

布莱恩过来了，今天刚跟他通过电话。他宣布说，自己会在爱尔兰待上俩月——"干点正事儿"。临阵磨刀。明天会在贝里［贝利］跟他一起吃午饭。[3]

今天下午拜访叶芝夫妇，跟两人都见了面。叶芝新创作了一幅精美绝伦的画——《海伦》，主角下令千帆竞发，有个跪着的人物画得十分精妙，让我即刻联想起巴萨诺，倒不是说这个人物与巴萨诺笔下的任何一个有多像，而是因为同样出类拔萃的柔和与处理的卓越。天空、海洋和船只画得真是绝妙，德拉克洛瓦加上物质、深度和一种不只是信念，不只是自信的勇气，绝对宛若天成，绝无修饰。我真是忽然间醍醐灌顶。[4] 他急着在英格兰办画展，当我提起古根海姆画廊时，他顿生兴趣。说起您的文章，他非常热情，称之为独立自主的美学论文，无需他费舌多加证明的雄辩。听说劳特利奇没有接受您的大作，感到遗憾。[5] 一起出门去买晚报时，他在台阶上跟我告别，说道："距我第一次和你一起走出这幢房子去买晚报，肯定有六七年之久了，而六七年对我应该意义重大，但是似乎并不如此，而且这无关紧要。"

准备过两三周就回巴黎的蜗居。一开始是想带上自行车，坐船从南安普顿去圣马洛，到布列塔尼和佩隆会合，可是到时候怕是既没那笔钱，也没那份精力。甚至连张回伦敦的返程票都没有。总之，回巴黎的路上会在伦敦歇上两三天。[6]

几个月来似乎没读过书，只读了拉鲁斯删节版的维尼《日记》，让人厌倦的篇什，还有《项狄传》，质量上乘却还是让人恼火的读物。又想起了约翰逊博士，希望回到巴黎时能安下心来，把这部戏写完。好像谢默斯·奥沙利文正同戈加蒂合作，一起编撰哥德史密斯的传记。[7]

茜茜带着家人回来了。她的心情比出发时更糟。桑尼显得气色不错，正满腹牢骚地为"小考"努力复习。[8]［……］

回归……无拘无束的生活，我会乐意为之。辛克莱不在这儿，而且这个案子目前还没带来任何影响，不过原来的毒素还在，旧日的土壤依旧。[9]

玛丽·曼宁在这儿度假，变得沉闷又稀贵了，想来就像斯特里特姆那只博学的"天鹅"，带了一本名为《维纳斯山》的小说，即将于秋季由霍顿·米夫林出版。[10]所有的旧人和所有的故地，都让我觉着仿佛自己就是一只两栖动物，被牢牢地困在了旱地上，极度干旱的地方。

今天老妈从马术展回来，给我带了一本阿比剧院戏剧节的小册子，序言由伦诺克斯·鲁和拉斐特撰写，把从 W. B. 到 A. E. 马龙等所有大腕儿都介绍了个遍。换言之，这些是否就永远是正确的限制条款呢？我很难相信有比 A. E. 马龙更低劣的人了。公布了系列巡回活动和讲座，博因河流域还有希金斯谈叶芝，等等。[11]

回国的途中同杰弗里和厄休拉共进了午餐。这位老兄早上 8 点上班，一直干到晚上 10 点，中间只有短暂的间歇可以狼吞虎咽几口，可还得哭穷。他和拜昂一起上钢琴课。[12]

听到雷文妹妹的消息，感到非常遗憾。向他带好，向赫斯特和迪丽问好。[13]

上帝保佑

谨上

萨姆

ALS；2页6面；TCD MS 10402/166。日期判定：亲笔署明日期为"1938年8月5日"，但周四为1938年8月4日。在1938年8月5日致乔治·雷维的信中，贝克特写道，他"今天要和布莱恩共进晚餐"，前天见到了杰克［·叶芝］，希望下周三能前往阿比剧院观看叶芝《炼狱》的首晚演出（TxU）。《炼狱》于1938年8月10日（周三）开演；阿比戏剧节的活动安排中列出了1938年8月7日前往博因河流域开展外演一项；马术展于1938年8月2日至6日举行。

1. 先前贝克特计划于7月19日从巴黎出发，经停伦敦回都柏林；在贝克特动身前，麦格里维可能已经途经巴黎了（参见1938年7月13日贝克特致麦格里维的信，TCD，MS 10402/164）。1938年7月20日，麦格里维从瓦尔省的卡瓦利尔给乔治·雷维寄了明信片（TxU）。

2. S.贝克特陪着弗兰克·贝克特和吉恩·贝克特（二人的女儿卡罗琳于1938年6月26日降生），在多尼戈尔郡达罗斯湾的胜地罗斯堡共度周末。

3. 十月在伦敦办婚礼之前，布莱恩·科菲先在爱尔兰度过了8月、9月；在1938年8月2日写给乔治·雷维的信中，他提出了在赞助人和书商中推广自己那部作品的计划（TxU）。贝利：参见1938年2月21日的信，注8。

4. 杰克·叶芝与妻子科蒂。在叶芝的画作《海伦》中（派尔499；特拉维夫艺术博物馆2372），海伦站在码头，似乎在让船只出航，而"她边上跪着的那人在地上搁的蜡版上写着什么"（派尔，《杰克·B.叶芝：油画作品分类目录》，第1卷，第455页）。贝克特把这幅《海伦》与雅各布·巴萨诺和欧仁·德拉克洛瓦(原名斐迪南·欧仁·维克多·德拉克洛瓦，1798—1863)的画作进行了对比。

5. 根据佩吉·古根海姆的回忆录，贝克特已经提议在古根海姆·热纳画廊为叶芝举办画展，但叶芝认为自己的作品与该美术馆不搭界（古根海姆，《出自本世纪：一名艺术瘾君子的忏悔》，第163—164页）。

麦格里维的《论杰克·B.叶芝》尚未得到劳特利奇的接受。

6. 这些计划的详情：参见1938年6月15日的信，注8。

7. 阿尔弗雷·德·维尼，《诗人日记》，莱昂·阿道夫·高杰-费里埃编（巴黎：

拉鲁斯书局，1913；再版，1919，1920）；该《日记》系从阿尔弗雷·德·维尼伯爵（1797—1863）的私人文件中摘录而成，那些文件最初是由路易斯·雷提斯堡出版的（1867）。

劳伦斯·斯特恩，《绅士特里斯舛·项狄的生平与见解》（1760—1767）。

贝克特长期构思的关于塞缪尔·约翰逊的戏剧，现仅存片段《人性的愿望》。

尽管谢默斯·奥沙利文的文件里有对奥利弗·哥尔德斯密斯主题的注释，但没有这样的传记出版（TCD, MS 4056, 4260—4299, 4630—4649）。

8. 茜茜·辛克莱已于 6 月从南非归来。莫里斯·辛克莱正继续在都柏林圣三一学院求学。"小考"是圣三一学院新生终考的非官方名称。

9. 贝克特指哈里·辛克莱。1937 年 11 月，辛克莱提起针对戈加蒂的毁谤诉讼，贝克特曾出庭做证。

10. 安娜·苏厄德（1742—1809），诗人、传记作家和评论家，利奇菲尔德知识界的成员，人称"利奇菲尔德的天鹅"（诺玛·克拉克，《安娜·苏厄德：天鹅、雏鸭还是大雁？》《新漫步者》，第 7 版［2003/2004］，第 54 页）。贝克特把这一称号移到了家在斯特里特姆的赫斯特·斯雷尔头上，而后又移到 1938 年秋出版了小说《维纳斯山》的玛丽·曼宁·豪的头上。

11. 一年一度的都柏林马术展是八月初最主要的社会活动。阿比剧院戏剧节（1938 年 8 月 6 日到 20 日）的活动包括：8 月 8 日戏剧评论家、记者安德烈·E. 马龙（原名劳伦斯·帕特里克·伯恩，1888—1939）谈阿比剧院早期历史的讲座；8 月 11 日 F. R. 希金斯谈 W. B. 叶芝的讲座；以及叶芝戏剧的演出：《霍利亨的凯瑟琳》《炼狱》和《在贝勒海滩上》。据信，活动安排中的好几幅肖像是由设在都柏林市威斯特摩兰街 32 号的拉斐特摄影工作室拍摄的，活动介绍则是由伊诺克斯·鲁宾逊撰写的（《阿比剧院戏剧节纪念》［1938］）。1938 年 8 月 7 日安排的巡回活动在塔拉和博因河流域举行。

12. 贝克特从巴黎回都柏林时途经伦敦，在那儿与杰弗里·汤普森和厄休拉·汤普森共进午餐。W. R. 拜昂是贝克特的心理医生，杰弗里·汤普森的同事；为图放松，两人都上了钢琴课。

13. 托马斯·霍姆斯·雷文希尔，其妹妹的情况不得而知。赫斯特·道登，杰拉尔丁·卡明斯。

伦敦

乔治·雷维

1938 年 8 月 5 日 都柏林

克莱尔街 6 号

尊敬的乔治：

多谢兄台的消息。

不，没有朗文–格林出版公司的消息。也没有斯维尼的。[1]

今日准备跟布莱恩共进午餐。他说会在国内待上俩月，更利于干正事儿……

预计还会在这儿待上两周。然后呢，不知是该去布列塔尼跟佩隆会合，还是该径直回到巴黎。[2]

希望暂时留在这儿，观看下周三叶芝新剧《炼狱》在阿比剧院的首夜演出。昨日见到了杰克。他新画了几幅绝世佳作。[3]

兄台可以寄两三本《莫菲》来。《都柏林杂志》上没有书评见刊。奥斯汀·克拉克得到了一本赠书，是向先前拥有该书的希伊要来的，可又缩手回去，一个字的评论都没写。他又出了一本诗集。[4]

祝格威内思在乡下过得愉快。向她带好，à bientôt。[5]

　　此致

　　　　　　　　　　　　　　　　　　　　　　萨姆

ALS；1 张，2 面；TxU。

1. 先前，纽约朗文–格林出版公司的朱莉·雷曼曾主动审读《徒劳无益》与《莫菲》，看是否有可能在美国出版。

詹姆斯·约翰逊·斯维尼（1900—1986），美国艺术评论家，曾与欧仁·约拉斯合作在美国推出《转变》第 24—27 期（1936—1938）；1935 年至 1946 年担任纽约现代艺术博物馆馆长，随后于 1952 年至 1960 年间担任纽约古根海姆博物馆馆长。1938 年 8 月初，他待在都柏林（参见 1937 年 8 月 22 日斯维尼致乔治·雷维的信，TxU）。

2. 布莱恩·科菲。阿尔弗雷德·佩隆。

3. W. B. 叶芝戏剧《炼狱》的首夜演出于 1938 年 8 月 10 日举行，是阿比剧院戏剧节的重头戏。杰克·B. 叶芝的新作尚未确认。

4. 后来有一篇谈《莫菲》的未署名书评在《都柏林杂志》第 14 卷第 2 期（1939 年 4—6 月）第 98 页登出："《莫菲》打着小说的幌子，更像是谈字词和短语的论著，人物塑造是次要的……整个玩意儿是一个匪夷所思的幻想，时不时扭曲得叫人深恶痛绝，即使其中的聪明才智和渊博学识不言自明，那也无法挽回书中唯一真正具有人性的人物是西莉亚，一位道德沦丧的女士。"

《今日爱尔兰》编辑爱德华·希伊和奥斯汀·克拉克均未给《莫菲》撰写署名书评。奥斯汀·克拉克新近出版了《诗歌：夜晚与清晨》（都柏林：奥维尔出版社，1938）。

5. "à bientôt"（法语，"再见"）。

伦敦
乔治·雷维

1938 年周五［1938 年 8 月 19 日］　　　　　　　　　　［都柏林］

克莱尔街 6 号

尊敬的乔治：

本来一直盼着兄台寄来 2 本《莫菲》。您收到信了吗？无论如何，现在不用操心了，因为我预计下周一、二就来伦敦。[1]

这期间要是有信寄给我，可以请兄台代收吗？

还不太确定是径直回巴黎，还是先去布列塔尼拜访佩隆。厄谢尔也在圣马洛。总之，我在伦敦最多过一夜。

收到了赫尔和丽索的来信。他们似乎正在卡涅尽兴地玩。[2] 还拿我的名字给一只猫取了名儿。

随信附上朱莉·雷曼寄来的寻常公函。[3]

向格威内思问好。

谨上

萨姆

ALS；1 张，2 面；印制信头：〈多尼戈尔郡格伦蒂斯镇罗斯堡达罗斯湾酒店〉；附件丢失；TxU。日期判定：贝克特在信头日期一行写下了"38"；贝克特已于 1938 年 8 月 5 日表示，自己计划在都柏林再待大约两周；1938 年的 8 月 19 日为周五。

1. 参见贝克特 1938 年 8 月 5 日的信。
2. 赫尔·范费尔德和丽索·范费尔德已搬到蓝色海岸的滨海小镇卡涅。
3. 朱莉·雷曼代表纽约的朗文-格林出版公司写来信函，拒绝了《徒劳无益》和《莫菲》。

伦敦
乔治·雷维

1938 年 9 月 27 日   巴黎 15 区
                                                             快马街 6 号

尊敬的乔治：

感谢寄来的信件和诗歌，我真的爱不释手。[1]

昨晚在无线电台里听到了"和平缔造者阿道夫"的讲话。以为自己听到的是跑气——轮胎慢慢穿孔了。但是，不管世道如何变换，我都会留在这儿，带着自己那抔尘土留在 7 楼。[2] 必将失去的只有双腿、两臂和一对肉丸［等］等，而且据我所知，我丝毫都不欠它们什么人情债。街上到处都是穿卡其布的平民，他们坐着征用的商用货车仓皇离去——而夜里，宵禁灯让人心惊胆战，就像普鲁斯特跌跌撞撞地前往欢乐宫时穿过的灯光那样。我答应了佩隆，进行战时动员时，就开着他的车，带着他的孩子、岳母和姨妈撤离。[3]

最近几次撞见戈尔，他那亚麻色的脸上胡子拉碴，形容憔悴，直叫人纳闷他是不是正在从雅典赶往……科克的路上。说，艺术回答问题。[4]

今天下午阿德勒来接我，拉着我去看奥托·弗罗因德利希的苦难有多么铺张。上次去那儿的时候，我留下了两只覆满尘土的抽屉，还有萨特的《恶心》。至少这些东西我是希望找回来的。阿德勒没有赫尔的消息，不，他说了准备南下，去那儿找赫尔聚聚。他的最新画作让人难过。我也没有赫尔的消息，只听说他小姨子（不是住在布拉格的那位，而是回程途经布拉格的那位）同他们在一起。[5]

回巴黎前，我在诺曼底和布列塔尼度过了一段快乐时光。[6]

没干正事儿。每天平均读一小时，一小时之后，理解的幻象就戛然而止，康德、笛卡尔、约翰逊、列那尔以及幼稚园科学手册："L'air est part-out"，"Le plomb est un métal lourd et tendre"。[7]

布莱恩寄来了婚礼请柬，这我没法接受。现在愈发觉得婚礼会在 8 号举行。这儿到处涌动着柔情，甚至在沃日拉尔一带也是如此。[8]

有天晚上很晚才上床，比寻常的还要更寻常地上了床，枕头垫得更高些，醒来时神清气爽，竟发现自己的两只脚搁在枕头上。自杀的绝招：梦游时翻出窗户。可是，在掉落的过程中会醒来吗？

向格威内思问好。

谨上

萨姆

ALS；2 张，2 面；TxU。

1. 雷维的来信尚未找到。随信所附的诗歌尚不知所指。

2. 1938 年 9 月 26 日，希特勒在柏林体育宫"下令就捷克斯洛伐克问题向全国人民发表'历史性声明'"，而且"全体德国人民都得到了命令，必须收听他的广播演讲"（《德意志团结一致：今晚的"历史性声明"将对捷克的广播做出回应》，《纽约时报》，1938 年 9 月 26 日：第 1 版；该版还载有 1938 年 9 月 23 日希特勒呈送英国首相尼维尔·张伯伦［1869—1940］的协议备忘录的摘要及一幅苏台德地区的地图；全文：参见《纽约时报》，1938 年 9 月 27 日：第 17 版）。

贝克特指自己在快马街 6 号的公寓。

3. 在《重现的时光》中，一战期间的马塞尔穿过熄了灯的巴黎街道，在寻找可以喝酒、休息的地方时，糊里糊涂地进了一家男妓宜春院。直到一阵轰炸让街道陷入漆黑之中，他才得以离开那是非之地（《追忆逝水年华》第 4 部《重现的时光》，第 388—412 页；英语版第 6 部《重现的时光》，第 173—207 页）。

阿尔弗雷德·佩隆的家人有妻子玛尼亚、双胞胎儿子米歇尔和亚历克西斯（1932 年生）、玛尼亚的母亲玛丽亚·莱津（原姓斯比瑞多娜夫，生卒年不详）及姨妈伊丽莎白·斯比瑞多娜夫（生卒年不详）。

4. 戈尔的身份尚未确认。

5. 扬克尔·阿德勒（1895—1949），波兰裔艺术家，先前一直在德国工作，曾参与莱茵分裂派和国际进步艺术家联合会的活动（1922）；1933 年，其工作被定性为"堕落"；1934 年，他搬到巴黎。1937 年，他在巴黎加入斯坦利·威廉·海特（1901—1988）的画室——"17 号画坊"（扬克尔·阿德勒，《扬克尔·阿德勒自传》，斯坦利·威廉·海特作序［伦敦：尼科尔森与沃森出版社，1948］，第 viii 页）。

奥托·弗罗因德利希于 20 世纪 20 年代在柏林与阿德勒结交：参见 1938 年 6 月 15 日的信，注 6。

赫尔·范费尔德和丽索·范费尔德当时住在滨海小镇卡涅。丽索从柏林来的妹妹指安娜·玛丽·约克尔（又称莫伊迪，1911—2001）；1938 年夏，她已和从布拉格来的妹妹（身份不明）拜访了范费尔德夫妇。

6. 据佩吉·古根海姆致美国作家艾米莉·科尔曼（原姓霍姆斯，1899—1974）的信，古根海姆已把自己的车借给贝克特开到布列塔尼（DeU：科尔曼［1939 年 8 月 23 日］；诺尔森，《盛名之累》，第 265、674 页）。

7. 贝克特所读谈伊曼努尔·康德、勒内·笛卡尔、塞缪尔·约翰逊、儒勒·列那尔以及基础科学手册的具体书目尚未查明。"L'air est part-out"（法语，"空气无处不在"）；"Le plomb est un métal lourd et tendre"（法语，"铅是一种柔软的重金属"）。

8.布莱恩·科菲与布里奇特·贝恩斯的婚礼于 1938 年 10 月 8 日在伦敦索霍广场的帕特里克教堂举行。

沃日拉尔是距贝克特公寓最近的地铁站。

伦敦
乔治·雷维

[1938 年 10 月 24 日之后]   巴黎 15 区
                                                快马街 6 号

尊敬的乔治：

收到来信和订单，万分感谢。请以 3 镑 6 的单价给我预订 3 本，为此我会附寄 11 镑 9 的支票。您给预留了一本特别版，真是太贴心了。但愿有机会多为您效劳。[1]

这儿一切照旧。兴许圣诞节得回都柏林待上两三周。途经伦敦回国的时候，我不会在那儿停留，不过要是圣诞老人善解人意，回巴黎的途中也许会在那儿歇歇脚。盼着根本就不用回去。[2]

阿德勒已开着西姆卡小车前往卡涅了。他借给我 3 幅画，要我在他外出的时候好生保管。恐怕这哥们儿以为，我的活法就是取悦有钱的英国佬和美国佬呢。他们有点儿臭钱，那是 delectatio morosa 的开端。[3]

《爱情与忘川》的法语修订版完成一半了。不知会不会比英语版强，抑或一样糟。还写了 10 首法语诗，多数是短诗。再多写几首，我就寄给艾吕雅，要不就请杜尚代劳。[4]

偶尔跟布莱恩和布里奇特碰面。他们正在凡尔赛之门嗅着套间呢。[5]

赫尔和丽索寄来了一张言辞夸张的明信片，说橙子是橙色的，害虫

684

是害人的，还说他正与二者共事呢。

可怜的巴拉赫去世了。Dans la misère.[6]

弗罗因德利希给了一篇美学雄文让我读，讲的都是绝对真理和泛节肢动物。

向格威内思带好，祝她早日康复。

此致

萨姆

ALS；1页1面；TxU。日期判定：1938年9月27日贝克特给雷维写信时，阿德勒正打算去滨海小镇卡涅拜访赫尔·范费尔德；恩斯特·巴拉赫于1938年10月24日去世。

1. 贝克特预订3本雷维的《吉诃德式彻查》；该书1939年1月正式出版，贝克特于1939年1月27日收到新书（参见1939年1月27日贝克特致乔治·雷维的信，TxU）。

2. 贝克特回都柏林过圣诞节和新年；1938年12月30日，他从灰岩镇给布莱恩·科菲和布里奇特·科菲写信，说希望下个周末返回巴黎（DeU，MS 382，布莱恩·科菲档案附录）。

3. 扬克尔·阿德勒先前计划去滨海小镇卡涅拜访赫尔·范费尔德和丽索·范费尔德。交给贝克特保管的3幅画尚未得到确认。"delectatio morosa"（拉丁文，"阴郁的快乐"）。阿德勒回巴黎的事在1939年1月27日贝克特致雷维的信中有记载（TxU）。

4. 《爱情与忘川》在《徒劳无益》第85—100页；该短篇的法语译本由贝克特完成，但没有出版。

《诗38—39》中共有12首，见《现代》，第288—293页；贝克特指其中的10首。他经常跟法国艺术家亨利–罗贝尔–马塞尔·杜尚（1887—1968）下棋，后者也是艾吕雅的朋友。

5. 布莱恩·科菲和布里奇特·科菲。

6. 德国雕塑家恩斯特·巴拉赫于1938年10月24日去世。"Dans la misère"（法语，"在贫困中"）。

7. 贝克特读了弗罗因德利希论文《想象的空间》的初稿，该文阐述了一种社会和美学理论，声称抽象是一种通用语言（约阿希姆·豪辛格·冯·瓦尔德格博士，卡尔斯鲁厄国立造型艺术学院，1995 年 2 月 16 日）。弗罗因德利希发觉宗教和神话不再填补人与宇宙之间的创造空间，于是提出艺术可以应对现代性的智力危机，还可将两种动力——人类对形式的本能和宇宙的无形——凝聚起来，将"变成而非存在的过程"展示出来。该文的手稿署明 1938 年 3 月 1 日，大约有一半内容（第 41—89 页）见"弗罗因德利希选件/IMEC 档案"；还有一份也许是全文的铅笔抄件，可能是由他人誊写的。这几页内容和弗罗因德利希其他作品的概要，发表于奥托·弗罗因德利希，《奥托·弗罗因德利希——写作：非客观艺术的先驱》，乌利·博嫩编（科隆：杜蒙出版社，1982），第 211—220 页。

贝克特跟弗罗因德利希分享了自己的文章《论同心圆》（NhD，劳伦斯·哈维档案，MS 661［2］：第 27 页）。贝克特于 1966 年 6 月 3 日致信约翰·弗莱彻，说道：该文"谈的不是范费尔德兄弟。一定是写于 1938 年，最晚也是 1939 年初。我记得把它给画家兼雕塑家奥托·弗罗因德利希看了，后来在'动荡'中不见了"（TxU；《论同心圆》TMS，NhD，贝克特文集；贝克特，《碎片集》，第 55—57 页；见《附录》中的弗罗因德利希简介；阿兰·庞方、克里斯朵夫·杜韦维尔、埃达·迈莱、热罗姆·塞里和盖伊·托萨托，《奥托·弗罗因德利希》［罗什舒阿尔：罗什舒阿尔博物馆，1988］，第 82 页）。

巴黎
奥托·弗罗因德利希

［1938 年秋］[1]   ［巴黎］

尊敬的弗罗因德利希先生：

晚辈今早不得空，深致歉意。

如果您愿意过来坐坐，周六下午 2 点到 4 点您会在晚辈的公寓找到我。

敬上

萨姆·贝克特

---

[1] 原信用德语写成。

ALS；1 张，1 面；弗罗因德利希选件/IMEC 档案馆。日期判定：该信标注的年份与 1938 年贝克特和弗罗因德利希逐渐熟识的证据相符。鉴于双方关系不断深化，该信多半写于 1938 秋，而非 1938 年上半年。

[？沃特福德郡卡帕村]
阿兰·厄谢尔

1938 年 12 月 28 日   灰岩镇

亲爱的阿兰：

谢谢寄来的文章。很高兴瞥到[原文如此]您的大作纷纷见刊。"吊带袜"那篇我原先就爱不释手，在这郁郁寡欢的时候更是如此。[1]

别以为我得回到那流产失败的故土去。那是为了在那个他者的季节里陪陪老妈而已。希望尽早回到那小手术既便宜、安全又合法、普及的人群当中去。"Curetage"。[2]

打九月起，我老妈就一直在这处 côte de misère 过冬。不朝北的朝东。为此她更难过了。不过临窗而望，她就能看到老爸安息的公墓。[3]

除了辛克莱一家，最近我谁都没见，这一点要持之以恒。[4]

很久以来，我们之间都无话可说，而且倘若您事业的进展跟我的大抵相似，窃以为如今我俩可以在一种甚至更加牢固——或者像有些人会说的，厚重的——沉默中团结起来。

假如您的 Schicksal 允许您随时都可以无牵无挂地外出，那么快马街 6 号（原快马街断头巷子，离尚存的圣婴尽头路不远）永远欢迎您，这可不算是夸口。[5]

开始读《高等法语句法入门读本》了。该书采用《格言诗》的编写形式。以下便是一例：

Ci-gît qui y échappa tant

Qu'il n'en échappe que maintenant.[6]

    Porte-toi bien[7]

萨姆

ALS；1 张，2 面；TxU。

1. 贝克特指厄谢尔的文章《阴影的时代》，发表于《19 世纪及之后》：参见 1938 年 5 月 12 日的信，注 1。

2. "Curetage"（法语，"刮宫术"）。

3. 梅·贝克特于当年 9 月搬到灰岩镇。从新居放眼望去，可以看到威廉·贝克特长眠的雷德福德公墓。"côte de misère"（法语，"凄苦海岸"）。

4. 茜茜·辛克莱及家人。

5. 贝克特位于快马街的公寓在沃日拉尔街附近，旁边是圣婴尽头路。"Schicksal"（德语，"命运"）。

6. 贝克特提及《高等法语句法入门读本》，是为了逗厄谢尔一乐。《格言诗》（1796）是歌德和席勒所写讽刺短诗的合集。该集子模仿马提亚尔的短诗，"每一首都是一组经典对句，分别是六音步和五音步"（亨利·加朗和玛丽·加朗，《牛津德国文学指南》[牛津：牛津大学出版社，1986]，第 1006 页）。

贝克特举的例子写进了短篇小说《初恋》（AMS，TxU，1946 年 10 月 28 日动笔，1946 年 11 月 12 日完成）；"Ci-gît qui y échappa tant / Qu'il n'en échappe que maintenant"（法语，"底下躺着上面的人，两脚朝天 / 时时刻刻死去以至活到了眼前"）（《初恋》[巴黎：午夜出版社，1970]，第 10 页；萨缪尔·贝克特译，《初恋》，《初恋及其他短篇小说》[纽约：格罗夫出版社，1974]，第 12 页）。

7. "Porte-toi bien"（法语，"照顾好自己"）。

1939 年年表

1939 年1月　　　　　贝克特经伦敦回巴黎。

1月27日　　　　请斯坦利·海特把一块利菲河的石头刻成雕像，
　　　　　　　　用作詹姆斯·乔伊斯57岁的寿礼。

2月28日　　　　创作一首新的法语诗《小酒鬼》，一经完成即
　　　　　　　　同其他法语诗一道寄给乔治·雷维。

3月初　　　　　感冒两周。3月5日从皇家方形港12号给乔伊
　　　　　　　　斯写信；可能与苏珊娜·德舍沃–迪梅尼尔待
　　　　　　　　在一起。

4月1日　　　　西班牙内战结束。

4月18日前　　　梅·贝克特卖掉祖屋库尔德里纳，打算在附近
　　　　　　　　建一幢小房子。跟托马斯·麦格里维第一次提
　　　　　　　　到苏珊娜·德舍沃–迪梅尼尔。每周和阿尔弗
　　　　　　　　雷德·佩隆碰头，合作将《莫菲》译成法语。

6月6日前　　　给布拉尼德·索尔克尔德寄去一首四行诗，以
　　　　　　　　满足其向盖伊菲尔德出版社的"都柏林诗人与
　　　　　　　　艺术家"丛书投稿的请求。

6月14日　　　　请求雷维归还唯一的一份《小酒鬼》；6月16
　　　　　　　　日又催讨一次。

6月15日　　　　去当皮耶尔拜访布莱恩·科菲。

7月7日前　　　雷维归还《小酒鬼》。

8 月	贝克特待在都柏林。
8 月 24 日	德国与苏联签订《互不侵犯条约》。
9 月 1 日	德国入侵波兰。
9 月 3 日	法国、英国、澳大利亚及新西兰向德宣战。爱尔兰保持中立。
9 月 4 日	贝克特回到法国。
9 月 26 日前	申请报效法国。
12 月 6 日前	期望作为志愿兵应召参战，但只收到承认其参战意愿的回复。《莫菲》只剩 4 章没有译成法语。

伦敦

乔治·雷维

1939 年 2 月 28 日   ［巴黎］15 区

                                                           快马街 6 号

尊敬的乔治：

感谢寄来的信件和《简报》。[1]

正在创作另一首《小酒鬼》，一经完成，便与其他短诗一道寄送仁兄。[2]

望仁兄已收到《彻查》的喜讯。[3]

据我看来，在这儿做不好的事儿在"乞丐树丛"或者"七面钟"那儿就更做不好。[4]

有天晚上 chez eux 看望了巴克兰［-］莱特夫妇。[5]

萨特把中篇小说交给了波朗。但还没任何答复。[6]

格威内思近况如何？打算何时南下？向她带好。[7]

此致

萨姆

ALS；1 张，1 面；TxU。

1. 雷维给贝克特寄了最新一期《伦敦简报》，上面刊载了贝克特翻译的安德烈·布勒东的文章《沃尔夫冈·派朗》（《伦敦简报》第10期［1939年2月］，第16—17页）。

2. 贝克特第一首题为《小酒鬼》的诗现存TMS（帕特南），列入20首未发表短诗系列；详情参见诺尔森，《盛名之累》，第270—271页。关于法语短诗，参见［1938年10月24日之后］的信，注4。

贝克特也许指一首未发表的24行法语无题诗，开头为"胆怯"；诗中提到了"小酒鬼"（BIF，UoR，MS 2912，第18行）。

3. 雷维，《吉诃德式彻查》。

4. "乞丐树丛"是都柏林的一块老城区，也指当地一家约有200年历史的同名酒吧（位于博尔斯布里奇区哈丁顿路115号）。

伦敦中西2区的"七面钟"毗邻考文特花园和索霍，有7条街道从中央的多里安式圆柱向四周延伸，柱子顶部原有一口七面大钟（本·维因雷和克里斯托弗·希伯特编，《伦敦百科全书》［伦敦：麦克米伦出版社，1987］，第779页）。

5. 经乔治·雷维介绍，贝克特认识了新西兰裔雕刻师兼印版画家约翰·巴克兰-莱特（1897—1954）。这位艺术家刚为"欧罗巴诗人"丛书中的布莱恩·科菲《第三人》和雷维《吉诃德式彻查》作过插画。他于1933年在巴黎加入斯坦利·威廉·海特的17号工作室，1936年出任该工作室总监。

"chez eux"（法语，"到他们家"），指约翰和玛丽·巴克兰-莱特（原姓安德森，1907—1976）的家。

6. 该"中篇小说"的作者不详。

贝克特不会这样指称《莫菲》，而且似乎也没有刚写过法语小说。贝克特跟雷维提到，"《爱情与忘川》的翻译完成一半了"（参见1938年10月24日之后的信），但没有证据表明贝克特已把该短篇交给了萨特。

让·波朗（1884—1968）在1925年至1940年及1946年至1968年期间担任《新法兰西杂志》主编。

7. 1939年3月5日，格威内思·雷维前往滨海小镇卡涅看望赫尔·范费尔德时途经巴黎，贝克特和约翰·巴克兰-莱特一道在圣拉扎尔站接她。贝克特给雷维写信道："很高兴在格威内思途经此地时见到她，但有些遗憾，她的气色没有改善。刚收到她从卡涅寄来的短笺，看来她在那儿正迅速恢复往日的气色。"（TxU）

伦敦

托马斯·麦格里维

1939 年 4 月 11 日   巴黎 15 区

                                        快马街 6 号

亲爱的汤姆：

很遗憾，我们俩好像失去了联系，不再互通书信了。[1] 为此我觉得愈加空虚，不过这倒不是促使我这会儿又给您写信的原因。我想我们俩没有理由疏远，诚然我也想不出任何理由，甚至并不觉得有疏远这一说。但是对许多事情我都很木讷，兴许做过什么让您觉得疏远了，而我却对那一行为浑然不知。若真有过失，还请海涵。

我明白，自身松散懈怠，意志消沉，心底蜷缩着愚蠢的傲慢，也清楚，这些品性是成年之人难以忍受的。我还明白，您自己也是烦恼缠身，我不能一味请求包涵。但是，假如我们俩的友谊对您至关重要，正如即使我似乎有所忽略的时候对我也总是意义重大那样，那么您定会赞同这一观点，就是兴许因为一件小事儿而中断情谊，那将是一大憾事。

所以，倘若您愿意，不论什么原因，我们都摒弃前嫌吧。

敬启

萨姆

ALS；1 张，1 面；TCD，MS 10402/167。

1. 贝克特与麦格里维的通信可能中断 8 个月之久了；现存上一封致麦格里维的信标注的日期是［1938 年 8 月 4 日］。

伦敦
托马斯·麦格里维

1939 年 4 月 18 日 巴黎 15 区
快马街 6 号

亲爱的汤姆：

再次收到您的来信，我欣喜若狂。在伦敦给您留下了那样的印象，还迟迟未予纠正，真是过意不去。[1] 在您有所关切的时候，我却**丝毫没有同感**。只是在过去的这一年，我经历了许多事情，有好也有坏，而现在结束了，我并不遗憾。本周刚满 33 岁，不知这后半瓶酒会不会比前半瓶醇厚些。仅从这点来讲，我猜喝酒的人已经习惯了那滋味儿。

近来感觉不大好［……］我想，今年去爱尔兰，在海边待上一个月或者一个半月，应该不会遗憾。我担心战争会一触即发，假如真有战争，那我会听候这个国家的调遣。[2]

家中传来好消息。老妈卖掉了祖居库尔德里纳，还在附近买了一块地，准备在那儿给自己建一栋小平房。地基在道路的另一边，四周景色宜人，从田野到山峦一览无遗。哪怕再快，圣诞节之前房子也难以建成。这期间，老妈就住在灰岩镇港口上的小棚屋里，对于这处居所她似乎已十分眷恋了，我想主要是因为从客厅的窗户放眼望去，可以看到海湾对面布雷头山坡上的雷德福德公墓。当然老妈感到孤独，但时不时就能见到弗兰克和媳妇吉恩。夫妻俩身体健康，小宝宝看来也在茁壮成长。上次同弗兰克碰面，他就在担心会爆发战争，不知道该怎么办。[3]

您定然听说过尼克的情况。之前我有一段时间没见着他了。那时他刚卧床休养，可一直气色不好，看上去愈发憔悴了。几乎没瞄到［看到］邓肯夫妇。[4]

布莱恩带着布里奇特一块儿消失了，躲到了什弗留兹山谷，在当皮耶尔那平淡无奇的荒野里歇息，跟麦克卡蒙［麦卡蒙］先生一起享受远离尘嚣的欢乐，从不现身。[5]

偶尔去看望乔伊斯夫妇。每周都去艾夫里探望露西娅，我觉得她的情况在缓慢恶化。她谁都不见，只见自己的老爸和我。在过去的差不多两个月里，海伦也病了，患上了"精神崩溃"，还毫无摆脱病魔的迹象。眼下乔治过得可不太好。[6]他父母已劲［原文如此］搬离了公寓，要在耶拿酒店住上几天，而他们在帕西租下的公寓正在打扫。他们的气色好得很，想有多好就有多好。《芬尼根守灵夜》迟迟不见出版，乔伊斯有些担心。纽约的胡伯书［许布施］似乎在捉弄人。[7]

没有新作可以给人看，就一些法语诗，其中几首您应该已经看过了。有两首很长的诗，但根本不属于这个系列，是对儿童生活中的插曲进行直截了当的描述的（法语）文字。不知这两首诗价值几何。给几个人看过，他们都说喜欢，但朋友之间不拆台。[8]

如今我这儿有许多怪怪的画儿。一个叫帕伦的德国超现实主义画家送了我某种"自动创作"的玩意儿，让我忍俊不禁。开始分期掏钱了，买一个叫阿德勒的波兰犹太人的作品，那幅画我很喜欢。[9]至于公寓嘛，依然让人称心如意。您真没有机会来小住几天吗？

每周二跟佩隆共进午餐，有他做伴心里很高兴。[10]

还有一个法国姑娘，她对我很好，我也喜欢她，可是没动真情。[11]牵手不能出价过高。虽然我俩都知道这层关系迟早终结，但谁都不知道会持续多久。

还有一些零零碎碎的事情。也许这酒并没有我担心的那样难喝。

向赫斯特带好。她还埋怨我吗？[12]

盼早日回信。

　　谨上

　　　　　　　　　　　　　　　　　　　萨姆

非常喜欢安东内洛的画。[13]

ALS；4 张，4 面；TCD，MS 10402/168

1. 麦格里维致贝克特的信尚未找到。

2. 贝克特计划于 1939 年 7 月底回爱尔兰看望母亲，9 月 4 日再起程回法国；但当年 9 月 3 日，法国、英国就向德国宣战了（诺尔森，《盛名之累》，第 273 页）。

3. 贝克特指福克斯罗克的"新地方"。威廉·贝克特葬于灰岩镇附近的雷德福德公墓。弗兰克·贝克特和吉恩·贝克特以及女儿卡罗琳住在灰岩镇以北 8 英里处的基利尼。

4. 尼克·巴拉谢弗，贝克特通过阿兰·邓肯和贝琳达·邓肯认识了他。

5. 布莱恩·科菲和布里奇特·科菲已搬到什弗留兹山谷的当皮耶尔村，罗伯特·麦卡蒙也住在该村。

6. 露西娅·乔伊斯住在巴黎郊区艾夫里的一家私立医院。1939 年 4 月 2 日，保罗·莱昂给哈丽雅特·韦弗写信道："乔伊斯先生每逢周日都会去看望［……］贝克寺［贝克特］先生也是每周必去探视，但去探望她的也就这俩人。"（乔伊斯和莱昂，《詹姆斯·乔伊斯–保罗·莱昂卷宗》，第 76 页）至于海伦·乔伊斯的病情及其对家庭的影响，参见该信，以及乔伊斯，《詹姆斯·乔伊斯书信集》，第 3 卷，第 438、465 页；古根海姆，《出自本世纪：一名艺术瘾君子的忏悔》，第 207—208 页。

7. 詹姆斯·乔伊斯和诺拉·乔伊斯于 4 月 15 日从埃德蒙瓦朗坦街 7 号搬到葡萄园街 34 号（参见艾尔曼，《詹姆斯·乔伊斯传》，第 721 页）。耶拿酒店位于巴黎 16 区耶拿大道 28 号。

《芬尼根守灵夜》原计划于乔伊斯的生日（1939 年 2 月 2 日）当天推出，但拖到 1939 年 5 月 4 日才真正出版。本亚明·许布施（1876—1964）是乔伊斯作品的编辑，供职于纽约的维京出版社。1939 年 3 月 29 日，乔伊斯给玛丽·科拉姆（原名玛丽·凯瑟琳·贡宁·马圭尔，1887—1957）写信道：

　　　　现在就考虑拿本人的书去美国出版还为时过早。到目前为止，事情还是没搞成，毫无希望可言。至于出版日期，每周我们都听到不同的说法。本人的书早已印刷、装订好，过去两个月里一直摆在本人的桌子上，但许布施先生编辑的限量版的纸样还没从英格兰寄出去呢。（乔伊斯，《詹姆斯·乔伊斯书信集》，第 3 卷，第 438 页）。

8. 20 首短诗组成的系列仅在 TMS（私人收藏）中有所交代；两首较长的诗可能一首为《胆怯》，另一首或两首出自《诗 38—39》（参见 1939 年 2 月 28 日的信，注 2；诺尔森，《盛名之累》，第 270 页）。

9. 奥地利裔艺术家沃尔夫冈·帕伦（1905—1959）的作品已在古根海姆·热纳画廊展出（1939 年 2 月 15 日至 3 月 11 日），他将自己的一幅"烟熏艺术"画（画布上留有油和蜡烛燃烧的痕迹以及烟灰）送给了贝克特（例如：威廉·罗·鲁宾《达达、超现实主义及其遗产》中收入的帕伦画作《烟熏》［纽约：现代艺术博物馆，1968］，第 140 卷，第 207 号）。

贝克特所购扬克尔·阿德勒的画无题（私人藏品）。

10. 阿尔弗雷德·佩隆。

11. 苏珊娜·德舍沃−迪梅尼尔*（1900—1989），后成为贝克特的妻子。

12. 赫斯特·道登。

13. 麦格里维的来信中可能附了安东内洛·达·梅西纳一幅作品的临摹画。

伦敦

托马斯·麦格里维

1939 年 6 月 6 日 　　　　　　　　　　　　　　　巴黎 15 区

　　　　　　　　　　　　　　　　　　　　　　　快马街 6 号

亲爱的汤姆：

您的来信和卡片同时寄达，谢谢。[1]

报纸交给乔伊斯了。看到其中引用了特里斯坦的话，他很满意。老萧变换阵线不够灵巧。[2]

向洪取［洪耶］问好。[3]希望您顺利找回了原先留在巴黎的所有物品。

［……］

和杰弗里完全失去联系了。[4] 但是假如遇到了他对付的那种麻烦，那我就会去找他帮忙，而且（我知道）也会一如既往地得到帮助。兴许他以为我几番经过伦敦都会小住，却又不登门拜访，其实不然。

很遗憾，哈林顿路让您住得很不舒适了。您说过打算和服侍生一起住在他刚开始干活的地方。[5]

今天见到了佩隆。29 号他会做一刻钟的广播节目，谈《芬尼根守灵夜》。[6]

爱尔兰的公民能接受骑士称号吗？假如博德金成功申请了豁免，那就真是很可惜了。不久前，奥沙利文到了这儿（爱尔兰皇家艺术学院），说他认为查利蒙特大楼就块［快］又会腾空了。[7]

布拉尼德·索尔克尔德写信给我讨要一首诗，准备刊发在她即将推出的"都柏林诗人大报"系列中，由塞西尔配插图——"确切地说不是配插图"。给她寄了一首四行短诗，我手头仅有的一首，这样会给塞西尔留下足够的空间。[8]

很想去日内瓦看看普拉多的画，可我担心做不到。还没听说这场画展会持续多久。我猜想，此时佛朗哥正为此画及其他作品而号叫呢。[9]

朗福德是个绵长、忧郁的线团，里面缠着的是亲切的困苦，从在圣三一学院和外科医学院学医到在约克郡开卡车，他什么都干过，却一事无成。目前——或许去年圣诞节时——他同闻名都柏林可名字我忘了的某个女士一起在纳索街经营一家好像叫作"新画"的迷你画廊。几年前在曼宁夫妇的宅子里遇见过他，当时他正租住在那儿。[10] 我钦佩他有两点原因：一是关心在都柏林鲜受关心的事物，二是不图回报地务虚。对病态心理学他也饶有兴趣，他曾经——而且我觉得现在依然——深受其害。如此循环，愈发沉沦。"尤斯顿路"集团，这个名字顺耳。[11] 不过所有集团都是万恶的。

马西涅的乐舞团来到这儿的新特罗卡迪罗宫了。事先不知道他排演过《第七交响曲》。据说科克托正在将《布列塔尼库斯》改编成芭蕾舞剧。我猜，哈勃·马克斯会饰演朱妮。[12]

每天昏昏沉沉，无所事事。有时着手动笔，但终究一无所成。倘若注定如此，那便听之任之吧。

同科菲也完全失去联系了。据说他在当皮耶尔，跟科菲太太在一起，离麦克卡蒙［麦卡蒙］不远。

家里好像一切安好。老妈［的］新屋上周动工了。7月底会回一趟老家。

赫斯特还好吗？向她带好。还有迪丽。[13]

谨上

萨姆

您读到阿尔丁顿对《芬尼根》的粗暴书评了吗？某家美国佬的报纸。他遭到了阴郁的消遣的诽谤!!! [14]

ALS；3张，3面；附言写在第1面左上角，与正文齐平；TCD，MS 10402/169。

1. 麦格里维寄来的信件和卡片尚未找到。

2. 麦格里维兴许先前给贝克特寄过带有《芬尼根守灵夜》书评的伦敦报纸。贝克特所提特里斯坦的引文可能是由麦格里维提供的，或者是书评中写到的，具体内容尚无法查证。

1939年6月3日，萧伯纳写信给《图画邮报》的主编，对英国评论家杰弗里·格里森（1905—1985）在1939年5月13日的文章中提出的看法——他对《尤利西斯》反感之至，甚至把手里的那本给烧了——做出回应："我没有把它烧了；也不对它反感。"（乔伊斯，《詹姆斯·乔伊斯书信集》第3卷，第444—445页）

3. 加泰罗尼亚家画霍安·洪耶。

4. 杰弗里·汤普森。

5. 麦格里维的另一处住所尚未查证。

6. 1939 年 6 月 16 日，乔伊斯告诉法国历史学家、评论家路易·吉莱（1876—1943），说广播节目将于 6 月 22 日播出；在 1939 年 6 月 19 日写给哈丽雅特·肖·韦弗的信中，乔伊斯表示阿尔弗雷德·佩隆将于下周在巴黎邮电总局就《芬尼根守灵夜》做简短的广播讲话（路易·吉莱，《献给詹姆斯·乔伊斯的可塑形手册》，乔治·马尔科夫－托特威译［纽约：阿伯拉德·舒曼出版社，1958］，第 21 页）；乔伊斯，《詹姆斯·乔伊斯书信集》，第 3 卷，第 447 页）。尚未找到广播节目列表，因此无法查证乔伊斯或者贝克特所出的日期。据保罗·莱昂和詹姆斯·乔伊斯致伦敦门罗·所有伙伴公司的信件，"萨缪尔·贝克特愿意为英国广播公司做广播"（乔伊斯和莱昂，《詹姆斯·乔伊斯－保罗·莱昂卷宗》，第 137 页）。

7. 托马斯·博德金（1887—1961），爱尔兰国家美术馆前馆长，1935 年至 1952 年任伯明翰大学芭伯美术教授兼芭伯美术研究所所长。玛丽女王（泰克的玛丽，1867—1953，乔治五世［1865—1936］的配偶）于 1939 年 7 月 26 日为芭伯美术研究所揭幕；然而，博德金并未受封爵士（艾伦·邓森编，《托马斯·博德金：其人及家庭的生平与著述》［都柏林：博德金信托公司，1966］，第 7 页）。

肖恩·奥沙利文是爱尔兰皇家艺术学院的成员，一直待在巴黎。就此，贝克特于 1939 年 3 月 5 日给雷维写信道："肖恩·奥沙利文，爱尔兰的萨金特，在阿德勒的画室待了俩月了。"（TxU）。贝克特指美国肖像画家约翰·辛格·萨金特（1856—1925）

查利蒙特大楼是市立现代艺术美术馆的馆址。

8. 布拉尼德·索尔克尔德和塞西尔·索尔克尔德已启动"都柏林诗人和艺术家"丛书出版工程，这个由 25 期大报组成的系列于 1941 年至 1943 年间由他们自己经营的盖菲尔德出版社推出；每一期均发表一位都柏林作家的一首（偶尔两首）诗，并配上一位都柏林艺术家的插画；多数大报是由布拉尼德·索尔克尔德手工印刷的。现存大报中均未发现贝克特的诗；大报收藏最多的是纽约公共图书馆珍本部（第 2—7 期，第 9—10 期，第 21 期，第 25 期）。

在 1939 年 6 月 6 日致玛丽·曼宁·豪的信中，贝克特提到了寄给布拉尼德·索尔克尔德的那首诗："给她寄了一首四行诗，是多年的逆境从我恸动的感觉中枢中撕裂下来的两首诗中的第二首，第一首（五行诗）已不知所终了。"（TxU）贝克特的诗《迪耶普》1937 年先以法语创作（随后由贝克特自己译成英语，发表于《爱尔兰时报》，1945 年 6 月 9 日：第 2 版；费德曼和弗莱切，《萨缪尔·贝克特：作品及相关评论》第 75 页）。贝克特所说已不知所终的五行诗兴许指《他们来了》，该诗系用英语创作（参见 1938 年 1 月 27 日贝克特致托马斯·麦格里维的信）。

9. 在保皇派和共和派达成一致后，西班牙各收藏馆（包括马德里的普拉多博物馆）的精品于 1939 年 2 月转移到日内瓦，妥善存放在国际联盟的万国宫内，直至西班牙内战结束。其中一些于 1939 年 7 月 1 日至 8 月 31 日在日内瓦历史艺术博物馆展出，随后归还西班牙佛朗哥政权（［霍华德·德夫里］《新闻与评论：日内瓦的西班牙艺术珍宝》，《艺术杂志》第 32 卷第 7 期［1939 年 8 月］，第 425—426 页；托马斯·麦格里维，《西班牙杰作：日内瓦普拉多绘画展选讲》，《画室》第 18 期［1939 年 9 月］，第 90—107 页）。

弗朗切斯科·佛朗哥元帅（1892—1975）。

10. 约翰·曼宁·朗福德（又名杰克，1911—1944）先在都柏林圣三一学院学医；1939 年与迪尔德丽·麦克唐纳（原名莫伊拉·皮尔金顿，1897—1970）合伙经营"当代绘画美术馆"，该馆系后者于 1938 年创立，当时设在南林斯特街 5 号（S.B. 肯尼迪，2006 年 3 月 8 日）。艺术评论家斯蒂芬·林内评述道：

> 朗福德是一位美术鉴赏家和画作经销商——那时是爱尔兰该领域的翘首。没有谁比温文尔雅的朗福德为当代艺术做出过更大的贡献，对优秀的爱尔兰艺术家表现出更大的赏识。那位长者［杰克·B. 叶芝］与这位小伙朗福德是莫逆之交；两人之间有种类似父子亲情的情谊。（《1940 年与杰克·B. 叶芝喝茶》，《爱尔兰人的爱尔兰》第 7 卷第 2 期［1972］，第 106 页）。

11. "绘画学校"位于尤斯顿路 314—316 号，系威廉·孔德斯居姆（1908—1987）于 1937 年创办；威廉·克劳德·罗杰斯（1907—1979）、维克多·帕斯莫尔（1908—1998）及另外 30 多人被称为"尤斯顿路画派"。1937 年至 1941 年间，该画派活跃于美术界。

12. 特罗卡迪罗宫已被拆除，取而代之的是 1937 年为国际展览会所建的夏悠宫。莱奥尼德·马西涅新组建的蒙特卡罗芭蕾舞团公布了 1939 年 6 月 5 日至 8 日在夏悠剧院的两份节目单：《天鹅湖》《奇异的法兰多舞》和《三角帽》；《精灵》《彼得鲁什卡》和《贵族视觉》（《时代报》，1939 年 6 月 6 日：第 5、6 版；《时代报》，1939 年 6 月 7 日：第 5 版）。

《第七交响曲》是马西涅的交响曲芭蕾舞，系根据贝多芬 A 大调《第七交响曲》（曲目 92）编排而成；该舞曲 1938 年 5 月 5 日在蒙特卡洛首演。在《我的芭蕾人生》（菲利斯·哈特诺和罗伯特·鲁本编［伦敦：麦克米伦·圣马丁出版社，1968］，第 206—207 页）中，马西涅描述了其创作过程。

科克托并未将拉辛的话剧《布列塔尼库斯》（1669）改编成芭蕾舞剧。先前他为伙伴、演员让·马莱（1913—1998）创作过角色，后者执导、设计并参演了该剧1941年的演出。在《布列塔尼库斯》中，朱妮即将嫁给布列塔尼库斯，但遭到其同父异母的兄弟尼禄的反对；贝克特以为出演这个女性角色的是哈勃·马克斯（原名阿道夫·阿瑟·马克斯，1888—1964）。

13. 赫斯特·道登，杰拉尔丁·卡明斯。

14. 理查德·阿尔丁顿就《芬尼根守灵夜》这样写道：

乔伊斯先生在《芬尼根守灵夜》中有什么要说的呢？这个问题可以留给那些有时间、有精力去浪费的人……这个沉重的粪堆三番五次地受到淫荡暗示的感染，这种暗示乔伊斯先生很是拿手，曾在《尤利西斯》中辩称其与书中人物密切相关，但在此处除了作者阴郁的消遣外，似乎就没有更耐人寻味的宗旨了。（《评詹姆斯·乔伊斯》，《大西洋月刊》第163期（1939年6月），未分页副刊：《书架》［第17、19、21页］）

伦敦
乔治·雷维

1939年6月14日

巴黎15区
快马街6号

尊敬的乔治：

可以请您把《小酒鬼》寄还给我吗。[1]我仅此一稿［。］

　　谨上

萨姆

APCS；1张，1面；弗拉曼克，"博斯风光"；寄往：伦敦中西1区大奥蒙德街7号，乔治·雷维先生收；邮戳：1939/［6］/15，巴黎；TxU。

1. 参见 1939 年 2 月 28 日的信及其注 2。在该信中，贝克特提到正在另外创作一首《小酒鬼》，并打算连同较短的法语诗一道寄给雷维。

[？都柏林或沃特福德郡卡帕村]
阿兰·厄谢尔

[1939 年] 6 月 14 日

巴黎 15 区

快马街 6 号

亲爱的阿兰：

若是您想要个响亮的名字，我觉得皮亚泽塔或提埃坡罗是最有可能入选的，而且比起皮亚泽塔，提埃坡罗更合适些，不过那幅画似乎太maniéré[1]，画得太不以为然，因而绝不可能是当中一位的作品。节奏是提埃坡罗式的，规格亦然，玛利亚一家上方的络腮胡绅士像是对提埃坡罗题材的拙劣复制（正品参照都柏林《圣女连祷文》中的"万能的主"。提埃坡罗的画中几乎都有络腮胡，正如沃夫漫［沃夫曼］的画中几乎都有白马）。而且就我此时的判断，前景中弯腰的约翰画得不怎么样，反倒是给了他败笔的那类难点。玛利亚一家画得很奇怪，顶端那位的右手似乎很棒，而底端那位我似乎在克拉纳赫的某幅画中见过，不过即便如此，那一部分也不会妨碍观众联想起提埃坡罗——要知道，克拉纳赫在乌兹堡工作了很久。显而易见，另一条可能的思路就是西班牙—那不勒斯路线，但是这幅画似乎既不够虔诚，也不够戏剧性，无法满足无论何种剂量的合剂的需要。在我看来，作为对重力和张力的修饰性表达，这幅画似乎只缺乏技巧和与占巴蒂斯塔［詹巴蒂斯塔］·提埃坡罗及其

---

[1] 法语，"矫揉造作"。

儿子的画架消遣相媲美的精湛技艺。[1]

要是您愿意，我就把这幅画寄给汤姆·麦格里维，他比我更有资格。[2] 您弄不到更清晰的临摹画了吗？

谢谢您的文章。当句号代表沉思的终结点时，您那相当武断的口气无疑是恰当的。[3] 您感知到法则，就制定法则。神学给了哲学一份好报纸，干净、诚恳又热切，现在谁会接受它呢？国家。

Nächstens mehr. [4]

很高兴见到了杰奎琳，希望昨日重来，酣梦重温。多谢您的热情款待，当时我无以回报。[5]

一直在读荷尔德林。想到海伯里安兴许是《自由颂歌》和《最后的诗歌》那些绝妙片段里必不可少的，不免有些郁闷。[6] 昨晚梦见征得某人的一致看法：他（荷尔德林）长期以来肯定是同性恋。

您知道蜘蛛有根刺毛吗？[7] 假如不愿延长自己的快感，那他的刺毛里就有足够的空间。还有，他们仍在聊进化。

　　此致

　　　　　　　　　　　　　　　　　萨姆

再看看那只右手，像极了伦勃朗的风格。不过，提是个了不起的杂家。[8]

ALS；2 张，2 面；TxU。日期判定：据 1939 年 6 月 20 日布莱恩·科菲致罗伯特·麦卡蒙的信；下文注 7 及 1939 年 6 月 16 日的信。

1. 先前厄谢尔在一次拍卖会上以 5 镑购得一幅耶稣受难画；后来在卡帕的一次拍卖会上以 12 镑将该画卖出。其女儿亨丽埃塔·厄谢尔·史泰博斯回忆说，该画大约 24 英寸×30 英寸，呈深褐色，"保存极差"；该画的其他细节尚待查证。

贝克特指意大利画家、制图员乔瓦尼·巴蒂斯塔·皮亚泽塔。他将厄谢尔的画与乔瓦尼·巴蒂斯塔（又叫作詹巴蒂斯塔）·提埃坡罗的《转世的寓言》（又称《圣母连祷文》，NGI 353）进行比较；后者描绘了一个满脸胡子的上帝（《爱尔兰国家美术馆：总库油画目录》［1932年］，第127页；欲一睹画像，参阅《爱尔兰国家美术馆：画作图志编目》［1981年］，第162页）。

荷兰画家菲利普斯·沃夫曼（1619—1668）经常在作品中画上一匹白马。

贝克特想起了卢卡斯·克拉纳赫的一幅无题画；克拉纳赫1505年到1550年在威登堡（而非乌兹堡）工作，其子汉斯（1472—1553）和小卢卡斯（1515—1586）都在该地出生。

2. 麦格里维专攻意大利艺术；当时为伦敦艺术期刊《画室》撰稿。

3. 厄谢尔给贝克特寄了哪篇文章不得而知。1939年，厄谢尔经常在《新英语周刊与新时代》发表文章：杂文《作品与信仰》（第14卷第23期［1939年3月16日］，第346—347页）讨论了哲学和天主教会的议题；杂文《新形而上学与老鬼》（第15卷第5期［1939年5月18日］，第80—81页）则以康德为出发点。

4. "Nächstens mehr"（德语，"不久会更多"）。

5. 先前厄谢尔在法国遇见过杰奎琳·德·拉·莎特（生卒年不详）。她跟厄谢尔和乔治·布勒（1914年生）都是朋友。布勒曾代表厄谢尔去布鲁塞尔医院看望贝克特，却发现贝克特已经出院（参见乔治·布勒致阿兰·厄谢尔的信，1938年2月9日，TCD，MSS 9031/134）。贝克特给玛丽·曼宁·豪写过信，谈到厄谢尔对自己的热情款待：阿兰"一周内给我买的食物和饮品，比在先前我们相识的这么多年里的还要多"（1939年6月6日，TxU）。

6. 据贝克特所购版本里写的日期（BIF，UoR：弗里德里希·荷尔德林，《荷尔德林全集》［莱比锡：岛屿出版社（1926）］），他是1937年12月24日购买了德国诗人约翰·克里斯蒂安·弗里德里希·荷尔德林（1770—1843）作品集。该版本包括荷尔德林的二卷本小说《海伯里安，又名希腊的隐士》第425—586页），译本《安提戈涅》（第876—916页），及为数不多的在有生之年见刊的诗歌。此处贝克特指两组诗：《自由颂歌》（第202—241页）和《最后的诗歌》（第1002—1009页）。贝克特的诗《迪耶普》以荷尔德林《最后的诗歌》中的《步行》（第1005—1006页）片段为素材（参见哈维，《萨缪尔·贝克特》，第218页）。

7. 在布莱恩·科菲致罗伯特·麦卡蒙的信中，贝克特关于蜘蛛的"知识"得到了复述："贝克特周四到了这儿，聊了一阵，说蜘蛛发情时，两根刺毛里罐满胃液，然后出发随时行动，紧接着就立即逃离。不然，写作的未来就在于新的工艺方法了。"（1939年6月20日；CtY：MSS 萨维·沙·麦卡蒙）

8. 提埃坡罗。

伦敦

乔治·雷维

1939 年 6 月 16 日 　　　　　　　　　　　　　　　　　　　巴黎

尊敬的乔治：

　　谢谢那 200 法郎。

　　有空的时候请将《小》寄还给我。

　　Il me tarde de le mettre en morceaux.[1]

　　昨天和布莱恩在当皮耶尔还有勒梅附近走了几圈。知道了罪恶是非存在的一种形式。[2]

　　　　　　　　　　　　　　　　　　　　　　　　　　　　　萨姆

　　APCS；1 张，1 面；墨渍；"朗热——拉伯雷故居"；寄往：伦敦西中 1 区大奥蒙德街 7 号，乔治·雷维收；邮戳：39/6/16，巴黎；TxU。

　　1. 贝克特指 1939 年 2 月 28 日之后寄给雷维的诗《小酒鬼》（一首或两首）；在 1939 年 7 月 7 日之前致雷维的信中，贝克特表示已经收到《小酒鬼》的手稿（TxU）。

　　"Il me tarde de le mettre en morceaux"（法语，"迫不及待要撕成碎片"）。

　　2. 布莱恩·科菲把两人聊天的内容转告罗伯特·麦卡蒙了（参见 1939 年 6 月 14 的信，注 7）。

伦敦

乔治·雷维和格威内思·雷维

1939 年 9 月 26 日 　　　　　　　　　　　　　　　　　　　巴黎 15 区

　　　　　　　　　　　　　　　　　　　　　　　　　　　　　快马街 6 号

亲爱的乔治和格威内思：

昨天傍晚见到伊娃·托恩，把您的口信一五一十地跟她说了。她似乎 au courant[1]。之前她同几个朋友（比如取了个意大利名字的那位医生的太太）待在卡尔瓦多斯，希望争执期间待在那儿，但大家还是全都打包回巴黎了。[1]

大约 3 周前，赫尔从海牙来到巴黎，他想赶回卡涅去和丽索会合，眼下他们俩都到卡涅了。看样子荷兰的事情可不如他的意，那位宗主国赞助人就会耍人。好像阿德勒也还留在卡涅，不过我想他在那儿待不了太久了。[2]

几天前在穹顶碰见了佩吉·古根海姆，她开着崭新的小车，喝着潘诺。这会儿她正和某个叫什么贝格太太的待在默东，准备开车去梅杰夫镇，赶在回英格兰之前把孩子们安顿好。看样子她以为很快就能回法国。我已经失去联系的各色人等，她竟然说得出他们的着落，比如她说乔伊斯夫妇眼下就住在拉博尔。[3]

邓肯夫妇在圣马洛附近的帕拉梅。

佩隆跟他所在的团驻扎在洛里昂。收到过他的明信片。那哥们儿在喂马。[4]

我的申请毫无消息——天才知道啥时候离开。正想着去爱尔兰公使馆找找克雷明，不过就怕他帮不上任何忙。[5]

看到尼赞退党了，罗兰下台了，还有季奥诺被捕了。不知萨特在哪儿。[6]

朱纳·巴恩斯好像还在这儿。不过我还没在 St. Germainising。

弗罗因德利希一家好像也还在这儿。[7]

　　谨上

　　　　　　　　　　　　　　　　　　　　萨姆

---

[1] 法语，"知道情况的"，"熟悉的"。

ALS；3 张，3 面；信封：伦敦西 11 区圣詹姆斯花园 19 号，乔治·雷维夫妇收；TxU。

1. 关于伊娃·托恩和取了个意大利名字的那位医生的太太，其身份均未确认。英法于 1939 年 9 月 3 日对德宣战；次日，尽管不无困难，贝克特还是回到了法国（参见诺尔森，《盛名之累》，第 273 页）。

2. 赫尔·范费尔德曾找收藏家皮埃尔·勒尼奥，希望他继续予以赞助（参见 1938 年 1 月 5 日的信，注 11）。

德国已于 1939 年 9 月 1 日入侵波兰。阿德勒一直待在滨海小镇卡涅，直到 1940 年加入西线的波兰军队（尤尔根·哈顿，马克·谢普斯和理夏德·斯坦尼斯拉夫斯基编，《扬克尔·阿德勒：1895—1949》[科隆：杜蒙出版社，1985]，第 34 页）。

3. 佩吉·古根海姆和佩特尼拉·凡·杜斯伯格（原姓凡·莫塞尔，又称奈莉，1899—1975）待在一起，在后者位于巴黎附近的默东的家里住了一段时间。古根海姆的两个孩子——辛巴达（原名迈克尔·塞迪尔克·辛巴达·瓦伊，1923—1986）和佩金·瓦伊（拉姆尼太太，1925—1967）——正同父亲洛朗斯·瓦伊住在法属阿尔卑斯山的梅杰夫镇（韦尔德，《佩吉》，第 188—192 页）。

詹姆斯·乔伊斯和诺拉·乔伊斯已于 1939 年 8 月 28 日去了法国的拉博尔，因为露西娅和戴尔马医生的其他病人将一起从艾夫里私立医院撤往该地（乔伊斯，《詹姆斯·乔伊斯书信集》，第 3 卷，第 454—456 页；艾尔曼，《詹姆斯·乔伊斯传》，第 726—728 页）。

4. 阿尔弗雷德·佩隆已应召入伍。洛里昂是布列塔尼的一处海港。

5. 贝克特申请为法国服役的确切性质不得而知。科尼利厄斯·克雷明是爱尔兰驻法公使馆的第一秘书（参见 1938 年 1 月 21 日的信，注 5）。

6. 法国小说家保罗·尼赞（1905—1940）是《马克思主义杂志》的主编，1939 年 9 月 25 日退出共产党（《C. G. T. 的共产党人和苏德协定》，《巴黎晚报》，1939 年 9 月 26 日：第 3 版）。

法国作家罗曼·罗兰（1866—1944）离开公共舞台，在弗泽莱定居；"从 1939 年开始，其知识政治的重心一直是战胜纳粹"（戴维·詹姆斯·菲舍尔，《罗曼·罗兰和知识分子参与政治》[伯克利：加利福尼亚大学出版社，1988]，第 290—292 页）。

法国作家让·季奥诺（1895—1970）是一位和平主义者，1939 年 9 月 5 日受到鼓动，1939 年 9 月 14 日被当作"défaitiste"（法语，"失败主义者"）遭逮捕，拘禁在马赛（皮埃尔·西特龙，《季奥诺：1895—1970》[巴黎：瑟伊出版社，1990]，第 318 页；让·季奥诺和让·盖埃诺，《1928 年至 1969 年往来信件》，皮埃尔·西特龙编[巴黎：

708

西格尔出版社，1991]，第196页）。

让－保罗·萨特在1939年9月2日的总动员中应征入伍（安妮·科恩·索拉尔，《萨特传》[纽约：众神图书，1987]，第133页；西蒙娜·德·波伏瓦，《给萨特的信》，昆廷·霍尔编译[纽约：拱廊出版社，1992]，第57页）。

7. 美国作家朱纳·巴恩斯（1892—1992）此时仍在巴黎，直到1939年10月12日才离开法国（菲利普·F. 赫林，《朱纳：朱纳·巴恩斯的生平与作品》）[纽约：维京企鹅图书公司，1995]，第247页）。"St. Germainising"：指经常光顾巴黎圣日耳曼德普雷区的咖啡馆及与之相关的知识分子圈。

奥托·弗罗因德利希是德国公民，遂于1939年被拘禁在一处法国隔离营。

伦敦
乔治·雷维和格威内思·雷维

1939年12月6日

巴黎15区

快马街6号

尊敬的乔治和格威内思：[1]

谢谢寄来便笺。抱歉，我没精打采。除了干正事，就没事儿可干了。不过，很久以前情况也是这样。

我的 démarche 石沉大海了。真正想要的是他们的收讫函——那个他们倒真是给了。[2]

这里跟往常一样有暖气，有热水，也几乎不出门。一直在努力地翻译《莫菲》，只剩4章要翻了。再过一个月就可以大功告成，我想到那时就终于可以动笔写约翰逊了。[3]

里沃阿朗寄来了自己的《当代爱尔兰文学》，其中有一定篇幅谈到汤姆、《代人祈祷》、《骨》和《莫菲》。由阿歇特出版。[4]

看到消息说，停战日那天布莱恩在都柏林生了个儿子。再也没收到过他的来信。

前天遇见了康定斯基。是个有同情心的老西伯利亚人。⁶

不久前收到了丽索的便笺，还有赫尔的一首散文诗，大意是 <u>In tristitia hilaris</u> 云云。阿德勒似乎还在那儿。⁷

邓肯从帕拉梅过来，在巴黎住两天，戴着一顶 casquette de cha[r]cutier，相对而言气色不错。⁸

佩隆有来信。他原先在英军野战医院，现在转到 Etat major 了。⁹

祝你们俩幸福，并向汤姆带好。

萨姆

ALS；1 张，1 面；TxU。

1. 从这封信开始，贝克特才把"格威内思"的名字都拼对了。

2. 贝克特曾在战备时申请为法国服务（参见 1939 年 9 月 26 日的信）；"démarche"（法语，"尝试"，"努力"）。

3. 起初贝克特可能是同阿尔弗雷德·佩隆一起将《莫菲》译成法语，但后来只能独自翻译了。贝克特指酝酿已久的关于塞缪尔·约翰逊的戏剧。

4. 法国索邦的爱尔兰文学专家阿纳托尔·里沃阿朗（1886—1976）编辑了《当代爱尔兰文学》（巴黎：阿歇特出版社，1939）。在"1916 年以来的诗歌"一章中，他讨论了麦格里维和贝克特的诗，以及德夫林的《代人祈祷》（第 124—127 页）；在"长篇小说与短篇小说"一章中，他论述了贝克特的《莫菲》（第 143 页及各处）。

5. 布莱恩·科菲和布里奇特·科菲的儿子约翰·马丁·迈克尔于 1939 年 11 月 11日在都柏林降生（参见 1939 年 11 月 28 日科菲致罗伯特·麦卡蒙的信；CtY，MSS麦卡蒙查阅）。

6. 瓦西里·康定斯基出生在莫斯科，但其父亲生于西伯利亚。贝克特遇见他时，他已七十三岁。

7. 丽索·范费尔德的信及附件尚未找到。

"In tristitia hilaris"是乔尔达诺·布鲁诺的戏剧《举烛人》（1582）的引子："In tristitia hilaris, in hilaritate tristis"（拉丁文，"悲伤中作乐；作乐中悲伤"）（乔尔达诺·布鲁诺和托马索·坎帕内拉，《乔尔达诺·布鲁诺和托马索·坎帕内拉作品集》，奥古斯托·古佐和罗曼诺·阿梅留编，意大利语语学；历史和文本［米兰：里卡多·里恰尔迪出版社，1956］［第35页］；安东尼·库达译）。

8.艾伦·邓肯住在圣马洛附近的帕拉梅。"casquette de charcutier"（法语，"屠夫的鸭舌帽"）。

9.此时佩隆是英国远征军联络员，隶属英军野战医院；"Etat major"（法语，"总参谋部人员"）。

1940 年年表

1940 年 1 月 13 日　　贝克特没有"通行证"，无法前往阿列省圣热朗勒皮看望乔伊斯夫妇。乔伊斯已招募里沃阿朗审定贝克特的《莫菲》法译本，但贝克特需要誊写清晰才能寄给里沃阿朗。

2 月 11 日　　乔伊斯期盼乔治·乔伊斯和贝克特来圣热朗勒皮，庆祝 2 月 15 日斯蒂芬·乔伊斯的生日。

3 月 24—29 日　　贝克特同玛丽亚·约拉斯和乔伊斯夫妇在圣热朗勒皮礼拜堂共度复活节。

4 月 9 日　　德国入侵挪威和丹麦。

5 月 10 日　　德国入侵荷兰、比利时和卢森堡。

5 月 12 日　　德国入侵法国。

5 月 21 日前　　贝克特申请担任救护车驾驶员。里沃阿朗推迟审定贝克特要交给让·波朗的《莫菲》法译本。贝克特撰写"《约翰逊》第一幕部分内容"。他为"世界的巴黎"所写短剧遭到撤稿。购买布拉姆·范费尔德的几幅画，激励佩吉·古根海姆继续关注其作品。

6 月 10 日　　计划 6 月 14 日与布拉姆·范费尔德和玛尔特·阿瑙德见面，前提是"只要我们还在巴黎"。意大利向英法宣战。

6月 12 日　　　　同苏珊娜·德舍沃–迪梅尼尔离开巴黎。

6月 14 日　　　　德军占领巴黎。

6月 18 日　　　　夏尔·戴高乐号召法国人民抵抗德军入侵。

法国阿列省圣热朗勒皮
詹姆斯·乔伊斯

1940 年 1 月 13 日　　　　　　　　　　　巴黎 15 区
　　　　　　　　　　　　　　　　　　　　快马街 6 号

尊敬的乔伊斯先生：

　　晚辈暂且放弃了南下的所有希望。今天通行证申请又没递交进去。上周晚辈天天径直过去，或是一路小跑，到香榭丽舍大楼里的那个地方。等到通行证申请递交进去后，假如他们并不最终决定拒签，那乔治就会动身回去。所以晚辈决定推迟复活节之旅。非常失望，因为晚辈一直盼着拜访您二位。[1]

　　见到了尼诺·弗兰克——从他那儿弄来了各种报纸。谈到剧本脚本，他说在《因为你》上刊出不大可能，他觉得最好的办法似乎是译成法语，在《新法兰西杂志》或同类刊物上发表。作为剧本脚本，他似乎认为剧情安排合理。[2]《安娜·利维娅》的意大利语打印稿还没弄好。一旦弄完，他会尽快把稿子寄给您。《全景》的新主编看来很热心，不过，毫无疑问他跟您说过这事儿。他很乐意把《芬尼根》再留一段时间。[3]这些天晚辈会抽空再给他打个电话，安排哪天傍晚见上一面。

　　您的明信片中"前者"和"后者"所指为何？还有，您是要《全

714

景周刊》和《新方向》，还是只要前者呢？这些晚辈不太明白。暂时只寄《全景周刊》吧，要是您想要的话，那就随后把《新方向》也寄来。[4]

随信附上家兄寄来的禁书清单。晚辈讨要最新清单，但这份清单似乎不是最新版。[5]

今天收到里沃阿朗寄来的明信片。您能写信向他推荐《莫菲》，真是宅心仁厚。他非常和善，主动提出审读译文，并把晚辈"推荐"给法国大众。译稿只有一份，而且还乱七八糟的，不过一旦誊写清楚，晚辈就给他寄去。过一会儿晚辈就给他写信，向他致以谢意。[6]

向乔伊斯夫人致以最诚挚的问候。

敬上

萨姆·贝克特

ALS；2 张，2 面；苏黎世詹姆斯·乔伊斯基金会。

1. 就在 1939 年圣诞节前夕，乔伊斯夫妇离开巴黎，前往阿列省圣热朗勒皮；二人的孙子斯蒂芬·乔伊斯刚入读撤离到该地的玛丽亚·约拉斯的双语学校。

作为外国居民，贝克特必须持有通行证才能离开登记地巴黎。身份证可在香榭丽舍大道 101 号的法国大楼申领，可能贝克特也在该处申办出行所需证明。法国外交部档案馆表示，德国人占领巴黎时，移民记录丢失了。

2. 尼诺·弗兰克已出任巴黎电影周刊《因为你》的主编，该刊于 1928 年 11 月 22 日至 1940 年 6 月 5 日期间发行。

乔伊斯创作或由自己作品改编而成的剧本脚本到底是哪部作品，这一点尚未确认；他没有剧本发表在《新法兰西杂志》上。贝克特也许是指斯图尔特·吉尔伯特于 1935 年用英语撰写的《安娜·利维娅·普鲁拉贝尔剧情梗概》，其中融入了乔伊斯的多处建议（CtY：欧仁·约拉斯和玛丽亚·约拉斯卷宗，GEN MS 108，系列 15，64/1499）；该文随后发表于玛丽亚·约拉斯编《詹姆斯·乔伊斯年鉴》第 10—20 页。

3.《安娜·利维娅·普鲁拉贝尔》的意大利语翻译由尼诺·弗兰克和乔伊斯承担；然而，当该章以《安娜·利维娅·普鲁拉贝尔》为题发表在《展望》[罗马]第 4 卷第 2 期（1940 年 2 月 15 日）第 13—15 页上时，署明联合译者为埃托雷·塞坦尼和詹姆斯·乔伊斯。因为其"反法西斯活动"，尼诺·弗兰克的名字不能见刊；就此，乔伊斯于 1940 年 3 月 13 日致信尼诺·弗兰克道："塞坦尼写信给我，说没有署我的名字，个中原因你即刻就会明白。但我坚信，我的名字不会总是被雪藏！"（乔伊斯，《詹姆斯·乔伊斯书信集》，第 3 卷，第 469 页）

出版的译文与乔伊斯认可的译文略有不同。在 1940 年 4 月 9 日寄给尼诺·弗兰克的明信片中，乔伊斯写道："第三人称单数代词已改为第二人称复数代词了。"乔伊斯写给塞坦尼，就此及其他改动提出抗议的那封信，以《乔伊斯的一封信》为题发表在《展望》第 4 卷第 4 期（1940 年 4 月 15 日）第 11 页。艾尔曼做出解释，就直接称呼写道："使用第二人称复数代词 voi，而非 [第三人称单数代词] Lei，这是法西斯统治下的强制行为"（乔伊斯，《詹姆斯·乔伊斯书信集》，第 3 卷，第 475 页）；至于其他改动，参见埃里克·巴尔森，《注意：詹姆斯·乔伊斯的意大利语译本》，《乔伊斯研究年刊》第 12 期 [2001 年夏]，第 33—36 页。

《芬尼根守灵夜》的书评参见萨尔瓦托·罗萨蒂，《詹姆斯·乔伊斯的新书》，《全景周刊》[罗马] 第 18 期（1939 年 11 月 12 日），第 246—247 页；《全景周刊》的主编有拉斐尔·康恩图（1895—1953）和詹尼·玛佐奇（1906—11984）（乔伊斯 1940 年 1 月 9 日致雅克·莫坎东的信，1940 年 2 月 21 日致詹姆斯·劳克林的信，1940 年 3 月 14 日致莫坎东的信；参见乔伊斯，《詹姆斯·乔伊斯书信集》，第 3 卷，第 463、468、470—471 页）。

4. 1940 年 2 月 21 日，乔伊斯写信给詹姆斯·劳克林，感谢他的《散文与诗歌新方向》[第 4 期]，詹姆斯·劳克林编（康涅狄格州诺福克：新方向出版社，1939）。该期还登载了哈里·莱文的文章《初识〈芬尼根守灵夜〉》（第 253—287 页）（乔伊斯，《詹姆斯·乔伊斯书信集》，第 3 卷，第 468、471 页）。

5. 每次会议结束后，爱尔兰出版物审查委员会都会在《官方公报》（*Iris Oifigúil*，爱尔兰官方国家级公报）上公布禁书清单；《爱尔兰时报》也会在《司法部长根据出版物审查法颁布的法令》栏目中刊载这些定期报告（《禁止出版物》，《爱尔兰时报》，1939 年 12 月 20 日：第 3 版）。1940 年 1 月之前最新版的《禁止出版名单》于 1938 年 3 月 31 日发布，后通过增补《1938 年 4 月 1 日至 1938 年 9 月 30 日半年期间的禁书清单》得以更新。下一期《名单》将于 1940 年 3 月 31 日公布（约翰·古德维利，都柏林圣三一学院官方出版物图书馆员，2006 年 8 月 2 日；佩吉·加维，都柏林出版物审查处，2006 年 8 月 2 日）。

6. 阿纳托尔·里沃阿朗寄给贝克特的明信片尚未找到。

法国圣热朗勒皮礼拜堂

玛丽亚·约拉斯

1940 年 4 月 1 日 [1]　　　　　　　　　　　巴黎 15 区

　　　　　　　　　　　　　　　　　　　　　快马街 6 号

尊敬的约拉斯夫人：

　　谨以短笺聊表谢意，以此米色纸上深蓝文字，谢谢您的热情好客。[1]

　　我们的歌是这么唱的：

> 在白色旁波内的中心深处，
>
> 远离和平攻势的地方，
>
> 玛丽亚·约拉斯夫人
>
> 备好许多床铺
>
> 还有圣普尔桑美酒
>
> 给厌战的反派。[2]

　　但愿有机会再来豪饮一回。

　　　谨上

　　　　　　　　　　　　　　　　　　萨姆·贝克特

ALS；1 张，1 面；CtY, Gen Mss 108，系列 7，28/535。

　　1. 先前贝克特同约拉斯一家及乔伊斯一家共度了假日；1940 年 3 月 29 日，玛丽亚·约拉斯给欧仁·约拉斯写信道：

———————

[1]　原信用法语写成。

我们的复活节家庭派对就要接近尾声了。贝克特和乔治今早动身去巴黎了。

傍晚我们要么唱歌，要么玩"高雅"游戏，比如肖像等。贝克特有个游戏，即你得选择一个城市名，然后用其首字母造句。［……］有时让人开怀大笑。

顺便说一句，贝克特性格变化很大，真是与人为善，宽以待人。（CtY，Gen Mss，系列 1，2/33c）

2. 白色的旁波内指位于维希东北 8 英里处的那片地方，玛丽亚·约拉斯的纳伊双语学校已撤离至此。此处圣普尔桑指阿列省圣普尔桑出产的葡萄酒。

西班牙马德里
乔治·雷维和格威内思·雷维

1940 年 5 月 21 日 巴黎 15 区

快马街 6 号

尊敬的乔治及格威内思：

我还留在这里，一切安好。没有赫尔的任何消息。据我所知，他还同其他人一起待在卡涅。偶尔碰得到布拉姆和玛尔特。现在他们过得不容易。正采用分期付款的方式，断断续续地购买布拉姆的一幅画。[1] 曾经想办法请佩吉帮他一把。她准备腾出一天的时间去他的画室，说可能会买一幅画，可最后一刻却从我身边溜走了。与此同时，她却在囤积布拉克、格里斯、布朗库西、达利等窘困画家的作品。期待有一天能听到她弄到了基斯林或者范东根的一幅画。[2] 这不关我的事儿。布拉姆 réformé 了，赫尔没有，但我想他不会应召入伍。[3]

九月份提交的申请，至今都没收到回复。如今我已毛遂自荐，想去开救护车。要是同意接收，那他们很快就会接收。[4]

718

一直在勤奋创作。之前里沃阿朗正为《信使》撰写文章，谈《双鸟渡》和《莫菲》，取代已故的莫里斯·登霍夫构思的那篇。他还准备替我修订译文，请阿德里安娜·莫尼耶推荐，再投给波扬。眼下这一切都付诸东流了。[5] 给"世界的巴黎"弄了一出短剧，可由于近来的事变，撤稿了。关于约翰逊的戏，第一幕写了一半。[6] 复活节时，在旁波内待了一周，去看望乔伊斯夫妇，他们还住在那儿。[7] 麦克蒙［麦卡蒙］告诉我，说近来收到布莱恩的信，信里说布莱恩和布里奇特以及小宝宝一起住在都柏林郊外的某个地方，读着世纪伪怀疑论者的著作。没有汤姆的消息。他有篇文章刊登在《爱尔兰时报》上，评论的是一个叫米尔恩的人的诗集，即盖伊菲尔德出版社推出的那些诗歌。邓肯上来了，要住两三天。[8] 几个月前，您书局的接手人登门造访。没能找到斯洛尼姆，他感到很难过。[9]

我有个美国朋友，叫莫里斯·英格利希，是诗人、记者，刚从巴黎前往马德里。他住在皇宫酒店，渴望与您结实［原文如此］。他人特别好，我想你们会处得很好。了解一下他。我想他就职的是《芝加哥论坛报》。万一他碰巧离开了那家酒店，那您总可以在美国大使馆找到他。[10] 刚才不自觉把"结交"一词给写反了。不改算了。

您自己近况如何？尽快回信。

　　此致

s/ 萨姆

佩隆休假时已几次来看望我。[11] 那时状态不错。不知眼下……？

TLS 和 APS 在页面顶端；1 张，1 面；TxU。

1. 法国战役始于 1940 年 5 月 10 日，标志着德国开始入侵法国，最终以法国投降和被占领告终。

乔治·雷维于 1940 年 1 月迁到马德里，在英国文化协会就职。赫尔·范费尔德仍在滨海小镇卡涅。

赫尔的哥哥布拉姆·范费尔德（原名亚伯拉罕·赫拉尔杜斯·范费尔德，1895—1981）也是画家，已搬到巴黎郊区蒙鲁日。他原来住在马略卡岛，但在妻子、德国画家索菲·卡罗琳·克勒克（又称莉莉，1896—1936）去世后，他就来到了巴黎；住在弟弟赫尔那儿期间，他遇到了玛尔特·阿瑙德（原姓孔茨，1887—1959），这位北罗得西亚（现赞比亚）的前新教传教士于1936年成为他的伴侣，直到离世（斯托里格、舍勒编，《布拉姆·范费尔德》第146、155—157页；蕾娜·迈克尔·梅森编，《布拉姆·范费尔德1895—1981：百年回顾展》（日内瓦：拉特博物馆[艺术与历史博物馆，1996]，第305—307页）。

贝克特购买了《无题》（1937年，乔治·蓬皮杜现代艺术中心国家博物馆，AM 1982–244）。

2. 为建立当代艺术博物馆，古根海姆购买了康斯坦丁·布朗库西和加泰罗尼亚画家萨尔瓦多·达利（1904—1989）的作品（参见古根海姆，《出自本世纪：一名艺术瘾君子的忏悔》，第210—218页；安东·吉尔，《艺术爱好者：佩吉·古根海姆传》[纽约：哈珀·柯林斯出版集团，2002]，第220页）。其藏品中有法国艺术家乔治·布拉克（1882—1963）和西班牙画家胡安·格里斯（1887—1927）的作品，但没有波兰裔画家莫依斯·基斯林（1891—1953）和荷兰裔画家凯斯·范东根（1877—1968）的作品。（其藏品的图片和细节，请浏览 www.gugenheim-venice.it）

3. "réformé"（法语，"认定不合兵役"）。

4. 贝克特的申请：参见1939年12月6日的信，注2；也可参见诺尔森，《盛名之累》，第275页。

5. 1940年6月1日出刊后，《法国信使》即停止出版，直到1946年12月1日才继续刊出；阿纳托尔·里沃阿朗并未在《法国信使》上发表关于《莫菲》和《双鸟渡》的文章；《双鸟渡》，长篇小说，作者系爱尔兰作家弗兰·奥布莱恩（真名布莱恩·奥诺兰，笔名还有迈尔斯·纳·戈帕林，1911—1966）。

除了贝克特在1940年1月13日写给乔伊斯的信中有所提及之外，再无任何文件记载里沃阿朗愿意替贝克特修订《莫菲》的译文，之后投给让·波朗，看能否在《新法兰西杂志》发表。也无文件记载阿德里安娜·莫尼耶打算撰写相关推荐信。

1940年7月，《新法兰西杂志》暂停出刊，但德国大使奥托·阿贝兹（1903—1958）决定利用该刊促进法德合作。他拉拢作家、纳粹支持者皮埃尔·德里厄·拉罗谢尔（1893— 1945）接管办刊方向，而出版商加斯东·伽利玛（1881—1975）也于1940年10月同意了该提议。德里厄主编的第1期于1940年12月出版，"其中没有犹太人"——特别是朱利安·班达（1867—1956）。波扬拒绝合作出版《新评论》，宁愿把才华投入到文学抵抗中，与人共同创办了《法兰西文学报》（弗雷德里克·巴德雷，《波扬的正义》[巴黎：格拉塞出版社，1996]，第175—195页）。

莫里斯·登霍夫（卒于1939年？）未发表《莫菲》的书评。1940年3月28日，乔伊斯从圣热朗勒皮来信，请阿德里安娜·莫尼耶看看1939年10月1日之后，登霍夫为《莫菲》所写的书评是否已在《法国信使》上登出。他接着写道："去世前好几周，莫里斯·登霍夫写信告诉我，说他正在编辑所提文章，该文准备排在他在同一家刊物登载的另两篇文章的后面。"（詹姆斯·乔伊斯[致阿德里安娜·莫尼耶]的信，《詹姆斯·乔伊斯传》，《法国信使》，第326页，《阿德里安娜·莫尼耶的回忆》，特刊[1956年1月]，第123页）

6. "世界的巴黎"是法国政府所办的对外服务短波电台，自1937年开始播音。法国沦陷后，该台仅播放对内节目，把非英语节目一概淘汰。1940年6月9日，电台员工放弃巴黎的设备，先是迁往普瓦捷，再后迁往波尔多。6月14日，该台停播；6月15日复播，开场白是"这里是'世界的巴黎'，从法兰西某地播音"（达米恩·基恩，《爱尔兰与信息问题：爱尔兰的写作、广播及晚期现代主义通讯》[宾夕法尼亚：宾夕法尼亚州立大学出版社，2014]，第120—121页）。

贝克特关于塞缪尔·约翰逊的剧本构思已久，此处指其中已完成的部分，即后来发表在《碎片集》第155—166页的《人性的愿望》。

7. 贝克特与乔伊斯夫妇：参见1940年4月1日的信。

8. 1940年5月21日之前布莱恩·科菲写给罗伯特·麦卡蒙的信尚未找到；不过，科菲于1941年2月9日写了信给他，只说他、布里奇特和他俩的儿子约翰已经从都柏林郡邓莱里的马尔格雷夫街2号搬到了马尔格雷夫街5号（CtY，MSS 萨维·莎·麦卡蒙）。艾伦·邓肯。

麦格里维对尤尔特·米尔恩（1903—1987)《爱尔兰的来信》（都柏林：盖伊菲尔德出版社，1940）发表了评论（《新诗：〈爱尔兰的来信〉》，《爱尔兰时报》，1940年4月6日：第5版）。

9. 乔治·雷维将欧洲文学书局卖给了理查德·雷金纳德·马奇（生卒年不详），后者后来入股尼科尔森和沃森出版社(参见1974年10月24日乔治·雷维致戴尔德丽·贝尔的信）。

乔治·雷维和马尔克·斯洛宁一同编辑并翻译了《苏联文学选集》（1933）。

10. 莫里斯·英格利希*（1909—1983），美国诗人、记者、译者和出版商，担任《芝加哥论坛报》驻外记者直至1941年。

11. 阿尔弗雷德·佩隆仍在服现役。

法国蒙鲁日

玛尔特·阿瑙德，由布拉姆·范费尔德转交

周一［1940 年 6 月 10 日］[1]　　　　　　　　　　　巴黎 15 区

快马街 6 号

尊敬的玛尔特：

没有您的地址，只好在布拉姆这儿给您写信。1

魔鬼就像天使。恳求您留下，他自会离去。

周五傍晚我们没空，我俩都是。但是下午 4 点钟，我会在体育咖啡馆和布拉姆打一局台球，然后五六点钟的时候去您那里待上一会儿，就您两位的画聊一聊。所以，除非布拉姆告诉我的意见与此相左，不然周五下午 4 点钟我就在体育咖啡馆等您。您干吗不来看上一局比赛呢？2

这一切的前提，是我们还待在巴黎。苏珊娜似乎想撤。但我不想。去哪里呢，坐什么车呢？3

布拉姆的画在蓝色的玻璃下，发出一道幽暗的火焰。昨天傍晚，我在中餐馆都能从画中看到尼瑞，"蜷缩着身子，想着自己的烦恼，像一只象牙雕的猫头鹰"。4今天这幅画会有所不同。您以为自己在选择什么，可您选择的总是您自己；假如您走运，就会认识一个之前并不认识的自我。除非您是做买卖的。

此致

萨姆·贝克特

ALS；1 张，2 面；寄往：蒙鲁日区阿里斯蒂德·白里安大街 111 号，布拉姆·范费尔德先生收，邮戳：1940/6/10，巴黎；普特曼收藏室。先前出版（摹本）：《布

---

[1]　原信用法语写成。

拉姆·范费尔德》（巴黎：蓬皮杜中心出版社，1989），第 160 页；（摹本）、《客体：贝克特》（巴黎：蓬皮杜中心，IMEC 版，2007），插图第 86—87 页。日期判定：据邮戳；1940 年 6 月 10 日是周一。

1. 布拉姆住在蒙鲁日区的阿里斯蒂德·白里安大街 111 号。

2. 贝克特在就向他和苏珊娜发出的邀请做出答复；在此信中，贝克特第一次暗示他们已是情侣。

当时在大军大道和马拉科夫大道（马约门站）的拐角处有一家体育咖啡馆（让·法维耶，《奥格·普吕尼耶先生的体育咖啡馆》，《现代建筑报》第 51 卷第 45 期［1936 年 8 月 23 日］，第 929—936 页）。

这次购画洽谈可能涉及贝克特所购布拉姆·范费尔德的那幅画（参见 1940 年 5 月 21 日的信，注 1）。

3. 在约定见面的那天，即 1940 年 6 月 14 日，巴黎即被德军占领。6 月 12 日，贝克特和苏珊娜离开巴黎前往维希，在那儿得到瓦莱里·拉尔博的帮助。他们一路逃难，先是去图卢兹，然后朝波尔多的方向一直逃到卡奥尔；最后，千方百计赶到了大西洋海滨的阿卡雄，在那儿幸亏玛丽·雷诺兹（原名胡巴切克，1891—1950）和马塞尔·杜尚施以援手，才在海滨大道 135 号圣乔治别墅住到 1940 年的秋季（参见诺尔森，《盛名之累》，第 274—276 页、第 677 页，注 8 和注 9；1940 年 8 月 19 日爱尔兰驻西班牙公使 P. J. 奥·伯恩致乔治·雷维的信，TxU）。

4. 按照灯火管制规定，窗户上涂上一层由蓝色粉末、水和油调和而成的溶液，形成"蓝色玻璃"。正如 1939 年 9 月 11 日，西蒙娜·德·波伏瓦写信给让-保罗·萨特，说："窗户是一种奇妙的幽蓝色。我们穿过黑灯瞎火的灯火管制区，摸到了穹顶，一路上老是绊到用条石砌成的路缘。"（《年华之力》［巴黎：伽利玛出版社，1960］，第 401 页；《青春年华》，皮特·格林译［俄亥俄州克利夫兰：世界出版公司，1962］，第 310 页）

贝克特引用了《莫菲》第 115—116 页中的一段话。

附　录

人员及出版物简介

金特·阿尔布雷希特（Günter Albrecht，1916—1941）

1936 年 9 月贝克特遇见他时，阿尔布雷希特还是汉堡库尔特·绍克书店的学徒。贝克特待在汉堡期间，二人成了朋友；他还介绍贝克特认识了自己的家人和朋友，甚至鼓励贝克特见见柏林的朋友阿克塞尔·考恩。1937 年春季，刚完成书店老板的考核，阿尔布雷希特就不得不履行"国民服役"的职责，旋即征召入伍两年。服完兵役后，他在莱比锡的雷克拉姆出版社谋到一份差事，但这时二战爆发了，兵役期自动延长，他进入预备役部队当了训练教官。1941 年 7 月，他死于苏联前线。

理查德·阿尔丁顿（Richard Aldington，1892—1962）

阿尔丁顿是英国小说家、诗人，20 世纪 30 年代居住在法国和意大利。凭借与詹姆斯·乔伊斯、南希·丘纳德、托马斯·麦格里维和查尔斯·普伦蒂斯的亲密友谊，他认识了贝克特。乔伊斯的《年轻艺术家的肖像》在《自我主义者》上分期连载时（1914），阿尔丁顿是该刊的文学编辑。他和丘纳德一道为以时间为主题的最佳诗歌大赛提供了奖金；贝克特的诗《腥象》获奖。阿尔丁顿提议，该诗由丘纳德的时光出版社出版时（1930），贝克特最好给该诗补上注解。阿尔丁顿所在的单位是查托－温德斯出版社，而查尔斯·普伦蒂斯就在该社任主编。阿尔丁顿为其"海豚丛书"做了金融担保。在麦格里维的建议下，贝克特写了《论普鲁斯特》（1931），该专论列入这一丛书出版。1931年同弗兰克·贝克特在法国南部旅行时，贝克特拜访了麦格里维，当时后者与阿尔丁顿待在拉旺杜。阿尔丁顿与普伦蒂斯一道鼓励麦格里维在1931年至1933年间集中精力写作，并为他创造写作的条件。他的友善也得到了贝克特的欣赏："我最先发表的两个篇什——由时光出版社和查托-温德斯出版社发表的篇什，部分得益于他的善意周旋。对他，我真是感激不尽。"[1]

西尔维娅·比奇（Sylvia Beach，1887—1962）

原名南希·伍德布里奇·比奇，美国驻巴黎的书商、出版商，1919年创立莎士比亚书店；该机构集英美书店、借书馆和出版社为一体，发展成了20世纪20和30年代法国作家和美国侨居作家的一个活动中心。1922年，莎士比亚书店出版了詹姆斯·乔伊斯《尤利西斯》的第一个全本；比奇继续担任乔伊斯的代理商，出版了他的《诗集》和《对〈进展中的作品〉事实虚化上正道的审核》。在第二个集子中，贝克特所写的文章是《但丁···布鲁诺·维柯··乔伊斯》。纳粹占领巴黎期间，比奇关闭书店，闭门不出（1942—1943）。战后，她继续担任作者的代理商，出售个人公寓所存书籍；巴尼·罗塞特在考虑将贝克特列入格罗夫出版社作者名单时征询了她的意见。比奇的回忆录出版时定名《莎士比亚书店》（1959）。1962年，贝克特同意为《法国信使》的"纪念西尔维娅·比奇"特辑投稿，但后来他给莫里斯·萨耶写信道："词语从我身边溜走了——随之，她从我脑海里整个儿消失了。"[2]

让·博弗雷（Jean Beaufret，1907—1982）

1930年与贝克特相遇时，博弗雷还是巴黎高师哲学专业的学生，被贝克特和麦格里维称作"船首斜桅"。后来他在德国继续研读费希特、黑格尔、马克思和海德格尔。从博弗雷寄来的一封信里，贝克特记下了他那"美妙的短语:'悲观论的钻石'"。[3] 1933年获得教师资格后,博弗雷来到蒙吕松公立中学任教;后来他转到巴黎的大路易公立学校高中部,负责巴黎高师入学考试预备班的教学。他就法国存在主义和希腊哲学与海德格尔进行了对话,出版了四卷本《与海德格尔对话》(1974—1985)及其他研究成果。1982年,他荣升巴黎孔多塞公立中学第一师范荣誉哲学教授。

弗兰克·爱德华·贝克特(Frank Edward Beckett,1902—1954)

弗兰克是贝克特的哥哥,中学就读于北爱尔兰的波托拉皇家学校,大学就读于都柏林圣三一学院,主攻工程专业。毕业后入父亲的公司"贝克特与梅德卡尔夫"事务所工作,后加入印度公务员行列(1927—1930)。1931年夏,贝克特与他一起在法国旅行,在后来的几年里,贝克特还陪他前往爱尔兰的西部和南部出差。1933年父亲去世后,弗兰克开始打理贝克特与梅德卡尔夫事务所。1937年,他娶了吉恩·维奥莱·赖特,夫妇俩住在俯瞰基利尼海湾的新宅"肖特里",并在那儿生养了两个孩子:卡罗琳(1938年生)和爱德华(1943年生)。1954年弗兰克去世前,贝克特在那儿同他一家度过了数月。

玛丽亚·琼斯·贝克特(Maria Jones Beckett,1871—1950)

原姓罗,又称梅,贝克特的母亲。在基尔代尔郡的莱克斯利普镇长大,就读于巴利米纳镇的莫拉维亚使团学校。15岁时,父亲萨缪尔·鲁宾逊·罗过世后不久,她当上护士。威廉·贝克特在都柏林的阿德雷德医院就医时,她与威廉相遇。1901年,他们迈入婚姻的殿堂,居住在都柏林郡福克斯罗克村的库尔德里纳家宅,那幢房子是威廉修建的,他们的两个儿子也是在那儿出生的。母亲1913年去世后,弟弟爱德华·罗的三个子女(莫莉、希拉、杰克)在假期常来与贝克特一家同住。梅是一位虔诚的新教徒，塔罗教区教堂的礼拜一场不落。

1933 年梅·贝克特突然寡居后，贝克特尽力安抚她，甚至动员她搬家。梅为贝克特在伦敦的 W. R. 拜昂医生那儿接受精神分析治疗支付了费用。1935 年，梅与贝克特一起在英格兰旅行度假。1937 年下半年，贝克特彻底摆脱母亲，随后前往巴黎。1938 年 1 月贝克特被人刺伤后，梅、弗兰克和吉恩立刻飞往巴黎陪护他。从那以后，除二战那几年，贝克特每年都回到都柏林与母亲同住数周，直到她过世。她请人在福克斯罗克村库尔德里纳附近修建的平房取名"新地方"，贝克特动笔创作《莫洛伊》就是在该处母亲的房间里。1950 年，梅死于帕金森病时，贝克特在都柏林陪护着她。

苏珊娜·若尔热特·安娜·德舍沃–迪梅尼尔·贝克特（Suzanne Georgette Anna Deschevaux–Dumesnil Beckett，1900—1989）

生于法国奥布省首府特鲁瓦，就读于巴黎高等音乐师范学院。20 世纪 30 年代中叶在巴黎的一场网球派对上第一次遇见贝克特。1938 年 1 月贝克特因刀伤住院期间，苏珊娜前往医院看望贝克特。1939 年 4 月，贝克特给麦格里维写信说，有个法国姑娘他很喜欢。[4] 贝克特与苏珊娜成了伴侣；1940 年 6 月巴黎被纳粹占领后，二人一起逃往南部的图卢兹，后又逃往西南部的阿卡雄。是年秋季回到巴黎时，贝克特加入"抵抗组织"开展地下活动。1942 年 8 月贝克特所在小组被破获后，他们逃往法国南部未占领区，随后 3 年都居住在鲁西永。

战后，苏珊娜拿着贝克特的手稿与巴黎的出版商逐一接洽。午夜出版社终于出版贝克特的作品后，她帮贝克特处理了部分商务信函，并在他不愿前往时——几乎总是如此——代表他参加了在法国和国外的首发式。贝克特感谢她为作品的出版付出了艰辛的努力。[5]

为了让贝克特尽量不受打搅，能在私密、平和、隔绝的环境中专事创作，苏珊娜几次安排他淡出巴黎：在厄尔－卢瓦尔省阿邦当附近的德勒森林住上一阵，在瓦勒德马恩省租一幢农舍住下，最后在马恩河畔的于西（塞纳－马恩省）建一栋农舍安居下来。在后来的岁月里，她还安排二人到奥地利、意大利、葡萄牙和摩洛哥度假。1961 年 3 月 25 日，他们来到英格兰的福克斯通悄悄举行了婚礼。1969 年贝克特荣获诺贝尔文学奖后，她模仿他的反应说，那不过是一场"灾祸"。[6]

贝克特和苏珊娜都喜欢音乐和写作，但在社交方面性情迥异。贝克特喜欢深夜与朋友相处，喜欢午夜后独自散步，而苏珊娜则喜欢更加正常的生活节奏，还随朋友参加音乐会和戏剧演出。他们给巴黎的公寓安了两个大门，保证互不打搅。苏珊娜·贝克特于 1989 年 7 月去世，萨缪尔·贝克特则于同年 12 月去世。

威廉·贝克特（William Beckett，1871—1933）

贝克特的父亲威廉·贝克特是威廉·弗兰克和弗朗西丝·克罗瑟斯·贝克特的儿子。他 15 岁初中毕业，旋即进入父亲在都柏林开办的建筑公司工作，逐渐成为测算师。他自己的公司取名"贝克特与梅德卡尔夫"事务所。在阿德雷德医院就医时，他遇见了在那儿当护士的玛丽亚·琼斯·罗；1901 年他们步入婚姻的殿堂。1902 年，住所库尔德里纳在都柏林的郊区福克斯罗克建成；儿子弗兰克和贝克特都在那里出生。他和蔼可亲，擅长运动，极富幽默感，爱读秘境小说，喜欢高尔夫，常常（带着贝克特）在乡间长途漫步。[7]他向约瑟夫·霍恩咨询贝克特是否有当作家的天资，答复是"有"。威廉·贝克特虽然建议过贝克特去健力士酿酒厂找个工作，但在支持次子踏上创作道路方面从不动摇。

威尔弗雷德·鲁普雷希特·拜昂（Wilfred Ruprecht Bion，1897—1979）

拜昂 1934 年至 1935 年在伦敦担任贝克特的心理治疗医生。他毕业于牛津大学历史专业（1921），后来到法国普瓦捷大学攻读法国语言和文学（1921—1922）。从事历史和文学教学数年后，他前往伦敦大学学院学习医学，1930年获得医学博士和外科医生资质；随后他转向精神病医学。1932年，拜昂应聘塔维斯托克诊所，担任实训治疗师，接受J. A.哈德菲尔德医生的"分析学训练"。杰弗里·汤普森推荐贝克特前往拜昂所在诊所治疗焦虑症。贝克特已对精神分析学产生兴趣，就医期间在这一领域广泛阅读；经拜昂的邀请，1935年10月他聆听了卡尔·古斯塔夫·荣格的讲座。二战后，拜昂在塔维斯托克诊所留任至1948年；此后，他的专业出版物主要探讨群体的心理动能、精神病的性质、认知论以及审美观。

雅各布·布罗诺夫斯基（Jacob Bronowski，1908—1974）

这位波兰出生的数学家也是一位作家、诗人，在剑桥大学读书期间就与威廉·燕卜荪一道编辑文学杂志《实验》；在这一方面，他与乔治·雷维相当。在萨缪尔·帕特南等人编辑的诗选《欧洲大篷车》当中，布罗诺夫斯基编辑了爱尔兰和英国部分，并因此认识了贝克特。他认为自己的职业生涯归因于科学的探寻，尤其是科普，正如在其《科学的常识》（1951）和《科学与人类的价值观》（1956）当中那样。他还写过文学评论，出版了《为诗歌一辩》（1939）和《威廉·布莱克，一个不戴面具的人》（1944）。后来，布罗诺夫斯基因在英国广播公司电台和电视台播出的作品广为人知，尤其是电视连续剧《人类的进化》（1973）播出之后。

奥斯汀·克拉克（Austin Clarke，1896—1974）

原名奥古斯丁·约瑟夫·克拉克，爱尔兰诗人、戏剧家、小说家。毕业于都柏林大学学院，随后赴伦敦任评论员，出版了数卷诗歌。他的长篇小说处女作《明亮的诱惑》（1932）在爱尔兰遭禁达22年。贝克特借用假名"安德鲁·贝利斯"，在《近年爱尔兰诗歌》一文（《读书人》，1934）中评论了克拉克的《朝圣及其他诗》（1929），将其划归"凯尔特薄暮派"，即难以与年纪更小、眼界更开阔的一代诗人媲美的"古董派"。在贝克特的小说《莫菲》中，克拉克还以奥斯汀·提克彭尼的负面形象出场。1932年，克拉克与他人创建了爱尔兰文学院。作为诗剧作者，他还成立了"都柏林诗句诵读会"（1941）及与其对应的戏剧机构"抒情诗戏剧公司"（1944）。1942年至1955年，他担任爱尔兰广播电台播音员。

布莱恩·科菲（Brian Coffey，1905—1995）

爱尔兰诗人、批评家、译者及教师。本科阶段在都柏林大学学院学习古典文艺，后在该校获得化学、物理学及数学方向硕士学位。其父丹尼斯·科菲为该校医学教授兼首任校长（1908—1940）。本科毕业后，科菲赴巴黎攻读研究生学位，在诺贝尔奖得主让－巴蒂斯特·佩兰的指导下学习物理化学（1933），后转到巴黎天主教大学，在雅克·马利丹的门下学习哲学（1944）；在伦敦耽误一段时间后，他于1937年作为交换学生回到巴黎，开始以托马斯·阿奎那作品中的秩序概念为题撰写博士论文。在都柏林大学学院读本科期间，科菲就认识了同为本科生的丹尼斯·德夫林；他们合作出版了《诗篇》（1930）。1934年夏，贝克特通过麦格里维在都柏林见到了科菲和德夫林；贝克特借用假名"安德鲁·贝利斯"，在《近年爱尔兰诗歌》一文（《读书人》，1934）中提到他们，将之划入爱尔兰最优秀的年轻诗人之列。科菲鼓励贝克特研读赫林克斯，希望他为自己构想的"哲学系列"尽力奉献一本专著。科菲编辑的诗集《第三人》（1938）由"欧罗巴诗人"丛书出版，收录了贝克特、乔治·雷维和丹尼斯·德夫林的诗篇。科菲在英格兰任教数年；

1947 年获博士学位；后前往美国密苏里州的圣路易斯大学教授哲学，1952 年又回到英格兰。科菲出版了自己的《密苏里姊妹篇》（1962），为《大学评论》特刊（［1963 年］第 3 卷第 5 期）编辑了《丹尼斯·德夫林诗歌全集》（增补后再刊为《诗选》，1964），以及德夫林的《天堂外来客》（1967）。1966 年，科菲创立了青葱出版社，用以出版诗歌著作及一个以新生代作家为主角的诗歌丛书。科菲后来的集子有《魔怪：一首具体的诗》（1966）、《开怀大笑》（1976）、《赫克托耳之死》（1979）、《风笛菇：1971 年至 1983 年短诗选》（1985）、《青葱》（1986），以及马拉美的数个译本。在后来的岁月里，科菲和贝克特经常通信；贝克特欣赏他的创作和为出版德夫林诗歌付出的努力。

努阿拉·科斯特洛（Nuala Costello，1907—1984）

父亲托马斯·科斯特洛是爱尔兰西部蒂厄姆地区的医生和业余民俗学者，母亲伊芙琳·科斯特洛（原姓德鲁里）是爱尔兰语复兴运动积极分子，独立战争期间担任新芬党法庭的法官，爱尔兰独立后担任爱尔兰参议院的参议员。努阿拉在都柏林大学学院攻读法语和历史，1929 年前往索邦大学攻读研究生学位。她是乔伊斯一家的朋友；贝克特在乔治·乔伊斯和海伦·乔伊斯夫妇的家里首次遇见了她。曾有一次，努阿拉及其母亲陪同乔伊斯夫妇和贝克特去巴黎歌剧院聆听了男高音约翰·沙利文的演唱。贝克特对其顿生情愫，1933 年及 1934 年在伦敦和都柏林无数次看望努阿拉。20 世纪 30 年代稍晚，努阿拉在蒂厄姆定居下来；她写了传记《蒂厄姆大主教约翰·麦克黑尔》，还编辑了《1798 年法国远征军的两份日记》（1941）。

亨利·克劳德（Henry Crowder，1890—1954）

克劳德是美国爵士乐钢琴家和作曲家，1927 年来到巴黎加入艾迪南乐队，后一直在位于音乐厅广场的醉舟乐队演奏。1928 年，他在威尼斯遇到南希·丘纳德。由于他是黑人，二人的关系让南希的家人（英国上流社会人士）深感震惊，此事刺激丘纳德写了《黑人男士与白人女士》（1931）一文。二人一起在丘纳德的时光出版社工作，该社 1930 年出版了贝克特《腥象》的首个法语本。克劳德写了曲子《亨利－音乐》（1930），该曲是一组以诗歌为唱词的即兴演奏原创乐谱，包括贝克特的"从独特的诗人到耀眼的娼妓"一句。他和丘纳德的关系激发她编辑了《南希·丘纳德编黑人文选：1931—1933》（1934），还将该书献给了他。克劳德的回忆录《一切都那样美好？》（1987）在他去世后才出版。

南希·丘纳德（Nancy Cunard，1896—1965）

丘纳德是英国作家、编辑、出版商和活动家，丘纳德航运公司开创人的曾孙女。1920 年她居住在巴黎，结交了先锋派文学、艺术和政治领域的许多人士。她出版了 3 卷诗歌：《亡命之徒》（1921）、《月亮之下》（1923）和《视差》（1925）。1928 年至 1931 年，丘纳德与美国爵士乐艺术家亨利·克劳德一起在拉沙佩勒－雷昂维尔经营采用手工印刷的时光出版社；该社出版小册散文和诗歌，包括贝克特的《腥象》。家人对她和亨利·克劳德的恋爱关系做出过激反应后，她立马做出回应，写了反对种族歧视的文章《黑人男士与白人女士》（1931），还编辑了《南希·丘纳德编黑人文选：1931—1933》（1934），其中有 19 篇法语文章由贝克特译为英语。西班牙内战期间，丘纳德担任《曼彻斯特卫报》驻西班牙通讯记者，编辑了《作家们就西班牙内战各抒己见》（1937），其中有贝克特的投稿。20 世纪 50 年代，贝克特与丘纳德恢复了朋友关系。丘纳德给诺曼·道格拉斯和乔治·摩尔写了回忆录，还写了一部自传式回忆录：《时光往事：1928—1931 年于雷昂维尔和巴黎办时光出版社之回忆》（1969）。

丹尼斯·德夫林（Denis Devlin，1908—1959）

　　出生于苏格兰的一户爱尔兰天主教家庭，诗人、外交官、译者，先在圣十字神学院修学，后转至都柏林大学学院学习，遇到了布莱恩·科菲；二人一道出版了《诗篇》（1930）。在慕尼黑大学和索邦大学（1930—1933）研修后，德夫林回到都柏林大学学院完成了关于蒙田的硕士学位论文，并在该校担任英语助理讲师。其诗集《代人祈祷》（1937）列入"欧罗巴诗人"丛书出版，书评由贝克特在《转变》发表。1935年，德夫林加入爱尔兰外交使团；1938年至1949年先后在罗马、纽约、华盛顿和伦敦从事外交工作。此后，他担任过驻意大利公使（1950）、驻土耳其公使（1951）和驻意大利大使（1958）。其海外经历在后来的诗集《放逐》（1949）、《天堂外来客》和《土库曼外交官的回忆录》（1959）中均有反映；他还翻译了圣-琼·佩斯、保罗·艾吕雅、勒内·夏尔和保罗·瓦莱里的诗歌。他的作品选本众多，有艾伦·泰特和罗伯特·佩恩·沃伦编辑的《诗选》（1963）；有布莱恩·科菲编辑的《丹尼斯·德夫林诗歌全集》（《大学评论》[1963]第3卷第25期特刊发表，增补后作为《诗集》于1964年重版）和《天堂外来客》（1967）；有 J. C. C. 梅斯编辑的《丹尼斯·德夫林诗选》（1989）；由罗杰·利特尔编辑的《法、德、意诗歌英译：丹尼斯·德夫林的译诗》（1992）。

赫斯特·道登（Hester Dowden，1868—1949）

　　文学批评家、都柏林圣三一学院英语教授爱德华·道登的女儿。她先在伦敦学习音乐，母亲去世后回到都柏林，1896年嫁给罗伯特·蒙哥马利·特拉弗斯-史密斯医生；二人的女儿多萝西·特拉弗斯-史密斯（人称"多莉"）是一位艺术家和舞台设计师，嫁给了爱尔兰剧作家伦诺克斯·鲁宾逊。赫斯特·道登 1916 年与丈夫分居，后于 1921 年迁往伦敦，将住所开放，主要接待艺术家和都柏林的好友，包括托马斯·麦格里维。经麦格里维的介绍，道登认识了贝克特；她邀请贝克特参加音乐晚会，与他弹奏二重奏，希望他只要愿意就来在她的钢琴上弹奏一曲。赫斯特·道登还是一位职业中间人和自动写作实验的关键人物；"献给"她这位中间人的图书包括：《虚空之声》（1919）、《奥斯卡·王尔德的心灵之声》（1923）、《约翰尼斯之书》（1945），以及《与伊丽莎白时代对话：解密威廉·莎士比亚》（1947）。

《都柏林杂志》（*Dublin Magazine*，1923—1958）

由谢默斯·奥沙利文主编，是一个非政治性、非党派化的出版物，致力于各种文学作品的出版。起初为月刊，但 1926 年改为季刊。奥沙利文很欣赏贝克特的作品，邀请他为该刊写诗（虽然并非所有诗歌都发表了），偶尔还约他写书评。1936 年，奥沙利文提议由贝克特接手《都柏林杂志》的编辑工作，但贝克特没有兴趣，于是他一直担任编辑，直至 1958 年去世。

艾伦·乔治·邓肯（Alan George Duncan，1895—1943）

其父亲艾伦·道格拉斯·邓肯是都柏林艺术赞助人，联合艺术俱乐部和市立现代艺术美术馆的创始人。一战期间，艾伦·邓肯在皇家威尔士燧发枪团服役，直到因中毒气失去作战能力。1924 年与伊莎贝尔·贝琳达·阿特金森结婚，那时他最好的朋友是伦诺克斯·鲁宾逊。1925 年之后，邓肯夫妇主要住在巴黎；他们和乔伊斯一家以及托马斯·麦格里维相处融洽，而麦格里维是艾伦的妹妹贝蒂的教父。邓肯介绍麦格里维认识了乔治·雷维。据布莱恩·科菲称，邓肯"唯一的主题"是萧伯纳。1932 年威廉·叶芝在美国做巡回演讲时，邓肯担任秘书工作。

1938 年 1 月 7 日傍晚，贝克特与邓肯夫妇在巴黎的泽耶咖啡馆见面；正当三人回邓肯夫妇的公寓时，贝克特遭到陌生人的袭击，被捅了一刀。贝克特康复期间，邓肯夫妇给予了细致的照顾。1939 年 9 月之前，邓肯夫妇已在法国西海岸住下；就在 1940 年 6 月纳粹入侵前夕，他们已搬往英格兰。1943 年，艾伦·邓肯死于萨里。

贝琳达·邓肯（Belinda Duncan，1893—1964）

原姓伊莎贝尔·贝琳达·阿特金森，都柏林大瓷器经销商的女儿，学过艺术，是画家杰克·叶芝、诺拉·麦吉尼斯和多莉·特拉弗斯-史密斯的朋友。1924 年嫁给艾伦·邓肯；夫妇俩随后迁往巴黎，其公寓成了许多爱尔兰流放者的"左岸"。 1940 年 6 月，邓肯夫妇离开法国迁往萨里。1943 年艾伦·邓肯去世后，贝琳达·邓肯进入一家飞机工场工作。二战后，她回到都柏林，恢复了与贝克特的友好关系；二人均发现，爱尔兰相对充足的食物和较高的个人舒适度与其战时的经历形成鲜明对比。1945 年，贝琳达·邓肯改嫁布莱恩·伦恩（艾伦·邓肯的妹妹贝蒂的前夫）；在英国生活几年后，1951 年二人搬回都柏林。

巴黎高等师范学校（L'Ecole Normale Supérieure）

位于巴黎乌尔姆街，始建于 1794 年，是一所精英教育学府；该校的学生多属法国教育系统最有才气的学生之列。参加竞争残酷的入学考试之前，文科考生在之前的两年高中期间要通过预备学校一年级和二年级的课程学习。一旦入选为"高师生"，学生就要准备另一场竞争激烈的考试"教师资格会考"，设置该考试的宗旨是确保教师行业能招到优秀的准教师。

1928 年至 1930 年期间，作为都柏林圣三一学院派来的英语交换讲师，贝克特接替了托马斯·麦格里维的工作，住校指导学生的英语学习。他 1930 年唯一的学生是乔治·佩洛尔松。贝克特还指导优秀学生备考。麦格里维和贝克特任教期间（1924—1930）的优秀"高师生"有让-保罗·萨特、阿尔芒·贝拉尔、保罗·尼赞、阿尔弗雷德·佩隆、埃米尔·德拉弗奈、莫里斯·梅洛－庞蒂、让·博弗雷、乔治·佩洛尔松、让·罗兰、亨利·埃夫拉尔，而从巴黎高师青年女子班毕业的则有西蒙娜·薇依。

莫里斯·英格利希（Maurice English，1909—1983）

美国诗人、记者、译者和出版商，在巴黎担任《芝加哥论坛报》驻外通讯员时结识了贝克特。不久，英格利希进入国家广播公司电台新闻部工作，直至 1946 年；此后，又担任《芝加哥杂志》（1954—1958）的编辑。此外，他还担任过芝加哥大学出版社（1961—1969）、费城坦普尔大学出版社（1969—1976）的编辑，以及宾州大学出版社（1978）的社长。英格利希翻译过意大利诗人埃乌杰尼奥·蒙塔莱的作品（贝克特也翻译过），以及希腊诗人奥德修斯·埃利蒂斯的作品。

《欧洲大篷车》（*The European Caravan*，1931）

原计划为两卷本选集，旨在介绍"战后欧洲文学的精神"。在编选过程中，贝克特结识了编辑萨缪尔·帕特南、雅各布·布罗诺夫斯基和乔治·雷维。第 1 卷选自法国、西班牙、英国和爱尔兰文学；第 2 卷选自俄罗斯、德国和意大利文学，但未能出版。英国和爱尔兰部分由雅各布·布罗诺夫斯基编辑，收录了贝克特的诗《地狱鹤与椋鸟》《糖果盒送给浪荡满大人的千金》《文本》和《自由的羁绊》。萨缪尔·帕特南请贝克特为计划中的第 2 卷提出意大利部分的可选作品，并翻译其中一些篇什。

奥托·弗罗因德利希（Otto Freundlich，1878—1943）

犹太裔德国抽象艺术家，在柏林学习艺术，活跃于巴黎先锋派文艺圈（1910—1914）；此后在柏林和科隆居住，举办艺术展（1914—1924），并加入"十一月集团"：1919年，他在科隆主办了首次"达达派艺术展"。此后直至1933年，他的作品从德国的艺术馆被撤出，他只好奔波于德国与巴黎之间；其雕塑《新人类》的照片出现在"堕落艺术"展（1937年，慕尼黑）作品手册的封面。波兰画家扬克尔·阿德勒从20世纪20年代起就在柏林认识了弗罗因德利希，经他介绍，贝克特参加了1938年在让娜·布歇美术馆举行的弗罗因德利希作品回顾展。当年，贝克特与弗罗因德利希数次见面。贝克特读了弗罗因德利希谈美学的文章《象形空间的起源》的初稿，并与对方分享了自己的文章《两种需求》。作为旅居法国的德国人，弗罗因德利希1939年遭拘留；1940年初，他申请加入法国国籍，获临时释放，但2月至5月再次遭拘留；1943年2月23日，他被盖世太保逮捕，驱逐至波兰，5天后死于卢布林–迈丹尼克集中营。

玛格丽特·古根海姆（Marguerite Guggenheim，1898—1979）

昵称佩吉，美国艺术庇护人，1920年迁往巴黎。1922年，古根海姆嫁给达达派雕塑家和作家洛朗斯·瓦伊，二人一起生活至1930年。1938年，她在伦敦开办古根海姆·热纳画廊，展出超现实主义和其他当代艺术。她对贝克特的依恋始于这段时期，其自传交代了她对二人关系的看法。在贝克特的催促下，古根海姆于1938年5月在自己的画廊为赫尔·范费尔德举办了一场个人展。贝克特翻译了数篇有关古根海姆·热纳画展的文章，译文发表在《伦敦简报》上。古根海姆计划在伦敦筹建一座当代艺术博物馆，1939年和1940年经常来到巴黎收集展品，其中有毕加索、恩斯特、米罗、玛格里特、曼·雷、达利、克利、夏加尔和滕纳德的作品。面对德国即将入侵法国的形势，她请求玛丽亚·约拉斯保管好自己收集的作品，直到能起运至美国。1941年古根海姆迁往纽约，次年开办"本世纪艺术"美术馆。1942年改嫁马克斯·恩斯特，二人共同生活至1946年。1947年纽约的美术馆关闭时，古根海姆迁往威尼斯；她在那儿的别墅现名佩吉·古根海姆博物馆，里面藏有她收藏的作品。

阿瑟·亨利·麦克纳马拉·希利斯（Arthur Henry Macnamara Hillis，1905—1997）

律师、国际经济学家，与贝克特在都柏林圣三一学院为同学；二人均为获奖毕业生——希利斯获的是"古典文艺与法律"奖。1931年，希利斯应招前往伦敦担任律师；1934年至1935年贝克特再次在那里遇见他；由于对音乐和文学均有兴趣，二人产生了深厚的友谊。后来，希利斯先后在英国政府财政部（1941年起）和联合国（1958—1961）供职，还在伦敦担任过国家债务处审计长（1961—1968）。妻子为莉莲·玛丽·希利斯（原姓弗朗西斯，1907—1990），1942—1967年在英国广播公司西班牙部和南欧服务部工作。后来，贝克特隔三差五地造访他们在伦敦的家，常常一起弹奏四手钢琴二重奏，一起聆听音乐。

约瑟夫·曼塞尔·霍恩（Joseph Maunsel Hone，1882—1959）

爱尔兰史学家、传记作者、作家，贝克特父亲威廉·贝克特的朋友。虽然比贝克特年长25岁，但由于对板球和文学的共同兴趣，霍恩逐渐与贝克特熟络起来。霍恩是都柏林出版商曼塞尔出版公司的文学部主任，兼任季刊《说书人》编辑（1906—1907），该刊发表了约翰·米灵顿·辛格和威廉·叶芝的作品。霍恩翻译了《弗里德里希·尼采传》（1911），写了《今日爱尔兰人》（1915）和《威廉·巴特勒·叶芝传》（1916）。他还与意大利爱尔兰文化学者马里奥·曼利奥·罗西合作，翻译了自己的《爱尔兰之行》（1932；《西部朝圣之旅》，1933），一起写了《伯克利主教：生平、作品与哲学》（1931）及《斯威夫特；又名自我主义者》（1934）。后来，他还编辑了乔治·伯克利的《问询者》（1936），写了《乔治·摩尔传》（1936）、《摩尔厅的摩尔一家》（1939）以及扩充传记《W. B. 叶芝：1865—1939》（1943）。1957年，霍恩当选爱尔兰文学院院长。

欧仁·约拉斯（Eugene Jolas，1894—1952）

美国裔诗人、作家、记者；在美国和阿尔萨斯－洛林边界地区长大，对语言和文化的分裂具有敏锐的意识。约拉斯最初在美国任记者，后成为《芝加哥论坛报》巴黎版的文学编辑（1923—1926）；他负责的专栏"巴黎文坛漫谈"反映了他在超现实主义方面的兴趣，确立了他在巴黎文艺圈的声誉。1927年，约拉斯和艾略特·保罗创办了杂志《转变》，由玛丽亚·约拉斯任执行编辑。经詹姆斯·乔伊斯和托马斯·麦格里维的撮合，贝克特认识了约拉斯夫妇，并在《转变》发表乔伊斯《进展中的作品》的片段时给予了协助。约拉斯认为，《进展中的作品》是"先锋派首屈一指的文本"，是位于其诗作中心的"'夜之语言'的典范"。[8]对荣格在原型——联接个体经验和"集体无意识"的手段——方面的研究，约拉斯也深受影响。1932年，约拉斯发布《垂直派宣言》，签名者包括贝克特、乔治·佩洛尔松和托马斯·麦格里维等。1935年，约拉斯接受法国新闻集团"哈瓦斯"驻纽约的岗位；这样，詹姆斯·约翰逊·斯威尼在美国，玛丽亚·约拉斯却在法国，但他还是断断续续出版《转变》，直到1938年停刊。约拉斯还出版《垂直：浪漫派神秘上升年鉴》（1941年，创刊，但未作为年鉴连续出版）。1941年，他为美国"战争情报处"工作；战后，他当选《德意志文汇报》主编，负责纽伦堡审判的报道，在巴黎、纽约和德国生活、工作了数年，直到1950年在巴黎加入《纽约先驱论坛报》的团队。其回忆录由安德烈亚斯·克拉莫和赖纳·鲁莫德编辑为《巴别塔来的人》出版（1998）。

玛丽亚·约拉斯（Maria Jolas，1893—1987）

原姓麦克唐纳，美国音乐家。1913 年在柏林学习声乐，一战后在巴黎学习，认识了欧仁·约拉斯。1926 年二人步入婚姻殿堂，并一道编辑巴黎文学期刊《转变》（1927—1938）；她担任执行编辑，并翻译关于艺术和文学的论文，包括安德烈·布勒东、菲利普·苏波、让－保罗·萨特等人的文章。1931 年，她创立了纳伊双语学校；乔治·佩洛尔松及其爱尔兰妻子玛塞尔（原姓格雷厄姆）在该校担任教师。1939 年，约拉斯将双语学校迁往法国中部的圣热朗勒皮。玛丽亚与乔伊斯一家一直关系密切，参加了后者的各种庆祝和音乐晚会；随着二战的爆发，乔伊斯夫妇离开巴黎，迁往孙子斯蒂芬就读学校的附近。1940 年秋，玛丽亚·约拉斯赶到纽约与欧仁会合，积极参与当地的"自由法国"运动。二战结束后，她回到巴黎，指导乔治·迪蒂担任《转变》的新主编。玛丽亚·约拉斯一直是一位活跃的文学译者，尤以翻译娜塔丽·萨洛特的作品出名。其回忆录经玛丽·安·考斯编辑，已作为《玛丽亚·约拉斯：行动的女性》出版（2004）。

乔治·乔伊斯（Giorgio Joyce，1905—1976）

詹姆斯·乔伊斯和诺拉·乔伊斯的儿子，1928 年认识贝克特。在父亲的督促下，乔治先是担任歌手，从而踏上职业生涯；1929 年 4 月，贝克特同乔伊斯夫妇一道参加了他的首场公开演出。1930 年 12 月，乔治与海伦·弗莱施曼（原姓卡斯托尔）结婚，1932 年儿子斯蒂芬·詹姆斯·乔伊斯出生。20 世纪 30 年代中叶，夫妇俩住在纽约，乔治继续在纽约圆梦歌手生涯。1938 年春回到法国之后，海伦精神崩溃；二人终于分道扬镳。贝克特一直与乔治及其儿子关系良好；1955年，贝克特在苏黎世拜访了乔治及其第二任妻子艾斯塔·扬克–奥斯特瓦德，并在其家中小住。

詹姆斯·乔伊斯（James Joyce，1882—1941）

与诺拉·乔伊斯（原姓巴纳克尔，1884—1951）于1928年在巴黎结识了贝克特。尽管哈里·辛克莱给了贝克特一封推荐信，但介绍贝克特认识詹姆斯·乔伊斯的还是托马斯·麦格里维。在乔伊斯的安排下，贝克特为《对〈进展中的作品〉事实虚化上正道的审核》写了《但丁···布鲁诺·维柯··乔伊斯》一文，该文首次见刊于《转变》（1929年6月）。乔伊斯请贝克特将《安娜·利维娅·普鲁拉贝尔》译为法语；1930年8月，贝克特和阿尔弗雷德·佩隆完成译文初稿，后来该稿由菲利普·苏波、保罗·莱昂和乔伊斯本人等集体修订。像众多其他人一样，贝克特协助乔伊斯为《进展中的作品》进行研读，搜罗图书，撰写摘要，因乔伊斯视力退化而偶尔为他做笔录，然后进行校订。1930年5月，当贝克特摆脱露西娅·乔伊斯的温情时，乔伊斯一家对他的喜爱一度冷淡下去；但那些年里，贝克特还是参与庆祝了乔伊斯的生日，二人隔三差五就见一次面，常常一起在巴黎散步。1932年，贝克特给乔伊斯写了一首藏头诗《家园奥尔加》。1938年贝克特被刺伤后，乔伊斯安排他住院治疗；1940年，乔伊斯还为他的作品做了推广。尽管有人视贝克特的早期创作为乔伊斯风格的派生物，尽管贝克特向萨缪尔·帕特南发誓自己"在死去之前一定会超越乔伊斯"，但贝克特还是坚持说他从乔伊斯那里学到了艺术的完整性，乔伊斯的成就是"史诗般的，英雄般的……但我意识到自己不能沿同一条路走下去"。[9]

露西娅·乔伊斯（Lucia Joyce，1907—1982）

1928年在乔伊斯一家位于巴黎的公寓里认识贝克特。露西娅·乔伊斯在雅克·达尔克罗兹和雷蒙德·邓肯门下学习舞蹈（1926—1929）。贝克特常常陪同乔伊斯夫妇参加家庭远足，还与他们及其他朋友观看了她1929年5月28日在布里埃演艺厅的演出。露西娅还对绘画颇有兴趣；乔伊斯把她的设计融入了《进展中的作品》中"她歌唱时的小故事"一节（1937）。露西娅（普遍认为是贝克特的长篇处女作《梦中佳人至庸女》中希拉－库瑟的原型）渐渐迷上了贝克特，但1930年5月，贝克特声明他对露西娅的感情不能给予回报。此事导致贝克特与乔伊斯一家一度闹僵。到1931年，露西娅开始显露病态，后来诊断为精神分裂。1935年露西娅在伦敦时，贝克特看望了她，待她入住巴黎的疗养院后，贝克特经常前去探望。1951年，露西娅被转移至英格兰的北安普顿，此后一直待在那儿，直至去世。

阿克塞尔·考恩（Axel Kaun，1912—1983）

经金特·阿尔布雷希特介绍认识贝克特。1937年1月二人在波茨坦的尼古拉斯书店第一次见面时，考恩刚在柏林出版商罗沃尔特出版公司谋得一个职位。考恩把汉斯·卡罗萨、赫尔曼·黑塞和瓦尔特·鲍尔的作品借给贝克特阅读。贝克特回到爱尔兰后，考恩请他考虑选译德国诗人约阿西姆·林格尔纳茨的诗歌，因为费伯出版社有可能在其"准则杂录"丛书中出版那些作品。尽管贝克特选择了部分诗歌，但在致考恩的一封信中他还是回绝了这一委托，那封信也成了理解贝克特美学观的一块试金石。考恩编辑了《柏林人戏剧年鉴》（1942），从1950年起担任位于斯图加特的符腾堡国家大剧院戏剧顾问，还出版了《无故作姿态的芭蕾》（1958）一书。20世纪60和70年代，考恩翻译了脱颖而出的黑人作家（约翰·霍华德·格里芬、詹姆斯·鲍德温、埃尔德里奇·克利弗和李·洛克伍德）的作品，以及克里斯托弗·伊舍伍德、克兰西·西加尔、查尔斯·赖克和乔治·斯坦纳的作品。1937 年以后，贝克特与阿克塞尔·考恩就失去了联系；20 世纪 80 年代早期贝克特想找到他时，只知道他住在澳大利亚。1983 年，考恩在美国旧金山去世。

亨利·洛吉耶（Henri Laugier，1888—1973）

索邦大学生理学教授，1938 年起担任国家科学研究中心主任。贝克特经麦格里维的介绍认识了他。洛吉耶及其伴侣玛丽·库托利收集了大量当代艺术作品，包括麦格里维的朋友让·吕尔萨的作品。1936 年至 1938 年，洛吉耶在伊冯·德尔博斯主管的外交部担任阁僚。1938 年，贝克特主动向他提出学术津贴申请，让麦格里维能住在巴黎为英国读者撰写关于法国主题的文章；尽管贝克特主动提出代为填写洛吉耶签字所需的提名书，但麦格里维还是谢绝了该建议。

亚伯拉罕·雅各布·利文撒尔（Abraham Jacob Leventhal，1896—1979）

爱尔兰及犹太双重国籍，昵称康，批评家、学者，在都柏林圣三一学院学习现代语言（1920 年获法语和德语方向学士学位；1925 年获硕士学位；1933 年获博士学位，论文题为《一战后法国文学的趋势》）。整个职业生涯中，利文撒尔都积极从事出版和教育事业。就读本科期间，他中断学业一年，在巴勒斯坦担任第一届犹太复国运动委员会秘书，并协助创办《巴勒斯坦周报》（1919）。1923 年，因《都柏林杂志》的印刷商拒绝印刷，他只好创办单卷文学评论杂志《高音喇叭》（1923 至 1924 年冬），用以（借 L. K. 埃默里的假名）发表自己对乔伊斯《尤利西斯》的评论。1924 年，利文撒尔同弗朗西斯·斯图尔特、F. R. 希金斯和塞西尔·索尔克尔德一道创办了都柏林评论杂志《明天》；尽管有威廉·叶芝的投稿，该杂志也只刊发了两期。贝克特辞去都柏林圣三一学院法语讲师的职位后，利文撒尔接任该职位（1932年1月至1933年底），1937年后则在都柏林圣三一学院多个行政岗位上工作；1938年至1939年，他担任法语教授与德语教授的助理，此后担任现代语言方向讲师（尽管头衔各有不同），直至1963年。利文撒尔是都柏林戏剧联合会成员，给《都柏林杂志》投寄了《戏剧性的笺注》（1943—1958）和其他作品，是爱尔兰电台和英国广播公司的常任广播员，1956年至1963年担任《蝶属》的助理编辑，还为《爱尔兰时报》《使节》和《爱尔兰艺术》撰写评论。原配格特鲁德（原姓斯拉托维尔）去世后，他与艾思娜·麦卡锡于1956年结婚。利文撒尔经常去巴黎拜访贝克特；1963年退休后，他前往巴黎整理贝克特的作品，并协助贝克特与他人通信。他一直是贝克特的至交，直至1979年去世。1984年，贝克特出力以其名义在都柏林圣三一学院设立了奖学金。

艾思娜·玛丽·麦卡锡（Ethna Mary MacCarthy，1903—1959）

爱尔兰诗人丹尼斯·弗洛伦斯·麦卡锡的孙女，都柏林医生布伦丹·麦卡锡的女儿，诗人、语言学家、医生。她在都柏林圣三一学院学习法国和西班牙文学；像贝克特那样，她也是现代文学奖学金和一等学位获得者（1926）。据詹姆斯·诺尔森的观点，她就是贝克特诗歌《晨曲》和长篇处女作《梦中佳人至庸女》中"晨曲"的原型。[10]尽管贝克特已制订计划于1931年圣诞节之前前往德国旅行，但他后来向劳伦斯·哈维暗示说，若不是因为让艾思娜·麦卡锡乘坐他的车时严重受伤的那场交通事故，他是不会从都柏林圣三一学院辞职的。1936年她任教鲁德莫斯–布朗教授的一门课程时，贝克特帮助她准备了普罗旺斯那几讲。其诗歌、短篇小说、西班牙和德国诗歌的译文及一个短剧分别发表在《蝶属》《都柏林杂志》《今日爱尔兰》和选集《新爱尔兰诗人》（1948）

中。麦卡锡继续修学，1937 年获文科硕士学位；1939 年至 1949 年，她在都柏林圣三一学院担任"法语教授助理"，即使在攻读医学（医学学士，1941 年；医学博士，1948 年）的同时也教授西班牙语和法语。麦卡锡先后在都柏林和伦敦东区行医。1956 年 5 月，她嫁给 A. J. 利文撒尔。贝克特和他们二人均是至交，尤其在麦卡锡生病和 1959 年因癌症去世期间更是如此。

托马斯·麦格里维（Thomas McGreevy，1893—1967）

爱尔兰诗人、批评家、译者、艺术史学者，爱尔兰国家美术馆馆长，生于凯里郡的塔伯特镇。麦格里维先是在都柏林和伦敦替英国内政部工作（1911—1914），一战期间在皇家野战炮兵部队任军官，之后进入都柏林圣三一学院学习历史与政治学（文科学士，1920 年）。担任卡内基联合王国托拉斯下属爱尔兰顾问委员会助理秘书期间，麦格里维在《领袖》《爱尔兰政治家》和《盖尔人》上发表了一系列文章。1925 年 5 月，他迁往伦敦，在那里加入《行家》编辑团队，并为《准则》《泰晤士报文学副刊》《民族与雅典娜神殿》和《新政治家》撰写评论。1927 年 1 月，他被授命担任巴黎高等师范学校英语讲师；当贝克特接任该岗位时，二人成了至交。麦格里维介绍贝克特认识了巴黎、伦敦及都柏林艺术和文学圈里的许多熟人，其中有詹姆斯·乔伊斯、理查德·阿尔丁顿、杰克·叶芝、查尔斯·普伦蒂斯和欧仁·约拉斯。

二人均在《转变》和《对〈进展中的作品〉事实虚化上正道的审核》中发表了论乔伊斯作品的文章。麦格里维不得不离开巴黎时，贝克特接替他担任美术期刊《线条》的"秘书"。在查托－温德斯出版社的"海豚丛书"中，麦格里维出版了两部专著：《论托马斯·斯特恩斯·艾略特》和《论英国人理查德·阿尔丁顿》；贝克特在该系列中出版的《论普鲁斯特》就是在他的建议下写成的。麦格里维激发和引导了贝克特对绘画的兴趣，坚称贝克特应当见一见杰克·叶芝。他的集子《诗篇》1934年见刊。到伦敦后，他担任《画室》的首席艺术评论员（1938—1940）；1941年，他回到都柏林担任《爱尔兰时报》艺术评论员（1941年11月至1944年12月）。麦格里维终生信奉天主教，还为《马修神父的档案》和《圣方济会年鉴》撰写过稿件。其专论《论杰克·B. 叶芝》于1945年出版。

1950年至1963年退休前，麦格里维担任爱尔兰国家美术馆馆长。鉴于他对艺术做出的贡献，法国政府授予他"文学艺术骑士勋章"，意大利政府授予他"意大利共和国突出成就骑士勋章"，爱尔兰国立大学也授予他"文学博士学位"。20世纪60年代早期，他写了关于尼古拉·普桑的论文，获"军官勋章"，并为威尼斯双年展组织了一场杰克·B. 叶芝作品展。

玛丽·曼宁·豪·亚当斯（Mary Manning Howe Adams，1905—1999）

剧作家、小说家、批评家，贝克特童年时的朋友（二人的母亲为至交）。玛丽·曼宁在都柏林亚力山德拉学院和阿比表演学校上学，后进入大门剧院担任公关经理，负责编辑大门剧院的期刊《五彩斑斓》。其早年的剧本有：《年少正当……季？》（1931年，贝克特参与了创作——让人想起一个叫贺拉斯·伊果史密斯的沉默寡言的人物），《威克洛上空的风暴》（1933），以及《幸福之家》（1934）。1934年，玛丽·曼宁迁往波士顿，嫁给了哈佛大学法学教授小马克·德沃尔夫·豪。1936年夏访问爱尔兰期间，她同贝克特产生了后来自称为恋爱的关系。其长篇小说处女作《维纳斯山》（1938）由霍顿·米夫林出版，她还想办法让其接受贝克特的《莫菲》。二战期间，玛丽·曼宁在拉德克利夫学院任戏剧部主任，是马萨诸塞州坎布里奇"诗人剧院"（1950—1968，1987—）的创始人，该剧院上演了她的剧本《闪之声》（1955年上演，

1957 年剧本出版，改编自《芬尼根守灵夜》），以及贝克特的广播剧《跌倒的人》（1958）。丈夫 1967 年去世后，玛丽·曼宁回到都柏林，担任《爱尔兰》的戏剧评论员。她的改编自弗兰克·奥康纳长篇小说《圣徒与玛丽·凯特》的剧本 1968 年在阿比剧院上演；此外，她还写了一卷讽刺短篇小说《巴里方格斯最后的年志》（1978）。1980 年，玛丽·曼宁改嫁法内尔·亚当斯（1899—1981），再次回到波士顿居住。对于其敏捷且有时尖锐的才智，其女儿、诗人苏珊·豪写道：“她喜欢在同一个句子中创造意义又毁灭意义。”[11]

肖恩·奥沙利文（Seán O'Sullivan，1906—1964）

爱尔兰画家、制图师，先后在都柏林大都会艺术学校、伦敦的中央艺术与制图学校、巴黎的大茅屋画院和科拉罗斯画院学习。1931 年，他当选爱尔兰皇家艺术学院最年轻的艺术家。奥沙利文虽然画过爱尔兰的风景，但以肖像画最负盛名，其肖像画既有素描，亦有油画，其中有多位都柏林名人的画像，例如道格拉斯·海德、艾蒙·德·瓦莱拉、詹姆斯·乔伊斯、威廉·叶芝、茅德·冈·麦克布赖德、杰克·叶芝、贝克特及艾思娜·麦卡锡的画像。他以“记录这个时代爱尔兰景观中的每一位杰出人士”为宗旨，而且据说同他画过的每一个人物都有故事。[12]奥沙利文在巴黎认识了麦格里维和乔伊斯。虽说贝克特在 1933 年的一封信中就首次提到了他，但二人交往最密集的时段是 1935 年至 1937 年在都柏林的时候；1939 年，贝克特帮他租下了巴黎的扬克尔·阿德勒画室。

谢默斯·奥沙利文（Seumas O'Sullivan，1879—1958）

原名詹姆斯·沙利文·斯塔基，爱尔兰诗人、《都柏林杂志》的首任主编（1923—1958），活跃于爱尔兰文艺复兴运动，在 1904 年阿比剧院推出的威廉·叶芝戏剧《在贝勒海滩上》中扮演过角色。奥沙利文是威廉·叶芝、詹姆斯·乔伊斯、乔治·威廉·拉塞尔和奥利弗·圣约翰·戈加蒂的朋友，提携了不少年轻作者，如帕特里克·卡瓦纳、帕德里克·法龙、玛丽·拉文及贝克特等。《晨曲》是贝克特在《都柏林杂志》发表的第一篇作品，此后还在该刊发表了《箴言》（1934）、《渐弱》（1936）和多篇评论。后来，奥沙利文担任爱尔兰文学院院长，是爱尔兰文学院的奠基人之一，1939 年由都柏林圣三一学院授予荣誉学位。其妻是画家埃斯特拉·所罗门斯。

乔治·佩洛尔松（Georges Pelorson，1909—2008）

后改称乔治·贝尔蒙，法国诗人、记者、编辑、译者，1926 年入读巴黎高师，1928 年成为贝克特在该校带的第一个学生。1930 年 1 月，作为与巴黎高师交换项目的一部分，佩洛尔松来到都柏林圣三一学院任教；同年 2 月，他与贝克特合作写了戏仿戏剧《小子》，由现代语言学会在孔雀剧院推出；据诺尔森称，他就是贝克特长篇处女作《梦中佳人至庸女》中利伯特的原型。佩洛尔松在都柏林与玛塞勒·格雷厄姆结婚；1931 年秋他回到巴黎，交给高师一份英语资格证，但没有继续为中学教育选拔考试备考；1933 年，他同妻子玛塞勒一起翻译了艾米丽·勃朗特的诗歌。佩洛尔松给《巴黎午间》和《巴黎晚报》撰写过稿件（1931—1940），担任过玛丽亚·约拉斯创办的纳伊双语学校的教导主任，也在《新法兰西杂志》《准则》和《转变》上发表过作品。他与雷蒙·格诺、亨利·米勒、勒柯布西耶、弗雷德里克·约里奥－居里一起，创办了杂志《意志》（1937—1939）；他发表了论文《论法国教学方式的改革》（1940），参与了"青年法国"教育运动文学部分的活动。佩洛尔松是一位合作者，在维希法国政府中工作过：先后担任"占领区青年宣传部主任"（1941）、"两区联合会秘书长"（1942—1943）及"青年联合会秘书长"（1943—1944）等职务。法国解放后，佩洛尔松被"全国作家委员会"列入黑名单，遭到短期拘禁，被剥夺公民权10年。他只能化名乔治·贝尔蒙进行创作。20世纪50年代初，贝克特和贝尔蒙恢复朋友关系。贝尔蒙两度在罗贝尔·拉丰出版社工作（1952—1953；1964—1979），担任过《巴黎新闻周刊》的主编（1953—1954）、《今日法国》的编辑、《嘉人》的编辑、《艺术》的评论编辑（1953—1964），还出任过卫城出版社文学部主任（1980—1985）。乔治·贝尔蒙以法语译作闻名全国，翻译了格雷厄姆·格林、伊夫林·沃、安东尼·伯吉斯、亨利·詹姆斯和亨利·米勒的作品。

阿尔弗雷德·雷米·佩隆（Alfred Rémy Péron，1904—1945）

作家、教师，1924年入读巴黎高师；获交换项目前往都柏林圣三一学院（1926—1928），在那里首次见到贝克特。作为1928年派往巴黎高师的英语讲师，贝克特帮助佩隆为教师资格证考试备考。1930年，二人一道将詹姆斯·乔伊斯的《安娜·利维娅·普鲁拉贝尔》首次翻译成法语。佩隆在巴黎的布冯中学任教。1938年，当贝克特迁往巴黎时，佩隆鼓励并帮助贝克特将《莫菲》翻译成法语；佩隆翻译的贝克特诗歌《晨曲》见刊于《舱位》（1938）。应招参加法国军队时，佩隆请求贝克特在部队撤出巴黎后照顾其家人。他担任过英国部队联络人；是抵抗组织分支"恒星"和"荣耀之网"的成员；1941年9月介绍贝克特加入"荣耀之网"。1942年8月，佩隆被盖世太保逮捕，其妻玛丽亚·佩隆（在贝克特面前称"玛尼亚"）立刻发电报向贝克特和苏珊娜发出警报。阿尔弗雷德·佩隆被送往毛特豪森集中营；从集中营释放后不久，他于1945年5月1日在瑞士死去——死于送回法国的途中。对佩隆的家人，贝克特一直非常照顾。用法语创作时，贝克特雇请玛尼亚·佩隆予以协助；在她教授英语、翻译作品、创作小说时，贝克特也给予了她大力支持。

贝克特与玛尼亚·佩隆的通信一直延续到 20 世纪 80 年代。

查尔斯·普伦蒂斯（Charles Prentice，1892—1949）

生于苏格兰，入牛津大学攻读古典文艺，正值贝克特在托马斯·麦格里维的提议下将所写《论普鲁斯特》提交"海豚丛书"之时，为查托－温德斯出版社的资深合伙人。在普伦蒂斯身上，贝克特看到了一个坦率又富有同情心的读者。普伦蒂斯一直努力推动贝克特创作事业的发展，尽管查托－温德斯出版社的同事持保留意见，但他依然出版了贝克特的短篇集《徒劳无益》（1934）。甚至在无法出版贝克特的作品时，他也设法打消贝克特的疑虑，为其作品寻找别的出版途径。理查德·阿尔丁顿总结了他的人品，说他是一个"绝无做作的人……不喜繁文缛节、说话直率"，体贴他人，慷慨大方，又"笑声朗朗"。[13] 普伦蒂斯会同阿尔丁顿提供基金，确保麦格里维能在意大利旅行，并有时间进行创作。1935 年，普伦蒂斯退出查托－温德斯出版社，但二战时又回到该社工作；退出期间，他流连于意大利、希腊和非洲的考古。后死于肯尼亚首都内罗毕。

萨缪尔·帕特南（Samuel Putnam，1892—1950）

美国编辑、记者、译者，是 20 世纪 20 年代《芝加哥论坛报》和《芝加哥晚邮报》的主力撰稿人，还编辑过《青年》（1921—1922）和《大草原》（1923）。帕特南 1927 年前往巴黎，1929 年与爱德华·泰特斯一道担任《此季》的编辑，1930 年创办《新评论》（1932 年 4 月刊之后停刊）。在这两个刊物上，贝克特发表了一些自己的作品和译文。帕特南策划了《欧洲大篷车：欧洲文学新精神选集》（1931）一书，原计划出两卷，向美国和英国读者介绍现代欧洲文学；编辑队伍有梅达·卡斯特伦·达恩顿、乔治·雷维和雅各布·布罗诺夫斯基。第 1 卷的爱尔兰部分刊载了贝克特的几首诗；帕特南雇请贝克特为第 2 卷的意大利部分选译作品，但该卷没能出版。他出版了乔治·雷维的《浮士德的变形》（1932）。1933 年，帕特南回到美国，给几个小刊物担任撰稿人和编辑；1947 年出版回忆录《巴黎是我们的情妇》。

乔治·雷维（George Reavey，1907—1976）

爱尔兰诗人、文学代理商、出版商，俄罗斯文学、法国文学译者，生于俄罗斯，1919 年父亲被逮捕时离开；家人逃往贝尔法斯特，1921 年又迁往伦敦。1926 年，雷维入读剑桥大学，因与期刊《实验》的关系在那儿认识了威廉·燕卜荪、雅各布·布罗诺夫斯基和朱利安·特里维廉。1929 年经托马斯·麦格里维的介绍，贝克特在巴黎认识了雷维，当时雷维在萨缪尔·帕特南的《新评论》（1930—1932）和《欧洲大篷车》（1931）担任助理编辑；帕特南出版了他的第一部诗集《浮士德的变形》（1932）。1934 年，雷维在伦敦和巴黎创建欧罗巴出版社，出版了贝克特的《回声之骨及其他沉积物》（1935）；列入该系列诗集的还有雷维自己的《诺斯特拉达姆：诗集》（1935）、《别了，西格尼斯》（1935）和《吉诃德式彻查》（1939），丹尼斯·德夫林的《代人祈祷》，布莱恩·科菲的《第三人》（1938）等。雷维同马尔克·斯洛宁一道编辑并翻译了《苏维埃文学选》（1934），是俄语文学的多产译者，尤其翻译了尼古拉·别尔佳耶夫和安德烈·别雷的诸多作品。他编辑了保罗·艾吕雅诗歌选集《雷霆的荆棘》（1936），该诗选由贝克特等人翻译。雷维在巴黎创建了欧洲文学办事处，1935 年将其迁往伦敦；该机构代理了贝克特的《莫菲》。1940 年，雷维来到马德里的不列颠学院工作，1942 年至 1945 年在英国驻俄罗斯外事处工作，其间他在古比雪夫和莫斯科编辑了期刊《不列颠盟国》。二战结束后，他出版了《今日苏维埃文学》（1946），在英国的伯明翰大学任教，1949 年至 1950 年在哥伦比亚大学和斯坦福大学担任洛克菲勒研究员；此后，主要居住在美国。雷维坚持写诗，出版了《记忆的色彩》（1955）和《七个海》（1971），还坚持翻译俄罗斯文学。贝克特一直是雷维的至交；雷维去世后，贝克特写道："别了，乔治！对我，您恩深似海；与我，您心灵相惜；对您，我万分关切。"[14]

格威内思·凯德·雷维（Gwynedd Cade Reavey，1901—？）

原名克罗丁·格威内思·弗农－琼斯，生于威尔士，乔治·雷维的妻子，协助雷维在伦敦创建欧洲文学办事处。1938 年及 1939 年，她在法国的滨海卡涅陪同赫尔·范费尔德和丽索·范费尔德，途经巴黎时还经常见到贝克特。1940 年，她随丈夫从伦敦迁往马德里，当时其丈夫在当地的不列颠学院工作。1941 年 9 月，她加入经济战争部。巴黎解放后，贝克特从法国返回爱尔兰时，特地去伦敦看望了她；随后，她随管制委员会前往德国（1945 年秋—1947 年）。1949 年返回伦敦后，她受聘于英国钢铁联盟；1950 年她与乔治·雷维离婚后，贝克特就与她失去了联系。

伦诺克斯·鲁宾逊（Lennox Robinson，1886—1958）

原名埃斯梅·斯图尔特·伦诺克斯·鲁宾逊，爱尔兰剧作家，1909 年受威廉·叶芝和格里高利夫人之聘管理阿比剧院，并被派往伦敦在萧伯纳手下学习戏剧；1914 年，在一次就他决定在为英王爱德华七世哀悼期间继续开放剧院展开的争论之后，鲁宾逊从阿比剧院辞职。1919 年，他回到阿比剧院担任导演兼制片人，从 1923 年直至去世均为剧院董事会成员。1931 年，鲁宾逊与赫斯特·道登的女儿、艺术家、布景设计师多萝西·特拉弗斯－史密斯结婚。鲁宾逊写过小说、传记、自传和论文，但以戏剧最为出名。他以阿比剧院的发展史为主题，写了《爱尔兰的阿比剧院》（1951），还组织、参与了阿比剧院的全球巡回演讲。

托马斯·布朗·鲁德莫斯-布朗（Thomas Brown Rudmose-Brown, 1878—1942）

昵称鲁迪，都柏林圣三一学院现代语言教授，担任贝克特的法国和普罗旺斯文学老师。鲁德莫斯-布朗就读于阿伯丁大学和格勒诺布尔大学，1909 年受聘来到都柏林圣三一学院。他学术兴趣广泛，既精通经典作家皮埃尔·龙萨和让·拉辛，也对现代法国作家了如指掌，如马塞尔·普鲁斯特、弗朗西斯·维勒-格里芬、斯图尔特·梅里尔、路易斯·勒·卡东内尔、保罗·瓦莱里、瓦莱里·拉尔博和夏尔·佩吉。他同普罗旺斯文艺复兴运动中的许多诗人也有个人接触。1931 年，都柏林圣三一学院授予他荣誉文学博士学位。他编辑了高乃依和马里沃的剧本，出版了《法国文学研究》（1917）、《法国短篇小说》（1925）、《法国中世纪短篇小说》（1926）、《法国诗歌：从雨果到拉尔博》（1928）、《法国的城镇与乡村》（1928），以及自己的诗集《四面围墙的花园》（1918）。1927 年，鲁德莫斯-布朗提名贝克特为派往巴黎高师的英语讲师；这一提名被耽搁后，他又推荐贝克特去贝尔法斯特的坎贝尔学院任教（1928 年 1 月起）。在巴黎高师任教两年后，贝克特于 1930 年底回到都柏林圣三一学院，担任鲁德莫斯-布朗的法语助理至 1931 年。虽然后来有些后悔，但贝克特还是在《梦中佳人至庸女》中把鲁德莫斯-布朗描绘成了"北极熊"。对于业师，贝克特如此说道："我求之若渴的光芒照到了我的身上，从'鲁迪'那儿照了过来，从他的教学和友谊那儿照了过来。我常常想起他，总是对他心怀崇敬和感恩。" [15]

弗朗西丝·贝克特·辛克莱（Frances Beckett Sinclair, 1880—1951）

又称范尼、茜茜，艺术家、音乐家，贝克特唯一的姑妈。她先在都柏林大都会艺术学校学习绘画，1904年至巴黎的科拉罗斯画院进修，同学中有好友埃斯特拉·所罗门斯和比阿特丽斯·埃尔维里（后称格莱纳维夫人）。结婚前，她以范尼·贝克特之名在爱尔兰皇家艺术学院举办了个人画展（1897年，及1901—1908）。1908年，她嫁给艺术品兼古董经销商威廉·亚伯拉罕·（波士·）辛克莱；其位于都柏林郡豪斯镇巴利村的家成了作家和艺术家的聚会之所。20世纪20年代早期，辛克莱夫妇迁往德国的卡塞尔，后来贝克特经常去那儿拜访他们，参与他们的家庭生活和艺术生活。在姑妈茜茜身上，贝克特找到了一个成熟、知心的朋友，一个可以与之分享文学、艺术和音乐的人。1931年至1932年间，茜茜·辛克莱频繁奔波于都柏林和卡塞尔之间，那时，个人的难处、经济的萧条和尘嚣甚上的反犹主义使得在德国生存日益困难。1933年5月，女儿露丝·玛格丽特·辛克莱（昵称佩吉）早逝，次月辛克莱夫妇迁回都柏林。贝克特跟姑妈、姑父一直很亲密，尤其在波士生病和1937年去世期间更是如此；当茜茜晚年因类风湿关节炎和帕金森病无法出门时，贝克特极为关切，只要自己在爱尔兰就必定前往看望。

莫里斯·辛克莱（Morris Sinclair，1918—2007）

又称桑尼/松尼·辛克莱，是贝克特的第一个表弟，弗朗西丝（茜茜）·辛克莱和威廉（波士）·辛克莱唯一的儿子。尽管相差12岁之多，两兄弟却很亲密。1933年，辛克莱全家永远离开了德国，迁回都柏林定居。贝克特帮助他为都柏林圣三一学院现代语言（德语和法语）方向的考试进行备考。辛克莱在小提琴方面颇有天分，就读于爱尔兰皇家音乐学院。1936年秋，当辛克莱生病时，亲朋好友就安排他以家庭教师的身份去南非（1937—1938），在更适宜的气候中康复。1940年冬，他完成了在都柏林圣三一学院的学业。1945年，辛克莱获得前往巴黎学习的奖学金。在他就论文选题犹豫不决的时候，贝克特建议他可以写萨特，以及胡塞尔与克尔凯郭尔对萨特的影响，并主动提出介绍他认识萨特。1948到1952年，辛克莱在联合国教科文组织工作，先是从事英语翻译和编辑，后来从事德语电台广播的撰稿和制片。此后，他前往日内瓦，在世界卫生组织任职（1952—1971），担任公共信息处处长（1971—1974）。他同贝克特保持通信联系，还常常去巴黎看望贝克特。

露丝·玛格丽特·辛克莱（Ruth Margaret Sinclair，1911—1933）

又称佩吉，弗朗西丝（茜茜）·辛克莱和威廉（波士）·辛克莱的女儿，是贝克特的第一个表妹。20世纪20年代早期，辛克莱一家迁往德国的卡塞尔后，贝克特经常前去造访。1928年仲夏，当她回到都柏林探亲时，贝克特和佩吉互生情愫。佩吉在维也纳附近的赫勒劳-拉克森堡学校就读，学习艺术、音乐和运动；1928年9月，在去巴黎高师任教之前，贝克特前往该校看望了她；但是到1929年初时，二人的亲密关系就终结了。在贝克特的好几首早期诗歌中，佩吉都是主角；她的品行在长篇小说《梦中佳人至庸女》和短篇小说《斯梅拉迪娜的情书》（最初发表于短篇小说集《徒劳无益》）中的人物斯梅拉迪娜-丽玛身上有所反映。1933年5月，佩吉·辛克莱在德国死于肺结核。

威廉·亚伯拉罕·辛克莱（William Abraham Sinclair，1882—1937）

又称波士，犹太人，艺术品兼古董经销商，因娶了贝克特的姑妈弗朗西丝（茜茜）·贝克特而成为贝克特的姑父。辛克莱是小提琴爱好者，都柏林音乐协会的会员；在共和运动中也表现积极。成家时，夫妇俩住在都柏林郡的豪斯镇，20世纪20年代早期迁往德国的卡塞尔；辛克莱在那里经营当代德国艺术品。他出版了《绘画》（1918），给《爱尔兰评论》撰写艺术批评的稿件，就艺术开展讲学，还教授英语。在多次造访卡塞尔的过程中，贝克特渐渐变得与辛克莱一家亲密无间，对他们的温情、随和以及给予自己的创作的鼓励，他莫不心存感激。20 世纪 30 年代早期，由于经济萧条和反犹主义，在德国生存已不再令人向往；1933 年夏，女儿玛格丽特（佩吉）·辛克莱病故后，威廉·辛克莱迁回都柏林。1937 年，他死于肺结核。为了履行对波士临终前的诺言，他的双胞胎兄弟亨利·辛克莱继续提起针对奥利弗·圣约翰·戈加蒂的诉讼——在《当我顺着萨克维尔街走去时》一书中，他毁谤辛克莱兄弟及其祖父；1937 年 11 月，贝克特到庭做证。

埃斯特拉·所罗门斯（Estella Solomons，1882—1968）

爱尔兰画家，嫁给了谢默斯·奥沙利文，但在职业生涯中保留了婚前的名字。她是一位政治活动家，参加了 1916 年的复活节起义和后来的独立战争。她就读于都柏林大都会艺术学校和爱尔兰皇家艺术学院，分别拜威廉·奥彭和沃尔特·奥斯本为师，后来还去伦敦进修。所罗门斯给诸多爱尔兰文学和艺术名人（其中有杰克·叶芝）绘制了肖像画，每隔一段时间就在爱尔兰皇家艺术学院的画展中展出自己的作品，获得爱尔兰皇家艺术学院荣誉院士的称号。1935 年，贝克特参加了在阿灵顿美术馆举办的所罗门斯（及表妹露易丝·雅各布斯和朋友玛丽·邓肯）画展的开展仪式。由于是学艺术时的同学，埃斯特拉·所罗门斯和弗朗西丝（茜茜）·辛克莱很早就成了闺蜜。埃斯特拉喜欢贝克特其人，也喜欢贝克特的作品；20 世纪 30 年代，其妹妹、歌手索菲·雅各布斯（原姓所罗门斯，1887—1972）也在巴黎和伦敦与贝克特交上了朋友。贝克特偶尔造访所罗门斯和奥沙利文的家——位于都柏林郡拉斯法纳姆的格兰奇宅。

弗朗西斯·斯图尔特（Francis Stuart，1902—2000）

原名亨利·弗朗西斯·蒙哥马利·斯图尔特，爱尔兰小说家、诗人、戏剧家，生于澳大利亚，1920 年皈依天主教，与茅德·冈的女儿伊索德·麦布莱德成婚。斯图尔特与 A. J. 利文撒尔、塞西尔·索尔克尔德等人一道，创办了短命的文学杂志《明天》（1924）。他早年创作颇丰，贝克特在信件中提到的就有长篇小说《女人与上帝》（1931 年，献给托马斯·麦格里维）、《彩色穹顶》（1932）和《了不起的乡绅》（1939）。1939 年，斯图尔特在德国举办了系列学术讲座，次年在柏林教授英国文学和爱尔兰文学。1942 年至 1944 年 1 月，斯图尔特主要朗读向爱尔兰播放的德国无线电广播稿。尽管他声称 1942 年 8 月他给贝克特写了信，而且贝克特也回了信，但那封信始终无处可觅。二战后，斯图尔特先后在德国、法国和英国居住；1954 年娶了格特鲁德·迈斯纳，1958 年回到爱尔兰。他最著名的作品兴许是《黑名单 H 部分》（1971）。虽然是"观点不尽相同的人"，[16] 但二战后他和贝克特还是偶尔在巴黎见面。

让·托马（Jean Thomas，1900—1983）

法国教育家，1920 年进入巴黎高等师范学校学习，担任过该校的教师（1926—1932）和教务长（1933），毕业后到索邦大学教授法国语言与文学（1934—1936），又到普瓦捷大学教授法国文学（1936—1938），再转至里昂大学教授现代比较文学（1938—1944）。托马发表了关于狄德罗、缪塞和圣伯夫的论文、论著；担任过国民教育委员会主任（1944 年 10 月）、美术学院校与外界关系协调委员会主任（1945）；作为联合国教科文组织成立大会法国代表团成员，担任过该组织的文化活动部主任（1947—1954）及助理总干事（1955—1960）。1932 年，托马给贝克特写了一封推荐信；20 世纪 50 年代在联合国教科文组织任职期间，他还推荐贝克特参与各种翻译项目，其中最值得注意的是奥克塔维奥·帕斯所编《墨西哥选集》的英译。托马在法国公共教育和国际教育方面的声誉，随着他担任法兰西共和国教育、科学与文化委员会主席一职达到顶峰（1972—1980）。

阿瑟·杰弗里·汤普森（Arthur Geoffrey Thompson，1905—1976）

贝克特称其为杰弗里，他与弟弟艾伦都是贝克特童年时的朋友；一起在波托拉皇家学校和都柏林圣三一学院上过学；对音乐、文学和体育都有兴趣；在圣三一学院就读时，一起去阿比剧院看过戏。汤普森1928年在圣三一学院获医学学位，接着作为洛克菲勒研究员前往伦敦和巴黎研究生物化学；1930年回到都柏林，在巴格特街医院任医生。汤普森对通过身体症状展现出来的精神疾病愈发好奇，于1934年前往伦敦进修精神分析学，当时那一专业在都柏林还不允许开办。他在贝特莱姆皇家精神病医院任住院老年病房医生，后转至伦敦的莫兹利医院和圣巴塞洛缪医院工作。后来，贝克特来汤普森处看病时，他还会看望长期住院的病人，而那些病人平时鲜有人来看望。汤普森说，贝克特"对衰亡、对几乎不能自理的人心醉神迷"。[17]正是汤普森提出建议，让贝克特于1934年前往W. R.拜昂医生处接受精神分析治疗。1935年，汤普森来到塔维斯托克诊所任职；同年11月，贝克特在汤普森与厄休拉·斯滕豪斯的婚礼上担任伴郎。

战时服役结束后，汤普森一边在塔维斯托克诊所任职，一边独自行医，1949年获精神分析医生资格。此后，他在国家医疗服务部工作，是婚姻研究院的研究员，1970年从塔维斯托克诊所退休。暮年时，汤普森夫妇和贝克特偶尔在伦敦和巴黎见面。

爱德华·威廉·泰特斯（Edward William Titus，1870—1952）

生于波兰，美国藏书家、译者、出版商，1924年在巴黎开办母语为英语者书店——"在黑色人模的标识旁"。1926年至1932年，在妻子海伦娜·鲁宾斯坦的资助下，他以"黑色人模出版社"的名义出版了25本书，可谓种类繁多：既有奥地利剧作家阿瑟·施尼茨勒的作品，也有英国现代派作家玛丽·巴茨的作品；既有美国哈莱姆文艺复兴诗人克劳德·麦凯和康迪·科伦的诗作，也有法国作家阿娜伊斯·宁的论著《试论戴维·赫伯特·劳伦斯》，甚至还有法国诗人兰波和波德莱尔诗作的译本。1929年，他担任《此季》（1925—1932）的编辑，同时设立奖项吸引投稿，激励文艺青年。在《此季》中，贝克特发表了埃乌杰尼奥·蒙塔莱、拉法埃洛·弗兰基、乔瓦尼·科米索意大利语作品的英译文（1930），还有自己的短篇小说《但丁与龙虾》（1932），以及为超现实主义特刊（1932年，特约编辑安德烈·布勒东）所作的法译英译文。1932年，贝克特受泰特斯之托翻译了兰波的《醉舟》，但该译文直到1976年才见刊。

《转变》（*transition*，1927—1938）

　　《转变》是一份国际性先锋派文学杂志，由欧仁·约拉斯、玛丽亚·约拉斯和艾略特·保罗创办，旨在向美国读者展现欧洲新作，提供语言实验的论坛；如约拉斯所说，是"词语的实验室"。欧仁·约拉斯关于语言和文学的观念在两个宣言中表达得最为简练：《文字革命》（1929）和《诗系垂直》（1932）。为《转变》撰稿的作家有安德烈·布勒东、弗朗茨·卡夫卡、格特鲁德·斯泰因、威廉·卡洛斯·威廉斯、哈特·克莱恩和狄兰·托马斯等；《转变》最著名的举动是连载了詹姆斯·乔伊斯巨著《进展中的作品》的选段（1927—1935），那一过程贝克特也参与了。贝克特的第一篇出版物、论文《但丁··布鲁诺·维柯··乔伊斯》就发表于《转变》（1929年6月）。他还在《转变》中发表了短篇小说《臆断》和《坐与歇》，诗歌《以备未来参考》《马拉科达》《怨曲之二》《多特蒙德》和《现钱》，以及丹尼斯·德夫林诗集《代人祈祷》的书评。

珀西瓦尔·阿兰·厄谢尔（Percival Arland Ussher，1899—1980）

　　1937 年年中之前原名珀西，之后改名阿兰，杂文家、批评家、译者，生于伦敦，就读于都柏林圣三一学院（1917—1919）和剑桥大学圣约翰学院（1920）。他在位于爱尔兰沃特福德郡的家族地产上安顿下来，在那里撰写关于盖尔语和当地盖尔语区生活方式的文章。他把布莱恩·梅里亚姆的爱尔兰语长诗《午夜法庭》译成英语，并请 W. B. 叶芝作序。贝克特到卡帕拜访了厄谢尔，而厄谢尔也常常把自己的哲学、历史、政治和艺术类的杂文送给贝克特过目，在 20 世纪 30 年代末期尤其如此，二战之后偶尔去巴黎拜访贝克特时也是如此。其作品具有语气刻薄、观点尖锐的特点，他自己称其为"哲理美文"。厄谢尔发表的作品有：《存在主义附记及其他文章》（1946），《理念的薄暮及其他文章》（1948），《爱尔兰的脸面与头脑》（1949），关于犹太文化和反犹主义的文章《神奇的民族》（1949），关于萧伯纳、叶芝和乔伊斯的文章《三位了不起的爱尔兰人》（1952），以及谈存在主义（涉及克尔凯郭尔、海德格尔和萨特）的论著《穿越恐惧的旅程》（1955）、《圣人与经院派》（1967）、《爱神与灵魂》（1976）等。他对民俗和占卜的兴趣在其论著《纸牌占卜的 22 种方法》（1957）中有所反映。厄谢尔的日记（1943—1977）选编成《从已灭的灯笼而来》（1978）和《阿兰·厄谢尔日记》（1980）出版。

杰克·巴特勒·叶芝（Jack Butler Yeats，1871—1957）

　　爱尔兰画家、插画家、小说家和剧作家，约翰·巴特勒·叶芝的儿子，诗人威廉·巴特勒·叶芝的弟弟，生于伦敦，但童年随其外祖父母在爱尔兰西部的斯莱戈郡度过。1887 年，叶芝回到伦敦学习艺术，逐渐成为小有名气的插画家；1894 年与玛丽·科特娜姆·怀特（昵称科蒂，奇西克艺术学校的同学）结婚。尽管频繁前往爱尔兰，但杰克·叶芝直到 1910 年才在那里定居。1912 年，他出版绘画与素描集《爱尔兰西部的生活》，并开始转向油画。1930 年 11 月，贝克特经托马斯·麦格里维的引荐见到叶芝；随着时光的流逝，叶芝逐渐成了贝克特的忘年至交。20 世纪 30 年代，贝克特偶尔参加叶芝在都柏林菲兹威廉广场举办的"在家"画展，但他更喜欢去画室拜访画家本人。贝克特对叶芝的画作钦佩之至，觉得他的画作与自己的作品之间有相通之处。贝克特得到了叶芝的好几幅画作，包括《清晨》（"一次绝不回家的外出"），那幅画作他是凭自称为"结结巴巴的不烂之舌"买下的。叶芝还是一位颇有成就的作家。1936 年，贝克特在《都柏林杂志》发表了关于叶芝长篇小说《阿玛兰瑟一家》的书评；1938 年，叶芝则给伦敦出版商劳特利奇出版社写信，为贝克特的《莫菲》美言；1954 年叶芝在巴黎举办画展时，贝克特写了《向杰克·B.叶芝致敬》一文，并约请皮埃尔·施奈德和雅克·帕特南为《文学前沿》（1954 年 4 月）撰写有关叶芝作品的敬辞。1957 年 4 月，叶芝的葬礼在都柏林举行；贝克特没能回国参加葬礼，心中沮丧不已。

注释

1. 阿利斯特·克肖、弗雷德里克－雅克·唐普勒编，《理查德·阿尔丁顿：亲密的肖像》（卡本代尔：南伊利诺伊大学出版社，1965）第 3 页。

2. 萨缪尔·贝克特致莫里斯·萨耶的信，1963 年 5 月 2 日，得州大学"萨耶"。

3. 贝克特致托马斯·麦格里维的信，1931 年 3 月 11 日，TCD，MS10402/18。

4. 贝克特致托马斯·麦格里维的信，1939 年 4 月 18 日，TCD，MS10402/168。

5. 诺尔森，《盛名之累》，第 340 页。

6. 诺尔森，《盛名之累》，第 505 页。

7. 贝克特致托马斯·麦格里维的信，1933 年 7 月 2 日，TCD，MS10402/52。

8. 欧仁·约拉斯，《巴别塔来的人》，第 xx–xxi 页。

9. 贝克特致萨缪尔·帕特南的信，1932 年 6 月 28 日；诺尔森，《盛名之累》，第 111 页。

10. 诺尔森，《盛名之累》，第 75 页。

11. 苏珊·豪，《子夜》（纽约：新方向出版社，2003），第 64 页。

12. 赖恩，《记住我们站立的方式》，第 46 页。

13. 理查德·阿尔丁顿，《为生活而生活：回忆录》（伦敦：卡塞尔出版社，1941），第 322—323 页。

14. 萨缪尔·贝克特，《悼念乔治·雷维》，《贝克特研究期刊》第 2 卷（1977 年夏）[1]。

15. 萨缪尔·贝克特致罗杰·利特尔的信，1983 年 5 月 18 日，见诺尔森，《盛名之累》，第 64 页。

16. 埃尔博恩，《弗朗西斯·斯图尔特》，第 8 页。

17. 杰弗里·汤普森接受安迪·奥玛奥尼采访，爱尔兰广播电视局，1976 年。

引用文献

Abbot, Vivienne. "How It Was: Egan and Beckett." *Desmond Egan: The Poet and His Work*. Ed. Hugh Kenner. Orono, ME: Northern Lights, 1990. 45–53.

Ackerley, C. J. *Demented Particulars: The Annotated Murphy*. 2nd rev. edn. Tallahassee, FL: Journal of Beckett Studies Books, 2004.

Ackerley, C. J., and S. E. Gontarski. *The Grove Companion to Samuel Beckett: A Reader's Guide to His Works, Life, and Thought*. New York: Grove Press, 2004.

Adam, Antoine. *The Art of Paul Verlaine*. Tr. Carl Morse. New York: New York University Press, 1963.

Adler, Alfred. *The Neurotic Constitution: Outlines of a Comparative Individualistic Psychology and Psychotherapy*. Tr. Bernard Glueck and John E. Lind. New York: Moffat, 1916. Rpt. London: Kegan Paul, 1921.

Adler, Jankel. *Jankel Adler*. Intro. Stanley William Hayter. London: Nicholson and Watson, 1948.

Aldington, Richard. *The Complete Poems of Richard Aldington*. London: Allan Wingate, 1948.

"James Joyce." Rev. of *Finnegans Wake*, by James Joyce. *The Atlantic* 163 (June 1939) [supplement] "The Bookshelf" [17, 19, 21].

Life for Life's Sake: A Book of Reminiscences. London: Cassell, 1941.

Alphant, Marianne, and Nathalie Léger, eds. *Objet: Beckett*. Paris: Centre Pompidou, IMEC-Editeur, 2007.

André Lhote, 1885–1962: Cubism. New York: Leonard Hutton Galleries, 1976.

Andrews, Keith. *Adam Elsheimer: Paintings – Drawings – Prints*. New York: Rizzoli, 1977.

Annuaire diplomatique et consulaire de la République Française. Nouvelle série. Vol. 49. Paris: Imprimerie Nationale, 1938.

Anon. "Gontcharov's [sic] 'Oblomov." Rev. of *Oblomov*, by Ivan Goncharov. *Times Literary Supplement* (14 November 1929) 919.

"*Murphy*. By Samuel Beckett." Rev. of *Murphy*, by Samuel Beckett. *Times Literary Supplement* (12 March 1938) 172.

Rev. of *James Joyce's "Ulysses,"* by Stuart Gilbert. *Dublin Magazine* 6.2 (April–June 1931) 64–65.

Rev. of *Murphy*, by Samuel Beckett. *Dublin Magazine* 14.2 (April–June 1939) 98.

Arnheim, Rudolf. *Film*. Tr. L. M. Sieveking and Ian F. D. Morrow. London: Faber and Faber, 1933.

Association amicale des anciens élèves de l'Ecole normale supérieure. Paris: Hachette-Université, 1973. *Supplément historique*. Paris: Hachette-Université, 1990.

Atik, Anne. *How It Was: A Memoir of Samuel Beckett*. London: Faber and Faber, 2003.

Augustine. *Confessions*. Tr. E. B. Pusey. Everyman's Library. London: Dent, 1907.

Baedeker, Karl. *Das Deutsche Reich und einige Grenzgebiete, Reisehandbuch für Bahn und Auto*. Leipzig: Karl Baedeker, 1936.

Bair, Deirdre. *Samuel Beckett: A Biography*. New York: Harcourt Brace Jovanovich, 1978.

Bald, Wambly. *On the Left Bank, 1929–1933*. Ed. Benjamin Franklin, V. Athens: Ohio University Press, 1987.

Barbera, Gioacchino. "The Life and Works of Antonello da Messina." *Antonello da Messina: Sicily's Renaissance Master*. Ed. Gioacchino Barbera. New York: Metropolitan Museum of Art, 2006. 17–30.

Barnett, Vivian Endicott. *Kandinsky Watercolours: Catalogue Raisonné*. Ithaca, NY: Cornell University Press, 1992–1994. 2 vols.

Barron, Stephanie, ed. *"Degenerate Art": The Fate of the Avant-Garde in Nazi Germany*. Los Angeles: Los Angeles County Museum of Art, 1991.

Bate, W. Jackson. *Samuel Johnson*. New York: Harcourt Brace Jovanovich, 1975.

Baudelaire, Charles. *Les Fleurs du mal, The Flowers of Evil*. Tr. Richard Howard. Boston: David R. Godine, 1982.

Oeuvres complètes. Ed. Claude Pichois and Jean Ziegler. Bibliothèque de la Pléiade. Paris: Gallimard, 1975–1976. 2 vols.

Beach, Sylvia, ed. *Our Exagmination Round His Factification for Incamination of Work in Progress*. Paris: Shakespeare and Company, 1929. Rpt. London: Faber and Faber, 1936.

Beauvoir, Simone de. *La Force de l'âge*. Paris: Gallimard, 1960.

Letters to Sartre. Ed. and tr. Quintin Hoare. New York: Arcade, 1992.

The Prime of Life. Tr. Peter Green. Cleveland, OH: World Publishing Co., 1962.

Beckett, Samuel. "Alba." *Dublin Magazine* 6.4 (October–December 1931) 4. "Alba." Tr. A[lfred] R. Péron. *Soutes* 9 (1938) 41.

Alles kommt auf so viel an: Das Hamburg-Kapitel aus den "German Diaries" 2. Oktober–4. Dezember 1936. Transcribed by Erika Tophoven. Schenefeld: Raamin-Press, 2003.

"Assumption." *transition* 16–17 (June 1929) 268–271.

"Beckett's Letters on 'Endgame': Extracts from His Correspondence with Director Alan Schneider." *The Village Voice* 19 March 1958: 8, 15.

"Cascando." *Dublin Magazine* 11.4 (October–December 1936) 3–4.

"Dante ... Bruno. Vico .. Joyce." *Our Exagmination Round His Factification for Incamination of Work in Progress*. Paris: Shakespeare and Company, 1929. 1–22.

"Dante ... Bruno. Vico .. Joyce." *transition* 16–17 (June 1929) 242–253.

"Dante and the Lobster." *This Quarter* 5.2 (December 1932) 222–236.

"Denis Devlin." Rev. of *Intercessions*, by Denis Devlin. *transition* 27 (April–May 1938) 289–294.

Disjecta: Miscellaneous Writings and a Dramatic Fragment. Ed. Ruby Cohn. New York: Grove Press, 1984.

"Dortmunder." *transition* 24 (June 1936) 10.

Dream of Fair to Middling Women. Ed. Eoin O'Brien and Edith Fournier. London: Calder, 1992. Rpt. New York: Arcade Publishing in association with Riverrun Press, 1993.

Drunken Boat. Ed. James Knowlson and Felix Leakey. Reading: Whiteknights Press, 1976.

Echo's Bones and Other Precipitates. Europa Poets 3. Paris: Europa Press, 1935.

"Enueg 2." *transition* 24 (June 1936) 9.

First Love and Other Shorts. New York: Grove Press, 1974.

"From the Only Poet to a Shining Whore: for Henry Crowder to Sing." *Henry-Music*. Paris: Hours Press, 1930. [6, 12–14.]

"Geer van Velde." *London Bulletin* 2 (May 1938) 15.

"German Letter of 1937." *Disjecta: Miscellaneous Writings and a Dramatic Fragment*. Ed. Ruby Cohn. Tr. Martin Esslin. New York: Grove Press, 1984. German text, 51–54; English text, 170–173.

"Home Olga." *Contempo* 3.13 (February 1934) 3.

"An Imaginative Work!" Rev. of *The Amaranthers*, by Jack B. Yeats. *Dublin Magazine* 11.3 (July–September 1936) 80–81.

"In Memoriam: George Reavey." *Journal of Beckett Studies* 2 (Summer 1977).

"Le Concentrisme." *Disjecta: Miscellaneous Writings and a Dramatic Fragment*. Ed. Ruby Cohn. New York: Grove Press, 1984. 35–42.

"Letters to Barney Rosset." *The Review of Contemporary Fiction* 10.3 (Fall 1990) 64–71.

"Malacoda." *transition* 24 (June 1936) 8.

More Pricks Than Kicks. London: Chatto and Windus, 1934.

More Pricks Than Kicks. New York: Grove Press, 1972.

Murphy. London: Routledge, 1938. Rpt. New York: Grove Press, 1957.

No Author Better Served: The Correspondence of Samuel Beckett and Alan Schneider. Ed. Maurice Harmon. Cambridge, MA: Harvard University Press, 1998.

"Ooftish." *transition* 27 (April–May 1938) 33.

"Poèmes 38–39." *Les Temps Modernes* 2.14 (November 1946) 288–293.

Poèmes, suivi de mirlitonnades. Paris: Les Editions de Minuit, 1978.

Poems 1930-1989. London: Calder Publications, 2002.

Premier Amour. Paris: Les Editions de Minuit, 1970.

Proust. The Dolphin Books. London: Chatto and Windus, 1931. Rpt. New York: Grove Press, 1957.

"Return to the Vestry." *The New Review* 1.3 (August–September–October 1931) 98–99.

"Sedendo et Quiesciendo [*for* Quiescendo]." *transition* 21 (March 1932) 13–20.

"Three Dialogues with Georges Duthuit." *Disjecta: Miscellaneous Writings and a Dramatic Fragment*. Ed. Ruby Cohn. New York: Grove Press, 1984. 138–145.

Whoroscope. Paris: Hours Press, 1930.

[Beckett, Samuel.] Andrew Belis, pseud. "Recent Irish Poetry." *The Bookman* 86.515 (August 1934) 235–236.

Beckett, Samuel, and Erich Franzen. "Correspondence on Translating MOLLOY." *Babel* 3 (Spring 1984) 21–35.

Beckett, Samuel, and Barney Rosset. "The Godot Letters: A Lasting Effect" (Letters of Samuel Beckett and Barney Rosset). *The New Theater Review* [now *Lincoln Center Theater Review*] 12 (Spring 1995) 10–13.

Bell, J. Bowyer. "Waiting for Mario: The Espositos, Joyce, and Beckett." *Éire-Ireland* 30.2 (1995) 7–26.

Belmont, Georges. *Souvenirs d'outre-monde: Histoire d'une naissance*. Paris: Calmann-Lévy, 2001.

Bénézit, Emmanuel, ed. *Dictionnaire critique et documentaire des Peintres, Sculpteurs, Dessinateurs et Graveurs de tous les temps et de tous les pays*. 3rd edn. Paris: Gründ, 1976.

Bentley, Edmund. *Far Horizon: A Biography of Hester Dowden, Medium and Psychic Investigator*. London: Rider and Company, 1951.

Bergson, Henri. *Creative Evolution*. Tr. Arthur Mitchell. London: Macmillan, 1920.

L'Evolution créatrice. Paris: Félix Alcan, 1907.

"Introduction à la métaphysique." *Revue de Métaphysique et de Morale* 11 (1903) 1–36.

Berkeley, George. *Berkeley's Commonplace Book*. Ed. G. A. Johnston. London: Faber and Faber, 1931.

Bessy, Maurice, and Jean-Louis Chardans. *Dictionnaire du cinéma et de la télévision*. Paris: Pauvert, 1967–1971. 4 vols.

Bidwell, Bruce, and Linda Heffer. *The Joycean Way*. Baltimore: Johns Hopkins University Press, 1981.

Biermann, Georg. *Heinrich Campendonk. Junge Kunst*. Leipzig: Verlag von Klinkhardt und Biermann, 1921.

Bock, Henning, Irene Geismeier, Rainald Grosshans, *et al.*, eds. *Gemäldegalerie Berlin: Gesamtverzeichnis*. Berlin: Staatliche Museen zu Berlin, Preussischer Kulturbesitz, 1996.

Boetzkes, Ottilie G. *Salvator Rosa: Seventeenth-Century Painter, Poet and Patriot*. New York: Vantage Press, 1960.

Bonfand, Alain, Christophe Duvivier, Edda Maillet, Jérôme Serri, and Guy Tosatto. *Otto Freundlich*. Rochechouart: Musée Départemental de Rochechouart, 1988.

The Book of Common Prayer . . . The Church of Ireland. Dublin: Association for Promoting Christian Knowledge, Church of Ireland, 1927.

"Books and Authors." *Everyman* 75 (3 July 1930) 728.

Boswell, James. *Boswell's Life of Johnson, Together with Boswell's Journal of a Tour to the Hebrides and Johnson's Diary of a Journey into North Wales*. Ed. George Birkbeck Hill. Rev. and enlarged. L. F. Powell. Oxford: Clarendon Press, 1934. 6 vols.

Boussinot, Roger, ed. *L'Encyclopédie du cinéma*. Paris: Bordas, 1967.

Bowe, Nicola Gordon. *The Life and Work of Harry Clarke*. Dublin: Irish Academic Press, 1989.

Boylan, Patricia. *All Cultivated People: A History of the United Arts Club, Dublin*. Gerrards Cross, Bucks., UK: Colin Smythe, 1988.

Bredsdorff, Elias. *Hans Christian Andersen: The Story of His Life and Work, 1805–75*. London: Phaidon Press, 1975.

Breton, André. "Wolfgang Paalen." Tr. Samuel Beckett. *London Bulletin* 10 (February 1939) 16–17.

Brewer, Ebenezer Cobham. *Brewer's Dictionary of Phrase and Fable*. Rev. Adrian Room. 16th edn. New York: HarperResource-HarperCollins, 1999.

Briggs, John. *The Collector's Beethoven*. Westport, CT: Greenwood Press, 1978.

Brown, Beverly Louise, and Paola Marini. *Jacopo Bassano, c. 1510–1592*. Fort Worth, TX: Kimbell Art Museum, 1993.

Brown, Christopher. *Carel Fabritius: Complete Edition with a Catalogue Raisonné*. Ithaca, NY: Cornell University Press, 1981.

Brown, Jonathan, and Richard G. Mann. *Spanish Paintings of the Fifteenth through Nineteenth Centuries*. The Collections of the National Gallery of Art Systematic Catalogue. Washington, DC: National Gallery of Art; Cambridge: Cambridge University Press, 1990.

Bruhns, Maike. *Kunst in der Krise: Hamburger Kunst im "Dritten Reich."* Hamburg: Dölling und Galitz Verlag, 2001.

Bruni, Leonardo. *Le vite di Dante e del Petrarca*. Ed. Antonio Lanza. Rome: Archivio Guido Izzi, 1987.

Bruno, Giordano, and Tommaso Campanella. *Opere di Giordano Bruno e di Tommaso Campanella*. Ed. Augusto Guzzo and Romano Amerio. La Letteratura italiana; storia e testi. Milan: Riccardo Ricciardi, 1956.

Bryden, Mary, Julian Garforth, and Peter Mills, eds. *Beckett at Reading: Catalogue of the Beckett Manuscript Collection at the University of Reading.* Reading: Whiteknights Press and the Beckett International Foundation, 1998.

Budde, Rainer. *Deutsche romanische Skulptur, 1050–1250.* Munich: Hirmer Verlag, 1979.

Bulson, Eric. "Getting Noticed: James Joyce's Italian Translations." *Joyce Studies Annual* 12 (Summer 2001) 10–37.

Camesasca, Ettore. *The Complete Paintings of Watteau.* New York: Harry N. Abrams, 1968.

Carossa, Hans, and Eva Kampmann-Carossa. *Gedichte: Die Veröffentlichungen zu Lebzeiten und Gedichte aus dem Nachlass.* Frankfurt: Insel, 1995.

Cartwright, David E. *Historical Dictionary of Schopenhauer's Philosophy.* Lanham, MD: The Scarecrow Press, 2005.

Caselli, Daniela. "The 'Florentia Edition in the Ignoble Salani Collection': A Textual Comparison." *Journal of Beckett Studies* 9.2 (2001) 1–20.

"The Promise of Dante in the Beckett Manuscripts." *Notes Diverse Holo.* Special issue, *Samuel Beckett Today/Aujourd'hui* 16 (2006) 237–257.

Champion, Pierre. *Marcel Schwob et son temps.* Paris: Bernard Grasset, 1927.

Chisholm, Anne. *Nancy Cunard: A Biography.* New York: Alfred A. Knopf, 1979.

Christiansen, Keith. "Some Observations on the Brancacci Frescoes after their Cleaning." *Burlington Magazine* 133.1054 (January 1991) 5–20.

Church, Richard. "Samuel Beckett Gives us 'a riot of highbrow fun.'" Rev. of *Murphy*, by Samuel Beckett. *John O'London's Weekly* 39.990 (1 April 1938) 23.

Churchill, Charles. *The Ghost.* London: William Flexney, 1762.

Citerne, Georges, and Francis Jourdain. "French Imperialism at Work in Madagascar." Tr. Samuel Beckett. *Negro, Anthology Made by Nancy Cunard, 1931–1933.* Ed. Nancy Cunard. London: Published by Nancy Cunard at Wishart and Co., 1934. 801–802.

Citron, Pierre. *Giono: 1895–1970.* Paris: Editions du Seuil, 1990.

Clark, Kenneth. *Rembrandt and the Italian Renaissance.* London: John Murray, 1966.

Clarke, Norma. "Anna Seward: Swan, Duckling or Goose?" *New Rambler* E.7 (2003/2004) 54–67.

Cocteau, Jean. *Cocteau's World: An Anthology of Writings by Jean Cocteau.* Ed. and tr. Margaret Crosland. London: Peter Owen, 1972.

Coffey, Brian. Rev. of "*Sainte-Beuve, Les Meilleurs Textes.* Introduction by André Thérive." *The Criterion* 16.64 (April 1937) 716–721.

Third Person. Europa Poets 7. London: Europa Press, 1938.

Cohen-Solal, Annie. *Sartre: A Life*. New York: Pantheon Books, 1987.

Cohn, Ruby. *A Beckett Canon*. Theater: Theory/Text/Performance. Ann Arbor: University of Michigan Press, 2001.

Collection Marie Cuttoli – Henri Laugier, Paris. Basel: Galerie Beyeler, 1970.

Colum, Mary. *Life and the Dream*. Garden City, NY: Doubleday and Co., 1947.

Colum, Padraic. "From a Work in Progress." Rev. of "Haveth Childers Everywhere," by James Joyce. *Dublin Magazine* 6.3 (July–September 1931) 33–37.

Comisso, Giovanni. "The Home-Coming." Tr. Samuel Beckett. *This Quarter* 2.4 (April–May–June 1930) 675–683.

Conrad, Lore. *Die romanische Schottenkirche in Regensburg und ihre Bildsymbolsprache: Darstellung einer systematischen Deutung sakraler Kunst aus dem Europa des 12. Jahrhunderts*. 5th edn. Regensburg: Lore Conrad, 1987.

Conway, Martin. *Giorgione: A New Study of His Art as a Landscape Painter*. London: Ernest Benn, 1929.

Copleston, Frederick. *A History of Philosophy*. Westminster, MD: The Newman Press, 1955. 8 vols.

Corcoran, John. "The Rev. Robert Martin Hilliard (1904–1937)." *Kerry Archaeological and Historical Society Journal*. 2nd series, 5 (2005) 207–219.

Croke, Fionnuala, ed. *Samuel Beckett: A Passion for Paintings*. Dublin: National Gallery of Ireland, 2006.

Cronon, E. David, ed. *Marcus Garvey*. Great Lives Observed. Englewood Cliffs, NJ: Prentice-Hall, 1973.

Crowder, Henry. *Henry-Music*. Paris: Hours Press, 1930.

Crowder, Henry, and Hugo Speck. *As Wonderful as All That?: Henry Crowder's Memoir of His Affair with Nancy Cunard 1928–1935*. Ed. Robert L. Allen. Navarro, CA: Wild Trees Press, 1987.

Cunard, Nancy. *Parallax*. London: Hogarth Press, 1925.

   These Were the Hours: Memories of My Hours Press, Réanville and Paris, 1928–1931. Ed. Hugh Ford. Carbondale: Southern Illinois University Press; London: Feffer and Simons, 1969.

Cunard, Nancy, ed. *Authors Take Sides on the Spanish War*. London: Left Review, [1937].

   ed. *Negro, Anthology Made by Nancy Cunard, 1931–1933*. London: Published by Nancy Cunard at Wishart and Co., 1934.

Curran, C. P. *James Joyce Remembered*. London: Oxford University Press, 1968.

Curran, Elizabeth. "The National Gallery Revisited." *The Bell* 2.5 (August 1941) 65–72.

D'Annunzio, Gabriele. "Dell'arte di Giorgio Barbarelli." *Prose scelte*. Milan: Fratelli Treves, Editori, 1924. 17–22.

The Flame of Life: The Romances of the Pomegranate. Tr. Kassandra Vivaria. Boston: L. C. Page and Company, 1900.

Prose di romanzi. Ed. Ezio Raimondi, Annamaria Andreoli, and Niva Lorenzini. Milan: Arnaldo Mondadori Editore, 1989. 2 vols.

D. C. S.-T. Rev. of *Echo's Bones and Other Precipitates*, by Samuel Beckett. *Dublin Magazine* 11.2 (April–June 1936) 77–80.

D. H. V. "Reviews." Rev. of *Thomas Stearns Eliot: A Study*, by Thomas McGreevy. *T.C.D.: A College Miscellany* (21 May 1931) 162.

Dallapiccola, Luigi. *Italian Songs of the 17th and 18th Centuries, for Voice and Piano.* New York: International Music, 1961. 2 vols.

Dante. *La Divina Commedia.* Comment by Enrico Bianchi. Florence: Adriano Salani, 1927.

The Divine Comedy of Dante Alighieri. Tr. and comment John D. Sinclair. London: John Lane The Bodley Head, 1939–1948, rev. 1948. 3 vols.

Darwin, Charles. *On the Origin of Species: A Facsimile of the First Edition.* Cambridge, MA: Harvard University Press, 1964.

Davies, Martin. *National Gallery Catalogues: The Earlier Italian Schools.* London: National Gallery, 1986.

De Sanctis, Francesco. *Storia della letteratura italiana.* Vol. II. Ed. Niccolò Gallo. Turin: Giulio Einaudi Editore, 1958. 2 vols.

Degenhart, Bernhard, and Annegrit Schmitt. *Corpus der Italienischen Zeichnungen, 1300–1450.* Berlin: Gebr. Mann Verlag, 1968. 8 vols.

Delaney, John J. *Dictionary of Saints.* 2nd edn. New York: Image-Doubleday, 2004.

Delaporte, Louis-Joseph. "Chronicle of Archaeology." Tr. [Samuel Beckett]. *Formes* 4 (April 1930) [2], 25.

Delavenay, Emile. *Témoignage: d'un village savoyard au village mondial, 1905–1991.* La Calade: Diffusion EDISUD, 1992.

Denson, Alan, comp. *Thomas Bodkin: A Bio-Bibliographical Survey with a Bibliographical Survey of His Family.* Dublin: The Bodkin Trustees, 1966.

Devlin, Denis. "Another Irish Poet." Rev. of *Three Old Brothers*, by Frank O'Connor. *Ireland To-Day* 1.2 (July 1936) 77–79.

Collected Poems of Denis Devlin. Ed. J. C. C. Mays. Dublin: Dedalus Press, 1989.

"The Investiture of D'Artagnan." *Dublin Magazine* 11.3 (July–September 1936) 4.

[Devree, Howard]. "News and Comments: Spain's Art Treasures at Geneva." *Magazine of Art* 32.7 (July 1939) 425–426.

Dewald, Ernst T. *Italian Painting 1200–1600.* New York: Holt, Rinehart and Winston, 1961.

Diderot, Denis. *Dorval, or the Test of Virtue: A Comedy.* Tr. unattributed. London: privately printed, 1767.

Le Fils naturel et les Entretiens sur "Le Fils naturel." Ed. Jean-Pol Caput. Paris: Librairie Larousse, 1970.

Donaghy, John Lyle. *Into the Light, and Other Poems.* Dublin: The Cuala Press, 1934.

Donald, David Herbert. *Look Homeward: A Life of Thomas Wolfe.* Boston: Little, Brown and Co., 1987.

Dostoevsky, Fyodor. *Les Possédés.* Tr. Victor Derély. Paris: Editions Plon-Nourrit, 1886. 2 vols.

Dowling, John. "Art: Advice and Estimates Free." *Ireland To-Day* 2.10 (October 1937) 63, 77.

"Art: The Academy." *Ireland To-Day* 1.1 (June 1936) 60–61.

"The National College of Art." *Ireland To-Day* 1.4 (September 1936) 54–55.

Doyle, Charles. *Richard Aldington: A Biography.* Carbondale: Southern Illinois University Press, 1989.

Dryden, John. *All for Love* and *The Spanish Fryar.* Ed. William Strunk, Jr. Boston: D. C. Heath and Company, 1911.

Duffy, Maureen. *A Thousand Capricious Chances: A History of the Methuen List, 1889–1989.* London: Methuen, 1989.

Eckardt, Götz. *Die Gemälde in der Bildergalerie von Sanssouci.* Potsdam: Sanssouci, 1975.

Eggum, Arne. *Edvard Munch: Portretter.* Oslo: Munch-Musette / Labyrinth Press, 1994.

Eisenstein, Sergei. "Cinematography with Tears!: The Way of Learning." *Close Up* 10 (March 1933) 3–17.

"Detective Work in the GIK." *Close Up* 9 (December 1932) 287–294.

"The Dinamic Square." *Close Up* 8 (March 1931) 2–16.

"The Dinamic Square (Conclusion)." *Close Up* 8 (June 1931) 91–95.

"Filmic Art and Training (in an interview with Mark Segal)." *Close Up* 6 (March 1930) 195–197.

"The Fourth Dimension in the Kino." *Close Up* 6 (March 1930) 184–194.

"The Fourth Dimension in the Kino: Part II." *Close Up* 6 (April 1930) 253–268.

"The New Language of Cinematography." *Close Up* 4 (May 1929) 10–13.

"The Principles of Film Form." *Close Up* 8 (September 1931) 167–181.

Eisenstein, S[ergei] M., W. I. Pudowkin, and G. V. Alexandroff. "The Sound Film: A Statement from U.S.S.R." *Close Up* 3 (October 1928) 10–13.

Elborn, Geoffrey. *Francis Stuart: A Life.* Dublin: Raven Arts Press, 1990.

Eliot, T. S. *Complete Poems and Plays: 1909–1950.* New York: Harcourt, Brace and World, 1962.

Ellmann, Richard. *James Joyce: New and Revised Edition.* Oxford: Oxford University Press, [paperback with corrections], 1983.

Eluard, Paul. "All-Proof: Universe-Solitude." Tr. Samuel Beckett. *This Quarter* 5.1 (September 1932) 94–95.

Capitale de la douleur. Paris: Gallimard, 1964.

"Confections." Tr. Samuel Beckett. *This Quarter* 5.1 (September 1932) 96–98.

"Definition." Tr. Samuel Beckett. *This Quarter* 5.1 (September 1932) 89.

"Do Thou Sleep." Tr. Samuel Beckett. *This Quarter* 5.1 (September 1932) 90–91.

"The Invention." Tr. Samuel Beckett. *This Quarter* 5.1 (September 1932) 87–88.

"Lady Love." Tr. Samuel Beckett. *This Quarter* 5.1 (September 1932) 86.

"A Life Uncovered or The Human Pyramid." Tr. Samuel Beckett. *This Quarter* 5.1 (September 1932) 89.

Oeuvres complètes. Ed. Marcelle Dumas and Lucien Scheler. Bibliothèque de la Pléiade. Paris: Gallimard, 1968. 2 vols.

"Out of Sight in the Direction of My Body." Tr. Samuel Beckett. *This Quarter* 5.1 (September 1932) 86–87.

"The Queen of Diamonds." Tr. Samuel Beckett. *This Quarter* 5.1 (September 1932) 89–90.

"Scarcely Disfigured." Tr. Samuel Beckett. *This Quarter* 5.1 (September 1932) 87.

"Scene." Tr. Samuel Beckett. *This Quarter* 5.1 (September 1932) 92–93.

"Second Nature." Tr. Samuel Beckett. *This Quarter* 5.1 (September 1932) 92.

Thorns of Thunder: Selected Poems. Ed. George Reavey. Tr. Samuel Beckett, Denis Devlin, David Gascoyne, *et al*. London: Europa Press and Stanley Nott, 1936.

Ember, Ildikó, Annamária Gosztola, and Zsuzsa Urbach. *Old Masters' Gallery: Summary Catalogue, Museum of Fine Arts, Budapest*, Vol. II, *Early Netherlandish, Dutch and Flemish Paintings*. Budapest: Szépművészeti Múzeum, 2000.

Engelberts, Matthijs, Everett Frost, and Jane Maxwell, eds. *Notes Diverse Holo: Catalogues of Beckett's Reading Notes and Other Manuscripts at Trinity College Dublin with Supporting Essays*. Special issue, *Samuel Beckett Today/Aujourd'hui* 16 (2006).

Engelen, Cor. *Le Mythe du Moyen Age: premiers éléments d'une remise en question du style moyenâgeux*. Tr. Benoît Boëlens van Waesberghe. Leuven: C. Engelen, 1999.

Epstein, M., ed. *The Annual Register: A Review of Public Events at Home and Abroad for the Year 1931*. London: Longmans, Green and Co., 1932.

Euripides. *Alcestis*. Tr. Richard Aldington. The Dolphin Books. London: Chatto and Windus, 1930.

Farrar, Frederic William. *Eric, or Little by Little: The Story of Roslyn School*. Edinburgh: Adam and Charles Black, 1858.

Favier, Jean. "Le Café des Sports par M. Aug. Prunier." *La Construction Moderne* 51.45 (23 August 1936) 929–936.

Federman, Raymond, and John Fletcher. *Samuel Beckett: His Works and His Critics, An Essay in Bibliography*. Berkeley: University of California Press, 1970.

Feldman, Matthew. *Beckett's Books: A Cultural History of Samuel Beckett's 'Interwar Notes.'* New York: Continuum, 2006.

Ferrières, Gauthier, ed. *Parnasse Royal: Poèmes choisis des monarques françois et autres personnages royaux*. Paris: Chez Sansot, Libraire, 1909.

Fielding, Henry. *Joseph Andrews*. Ed. Martin C. Battestin. Middletown, CT: Wesleyan University Press, 1967.

Fisher, David James. *Romain Rolland and the Politics of Intellectual Engagement*. Berkeley: University of California Press, 1988.

Fleming, Lionel. *Head or Harp*. London: Barrie and Rockliff, 1965.

Franchi, Raffaelo. "Landscape." Tr. Samuel Beckett. *This Quarter* 2.4 (April–May–June 1930) 672.

Piazza natia. Turin: Fratelli Buratti Editori, 1929.

Freundlich, Otto. *Otto Freundlich – Schriften: Ein Wegbereiter der gegenstandslosen Kunst*. Ed. Uli Bohnen. Cologne: DuMont Buchverlag, 1982.

Frost, Everett, and Jane Maxwell. "TCD MS 10962: Niccolò Machiavelli and Ludovico Ariosto." *Notes Diverse Holo*. Special issue, *Samuel Beckett Today/Aujourd'hui* 16 (2006) 29–37.

"TCD MS 10967: History of Western Philosophy." *Notes Diverse Holo*. Special issue, *Samuel Beckett Today/Aujourd'hui* 16 (2006) 67–89.

"TCD MS 10968: Augustine of Hippo and Porphyry on Plotinus." *Notes Diverse Holo*. Special issue, *Samuel Beckett Today/Aujourd'hui* 16 (2006) 91–93.

"TCD MS 10969: Germany, Europe, and the French Revolution. Rabelais." *Notes Diverse Holo*. Special issue, *Samuel Beckett Today/Aujourd'hui* 16 (2006) 95–103.

"MS 10971/1: German Literature." *Notes Diverse Holo*. Special issue, *Samuel Beckett Today/Aujourd'hui* 16 (2006) 113–123.

"TCD MS 10971/2: Irish History." *Notes Diverse Holo*. Special issue, *Samuel Beckett Today/Aujourd'hui* 16 (2006) 125–128.

"TCD MS 10971/4: Frédéric Mistral and the Félibrige Poets." *Notes Diverse Holo*. Special issue, *Samuel Beckett Today/Aujourd'hui* 16 (2006) 133–136.

"TCD MS 10971/6: Latin excerpts from Arnoldus Geulincx and R. P. Gredt." *Notes Diverse Holo*. Special issue, *Samuel Beckett Today/Aujourd'hui* 16 (2006) 141–155.

Führer durch das Tell Halaf-Museum, Berlin. Berlin: Max Freiherr von Oppenheim-Stiftung, 1934.

Garland, Henry, and Mary Garland. *The Oxford Companion to German Literature*. Oxford: Oxford University Press, 1986.

Gateau, Jean-Charles. *Paul Eluard, ou, le Frère voyant, 1895-1952*. Paris: Editions Robert Laffont, 1988.

Geese, Uwe. "Romanesque Sculpture." *Romanesque: Architecture, Sculpture, Painting*. Ed. Rolf Toman. Cologne: Könemann, 1997. 256-323, 328-375.

George, Stefan. "Wir schreiten auf und ab im reichen flitter" [in poetry section entitled "Kottabistae"]. Tr. Ethna MacCarthy. *Hermathena* 51 (May 1938) 152-153.

George, Waldemar. "The Passion of Picasso." *Formes* 4 (April 1930) [2], 8-9.

Germanisches Nationalmuseum. *Die Gemälde des 13. bis 16. Jahrhunderts*. Ed. Eberhard Lutze and Eberhard Wiegand. Leipzig: K. F. Koehlers Antiquarium, 1937. 2 vols.

Geulincx, Arnold. *Arnoldi Geulincx antverpiensis Opera Philosophica. Sumptibus providerunt Sortis spinozianae curatores*. Ed. Jan Pieter Nicolaas Land. The Hague: apud Martinum Nijhoff, 1891-1893. 3 vols.

Gide, André. *The Counterfeiters*. Tr. Dorothy Bussy. New York: Alfred A. Knopf, 1927.

 Oeuvres complètes d'André Gide. Ed. Louis Martin-Chauffier. Paris: Nouvelle Revue Française, 1932-1939. 15 vols.

 Romans: récits et soties, oeuvres lyriques. Ed. Yvonne Davet, and Jean-Jacques Thierry. Bibliothèque de la Pléiade. Paris: Gallimard, 1958.

Gilbert, Stuart. "Sketch of a Scenario of Anna Livia Plurabelle." *A James Joyce Yearbook*. Ed. Maria Jolas. Paris: Transition Press, 1949. 10-20.

Gill, Anton. *Art Lover: A Biography of Peggy Guggenheim*. New York: HarperCollins, 2002.

Gillet, Louis. *Claybook for James Joyce*. Tr. Georges Markow-Totevy. New York: Abelard-Schuman, 1958.

Giono, Jean, and Jean Guéhenno. *Correspondance 1928-1969*. Ed. Pierre Citron. Paris: Seghers, 1991.

Giroud, Vincent. "Transition to Vichy: The Case of Georges Pelorson." *Modernism/Modernity* 7.2 (2000) 221-248.

Glendinning, Victoria. *Jonathan Swift: A Portrait*. New York: Henry Holt and Co., 1999.

Goethe, Johann Wolfgang von. *Elective Affinities*. Tr. David Constantine. The World's Classics. Oxford: Oxford University Press, 1994.

 Faust. London: G. G. Harrap, 1925.

 Die Leiden des jungen Werthers, Die Wahlverwandtschaften, Kleine Prosa, Epen. Ed. Waltraud Wiethölter and Christoph Brecht. Frankfurt: Deutscher Klassiker Verlag, 1994. Vol. VIII of *Sämtliche Werke: Briefe, Tagebücher und Gespräche*. Ed. Friedmar Apel, Hendrik Birus, and Dieter Borchmeyer. 39 vols. 1985- .

Die Leiden des jungen Werthers, Synoptischer Druck der beiden Fassungen 1774 und 1787. Ed. Annika Lorenz and Helmut Schmiedt. Paderborn: Igel Verlag Literatur, 1997.

The Sorrows of Young Werther, Goethe's Collected Works. Ed. David E. Wellbery. Tr. Victor Lange and Judith Ryan. Vol. XI. New York: Suhrkamp Publishers, 1988. 12 vols. 1983–1989.

Gogarty, Oliver St. John. *As I Was Going Down Sackville Street, A Phantasy in Fact.* New York: Reynal and Hitchcock, 1937; *As I Was Going Down Sackville Street: A Phantasy in Fact.* London: Rich and Cowan, 1937.

Gorman, Michael M. "Mario Esposito (1887–1975) and the Study of the Latin Literature of Medieval Ireland." *Studies in Hiberno-Latin Literature.* By Mario Esposito. Ed. Michael M. Gorman. Variorum Collected Studies Series. Aldershot, UK: Ashgate/Variorum, 2006. 299–322.

Granzotto, Gianni. *Christopher Columbus.* Tr. Stephen Sartarelli. Norman: University of Oklahoma Press, 1985.

Grasselli, Margaret Morgan, and Pierre Rosenberg. *Watteau, 1684–1721.* Washington, DC: National Gallery of Art, 1984.

Green, F[rederick] C[harles]. *Minuet: A Critical Survey of French and English Literary Ideas in the Eighteenth Century.* London: J. M. Dent, 1935.

Green, John Richard. *A Short History of the English People.* New York and London: Harper and Brothers Publishers, 1898.

Greene, Robert. *Groatsworth of witte, bought with a million of repentance; The repentance of Robert Greene, 1592.* Ed. G. B. Harrison. London: Bodley Head, 1923.

Plays and Poems of Robert Greene. Ed. J. Churton Collins. Oxford: Clarendon, 1905. 2 vols.

Grigson, Geoffrey. *Anton Zwemmer: Tributes from Some of his Friends on the Occasion of his 70th Birthday.* London: privately printed, 1962. Rpt. Geoffrey Grigson, *Recollections: Mainly of Writers and Artists.* London: Chatto and Windus / Hogarth Press, 1984. 38–40.

Grohmann, Will, ed. *Die Sammlung Ida Bienert, Dresden.* Privatsammlungen neuer Kunst. Potsdam: Müller und I. Kiepenheuer, 1933.

Grossmann, G. Ulrich, und die Sammlungsleiter, eds. *Germanisches Nationalmuseum: Führer durch die Sammlungen.* Nuremberg: Verlag des Germanischen Nationalmuseums, 2001.

Guggenheim, Peggy. *Out of This Century: Confessions of an Art Addict.* [Rev. of *Out of This Century: The Informal Memoirs of Peggy Guggenheim.*] New York: Universe Books, 1979.

Out of This Century: The Informal Memoirs of Peggy Guggenheim. New York: Dial Press, 1946.

Guicciardini, Francesco. *Storie fiorentine dal 1378 al 1509.* Bari: G. Laterza and Figli, 1931.

H. F. "T. S. Eliot." Rev. of *Thomas Stearns Eliot: A Study*, by Thomas McGreevy. *Time and Tide* 12.6 (7 February 1931) 165.

Hackett, Francis. *Queen Anne Boleyn, a novel*. New York: Doubleday Doran, 1939.

Hamilton, Nigel. *The Brothers Mann: The Lives of Heinrich and Thomas Mann, 1871–1950 and 1875–1955*. London: Secker and Warburg, 1978.

Hart-Davis, Duff. *Peter Fleming: A Biography*. London: Jonathan Cape, 1974.

Harten, Jürgen, Marc Scheps, and Ryszard Stanislawski, eds. *Jankel Adler: 1895–1949*. Cologne: DuMont Buchverlag, 1985.

Hartt, Frederick. *History of Italian Renaissance Art: Painting, Sculpture, Architecture*. 3rd edn. New York: Harry N. Abrams, 1987.

Harvey, Lawrence E. *Samuel Beckett: Poet and Critic*. Princeton: Princeton University Press, 1970.

Hecht, Josef, Konstanz. "Der Aufenthalt des Konrad Witz in Konstanz: Ein Problem und seine Lösung Neue Forschungen zur Lebensgeschichte des Meisters." *Zeitschrift für Kunstgeschichte* 6.5/6 (1937) 353–370.

Henry, Tom, and Laurence Kanter. *Luca Signorelli: The Complete Paintings*. New York: Rizzoli, 2002.

Herring, Phillip F. *Djuna: The Life and Work of Djuna Barnes*. New York: Viking Penguin, 1995.

Hess, Hans. *Lyonel Feininger*. New York: Harry N. Abrams, 1961.

Hewitt, John. "Obituary: R. N. D. Wilson (1899–1953)." *Dublin Magazine* 28.2 (April–June 1952) 54–55.

Hibbard, Howard. *Michelangelo*. 2nd edn. Cambridge, MA: Harper and Row, 1985.

Higgins, F. R. *Arable Holdings: Poems*. Dublin: The Cuala Press, 1933.

Hildebrandt, Dieter. *Lessing: Biographie einer Emanzipation*. Munich: Carl Hanser Verlag, 1979.

Hippocrates. "Aphorisms" in *Hippocrates, Heraclitus*. Ed. T. E. Page, E. Capps, and W. H. D. Rouse. Tr. W. H. S. Jones, Vol. IV. The Loeb Classical Library. London: William Heinemann; New York: G. P. Putnam's Sons, 1931. 97–222.

Hoberg, Annegret, and Isabelle Jansen. *Franz Marc: The Complete Works*. London: Philip Wilson, 2004. 2 vols.

Hoffman, Hilmar. *Ohne Auftrag: zur Geschichte des Kunsthandels*. Ed. Rupert Walser and Bernhard Wittenbrink. Munich: Walser und Wittenbrink, 1989.

Hölderlin, Friedrich. *Sämtliche Werke*. Leipzig: Insel-Verlag, [?1926].

Holloway, Joseph. *Joseph Holloway's Irish Theatre*. Ed. Robert Hogan and Michael J. O'Neill. Dixon, CA: Proscenium Press, 1968–1970. 3 vols.

Holloway, Mark. *Norman Douglas: A Biography*. London: Secker and Warburg, 1976.

Homer. *L'Odyssée*. Tr. Victor Bérard. Paris: Société d'édition "Les Belles lettres," 1924.

Hone, Joseph Maunsel. *The Life of Henry Tonks*. London: William Heinemann, 1939.

Horace. *Oeuvres complètes d'Horace*. . . French tr. Jean-Baptiste Monfalcon, Spanish tr. Javier de Burgos, Italian tr. Tommaso Gargallo, English tr. Philip Francis, German tr. Christoph Martin Wieland and Johann Henrich Voss. Polyglotte edn. [Latin text with translations into French, Spanish, Italian, English, and German]. Paris and Lyon: Cormon et Blanc, 1834.

Hoult, Norah. "New Fiction." Rev. of *The Fires of Beltane*, by Geraldine Cummins. *Dublin Magazine* 11.4 (October–December 1936) 94–96.

Houvet, Etienne. *An Illustrated Monograph of Chartres Cathedral*. Chartres Cathedral: E. Houvet, 1938.

Howard, Michael. *Jonathan Cape, Publisher: Herbert Jonathan Cape, G. Wren Howard*. London: Jonathan Cape, 1971.

Howe, Susan. *The Midnight*. New York: New Directions Books, 2003.

Hugnet, Georges, ed. *Petite anthologie poétique du surréalisme*. Paris: Editions Jeanne Bucher, 1934.

Hulle, Dirk van. "Samuel Beckett's *Faust* Notes." *Notes Diverse Holo*. Special issue, *Samuel Beckett Today/Aujourd'hui* 16 (2006) 283–297.

Hüneke, Andreas. *Die faschistische Aktion "Entartete Kunst" 1937 in Halle*. Schriftenreihe zur Geschichte der Staatlichen Galerie Moritzburg Halle. Halle: Staatliche Galerie Moritzburg, 1987.

Hutchins, Patricia. *James Joyce's World*. London: Methuen and Co., 1957.

Huxley, Aldous. *Eyeless in Gaza*. London: Chatto and Windus, 1936.

    Point Counter Point. Garden City, NJ: Doubleday, Doran and Co., 1928.

Index général de la revue "Cahiers d'art," 1926–1960. Paris: Editions Cahiers d'art, 1981.

"The International Surrealist Exhibition." *International Surrealist Bulletin* 4 (September 1936) 1–18.

Jacob, Sabine, and Susanne König-Lein. *Herzog Anton Ulrich-Museum Braunschweig: Die italienischen Gemälde des 16. bis 18. Jahrhunderts*. Munich: Hirmer, 2004.

Jaffé, Aniela. *From the Life and Work of C. G. Jung*. Tr. R. F. C. Hull and Murray Stein. Einsiedeln, Switzerland: Daimon Verlag, 1989.

Jarrell, Mackie L. "'Jack and the Dane': Swift Traditions in Ireland." *Journal of American Folklore* 77.304 (April–June 1964) 99–117.

Jeannin, Pierre. *Deux siècles à Normale Sup: Petite histoire d'une Grande Ecole*. Paris: Larousse, 1994.

Jennings, Humphrey. "The Iron Horse." *London Bulletin* 3 (June 1938) 22, 27–28.

Johnson, Samuel. *Diaries, Prayers, and Annals*. Ed. E. L. McAdam, Jr., with Donald Hyde and Mary Hyde. Vol. I. The Yale Edition of the Works of Samuel Johnson. New Haven: Yale University Press 1958. 18 vols. 1958– .

Letters of Samuel Johnson LL.D. Col. and ed. George Birkbeck Hill. New York: Harper and Brothers, 1892. 2 vols.

Jolas, Eugene. *Man from Babel*. Ed. Andreas Kramer and Rainer Rumod. Henry McBride Series in Modernism and Modernity. New Haven: Yale University Press, 1998.

Jorre, John de St. *Venus Bound: The Erotic Voyage of the Olympia Press and Its Writers*. New York: Random House, 1994.

Joyce, James. "Anna Livia Plurabella." Tr. James Joyce, Ettore Settanni, [and Nino Frank]. *Prospettive* [Rome] 4.2 (15 February 1940) 13–15.

Anna Livia Plurabelle. New York: Crosby Gaige, 1928.

"Anna Livie Plurabelle." Tr. Samuel Beckett, Alfred Perron [*for* Péron], Ivan Goll, Eugène [*for* Eugene] Jolas, Paul L. Léon, Adrienne Monnier, and Philippe Soupault in collaboration with the author. *La Nouvelle Revue Française* 36.212 (1 May 1931) 637–646.

The Critical Writings of James Joyce. Ed. Ellsworth Mason and Richard Ellmann. Ithaca, NY: Cornell University Press, 1959.

Finnegans Wake. New York: Viking Press, 1959.

Haveth Childers Everywhere: Fragment from Work in Progress. Criterion Miscellany. London: Faber and Faber, 1931.

"James Joyce." *Mercure de France* 326 (January 1956) Special issue: *Le Souvenir d'Adrienne Monnier*, 122–124.

Letters of James Joyce, Vol. I. Ed. Stuart Gilbert. New York: Viking Press, 1957.

Letters of James Joyce, Vols. II and III. Ed. Richard Ellmann. New York: Viking Press, 1966.

A Portrait of the Artist as a Young Man. Ed. Chester G. Anderson. New York: Viking Press, 1964.

Ulysses. Paris: Shakespeare and Company, 1922.

"Ulysses: Episode III." *The Little Review* 5.1 (May 1918) 31–45.

"Una Lettera di Joyce." *Prospettive* [Rome] 4.4 (15 April 1940) 11.

Joyce, James, and Paul Léon. *The James Joyce – Paul Léon Papers in the National Library of Ireland: A Catalogue*. Comp. Catherine Fahy. Dublin: National Library of Ireland, 1992.

Jung, C. G. *Analytical Psychology: Its Theory and Practice, The Tavistock Lectures*. London: Routledge and Kegan Paul, 1968.

C. G. Jung: Letters. Ed. Gerhard Adler and Aniela Jaffé. Tr. R. F. C. Hull. Princeton: Princeton University Press, 1973–1975. 2 vols.

Junge, Heinrike. "Vom Neuen begeistert – Die Sammlerin Ida Bienert." *Avantgarde und Publikum: zur Rezeption avantgardistischer Kunst in Deutschland 1905–1933*. Ed. Heinrike Junge. Cologne: Böhlau, 1992. 29–37.

Kahsnitz, Rainer, ed. *Veit Stoss in Nürnberg: Werke des Meisters und seiner Schule in Nürnberg und Umgebung*. Munich: Deutscher Kunstverlag, 1983.

Kant, Immanuel. *Immanuel Kants Werke*. Ed. Ernst Cassirer, Hermann Cohen, Arthur Buchenau, *et al*. Berlin: Bruno Cassirer, 1921–1923. 11 vols.

Kritik der Reinen Vernunft. Ed. Albert Görland. Vol. III of *Immanuel Kants Werke*. Berlin: Bruno Cassirer, 1922.

Karmitz, Marin. *Comédie*. Paris: Les Editions du Regard, 2001.

Keats, John. *The Poems of John Keats*. Ed. Jack Stillinger. Cambridge, MA: Belknap-Harvard University Press, 1978.

Kennedy, S. B. "An Incisive Aesthetic." *Irish Arts Review* 21.2 (Summer 2004) 90–95.

Kenner, Hugh. *The Pound Era*. Berkeley: University of California Press, 1971. Rpt. London: Pimlico, 1991.

Kershaw, Alister, and Frédéric-Jacques Temple, eds. *Richard Aldington: An Intimate Portrait*. Carbondale: Southern Illinois University Press, 1965.

Klinge, Margret. *David Teniers the Younger: Paintings – Drawings*. Antwerp: Koninklijk Museum Voor Schoene Kunsten, 11 May–1 September 1991. Ghent: Snoeck-Ducaju and Zoon, 1991.

Knowlson, James. "Beckett in Kassel: Erste Begegnungen mit dem deutschen Expressionismus." *Der unbekannte Beckett: Samuel Beckett und die deutsche Kultur*. Ed. Therese Fischer-Seidel and Marion Fries-Dieckmann. Tr. Marion Fries-Dieckmann. Frankfurt: Suhrkamp, 2005. 64–94.

Damned to Fame: The Life of Samuel Beckett. New York: Grove Press, 2004.

Knuttel, Gerard. *Adriaen Brouwer: The Master and His Work*. Tr. J. G. Talma-Schilthuis and Robert Wheaton. The Hague: L. J. C. Bancher, 1962.

Kreul, Andreas. *Oskar Kokoschka: Pariser Oper*. Kunsthalle Bremen 30 June – 30 August 1992. Berlin: Kulturstiftung der Länder and Kunstverein Bremen, 1992.

Labande, Léon-Honoré. *Les Primitifs français: Peintres et peintres-verriers de la Provence occidentale*. Marseille: Librairie Tacussel, 1932.

Laforgue, Jules. *Poems of Jules Laforgue*. Tr. Patricia Terry. Berkeley: University of California Press, 1958.

Poésies complètes. Ed. Pascal Pia. Paris: Gallimard, 1979. 2 vols.

Lake, Carlton, ed., with the assistance of Linda Eichhorn and Sally Leach. *No Symbols Where None Intended: A Catalogue of Books, Manuscripts, and Other Material Relating to Samuel Beckett in the Collections of the Humanities Research Center*. Austin: Humanities Research Center, The University of Texas at Austin, 1984.

Laughlin, James, ed. *New Directions in Prose and Poetry*. [4]. Norfolk, CT: New Directions, 1939.

Laurence, Dan H. *Bernard Shaw: A Bibliography*. Oxford: Clarendon Press, 1983. 2 vols.

Lavachery, Henri. "Essay on Styles in the Statuary of the Congo." Tr. Samuel Beckett. *Negro, Anthology Made by Nancy Cunard, 1931–1933*. Ed. Nancy Cunard. London: Published by Nancy Cunard at Wishart and Co., 1934. 687–693.

Laveissière, Sylvain. *Le Classicisme français: Masterpieces of Seventeenth Century Painting, a loan exhibition from the Louvre and French regional museums at the National Gallery of Ireland, 30 April – 9 June 1985*. Tr. Kim-Mai Mooney and Raymond Keaveney. Dublin: The Gallery, 1985.

Lawrence, D. H. *Apocalypse*. Ed. Richard Aldington. Florence: G. Orioli, 1931. Rpt. New York: Viking Press, 1931; London: Secker, 1932.

Le Roux, Benoît. *André Thérive et ses amis en 14–18*. Saint-Brieuc: B. Le Roux, 1987.

Lehmann, John. *Autobiography*. London: Longmans, Green and Co., 1955. 3 vols.

Leistner, Gerhard, and Thorsten Rodiek. *Otto Freundlich: Ein Wegbereiter der abstrakten Kunst*. Regensburg: Museum Ostdeutsche Galerie, 1994.

Leventhal, A. J. "Surrealism or Literary Psycho-Therapy." *Dublin Magazine* 11.4 (October–December 1936) 66–73.

Leventhal, A. J., ed. "Extracts from the Unpublished Memoirs of the Late T. B. Rudmose-Brown." *Dublin Magazine* 31.1 (January–March 1956) 30–51.

Levey, Michael. "The Real Theme of Watteau's *Embarkation for Cythera*." *Burlington Magazine* 103.698 (May 1961) 180–185.

Levin, Harry. "On First Looking into *Finnegans Wake*." *New Directions in Prose and Poetry*. [4]. Ed. James Laughlin. Norfolk, CT: New Directions, 1939. 253–287.

Lewis, Wyndham. *The Apes of God*. London: Arthur Press, 1930. Rpt. Santa Barbara, CA: Black Sparrow Press, 1981.

Leyda, Jay, ed. *Eisenstein 2: A Premature Celebration of Eisenstein's Centenary*. Tr. Alan Y. Upchurch, N. Lary, Zina Voynow, and Samuel Brody. Calcutta: Seagull Books, 1985. Rpt. London: Methuen, 1988.

Lidderdale, Jane, and Mary Nicholson. *Dear Miss Weaver: Harriet Shaw Weaver 1876–1961*. London: Faber and Faber, 1970.

Little, Roger. "Beckett's Mentor, Rudmose-Brown: Sketch for a Portrait." *Irish University Review* 14 (Spring 1984) 34–41.

Lucke, Mechthild, Erich Heckel, and Andreas Hüneke. *Erich Heckel, Lebensstufen: die Wandbilder im Angermuseum zu Erfurt*. Dresden: Verlag der Kunst, 1992.

MacCarthy, Desmond. *Memories*. Foreword Cyril Connolly. London: MacGibbon and Kee, 1953.

McDowell, R. B., and D. A. Webb. *Trinity College Dublin, 1592–1952: An Academic History*. Cambridge: Cambridge University Press, 1982.

McGreevy, Thomas. "New Dublin Poetry." Rev. of *Intercessions*, by Denis Devlin. *Ireland To-Day* 2.10 (October 1937) 81–82.

Richard Aldington: An Englishman. The Dolphin Books. London: Chatto and Windus, 1931.

"Shows in Short." *The Studio* 115.541 (April 1938) 223.

"Spanish Masterpieces: A Selection Based on the Exhibition of Paintings from the Prado at Geneva." *The Studio* 18 (September 1939) 90–107.

Thomas Stearns Eliot: A Study. The Dolphin Books. London: Chatto and Windus, 1931.

[McGreevy, Thomas] L. St. Senan, pseud. "Nocturne of the Self-Evident Presence." *The Irish Statesman* 7.3 (25 September 1926) 57. Rpt. in *Collected Poems of Thomas MacGreevy: An Annotated Edition*. Ed. Susan Schreibman. Dublin: Anna Livia Press; Washington, DC: The Catholic University of America Press, 1991. 42–43.

MacGreevy, Thomas. *Collected Poems of Thomas MacGreevy: An Annotated Edition*. Ed. Susan Schreibman. Dublin: Anna Livia Press; Washington, DC: The Catholic University of America Press, 1991.

Jack B. Yeats: An Appreciation and an Interpretation. Dublin: Victor Waddington Publications, 1945.

Nicolas Poussin. Dublin: The Dolmen Press, 1960.

Pictures in the Irish National Gallery. London: B. T. Batsford, 1945.

Machiavelli, Niccolò. *The Literary Works of Machiavelli*. J. R. Hale. London: Oxford University Press, 1961.

Tutte le opere di Niccolò Machiavelli. Ed. Francesco Flora and Carlo Cordiè. I Classici Mondadori. Milan: A. Mondadori; 1949–1950. 2 vols.

McHugh, Roland. *Annotations to Finnegans Wake*. Rev. edn. Baltimore: Johns Hopkins University Press, 1991.

MacLaren, Neil. *The Dutch School, 1600–1900*. Rev. Christopher Brown. London: National Gallery, 1991. 2 vols.

McMillan, Dougald, and Martha Fehsenfeld. *Beckett in the Theatre: The Author as Practical Playwright and Director, From "Waiting for Godot" to "Krapp's Last Tape."* London: John Calder; New York: Riverrun Press, 1988.

MacThomáis, Éamonn. *Me Jewel and Darlin' Dublin*. Dublin: O'Brien Press, 1974.

Maddox, Brenda. *Nora: The Real Life of Molly Bloom*. Boston: Houghton Mifflin Co., 1988.

Maîtres et élèves, célébrités et savants: l'Ecole Normale Supérieure, 1794–1994. Paris: Archives Nationales, 1994.

Mallarmé, Stéphane. *New and Collected Poems.* Tr. Roger Fry, with commentaries by Charles Mauron. The New Classics Series. New York: New Directions Books, 1951.

    Oeuvres complètes. Ed. Bertrand Marchal. Bibliothèque de la Pléiade. Paris: Gallimard, 1998. 2 vols.

Malraux, André. *Man's Fate.* Tr. Haakon M. Chevalier. New York: Random House, 1961.

    Romans. Bibliothèque de la Pléiade. Paris: Gallimard, 1947.

Manteuffel, Kurt Zoege von. *Adriaen Brouwer: acht farbige Wiedergaben seiner Werke.* Künstlermappen. Leipzig: E. A. Seeman, 1936.

Marani, Pietro C. *Il genio e le passioni, Leonardo da Vinci e il Cenacolo: precedenti, innovazioni, riflessi di un capolavoro.* Milan: Skira, 2001.

Martial. *Epigrams.* Tr. Walter C. A. Ker. Cambridge, MA: Harvard University Press; London: Heinemann, 1968. 2 vols.

Martin, Claude. *Gide.* Paris: Editions du Seuil, 1963 and 1995.

Martin, Gregory. *The Flemish School, circa 1600–circa 1900.* London: National Gallery, 1970.

Mason, Rainer Michael, ed. *Bram van Velde, 1895–1981: Rétrospective du Centenaire.* Geneva: Musée Rath (Musée d'Art et d'Histoire), 1996.

Massine, Léonide. *My Life in Ballet.* Ed. Phyllis Hartnoll and Robert Rubens. London: Macmillan St. Martin's Press, 1968.

Mather, Frank Jewett, Jr. *The Portraits of Dante: Compared with the Measurements of his Skull and Reclassified.* Princeton: Princeton University Press, 1921.

Mayes, Elizabeth, and Paula Murphy, eds. *Images and Insights.* Dublin: Hugh Lane Municipal Gallery of Modern Art, 1993.

Menz, Henner. *The Dresden Gallery.* New York: Harry N. Abrams, 1962.

Mercanton, Jacques. "Finnegans Wake." *La Nouvelle Revue Française* 52.308 (May 1939) 858–864.

"A Meteorologist's Tour from Walton to London." *Gentleman's Magazine and Historical* 63.1 (July 1793) 619–621. Continued 63.2 (August 1793) 720–721.

Mitchell, B. R. *International Historical Statistics: Europe 1750–1988.* 3rd edn. New York: Stockton Press, 1992.

Möhle, Hans. "Eine bisher unbekannte Landschaftsgouache von Adam Elsheimer." *Zeitschrift des Deutschen Vereins für Kunstwissenschaft* 19.34 (1965) 192–196.

Monnier, Adrienne. *The Very Rich Hours of Adrienne Monnier.* New York: Scribner, 1976.

Montagu, Ivor. "Romance and Reality." Rev. of *Man of Aran,* dir. Robert Flaherty. *New Statesman and Nation* (28 April 1934) 638.

Montale, Eugenio. "Delta." Tr. Samuel Beckett. *This Quarter* 2.4 (April–May–June 1930) 630.

Moore, Maurice George. *An Irish Gentleman, George Henry Moore: His Travel, His Racing, His Politics*. London: T. W. Laurie, 1913.

Mrusek, Hans-Joachim. *Drei sächsische Kathedralen: Merseburg, Naumburg, Meissen*. Dresden: Verlag der Kunst, 1976.

Mühling, Matthias. *Mit Samuel Beckett in der Hamburger Kunsthalle*. Hamburg: Hamburger Kunsthalle, 2003.

Muir, Edwin. "New Novels." Rev. of *Murphy*, by Samuel Beckett. *The Listener* 19.479 (16 March 1938) 597.

    "New Short Stories." Rev. of *More Pricks than Kicks*, by Samuel Beckett. *The Listener* 12.268 (4 July 1934) 42.

Muirhead, Findlay. *London and its Environs*. The Blue Guides. 2nd edn. London: Macmillan, 1922.

    ed. *Short Guide to London*. London: Ernest Benn, 1933.

Murray, Peter, and Linda Murray, eds. *Penguin Dictionary of Art and Artists*. London: Penguin, 1993.

Musée de Valence. *André Lhote, 1885–1962*. Paris: Réunion des musées nationaux, 2003.

Nadeau, Maurice. *Grâces leur soient rendues*. Paris: Albin Michel, 1990.

National Gallery Illustrations: Continental Schools (excluding Italian). London: Printed for the Trustees, 1937.

National Gallery of Ireland: Catalogue of Pictures of the Italian Schools. Dublin: The Stationery Office, [1956].

National Gallery of Ireland: Catalogue of Oil Pictures in the General Collection. Dublin: The Stationery Office, 1932.

National Gallery of Ireland: Illustrated Summary Catalogue of Paintings. Intro. Homan Potterton. Dublin: Gill and Macmillan, 1981.

Nerdinger, Winfried. *Gottfried von Neureuther, Architekt der Neorenaissance in Bayern, 1811–1887*. Munich: K. M. Lipp, 1978.

Nersoyan, H[agop] J. *André Gide: The Theism of an Atheist*. Syracuse: Syracuse University Press, 1969.

Neuhaus, Robert. *Bildnismalerei des Leibl-Kreises: Untersuchungen zur Geschichte und Technik der Malerei der zweiten Hälfte des 19. Jahrhunderts*. Marburg: Verlag des Kunstgeschichtlichen Seminars, 1953.

    Unsuspected Genius: The Art and Life of Frank Duveneck. San Francisco: Bedford, 1987.

Nixon, Mark. "Chronik der Deutschlandreise Samuel Becketts 1936/37." *Der unbekannte Beckett: Samuel Beckett und die deutsche Kultur*. Ed. Therese Fischer-Seidel and Marion Fries-Dieckmann. Frankfurt: Suhrkamp, 2005. 34–63.

"'Scraps of German': Samuel Beckett reading German Literature." *Notes Diverse Holo*. Special issue, *Samuel Beckett Today/Aujourd'hui* 16 (2006) 259–282.

Norburn, Roger. *A James Joyce Chronology*. New York: Palgrave Macmillan, 2004.

Nordau, Max Simon. *Degeneration*. London: William Heinemann, 1895.

Nostradamus. *The Complete Prophecies of Nostradamus*. Ed. and tr. Henry C. Roberts. New York: Crown, 1947.

Nowell, Elizabeth. *Thomas Wolfe: A Biography*. Garden City, NY: Doubleday and Co., 1960.

O'Brien, Eoin. *The Beckett Country: Samuel Beckett's Ireland*. Photography, David H. Davison. Foreword, James Knowlson. Illustrations, Robert Ballagh. Dublin: The Black Cat Press in association with Faber and Faber, 1986.

O'Brien, Kate. "Fiction." *The Spectator* (25 March 1938) 546.

O'Connor, Ulick. *Oliver St. John Gogarty: A Poet and His Times*. London: Jonathan Cape, 1964.

O'Dwyer, Frederick. *Lost Dublin*. Dublin: Gill and Macmillan, 1981.

O'Dwyer, Patrick. "Letters from Paris." *The Great Tuam Annual* (1991) 73, 75.

O'Faolain, Sean. "Fiction." Rev. of *Fires of Beltane*, by Geraldine Cummins. *Ireland To-Day* 1.2 (July 1936) 70–72.

O'H., P. S. Rev. of *A History of Ireland*, by Edmund Curtis. *Dublin Magazine* 11.3 (July–September 1936) 60–62.

O'Sullivan, Vincent. *Fifteen Letters to Seumas O'Sullivan*. Edinburgh: Tragara Press, 1979.

Selected Letters. Ed. Alan Anderson. Loanhead, Scotland: Tragara Press, 1993.

Oppenheim, Lois. "A Preoccupation with Object-Representation: the Beckett–Bion Case Revisited." *International Journal of Psycho-Analysis* 82.4 (2001) 767–784.

Oppenheim, Max Freiherr von. *Die Bildwerke*. Ed. Dietrich Opitz and Anton Moortgat. Berlin: Walter de Gruyter and Co., 1955. Vol. III of *Tell Halaf*. 4 vols. 1943–1962.

Oram, Hugh. *The Newspaper Book: A History of Newspapers in Ireland, 1649–1983*. Dublin: MO Books, 1983.

Ostwald, Peter. *Vaslav Nijinsky: A Leap into Madness*. New York: Carol Publishing Group, 1991.

Osuna, Rafael. *Pablo Neruda y Nancy Cunard: les poètes du monde défendent le peuple espagnol*. Madrid: Editorial Orígenes, 1987.

Overbeck, Lois More, and Martha Dow Fehsenfeld. "In Defense of the Integral Text." *Notes Diverse Holo*. Special issue, *Samuel Beckett Today/Aujourd'hui* 16 (2006) 347–372.

Pakenham, Thomas, and Valerie Pakenham, eds. *Dublin: A Travellers' Companion*. New York: Atheneum, 1988.

Paret, Peter. *An Artist Against the Third Reich: Ernst Barlach, 1933–1938*. Cambridge: Cambridge University Press, 2003.

Paris, Gaston. *Penseurs et Poètes*. Ed. Calmann Lévy. Paris: Ancienne Maison, Michel Lévy Frères, 1896.

Pelorson, Georges. "Caligula – Acte III." *Volontés* 3 (March 1938) 41–59.

"Caligula – Acte IV." *Volontés* 8 (August 1938) 30–35.

"Caligula – Prologue." *Volontés* 1 (January 1938) 18–27.

"Plans." *transition* 21 (March 1932) 182–183.

Péret, Benjamin. "Black and White in Brazil." Tr. Samuel Beckett. *Negro, Anthology Made by Nancy Cunard, 1931–1933*. Ed. Nancy Cunard. London: Published by Nancy Cunard at Wishart and Co., 1934. 510–514.

Pilling, John. *Beckett Before Godot*. Cambridge: Cambridge University Press, 1997.

A Companion to "Dream of Fair to Middling Women." Tallahassee, FL: Journal of Beckett Studies Books, 2004.

"'For Interpolation': Beckett and English Literature." *Notes Diverse Holo*. Special issue, *Samuel Beckett Today/Aujourd'hui* 16 (2006) 203–235.

A Samuel Beckett Chronology. Houndsmill, Basingstoke, Hampshire: Palgrave Macmillan, 2006.

Pilling, John, ed. *Beckett's Dream Notebook*. Reading: Beckett International Foundation, 1999.

Pine, Richard, and Charles Acton, eds. *To Talent Alone: The Royal Irish Academy of Music, 1848–1998*. Dublin: Gill and Macmillan, 1998.

Poe, Edgar Allan. *Tales of Mystery and Imagination*. London: G. G. Harrap, 1919.

Posse, Hans. "Die Rekonstruktion der Venus mit dem Cupido von Giorgione." *Jahrbuch der Preussischen Kunstsammlungen*. Vol. LII. Berlin: G. Grote, 1931. 29–35.

Pourtalès, Guy de. *Chopin; ou, le Poète*. Paris: Gallimard, 1926.

Frederick Chopin: A Man of Solitude. Tr. Charles Bayly Jr. London: T. Butterworth, 1927.

Powys, Llewelyn. "Dr. Johnson – Idler, Rambler and Straggler." *Dublin Magazine* 12.2 (April–June 1937) 9–15.

Prévost, Jean. "Les oeuvres d'André Gide (Tomes I, II, et III)." *Notre Temps* (6 April 1933) 121.

Proust, Marcel. *In Search of Lost Time*. Tr. C. K. Scott Moncrieff and Terence Kilmartin (Vols. I–V); Andreas Mayor and Terence Kilmartin (Vol. VI). Rev. D. J. Enright. New York: Modern Library, 1992–1993. 6 vols.

A la recherche du temps perdu. Ed. Jean-Yves Tadié. Bibliothèque de la Pléiade. Paris: Gallimard, 1987–1989. 4 vols.

A la recherche du temps perdu. Editions de la Nouvelle Revue Française. Vol. VI rev. Robert Proust and Jacques Rivière. Paris: Librairie Gallimard, 1925–1933. 8 vols.

Pudovkin, Vsevolod. *Film Acting: A Course of Lectures delivered at the State Institute of Cinematography, Moscow.* Tr. Ivor Montagu. London: G. Newnes, 1935.

On Film Technique. Tr. Ivor Montagu. London: V. Gollancz, 1929.

Putnam, Samuel, Maida Castelhun Darnton, George Reavey, and J[acob] Bronowski, eds. *The European Caravan: An Anthology of the New Spirit in European Literature.* New York: Brewer, Warren, and Putnam, 1931.

Pyle, Hilary. *Jack B. Yeats: A Biography.* London: Routledge and Kegan Paul, 1970.

Jack B. Yeats: A Catalogue Raisonné of the Oil Paintings. London: Andre Deutsch, 1992. 3 vols.

Jack B. Yeats: His Watercolours, Drawings and Pastels. Dublin: Irish Academic Press, 1993.

Quadflieg, Roswitha. *Beckett was here: Hamburg im Tagebuch Samuel Becketts von 1936.* Hamburg: Hoffman und Campe, 2006.

Rabéarivelo, Jean-Jacques. "A Short Historical Survey of Madagascar." Tr. Samuel Beckett. *Negro, Anthology Made by Nancy Cunard, 1931–1933.* Ed. Nancy Cunard. London: Published by Nancy Cunard at Wishart and Co., 1934. 618–622.

Racine, Jean. *Andromaque.* Ed. T. B. Rudmose-Brown. Oxford: Clarendon Press, 1917.

Bajazet. Paris: Editions du Seuil, 1947.

Complete Plays. Tr. Samuel Solomon. New York: Modern Library, 1969. 2 vols.

Radcliffe, Philip. *Beethoven's String Quartets.* 2nd edn. Cambridge: Cambridge University Press, 1978.

Read, Herbert. *Art Now: An Introduction to the Theory of Modern Painting and Sculpture.* New York: Harcourt, Brace and Co., 1933.

[Read, Herbert]. *Exhibition of Twentieth Century German Art: July, 1938.* London: New Burlington Galleries, 1938.

Reavey, George. *Faust's Metamorphoses: Poems.* Fontenay-Aux-Roses, Seine, France: The New Review Editions, 1932.

"Geer van Velde." *London Bulletin* 2 (May 1938) 16.

"Letter to Richard Thoma." *The New Review* 1.4 (Winter 1931–1932) 397.

Nostradam: A Sequence of Poems. Europa Poets 1. Paris: Europa Press, 1935.

Quixotic Perquisitions: First Series. London: Europa Press, 1939.

Signes d'adieu (Frailty of Love). Tr. Pierre Charnay. Paris: Editions Europa, 1935.

Reavey, George, and Marc Slonim, eds. *Anthologie de la littérature soviétique, 1918–1934.* Paris: Gallimard, 1935.

eds. and tr. *Soviet Literature: An Anthology.* London: Wishart and Co., 1933.

Reich, Wolfgang. "Die Chaconne g-Moll – von Vitali?" *Beiträge zur Musikwissenschaft* 2 (1965) 149–152.

Reid, Thomas. *The Works of Thomas Reid*. Edinburgh: Bell and Bradfute, 1803.

Renard, Jules. *Le Journal, 1887–1910*. Paris: F. Bernouard, 1927. 4 vols.

　　Oeuvres. Ed. Léon Guichard. Bibliothèque de la Pléiade. Paris: Gallimard, 1970–1971. 2 vols.

Rimbaud, Arthur. *Complete Works*. Tr. Paul Schmidt. New York: Harper and Row, 1975.

　　Oeuvres complètes. Ed. Antoine Adam. Bibliothèque de la Pléiade. Paris: Gallimard, 1972.

Ringelnatz, Joachim. "Ein männlicher Briefmark erlebt." *Die Schnupftabaksdose: Stumpfsinn in Versen und Bildern*. Ed. Hans Bötticher and Richard J. M. Seewald. Munich: R. Piper, 1912.

Rivoallan, Anatole, ed. *Littérature irlandaise contemporaine*. Paris: Hachette, 1939.

Roethel, Hans K., and Jean K. Benjamin. *Kandinsky, Catalogue Raisonné of the Oil Paintings*. Ithaca, NY: Cornell University Press, 1982–1984. 2 vols.

Rogers, Pat. *Henry Fielding: A Biography*. London: Paul Elk, 1979.

Romains, Jules. "Aristide Maillol." *Formes* 4 (April 1930) [2], 5–7.

Ronsard, Pierre de. *Oeuvres complètes*. Ed. Jean Céard, Daniel Ménager, and Michel Simonin. Bibliothèque de la Pléiade. Paris: Gallimard, 1993. 2 vols.

Roose, Julia. "Backlash against Prostitutes' Rights: Origins and Dynamics of Nazi Prostitution Policy." *Journal of the History of Sexuality* 11.1–2 (2002) 67–94.

Rosati, Salvatore. "Il nuovo libro di James Joyce." *Panorama* [Rome] 18 (12 November 1939) 246–247.

Rose, Danis. *The Textual Diaries of James Joyce*. Dublin: Lilliput Press, 1995.

Rossi, M[ario] M. *Viaggio in Irlanda*. Milan: Doxa Editrice, 1932.

　　Pilgrimage in the West. Tr. J. M. Hone. Dublin: Cuala Press, 1933.

Roughton, Roger. "Eyewash, Do You?" *Contemporary Poetry and Prose* 7 (November 1936) 137–138.

Rousseau, Jean-Jacques. *Confessions*. Tr. Angela Scholar. Oxford: Oxford University Press, 2000.

　　Oeuvres complètes. Ed. Bernard Gagnebin and Marcel Raymond. Bibliothèque de la Pléiade. Paris: Gallimard, 1959. 5 vols.

Rubin, William S. *Dada, Surrealism, and their Heritage*. New York: Museum of Modern Art, 1968.

Rudmose-Brown, Thomas. "Extracts from the Unpublished Memoirs of the Late T. B. Rudmose-Brown." Ed. A. J. Leventhal. *Dublin Magazine* 31.1 (January–March 1956) 30–51.

"Grace Withheld from Jean Racine." *The European Caravan: An Anthology of the New Spirit in European Literature*. Ed. Samuel Putnam, Maida Castelhun Darnton, George Reavey, *et al*. New York: Brewer, Warren, and Putnam, 1931. 558–564.

Rev. of "Beitrage zur De Tabley Forschung," by Erna Low. *Dublin Magazine* 12.2 (April–June 1937) 72–74.

Rutter, Frank. "Manet's 'Bar aux Folies-Bergère.'" *Apollo* 19.113 (May 1934) 244–247.

Ryan, John. *Remembering How We Stood: Bohemian Dublin at the Mid-Century*. Dublin: Gill and Macmillan, 1975.

Rynne, Stephen. "Tea with Jack B. Yeats 1940." *Éire-Ireland* 7.2 (1972) 106.

Saddlemyer, Ann. *Becoming George: The Life of Mrs. W. B. Yeats*. Oxford: Oxford University Press, 2002.

Sade, Marquis de. *Oeuvres complètes du Marquis de Sade*. Ed. Annie Le Brun and Jean-Jacques Pauvert. Paris: Pauvert, 1986–1991. 15 vols.

Salkeld, Blanaid. Rev. of *Out of the Picture*, by Louis MacNeice. *Dublin Magazine* 12.4 (October–December 1937) 67–68.

Sarton, May. *A World of Light: Portraits and Celebrations*. New York: W. W. Norton, 1976.

Scheja, Georg. *The Isenheim Altarpiece*. Tr. Robert Erich Wolf. New York: H. N. Abrams, 1969.

Schönzeler, Hans-Hubert. *Furtwängler*. London: Gerald Duckworth, 1990.

Schopenhauer, Arthur. *Essays and Aphorisms*. Ed. and tr. R. J. Hollingdale. London: Penguin, 1970.

On Human Nature: Essays (partly Posthumous) in Ethics and Politics. Selected and tr. Thomas Bailey Saunders. London: George Allen and Unwin, 1897. Rpt. 1926.

Parerga et Paralipomena. Tr. J.-A. Cantacuzène. Paris: Félix Alcan, 1914.

Parerga and Paralipomena: Short Philosophical Essays. Tr. E. F. J. Payne. Oxford: Clarendon Press, 1974. 2 vols.

The World as Will and Representation. Tr. E. F. J. Payne. Indian Hills, CO: The Falcon's Wing Press, 1958. 2 vols.

Schwob, Marcel. "L'Etoile de bois." *Cosmopolis* 8 (22 October 1897) 95–110. Rpt. in *L'Etoile de bois*. Paris: Editions du Boucher, 2003. 3–19.

"Scripted by Beckett." *Rolling Stock* 7 (1984) 4.

Shakespeare, William. *The Riverside Shakespeare: The Complete Works*. General and textual ed. G. Blakemore Evans, assisted by J. J. M. Tobin. 2nd edn. Boston: Houghton Mifflin, 1997.

Shaw, George Bernard. *The Complete Prefaces, Bernard Shaw*. Ed. Dan H. Laurence and Daniel J. Leary. London: The Penguin Press, 1993–1997. 3 vols.

Shloss, Carol Loeb. *Lucia Joyce: To Dance in the Wake*. New York: Farrar, Straus and Giroux, 2003.

Skeffington, F. J. C., and James Joyce. *Two Essays: A Forgotten Aspect of the University Question, and The Day of the Rabblement*. Dublin: Gerrard Brothers, 1901. "The Day of the Rabblement" rpt. in *The Critical Writings of James Joyce*. Ed. Ellsworth Mason and Richard Ellmann. Ithaca, NY: Cornell University Press, 1959.

Slide, Anthony. *The International Film Industry*. New York: Greenwood, 1989.

Slive, Seymour. *Jacob van Ruisdael: A Complete Catalogue of His Paintings, Drawings and Etchings*. New Haven: Yale University Press, 2001.

Smith, James M. "The Politics of Sexual Knowledge: The Origins of Ireland's Containment Culture and 'The Carrigan Report' (1931)." *Journal of the History of Sexuality* 13.2 (April 2004) 208–233.

Smith, James Robinson. *The Earliest Lives of Dante: Translated from the Italian of Giovanni Boccaccio and Leonardo Bruni Aretino*. Yale Studies in English. New York: Holt, 1901. Rpt. New York: Russell and Russell, 1968.

Solomons, Bethel. *One Doctor in His Time*. London: C. Johnson, 1956.

Sonntag, Dina. "Bibliographie Will Grohmann." *In Memoriam Will Grohmann, 1887–1968: Wegbereiter der Moderne*. Stuttgart: Staatsgalerie Stuttgart, 1987. 58–64.

Soupault, Philippe. "A propos de la traduction d'Anna Livia Plurabelle." *La Nouvelle Revue Française* 36.212 (1 May 1931) 633–636.

Souvenirs de James Joyce. Algiers: Editions Fontaine, 1943.

"Traduttore … Traditore?" *A James Joyce Yearbook*. Ed. Maria Jolas. Paris: Transition Press, 1949. 171–178.

Spinoza, Benedictus de. *Ethique, démontrée suivant l'ordre géométrique et divisée en cinq parties, Texte latin soigneusement revu*. Tr. Ch. Appuhn. Classiques Garnier. Paris: Garnier Frères, 1908. Rpt. 1934.

Staatliche Museen Berlin. *Die Gemäldegalerie*. Berlin: Paul Cassirer Verlag, 1929–1933. 5 vols.

Staay, Elizabeth van der. *Le Monologue intérieur dans l'oeuvre de Valéry Larbaud*. Paris: Champion-Slatkine, 1987.

Starkie, Walter. *Scholars and Gypsies: An Autobiography*. London: John Murray, 1963.

The Waveless Plain: An Italian Autobiography. New York: E. P. Dutton and Co., 1938.

Steinitz, Kate Trauman. "The Leonardo Drawings at Weimar." *Raccolta Vinciana* 20 (1964) 339–349.

Stendhal. *Le Rouge et le noir: Chronique du XIXe siècle*. Paris: Librairie Garnier Frères, 1925. Rpt. 1928.

Red and Black. Ed. and tr. Robert M. Adams. Norton Critical Editions. New York: W. W. Norton and Co., 1969.

Stephen, Leslie. *Samuel Johnson*. English Men of Letters. New York: Harper and Brothers, 1879.

Stephens, James. *Letters of James Stephens*. Ed. Richard J. Finneran. London: Macmillan, 1974.

Sterling, Charles. *La Peinture flamande: Rubens et son temps*. Paris: Librairie des Arts Décoratifs, 1936.

Stewart, Gerald Pakenham. *The Rough and the Smooth: An Autobiography*. Walkanae: Heritage, 1994.

Stocker, Mona. *Die Schottenkirche St. Jakob in Regensburg: Skulptur und stilistisches Umfeld*. Regensburger Studien und Quellen zur Kulturgeschichte. Regensburg: Universitätsverlag Regensburg, 2001.

Stoullig, Claire, and Nathalie Schoeller, eds. *Bram van Velde*. Paris: Musée National d'Art Moderne, Centre Georges Pompidou, 1989.

The Surrealist Group in Paris [André Breton, Roger Caillois, René Char, *et al.*]. "Murderous Humanitarianism." Tr. Samuel Beckett. *Negro, Anthology Made by Nancy Cunard, 1931-1933*. Ed. Nancy Cunard. London: Published by Nancy Cunard at Wishart and Co., 1934. 574-575.

Swedenborg, Emanuel. *Heaven and Its Wonders and Hell: Drawn from Things Heard and Seen*. Tr. George F. Dole. With notes by George F. Dole, Robert H. Kirven, and Jonathan Rose. The New Century Edition of the Works of Emanuel Swedenborg. Ed. Jonathan Rose. West Chester, PA: Swedenborg Foundation, 2000.

Synge, J. M. *Collected Works*. Ed. Robin Skelton. London: Oxford University Press, 1962. 4 vols.

Taylor, John. *A Letter to Samuel Johnson, LL.D. on the Subject of a Future State [With some letters of Dr. Johnson and possibly in part written by him]*. London: T. Cadell, 1787.

Tennyson, Alfred. *Tennyson: A Selected Edition, Incorporating the Trinity College Manuscripts*. Ed. Christopher Ricks. Berkeley: University of California Press, 1989.

Thom's Directory of Ireland for the Year 1936. Dublin: Alex. Thom and Co., 1936.

Thoma, Richard. "Island Without Serpents." Rev. of *Thomas Stearns Eliot: A Study*, by Thomas McGreevy. *The New Review* 1.3 (August-September-October 1931) 119-121.

Thomas à Kempis. *De imitatione Christi*. Ed. J. K. Ingram. Early English Text Society Extra Series. London: Kegan Paul, Trench, Turner and Co., 1893.

——— *De imitatione Christi libri quatuor: sacrae scripturae textuum adnotatione et variis rerum indicibus locupletata*. New edn. Mechliniae, Belgium: H. Dessain, 1921.

The Imitation of Christ. Ed. Ernest Rhys. Everyman's Library. London: J. M. Dent; New York: E. P. Dutton, 1910.

Thomas, Donald. *Henry Fielding*. London: Weidenfeld and Nicolson, 1990.

Thomas, Dylan. "Recent Novels." Rev. of *Murphy*, by Samuel Beckett. *The New English Weekly* 12.23 (17 March 1938) 454–455.

Titus, Edward. "Editorially: By the Way of Introducing This Surrealist Number." *This Quarter* 5 (September 1932) 3–6.

Tophoven, Erika. *Becketts Berlin*. Berlin: Nicolai Verlag, 2005.

Ussher, Arland. "New Metaphysic and Old Spook." *The New English Weekly and the New Age* 15.5 (18 May 1939) 80–81.

"Three Essays." *Nineteenth Century and After* 124.742 (December 1938) 733–737.

"Works and Faith." *The New English Weekly and the New Age* 14.23 (16 March 1939) 346–347.

Vanoyeke, Violaine. *Paul Eluard: le poète de la liberté*. Paris: Editions Julliard, 1995.

Verlaine, Paul. *Oeuvres en prose complètes*. Ed. Jacques Borel. Bibliothèque de la Pléiade. Paris: Gallimard, 1972.

Villani, Giovanni, Filippo Villani, Giovanni Boccaccio, Leonardo Aretino, and Giannozzo Manetti. *Le vite di Dante*. Intro. and notes by G[iuseppe] L[ando] Passerini. Florence: G. C. Sansoni, 1917.

Vrancken, Charles, ed. *Exposition Picasso: 16 juin–30 juillet 1932*. Paris: Galeries Georges Petit, 1932.

Vulliamy, C[olwayn] E[dward]. *Mrs. Thrale of Streatham, Her Place in the Life of Dr. Samuel Johnson and in the Society of her Time, her Character and Family Affairs*. London: Heinemann, 1936.

W. J. K. M. "Reviews." Rev. of *Proust*, by Samuel Beckett. *T. C. D.: A College Miscellany* (28 May 1931) 177.

Waiboer, Adriaan. *Northern Nocturnes: Nightscapes in the Age of Rembrandt*. Dublin: National Gallery of Ireland, 2005.

Waugh, Evelyn. *The Diaries of Evelyn Waugh*. Ed. Michael Davie. London: Weidenfeld and Nicolson, 1976.

Weinreb, Ben, and Christopher Hibbert, eds. *The London Encyclopaedia*. London: Papermac, Macmillan, 1987.

Weir, Anthony. *Early Ireland: A Field Guide*. Belfast: Blackstaff Press, 1980.

Weld, Jacqueline Bograd. *Peggy: The Wayward Guggenheim*. New York: E. P. Dutton, 1988.

Wesch, Petra, with Rosemarie Heise-Schirdewan and Bärbel Stranka. *Sanssouci: The Summer Residence of Frederick the Great*. Munich: Prestel, 2003.

West, J. B. "T. H. Ravenhill and His Contributions to Mountain Sickness." *Journal of Applied Physiology* 80.3 (March 1996) 715–724.

White, James, ed. *National Gallery of Ireland: Catalogue of the Paintings*. Dublin: National Gallery of Ireland, 1971.

Wietek, Gerhard. "Rosa Schapire." *Jahrbuch der Hamburger Kunstsammlungen*, Vol. IX. Hamburg: Dr. Ernst Hauswedell and Co. Verlag, 1964. 114–160.

Wigoder, Geoffrey, ed. *The New Standard Jewish Encyclopedia*. 7th edn. New York: Facts on File, 1992.

Wilde, Oscar. *Lord Arthur Savile's Crime, The Canterville Ghost, Poems in Prose*. London: James R. Osgood, McIlvaine, 1891.

Woermann, K. *Catalogue of the Pictures in the Royal Gallery at Dresden*. 7th edn. Dresden: Kunstanstalt Wilhelm Hoffmann, 1908.

Wolfe, Thomas. *The Letters of Thomas Wolfe*. Ed. Elizabeth Nowell. New York: C. Scribner's Sons, 1961.

Wölfel, Kurt, ed. *Lessings Leben und Werk in Daten und Bildern*. Frankfurt: Insel Verlag, 1967.

Wollman, Maurice, ed. *Poems of Twenty Years: An Anthology, 1918–1938*. London: Macmillan and Co., 1938.

Woolf, Leonard. *Downhill All the Way: An Autobiography of the Years 1919–1939*. London: Hogarth Press, 1967.

Wright, Christopher. *Poussin Paintings: A Catalogue Raisonné*. London: Jupiter Books, 1984.

Yeats, Jack B. *The Amaranthers*. London: Heinemann, 1936.

Yeats, W. B. *The Collected Plays of W. B. Yeats*. 2nd edn. New York: Macmillan and Co., 1952.

"The Words Upon the Window Pane: A Commentary." *Dublin Magazine* 6.4 (October–December 1931) 5–19.

Yeats, W. B., ed. *The Oxford Book of Modern Verse: 1892–1935*. Oxford: Oxford University Press, 1936.

电子文献

Berkelli, Carlo, Whitney Chadwick, Jessica Rawson, *et al*. *Grove Art Online*. 14 May 2007. www.groveart.com.

"Mainfränkisches Museum, Würzburg." 30 January 2006. www. mainfraenkischesmuseum.de.

"Peggy Guggenheim Collection." 12 April 2007. www.guggenheim-venice.it.

Quadflieg, Roswitha, Fritz-Renzo Heinze, and Clemens-Tobias Lange. "Beckett in Hamburg 1936." 11 November 2007. www.beckett-in-hamburg-1936.de/.

Robertson, Struan. "A History of the Jews in Hamburg: Three Jewish Women Hamburg Secessionists." 27 October 2006. www1.uni-hamburg.de/ rz3a035//secession.html.

Seemann, Ernest A. "Humorous Poems by Joachim Ringelnatz." 25 May 2006. www.beilharz.com/poetas/ringelnatz.

Thrale, David. "Anchor Brewery." 15 June 2006. www.thrale.com/history/english/hester_and_henry/brewery/index.php.

"Victoria and Albert Museum." 12 April 2007. www.vam.ac.uk.

"The Victoria Palace: Shows." Victoria Palace Theatre. 24 July 2005. www.victoriapalacetheatre.co.uk.

Whelan, Willie. *Waterford County Museum*. 14 June 2006. www.waterfordcountymuseum.org.

收信人索引

阿尔布雷希特，金特 Albrecht, Günter 440, 509

爱森斯坦，谢尔盖 Eisenstein, Sergei 338

奥沙利文，谢默斯 O'Sullivan, Seumas 90, 108, 361, 382

迪翁，罗歇 Dion, Roger 15

厄谢尔，阿兰 Ussher, Arland 350, 505, 658, 687, 703

范费尔德，布拉姆与玛尔特·阿瑙德夫妇 Van Velde, Bram and Marthe Arnaud 722

弗罗因德利希，奥托 Freundlich, Otto 686

豪，玛丽·曼宁 Howe, Mary Manning 413, 428, 450, 577, 602

霍恩，约瑟夫 Hone, Joseph 541

考恩，阿克塞尔 Kaun, Axel 546

科菲，布莱恩 Coffey, Brian 427

科斯特洛，努阿拉 Costello, Nuala 202, 220

雷维，乔治 Reavey, George 139, 160, 226, 281, 286, 288, 306, 307, 313, 344, 354, 356, 369, 411, 432, 438, 470, 472, 484, 488, 498, 517, 518, 552, 563, 593, 597, 620, 622, 627, 628, 629, 638, 639, 640, 645, 649, 655, 672, 679, 680, 681, 684, 691, 702, 706, 709, 718

麦格里维，托马斯 McGreevy, Thomas 11, 19, 21, 26, 33, 38, 43, 46, 53, 59, 67, 71, 75, 79, 87, 93, 98, 101, 104, 112, 123, 130, 134, 141, 149, 154,

161, 167, 171, 172, 175, 183, 185, 191, 230, 233, 241, 254, 257, 260, 265, 269, 274, 282, 290, 294, 299, 317, 323, 331, 340, 346, 357, 361, 364, 370, 375, 386, 389, 394, 398, 403, 404, 417, 433, 449, 455, 467, 469, 471, 473, 483, 486, 489, 499, 519, 528, 534, 559, 570, 574, 580, 584, 588, 589, 594, 598, 606, 617, 624, 629, 633, 642, 650, 657, 662, 667, 674, 693, 694, 697

帕森斯，伊恩 Parsons, Ian 375, 385, 410

帕特南，萨缪尔 Putnam, Samuel 24, 50, 85, 97, 119, 120

普伦蒂斯，查尔斯 Prentice, Charles 52, 56, 58, 62, 74, 84, 91

乔伊斯，詹姆斯 Joyce, James 7, 8, 714

《诗歌杂志》主编 *Poetry Magazine*, The Editor 245

苏波，菲利普 Soupault, Philippe 41

韦西奥，欧内斯特 Vessiot, Ernest 10

希尔，乔治，爵士 Hill, George, Sir 122

辛克莱，亨利·M. Sinclair, Henry M. 592

辛克莱，莫里斯 Sinclair, Morris 198, 212, 217, 228

辛克莱，茜茜 Sinclair, Cissie 565

约拉斯，玛丽亚 Jolas, Maria 717

总索引

A

AE，见拉塞尔，乔治·威廉 AE, *see* Russell, George William

阿比剧院 Abbey Theater 4, 55, 56, 70, 87, 88, 130, 138, 231, 232, 296, 301, 305 318, 321, 335, 346, 381, 398, 454, 504, 538, 541, 581, 583, 676, 677, 678, 679, 680, 750, 756, 761

《阿德菲》 *The Adelphi* 173, 174

阿德勒，阿尔弗雷德 Adler, Alfred 261, 264

阿德勒，扬克尔 Adler, Jankel 682, 683, 684, 685, 695, 697, 700, 707, 708, 710, 740, 750

阿德莫尔大教堂 Ardmore Cathedral 311, 560, 562

阿尔布雷希特，金特 Albrecht, Günter 411, 440, 454, 462, 509, 727, 745

阿尔丁顿，理查德 Aldington, Richard 5, 13, 17, 30, 31, 35, 36, 39, 41, 47, 50, 55, 59, 61, 62, 65, 69, 73, 76, 77, 81, 84, 87, 89, 92, 94, 96, 100, 101, 102, 103, 104, 106, 127, 133, 153, 174, 181, 182, 239, 251, 252, 266, 268, 292, 293, 368, 373, 410, 492, 497, 699, 702, 727, 728, 748, 753, 764, 765

阿尔菲耶里，维托里奥 Alfieri, Vittorio 122, 123, 125, 173

《阿尔刻提斯》 *Alcestis* 62

阿尔韦德斯，保罗 Alverdes, Paul 512, 516

阿尔韦尼斯，伊萨克 Albéniz, Isaac 216, 283, 285

阿尔西品科，亚历山大 Archipenko, Alexander 475, 481

阿格特，詹姆斯 Agate, James 602, 604

阿奎那，托马斯 Aquinas, Thomas 392, 403, 733

阿雷蒂诺，莱奥纳尔多 Aretino, Leonardo 145, 347, 349, 563

阿里奥斯托，卢多维科 Ariosto, Ludovico 340, 342, 347, 349, 365, 367

阿利吉耶里，但丁 Alighieri, Dante 4, 14, 29, 30, 39, 43, 79, 92, 150, 188,
    202, 208, 212, 222, 342, 452, 556, 563, 643

阿伦森，拉兹 Aaronson, Laz. 611, 614, 616, 646, 647, 648, 650, 652, 658,
    659, 660, 661, 667, 670

阿米耶尔，德尼 Amiel, Denys 78

阿米耶尔，亨利-弗雷德里克 Amiel, Henri-Frederic 39, 41

阿瑙德，玛尔特 Arnaud, Marthe 712, 720, 722

阿沙芬堡 Aschaffenburg 420, 425

阿什福德，威廉 Ashford, William 373

阿特金森，乔治 Atkinson, George 322

埃尔斯海默，亚当 Elsheimer, Adam 269, 272, 363, 364, 389, 392, 407, 408,
    458, 464

埃尔维里，多萝西，见凯，多萝西 Elvery, Dorothy, *see* Kay, Dorothy

埃夫拉尔，亨利 Evrard, Henri 624, 626, 739

埃弗丁恩，阿拉特·范 Everdingen, Allaert van 405, 408

埃格斯-克斯特纳，库尔特 Eggers-Kestner, Kurt 504, 512, 516

埃斯波西托，比安卡与马里奥 Esposito, Bianca and Mario 4, 76, 78, 79

埃斯波西托，薇拉 Esposito, Vera 76, 78, 327, 331

艾吕雅，保罗 Eluard, Paul 117, 148, 149, 151, 152, 153, 164, 169,189, 280,

310, 315, 325, 329, 332, 335, 341, 343, 345, 354, 355, 356, 357, 358, 360, 365, 367, 378, 382, 387, 388, 393, 403, 668, 672, 684, 685, 736, 754

艾略特，托马斯·斯特恩斯 Eliot, Thomas Stearns 11, 13, 40, 55, 64, 72, 80, 83, 89, 95, 100, 103, 176, 182, 224, 225, 301, 304, 310, 324, 328, 329, 337, 345, 351, 353, 366, 432, 449, 492, 545, 560, 563, 603

艾希海姆，约瑟夫 Eichheim, Josef 445, 454, 462, 467, 504

爱德华兹，希尔顿·罗伯特 Edwards, Hilton Robert 154, 336

爱尔福特 Erfurt 445, 467, 469, 475, 510, 513

《爱尔兰出版界》 The Irish Press 105, 106, 107, 133, 142, 147

《爱尔兰出版物审查法案》 Censorship of Publications Act (Ireland) 5, 6, 233

爱尔兰国家美术馆 National Gallery of Ireland 112, 114, 135, 137, 159, 240, 256, 257, 258, 259, 268, 272, 282, 284, 283, 322, 327, 360, 368, 373, 374, 388, 391, 392, 408, 479, 525, 533, 534, 572, 573, 700, 704, 748, 749

爱尔兰国家收藏馆藏友会 Society of Friends of the National Collections of Ireland 158, 285, 524

爱尔兰国家图书馆 National Library of Ireland 43, 122, 315, 318, 320

爱尔兰皇家艺术学院 Royal Hibernian Academy 36, 114, 174, 183, 284, 360, 369, 373, 523, 524, 525, 534, 644, 698, 700, 750, 757, 759

《爱尔兰时报》 The Irish Times 59, 61, 96, 133, 154, 183, 194, 202, 255, 256, 258, 259, 260, 282, 284, 286, 305, 316, 321, 326, 328, 329, 330, 331, 335, 336, 337, 342, 343, 353, 358, 360, 368, 372, 374, 381, 398, 426, 446, 453, 454, 496, 525, 528, 532, 534, 538, 544, 583, 587, 601, 619, 700, 716, 719, 721, 747, 749

爱尔兰文学院 Irish Academy of Letters 182, 330, 733, 742, 751

爱尔兰音乐节 Feis Ceóil 217, 219

《爱尔兰政治家》*The Irish Statesman* 13, 20, 305, 748

爱森斯坦，谢尔盖 Eisenstein, Sergei 310, 325, 329, 338, 339, 346, 348, 351, 353, 452, 454

爱乐四重奏乐队 Pro Arte Quartet 213, 215

安东内洛 Antonello 471, 474, 476, 479, 481, 515, 666, 696, 697

安徒生，汉斯·克里斯蒂安 Andersen, Hans Christian 314, 316, 377, 381

奥伯伦斯基，季米特里 Obolensky, Dimitri 475, 481

奥伯伦斯基，尼古拉斯 Obolensky, Nicolas 475, 481

奥伯伦斯基，亚历克西斯，亲王 Obolensky, Alexis, Prince 475, 481

奥布莱恩，德莫德 O'Brien, Dermod 34, 36, 158, 272, 297, 341, 342, 371, 373, 534

奥布莱恩，罗丝·布里吉德 O'Brien, Rose Brigid 341, 342, 530, 534

奥费朗，肖恩（戏称"全遗弃"）O'Faoláin, Sean (also "All Forlorn") 318, 321, 358, 360, 367, 369, 378, 382, 519, 523

奥凯西，肖恩 O'Casey, Sean 4, 197, 294, 296

奥康纳，弗兰克 O'Connor, Frank 369, 378, 381, 382, 525, 538, 539, 541, 750

奥利弗里奥，亚历山德罗 Oliverio, Alessandro 571, 573

奥彭，威廉，爵士 Orpen, William, Sir 113, 114, 759

奥沙利文，谢默斯（原名詹姆斯·沙利文·斯塔基）O'Sullivan, Seamas (né James Sullivan Starkey) 11, 13, 60, 62, 69, 80, 81, 84, 87, 90, 98, 99, 102, 108, 111, 113, 171, 174, 238, 251, 280, 360, 361, 365, 368, 382, 384, 387, 388, 394, 399, 401, 521, 526, 528, 543, 546, 676, 678, 737, 750, 751, 759

奥沙利文，肖恩 O'Sullivan, Seán 172, 174, 255, 320, 322, 353, 396, 535,

578, 580, 698, 700, 737, 750

奥沙利文，约翰，见沙利文，约翰 O'Sullivan, John, *see* Sullivan, John

奥特韦，托马斯 Otway, Thomas 301, 304

B

巴比塞，亨利 Barbusse, Henri 37

巴伯，弗兰克 Barber, Frank 431, 522, 527

巴恩斯，朱纳 Barnes, Djuna 707, 709

巴尔多维内蒂，阿莱索 Baldovinetti, Alesso 649, 651, 654

巴尔默，卡尔 Ballmer, Karl 418, 419, 422, 423, 425, 501, 504, 512, 516

巴尔扎克，奥诺雷·德 Balzac, Honoré de 162, 163, 263, 268, 271, 342

巴格希尔，爱德华 Bargheer, Eduard 418, 419, 422, 425

巴赫，约翰·塞巴斯蒂安 Bach, Johann Sebastian 159, 194, 199, 201

巴拉赫，恩斯特 Barlach, Ernst 423, 469, 513, 516, 575, 577, 685

巴拉谢弗，尼克与妮娜 Balachef, Nick and Nina 601, 645, 696

巴雷斯，莫里斯 Barrès, Maurice 35, 37

巴黎高等师范学校 Ecole Normale Supérieure 4, 10, 29, 123, 134, 141, 174,
    279, 402, 554, 555, 557, 558, 591, 601, 626, 660, 738, 748, 752, 760

《巴黎午间》 *Paris-Midi* 590, 592, 601, 751

巴里，詹姆斯 Barry, James 378, 381, 530, 533

巴萨诺，雅各布 Bassano, Jacopo 490, 493, 675, 677

巴塞尔 Basel 23, 132, 409, 423, 508

巴扎尼，朱塞佩 Bazzani, Giuseppe 387, 388

《贝姬·夏普》 *Becky Sharp* 332, 335

柏拉图 Plato 46, 49, 120, 124, 127, 231, 233, 426, 429, 491

柏林爱乐乐团 Berlin Philharmonic Orchestra 201, 420, 425, 465, 502, 505

拜昂，威尔弗雷德·鲁普雷希特 Bion, Wilfred Ruprecht 195, 202, 211, 239, 253, 255, 258, 262, 265, 270, 276, 278, 294, 299, 300, 303, 318, 319, 322, 325, 329, 434, 436, 437, 476, 676, 678, 730, 731, 732, 761

班贝格 Bamberg 476, 483, 511

保罗，艾略特 Paul, Eliot 742, 762

鲍茨，迪里克 Bouts, Dieric 501, 504

鲍尔，瓦尔特 Bauer, Walter 453, 745

鲍里斯·伍德出版社 Boris Wood 499, 503

鲍迈斯特，威利 Baumeister, Willi 475, 480, 510

鲍斯威尔，詹姆斯 Boswell, James 240, 430, 528, 553, 562

贝多芬，路德维希·范 Beethoven, Ludwig van 76, 78, 194, 200, 201, 213, 215, 216, 265, 280, 387, 397, 458, 465, 466, 502, 505, 548, 550, 701

贝尔蒙，乔治，见佩洛尔松，乔治 Belmont, Georges, *see* Pelorson, Georges

贝克特，弗兰克·爱德华 Beckett, Frank Edward 34, 35, 37, 65, 68, 81, 94, 99, 100, 118, 124, 125, 126, 129, 134, 135, 141, 142, 173, 178, 184, 185, 230, 231, 252, 258, 259, 266, 269, 277, 292, 295, 298, 300, 310, 319, 322, 326, 331, 333, 341, 346, 347, 348, 350, 358, 372, 377, 378, 381, 389, 395, 398, 399, 405, 406, 407, 415, 420, 434, 436, 446, 447, 451, 459, 466, 519, 520, 522, 524, 531, 535, 546, 562, 568, 570, 572, 580, 583, 584, 599, 601, 611, 612, 618, 619, 624, 626, 632, 651, 654, 658, 663, 665, 667, 671, 675, 677, 694, 696, 728, 729, 730, 731

贝克特，弗朗西丝·克罗瑟斯 Beckett, Frances Crothers 731

贝克特，吉恩·维奥莱（原姓赖特） Beckett, Jean Violet (née Wright) 447, 524, 546, 612, 618, 619, 632, 651, 654, 665, 677, 694, 696, 729, 730

贝克特，杰拉尔德 Beckett, Gerald 524, 541

贝克特，卡罗琳 Beckett, Caroline 665, 677, 696, 729

贝克特，玛丽亚·琼斯·罗（梅）Beckett, Maria Jones Roe (May) 126, 280, 292, 298, 341, 381, 391, 447, 455, 462, 534, 611, 619, 632, 688, 689, 729, 730

贝克特，萨缪尔·巴克利 Beckett, Samuel Barclay

书评：

《本质的与偶然的》（评肖恩·奥凯西的《风瀑》）"The Essential and the Incidental" (Sean O'Casey's *Windfalls*) 197

《丹尼斯·德夫林》（评德夫林的《调解》）"Denis Devlin" (Devlin's *Intercessions*) 562, 594, 599, 601, 612, 674

《零乱的普鲁斯特》（评阿尔贝·弗耶拉的《普鲁斯特如何写小说》）"Proust in Pieces" (Albert Feuillerat's *Comment Proust a composé son roman*) 196

《帕皮尼的但丁》（评乔瓦尼·帕皮尼的《假如但丁还活着》）"Papini's Dante" (Giovanni Papini's *Dante Vivo*) 197

评利什曼英译里尔克《诗集》*Poems* (by Rilke, translated by J. B. Leishman), 195, 196

《凭庞德教席》（评埃兹拉·庞德的《创新》）"Ex Cathezra" (Ezra Pound's *Make It New*) 197

《人文主义的平静论》（评托马斯·麦格里维的《诗集》）"Humanistic Quietism" (Thomas McGreevey's *Poems*) 196

《施瓦本人的恶作剧》（评爱德华·莫里克《莫扎特在去布拉格的路上》）"Schwabenstreich"(Eduard Mörike's *Mozart on the Journey to Prague*) 195

《一部充满想象力的作品！》（评杰克·B.叶芝的《阿玛兰瑟一

家》）"An Imaginative Work!" (Jack B. Yeats's *The Amaranthers*)
311, 363, 367, 388, 524

译文：

安德烈·布勒东与保罗·艾吕雅的多个文本：

《大脑失能模拟试验》"Simulation of Mental Debility" 335

《雷霆的荆棘》*Thorns of Thunder* 152, 280, 310, 311, 315, 343, 350,
355, 357, 360, 360, 365, 367, 382, 388, 390, 393, 403, 672, 754

《普通麻痹模拟试验》"Simulation of General Paralysis Essayed"
332, 335

《占有》"The Possessions" 338

《安娜·利维娅·普鲁拉贝尔》（与阿尔弗雷德·佩隆合译）
"Anna Livia Plurabelle" (with Alfred Péron) 6, 17, 18, 23, 29, 35,
42, 65, 73, 88, 339, 638, 665, 715, 744, 752

《巴西的黑与白》"Black and White in Brazil" 169

保罗·艾吕雅的散文与诗歌：

《场景》"Scene" 315, 355

《朝我身体的方向脱离视线》"Out of Sight in the Direction of My
Body" 315, 355

《定义》"Definition" 315

《基本没破相》"Scarcely Disfigured" 315, 355

《揭开的人生又或人类金字塔》"A Life Uncovered or The Human
Pyramid" 315

《密闭：宇宙孤独》"All Proof: Universe-Solitude" by Paul Eluard
315, 355

《女士之爱》"Lady Love" 315, 355, 393

《汝眠否》"Do Thou Sleep" 315

《糖果》"Confections" 315

《虚构》"The Invention" 152, 315, 355

《钻石女王》"Queen of Diamond" 315

《此季》超现实主义特刊部分法译 French writings in surrealist number of *This Quarter* 17, 25, 117, 118, 129, 138, 147, 148, 153, 164, 189, 313, 315, 329, 335, 354, 355, 357, 672, 753, 762

《法国在马达加斯加实行的帝国主义》"French Imperialism at Work in Madagascar" 167, 169

《害人性命的人道主义》"Murderous Humanitariansim" 153, 169

《妓院的黑女人》"Negress in the Brothel" 66

勒内·克勒韦尔的一个文本：

《阐释失常模拟试验》"Simulation of the Delirium of Interpretation" 336

《马达加斯加历史简况》"A Short Historical Survey of Madagascar" 169

《南希·丘纳德编黑人文选：1931—1933》部分法译 French writings for *Negro Anthology Made by Nancy Cunard, 1931–1933* 66, 148, 153, 165, 169, 195, 735

《谈刚果雕塑的风格》"Essay on Styles in the Statuary of the Congo" 167, 169

《线条》*Formes* 20, 22, 24, 54, 55, 748

《醉舟》"Le Bateau ivre" ("The Drunken Boat") 116, 138, 420, 425, 440, 762

作品：

《爱情与忘川》"Love and Lethe" 181, 226, 227, 612, 684, 685, 692

《不是给鹈鹕》"Ce n'est pas au pélican" 317

《晨曲》（原名第二首《晨曲》："擦去我们的罪"；后改名《怨曲之二》）"Alba" (originally a second "Alba": "give us a wipe"; renamed "Enueg 2") 29, 65, 90, 98, 99, 100, 102, 104, 111, 149, 152, 170, 355, 393, 611, 650, 653, 747, 751, 752, 762

《初恋》"Premier Amour" 688

《春之歌》"Spring Song" 120, 129

《从独特的诗人到耀眼的娼妓：供亨利·克劳德演唱》"From the Only Poet to a Shining Whore: for Henry Crowder to Sing" 18, 30, 69

《胆怯》"Les joues rouges" 181, 697

《但丁··· 布鲁诺·维柯··乔伊斯》"Dante...Bruno.Vico..Joyce" 5, 7, 14, 339, 599, 728, 744, 762

《但丁与龙虾》"Dante and the Lobster" 118, 129, 138, 142, 147, 164, 181, 762

《地狱鹤与椋鸟》"Hell Crane to Startling" 17, 48, 739

《迪耶普》"Dieppe" 700, 705

《叮咚》"Ding-Dong" 165, 171, 181

《多么不幸》"Che Sciagura" 166, 174, 181

《多特蒙德》"Dortmunder" 120, 149, 152, 196, 245, 250, 355, 393, 762

《芬戈尔》"Fingal" 117, 118, 137, 140, 144, 147, 148, 152, 161, 551

《共和国永不倒》"UPTHEREPUBLIC" 542, 545

《罕见的病例》"A Case in a Thousand" 196

《赫尔·范费尔德》"Geer van Velde" 656

《回到礼拜堂》"Return to the Vestry" 65, 86, 97

《回声之骨》（短篇）（见《徒劳无益》）"Echo's Bones" (story)

(*see More Pricks Than Kicks*)

《回声之骨》（诗）"Echo's Bones" (poem) 166, 192, 194, 196, 247, 250

《回声之骨及其他沉积物》 *Echo's Bones and Other Precipitates* 90, 100, 111, 137, 152, 160, 161, 170, 182, 188, 192, 193, 194, 250, 251, 252, 253, 281, 293, 297, 304, 306, 307, 308, 310, 314, 315, 316, 329, 335, 339, 344, 350, 355, 356, 365, 368, 372, 374, 393, 396, 486, 546, 605, 657, 754

《家园奥尔加》 "Home Olga" 117, 118, 129, 135, 137, 142, 147, 195, 744

《渐弱》（诗）"Cascando" (poem) 311, 382, 384, 387, 391, 396, 401, 409, 457, 462, 485, 486, 751

《近年爱尔兰诗歌》（用假名安德鲁·贝利斯）"Recent Irish Poetry" (pseudo. Andrew Belis) 196, 237, 540, 583, 733

《两种需求》 "Les Deux Besoins" 612, 740

《论普鲁斯特》 *Proust* 17, 18, 41, 43, 45, 47, 50, 51, 52, 57, 58, 59, 60, 61, 62, 64, 67, 69, 71, 74, 75, 76, 79, 82, 84, 85, 86, 89, 97, 123, 128, 255, 290, 306, 339, 372, 374, 375, 410, 411, 421, 486, 492, 497, 532, 555, 727, 748, 753

《马拉科达》（原名《殡仪助理》）"Malacoda" (initial title "Undertaker's Man") 293, 304, 355, 393, 762

《梦中佳人至庸女》（收有短篇《雨夜》《斯梅拉迪娜的情书》《他们外出共度傍晚》）*Dream of Fair to Middling Women* (stories in, "A Wet Night," "The Smeraldina's Billet Doux," "They Go Out for the Evening") 20, 29, 65, 70, 89, 92, 96, 114, 117, 118, 121, 124, 127, 129, 133, 136, 140, 153, 158, 161, 164, 165, 166,

169, 174, 181, 189, 191, 297, 316, 438, 440, 745, 747, 751, 756, 758

《魔草》（见《自由的羁绊》）"Moly" (*see* "Yoke of Liberty")

《莫菲》 *Murphy* 253, 297, 298, 304, 310, 311, 321, 326, 333, 346, 348, 355, 357, 358, 362, 364, 371, 373, 375, 377, 379, 385, 386, 388, 391, 396, 400, 403, 406, 409, 413, 414, 416, 419, 425, 430, 432, 436, 439, 445, 446, 447, 453, 459, 466, 472, 477, 482, 484, 485, 486, 489, 496, 497, 499, 500, 503, 517, 518, 525, 535, 546, 564, 579, 582, 583, 598, 600, 602, 603, 605, 609, 611, 612, 615, 617, 620, 621, 622, 623, 626, 629, 631, 632, 639, 640, 641, 646, 647, 648, 649, 650, 652, 655, 656, 664, 666, 672, 673, 674, 679, 680, 681, 689, 690, 692, 709, 710, 712, 715, 719, 720, 721, 733, 749, 752, 754, 764

《脓液之二》（原名《有一方乐土》）"Sanies 2" (initial title "There was a Happy Land") 118, 129, 161

《脓液之一》（原名《赶走唯一者》）"Sanies 1" ("Weg du Einzige!") 165, 170, 174, 178, 182, 316

《人性的愿望》"Human Wishes" 431, 526, 562, 678, 721

《闪电计算》"Lightning Calculation" 252, 259, 265

《诗38—39》（《上升》《苍蝇》《祈祷》）"Poèmes 38–39" ("Ascension," "La Mouche," "Priére") 633, 653, 657, 666, 672, 685, 697

《十四行诗》（"终于我发现"）"Sonnet" ("At last I find…") 20, 153

《世界与裤子：范费尔德兄弟的画》"La Peinture des Van Velde ou le Monde et le Pantalon" 285

《他们来了》"They come" 611, 632, 700

《糖果盒送给浪荡满大人的千金》 "Casket of Pralinen for the Daughter of a Dissipated Mandarin" 17, 32, 48, 739

《天色渐明》 "Da Tagte Es" 253, 280

《秃鹫》 "The Vulture" 120, 355

《徒劳无益》（原名《糟粕》）（收录《回声之骨》《芬戈尔》《爱情与忘川》《斯梅拉迪娜的情书》《外出》《雨夜》《多么不幸》《胆怯》） *More Pricks Than Kicks* (initial title *Draff*) (stories in, "Echo's Bones," "Fingal," "Love and Lethe," "Walking Out," "They Go Out for the Evening," "A Wet Night," "What a Misfortune," "Yellow") 92, 114, 129, 166, 170, 171, 174, 181, 185, 187, 189, 190, 193, 194, 195, 196, 211, 223, 224, 226, 227, 229, 239, 259, 297, 306, 310, 339, 357, 374, 375, 382, 410, 416, 486, 532, 605, 679, 681, 685, 753, 758,

《文本》 "Text" 17, 48, 116, 120, 739

《现钱》（原名《漂白》） "Ooftish" (initial title "Whiting") 447, 568, 674, 762

《向杰克·B. 叶芝致敬》 "Hommage à Jack B. Yeats" 48, 320, 764

《向心主义》 "Le Concentrisme" 18, 61

《小酒鬼》 "Petit Sot" 689, 691, 692, 702, 706

《小夜曲之二》 "Serena 2" 118, 156, 160, 308

《小夜曲之三》 "Serena 3" 166, 188, 308

《小夜曲之一》 "Serena 1" 117, 118, 137, 140, 144, 147, 148, 152, 161, 551

《腥象》 *Whoroscope* 17, 30, 32, 34, 36, 46, 137, 444, 532, 544, 727, 735

《以备未来参考》 "For Future Reference" 17, 19, 762

《臆断》 "Assumption" 5, 13, 14, 762

《怨曲之二》（后改名《小夜曲之一》，见《小夜曲之一》）
"Enueg 2"(renamed as "Serena 1", *see* "Serena 1")

《怨曲之二》（原名《晨曲》第二首："擦去我们的罪"）"Enueg
2"(originally a second "Alba": "give us a wipe") 90, 100, 111, 251,
308, 355, 393, 762

《怨曲之一》 "Enueg 1" 66, 111, 115, 130, 152, 190, 196, 251, 355

《着魔》 "The Posssessed" 64

《箴言》 "Gnome" 196, 458, 751

《正统的英国佬》 "True-born Jackeen" 206, 210

《致公共盥洗室的无题颂歌》 "Untitled ode on public lavatory" 48

《自由邦的出版审查制》 "Censorship in the Saorstat" 196, 310, 357,
358, 359, 365, 367, 652

《自由的羁绊》（原题《魔草》） "Yoke of Liberty" (initial title
"Moly") 17, 48, 65, 66, 149, 152, 196, 246, 250, 739

《坐与歇》 "Sedendo et Quiescendo" 20, 65, 89, 91, 92, 107, 116, 129,
148, 762

贝克特，苏珊娜·若尔热特·安娜·德舍沃-迪梅尼尔 Beckett, Suzanne
Georgette Anna Deschevaux-Dumesnil 612, 689, 697, 713, 722, 723,
728, 730, 731

贝克特，威廉 Beckett, William 103, 165, 185, 364, 374, 541, 688, 696, 729,
731, 741

贝克特与梅德卡尔夫测算事务所 Beckett and Medcalf Quantity Surveyors
129, 134, 160, 230, 321, 322, 348, 353, 398, 729

贝拉尔，阿尔芒-马克斯-让-维克托 Bérard, Armand-Max-Jean-Victor
101, 103, 104, 606, 609, 739

贝利斯，安德鲁（贝克特的假名，见《近年爱尔兰诗歌》）Belis, Andrew (pseud. of SB, *see* "Recent Irish Poetry")

贝洛克，希莱尔 Belloc, Hilaire 543, 546

贝洛托，贝尔纳多（署名卡纳莱托）Bellotto, Bernardo (signed as Canaletto) 473, 478, 511, 515, 530, 533

贝瑟尔，阿德里安娜·詹姆斯 Bethell, Adrienne James 611, 614, 616

贝特朗-方丹，泰蕾兹 Bertrand-Fontaine, Thérèse 626

《笨拙》*Punch* 139, 140, 396

比彻姆，托马斯 Beecham, Thomas 333, 337

比顿，伊莎贝拉·玛丽 Beeton, Isabella Mary 406, 409

比纳特，艾达 Bienert, Ida 475, 480, 481, 486, 510, 514

比奇，西尔维娅 Beach, Sylvia 7, 8, 51, 87, 88, 399, 401, 615, 617, 728

《毕福尔》*Bifur* 18, 29, 41, 42, 44

毕加索，巴勃罗 Picasso, Pablo 19, 20, 229, 360, 406, 409, 415, 419, 424, 475, 502, 511, 514, 655, 656, 740

《标准晚报》*Evening Standard* 258, 259, 302

别尔佳耶夫，尼古拉·亚历山德罗维奇 Berdyaev, Nikolai Aleksandrovich 280, 400, 412, 413, 654

别雷，安德烈 Biely, Andrei 445, 486, 510, 514, 754

波德莱尔，夏尔 Baudelaire, Charles 199, 201, 316

波尔，费迪南德 Bol, Ferdinand 474, 479, 514

波尔伯斯画派 School of Pourbus 273, 283, 285, 525

波尔伯斯家族 Pourbus family 273

波尔代诺内，乔瓦尼·安东尼奥·德萨奇斯 Pordenone, Giovanni Antonio de'Sacchis 366, 368

波伏瓦，西蒙娜·德 Beauvoir, Simone de 709, 723

波朗，让 Paulhan, Jean 691, 692, 712, 720

波塞，汉斯 Posse, Hans 475, 478, 479, 511, 514

波特雷恩疯人院 Portrane Asylum 118, 168, 170

波提切利，桑德罗 Botticelli, Sandro 179, 199, 201, 457, 463

波托拉皇家学校 Portora Royal School 3, 232, 364, 554, 729, 761

波伊斯，路维林 Powys, Llewelyn 529

波伊斯，西奥多·弗朗西斯 Powys, Theodore Francis 107

伯顿，罗伯特 Burton, Robert 107, 461

伯克利，乔治 Berkeley, George 61, 173, 175, 340, 342, 400, 507, 742

伯克–萨维奇，罗兰，耶酥会士，神父 Burke-Savage, Roland, SJ, Rev. 324, 328

《伯灵顿杂志》 *Burlington Magazine* 239, 343, 463, 648

伯特–怀特，哈罗德·J. Burt-White, Harold J. 204, 209

柏格森，亨利 Bergson, Henri 57, 58, 75, 78, 426, 634, 637

勃拉姆斯，约翰内斯 Brahms, Johannes 159, 301, 304, 393, 420, 425, 507

勃鲁盖尔，彼得，老 Bruegel, Pieter, the elder 404, 458, 465, 577

勃鲁盖尔，彼得，小 Bruegel, Pieter, the younger 404

勃鲁盖尔，扬 Bruegel, Jan 404

博德金，托马斯 Bodkin, Thomas 114, 256, 259, 698, 700

博尔多内，帕里斯 Bordone, Paris 570, 573

博尔赫斯，豪尔赫·路易斯 Borges, Jorge Luis 285

博弗雷，让（"船首斜桅"） Beaufret, Jean (Bowsprit) 24, 35, 36, 37, 49, 81, 83, 104, 172, 728, 729, 739

博勒普，海因茨 Porep, Heinz 469, 479, 496, 514, 515

薄伽丘，乔瓦尼 Boccaccio, Giovanni 93, 95, 347, 349, 561, 563

不来梅 Bremen 418, 422

不伦瑞克 Brunswick 213, 418, 421, 422, 427, 428, 430, 433, 435, 441, 443, 455, 461, 474, 479

布蒂诺内，贝尔纳迪诺 Butinone, Bernardino 457, 463

布拉克，乔治 Braque, Georges 234, 238, 718

布朗，查尔斯·希尔顿 Brown, Charles Hilton 659, 661

布朗库西，康斯坦丁 Brancusi, Constantin 614, 616, 718, 720

布朗什，雅克·埃米尔 Blanche, Jacques Emile 520, 524

布劳沃，阿德里安 Brouwer, Adriaen 261, 264, 266, 268, 269, 271, 389, 392, 408, 449, 455, 457, 464, 501, 504

布勒东，安德烈 Breton, André 138, 148, 151, 153, 164, 169, 189, 332, 335, 395, 398, 743, 762

布雷，布里吉特（比比） Bray, Brigit (Bibby) 94, 96

布里尔顿-巴里，拉尔夫 Brereton-Barry, Ralph 209, 538

布卢门菲尔德，拉尔夫·D. Blumenfeld, Ralph D. 151, 153, 155, 158

布鲁诺，乔尔达诺 Bruno, Giordano 334, 338, 710

布鲁塞医院 Hôpital Broussais 611, 617, 619, 620, 622, 626, 632, 635, 644, 645, 705

布罗诺夫斯基，雅各布 Bronowski, Jacob 17, 25, 38, 39, 40, 46, 47, 48, 50, 51, 121, 732, 739, 753, 754

布吕莱，吕西安 Brulez, Lucien 421, 426

布施四重奏乐队 Busch Quartet 213, 215

布索尼，费鲁乔·本韦努托 Busoni, Ferruccio Benvenuto 159, 194

布瓦西耶，加斯东 Boissier, Gaston 295, 298, 302, 306

C

《舱位》 *Soutes* 611, 650, 653, 657, 658, 752

查托–温德斯出版社 Chatto and Windus 17, 18, 31, 39, 41, 52, 56, 57, 58, 59, 62, 64, 69, 73, 74, 77, 84, 89, 91, 92, 95, 102, 106, 107, 116, 127, 140, 166, 195, 197, 211, 251, 293, 306, 310, 311, 335, 339, 363, 373, 374, 375, 379, 385, 388, 410, 426, 453, 485, 486, 497, 555, 605, 665, 727, 728, 748, 753

柴可夫斯基，彼得 Tchaikovsky, Pyotr 78, 304

D

达·芬奇，莱奥纳多 Vinci, Leonardo da 468, 572, 654

达恩顿，梅达·卡斯特伦 Darnton, Maida Castelhun 25, 40, 753

达尔文，查尔斯 Darwin, Charles 127

达里特，雅克 Daret, Jacques 458, 465

达利，萨尔瓦多 Dali, Salvador 502, 505, 718, 720, 740

达利奇学院美术馆 Dulwich College Picture Gallery 262, 264

大都会艺术学校 Metropolitan School of Art 114, 322, 398, 750, 756, 759

大门剧院 Gate Theater 54, 55, 152, 154, 183, 296, 324, 327, 328, 333, 336, 486, 661, 749

大英博物馆 British Museum 117, 122, 123, 124, 145, 175, 206, 211, 562

代尔夫特大画师 Master from Delft 268

戴维，赫拉德 David, Gerard 501, 504

但丁，见阿利吉耶里，但丁 Dante, *see* Alighieri, Dante

道布尔迪-多兰出版公司 Doubleday Doran 127, 232, 381, 447, 518, 519, 552, 564, 578, 579, 583, 603, 605

道登，赫斯特 Dowden, Hester 94, 232, 238, 245, 256, 257, 259, 263, 267, 271, 280, 286, 292, 296, 303, 322, 392, 393, 398, 435, 481, 496, 561, 574, 575, 610, 617, 627, 666, 678, 697, 702, 736, 737, 755

道登，希尔达·玛丽 Dowden, Hilda Mary 303, 392

道格拉斯，诺曼 Douglas, Norman 182, 651, 653, 654, 735

德彪西，克劳德-阿希尔 Debussy, Claude-Achille 194, 215, 238, 261, 295, 297, 298, 343

德尔博斯，伊冯 Delbos, Yvon 596, 625, 626, 746

德夫林，丹尼斯 Devlin, Denis 152, 182, 185, 186, 189, 238, 282, 284, 301, 305, 313, 315, 317, 320, 324, 329, 332, 335, 343, 344, 345, 349, 350, 367, 372, 374, 382, 386, 388, 399, 401, 486, 525, 537, 540, 546, 562, 564, 574, 583, 586, 587, 594, 596, 599, 601, 612, 626, 638, 646, 671, 674, 710, 733, 734, 736, 754, 762

德加，伊莱尔-热尔曼-埃德加 Degas, Hilaire-Germain-Edgar 405, 409

德拉弗奈，埃米尔 Delavenay, Emile 141, 739

德累斯顿 Dresden 428, 432, 436, 439, 440, 442, 445, 449, 450, 451, 452, 456, 460, 468, 469, 470, 471, 472, 473, 474, 477, 478, 479, 480, 481, 482, 483, 484, 485, 486, 490, 493, 494, 497, 498, 507, 510, 511, 513, 514, 515, 533

德诺埃尔与斯蒂尔出版公司 Denoël et Steele 646, 648, 650

德瓦勒拉，艾蒙 De Valera, Eamon 116

登特，J. M. Dent, J. M. 70, 278, 349, 438, 439, 440, 445, 450, 453, 459, 472, 482, 484, 485

邓肯，埃伦（埃莉） Duncan, Ellen (Ellie) 662

邓肯，艾伦·乔治 Duncan, Alan George 21, 23, 31, 36, 45, 70, 84, 141, 181, 466, 590, 592, 596, 601, 617, 618, 619, 626, 630, 632, 645, 653, 664, 665, 673, 674, 695, 696, 710, 711, 719, 721, 737, 738

邓肯，贝琳达 Duncan, Belinda 21, 23, 31, 45, 466, 590, 592, 596, 601, 617, 618, 619, 626, 630, 632, 645, 664, 665, 695, 696, 738

邓肯，玛丽 Duncan, Mary 252, 267, 270, 273, 277, 759

邓南遮，加布里埃莱 D'Annunzio, Gabriele 44, 45

狄德罗，德尼 Diderot, Denis 143, 144, 148, 244, 246, 760

狄更斯，查尔斯 Dickens, Charles 104, 134, 255, 257

迪蒂，乔治 Duthuit, Georges 743

迪克斯，奥托 Dix, Otto 423, 469

迪雅尔丹，爱德华 Dujardin, Edouard 523, 527

迪亚诺，贾钦托 Diano, Giacinto 573

笛福，丹尼尔 Defoe, Daniel 139, 140, 146, 206, 211

笛卡尔，勒内 Descartes, René 30, 75, 441, 682, 683

蒂博，雅克 Thibaud, Jacques 214, 216

蒂厄姆 Tuam 208, 734

蒂施拜因，约翰·海因里希 Tischbein, Johann Heinrich 405, 408

蒂施拜因，约翰·雅各布 Tischbein, Johann Jacob 405, 408

蒂特克，伊尔玛 Tiedtke, Irma 426

《蝶属》 Hermathena 578, 579, 660, 662, 747

丢勒，阿尔布雷希特 Dürer, Albrecht 268, 470, 490, 491, 494, 495, 501, 504, 512, 571, 573, 575, 577

都柏林堡 Dublin Castle 183, 283, 285

都柏林大学学院 University Colleges: Dublin 95, 285, 328, 329, 369, 540, 732, 733, 734, 736

都柏林圣三一学院 Trinity College Dublin 3, 4, 5, 6, 10, 15, 16, 17, 18, 22, 24, 29, 31, 34, 48, 51, 54, 58, 59, 60, 61, 62, 64, 66, 69, 70, 74, 77, 78, 82, 83, 84, 87, 89, 96, 99, 100, 104, 107, 112, 113, 115, 116, 122, 123, 131, 134, 154, 175, 190, 208, 209, 216, 228, 229, 232, 265, 275, 298, 299, 306, 307, 308, 310, 315, 318, 322, 328, 330, 333, 336, 340, 342, 346, 349, 362, 364, 365, 368, 384, 400, 405, 407, 459, 465, 481, 503, 554, 556, 557, 579, 586, 588, 658, 659, 661, 662, 678, 701, 716, 729, 736, 738, 741, 747, 748, 751, 752, 756, 757, 761, 763

《都柏林圣三一学院：学院杂集》*T.C.D.: A College Miscellany* 6, 64

"都柏林诗人与艺术家"丛书 Dublin Poets and Artists (series) 689, 700

都柏林市立现代艺术美术馆 Municipal Gallery of Modern Art 159, 241, 284, 285, 297, 360, 524, 653, 700, 737

都柏林戏剧联盟 Dublin Drama League 333, 336

《都柏林杂志》*Dublin Magazine* 13, 36, 64, 65, 66, 83, 89, 90, 95, 96, 99, 102, 104, 108, 111, 138, 165, 170, 171, 190, 196, 251, 253, 280, 311, 350, 354, 355, 358, 360, 361, 363, 368, 384, 385, 386, 388, 391, 393, 394, 396, 401, 406, 409, 410, 462, 520, 521, 525, 526, 546, 679, 680, 737, 746, 747, 750, 751, 764

《读书人》*The Bookman* 64, 75, 77, 81, 84, 196, 197, 231, 233, 235, 237, 238, 251, 356, 357, 537, 540, 652, 733

杜尔贝格，埃瓦尔德 Dülberg, Ewald 169, 350, 661

杜尚，马塞尔 Duchamp, Marcel 684, 685, 723

杜亚美，乔治 Duhamel, Georges 439

《对〈进展中的作品〉事实虚化上正道的审核》*Our Examination Round His Factification for Incamination of Work in Progress* 5, 7, 8, 339, 399, 401, 728, 744, 748

多纳吉，莉莲（丽莲）Donaghy, Lilian (Lilyan) 377, 380, 579, 604, 606

多纳吉，约翰·莱尔 Donaghy, John Lyle 352, 353, 377, 380, 579, 604, 606

多热莱斯，罗兰 Dorgelès, Roland 37

"堕落艺术" "Entartete Kunst" (Degenerate Art) 169, 311, 423, 444, 468, 479, 503, 576, 740

E

厄尔斯福特寄宿学校 Earlsfort House School 307, 328, 481

厄谢尔，阿兰（珀西瓦尔·阿兰）Ussher, Arlan (Percival Arland) 135, 138, 167, 210, 225, 311, 350, 352, 353, 444, 446, 481, 505, 508, 509, 544, 545, 550, 562, 575, 577, 612, 646, 647, 648, 658, 660, 661, 662, 680, 688, 703, 704, 705, 763

恩德，埃德加 Ende, Edgar 409, 507, 539

恩格尔布莱希特森，科内利斯 Engelbrechtsen, Cornelis 504

恩斯特，马克斯 Ernst, Max 502, 740, 741

F

法布里蒂乌斯，卡雷尔 Fabritius, Carel 301, 304, 651, 654, 655, 656

《法国信使》*Mercure de France* 720, 721, 728

法勒，约翰 Farrar, John 195, 211

法利亚，曼努埃尔·德 Falla, Manuel de 216, 229, 263, 283, 285, 297

法宁格，莱昂内尔 Feininger, Lyonel 169, 468, 469, 549

法伊格，赫尔曼·阿尔伯特·奥托·马克斯 Feige, Herman Albert Otto Max 469

凡·高，文森特 Gogh, Vincent van 434, 437, 501, 503, 575, 576

反犹主义 Anti-Semitism 661, 757, 758, 763

范德胡斯，雨果 Goes, Hugo van der 458, 464

范德魏登，罗希尔 Weyden, Rogier van der 458, 465

范费尔德，赫拉尔杜斯（赫尔） Velde, van, Gerardus (Geer) 594, 601, 612, 614, 616, 617, 622, 633, 640, 641, 648, 655, 656, 659, 661, 665, 666, 671, 672, 673, 681, 682, 683, 684, 685, 707, 708, 710, 718, 719, 740, 755

范费尔德，亚伯拉罕·赫拉尔杜斯（布拉姆） Velde, van, Abraham Gerardus (Bram) 712, 718, 720, 722, 723

范费尔德，伊丽莎白（原姓约克尔，昵称丽索） Velde, van, Elizabeth (née Jokl; Lisl) 612, 633, 673, 681, 683, 685, 707, 710, 755

菲尔丁，亨利 Fielding, Henry 148, 160, 223, 269, 507

菲列布里什诗派 Félibrige, Félibres 325, 330, 333, 336

菲舍尔，彼得 Vischer, Peter 270, 273, 491, 494, 512

费伯出版社 Faber and Faber 83, 88, 170, 175, 323, 353, 477, 536, 539, 542, 563, 583

费伦，霍诺拉（原姓麦格里维，昵称诺拉） Phelan, Honora (née McGreevy; Nora) 263, 292

费伦，威廉·罗伯特 Fearon, William Robert 341, 342

枫丹白露 Fontainebleau 5, 590, 592, 631

冯塔内，特奥多尔 Fontane, Theodor 436, 509, 513

弗拉戈纳尔，让-奥诺雷 Fragonard, Jean-Honoré 337, 351, 460, 467

弗莱厄蒂，罗伯特 Flaherty, Robert 491, 495

弗莱明，莱昂内尔 Fleming, Lyonel 368, 372, 374, 456

弗赖堡 Freiberg 447, 483, 502, 507, 511, 513, 516, 517

弗赖伊，马修·怀亚特·约瑟夫 Fry, Matthew Wyatt Joseph 53, 54, 68, 70

弗兰基，拉法埃洛 Franchi, Raffaello 25, 762

弗兰卡，大画家 Franke, Master 405, 408

弗兰克，金特 Franke, Günter 504, 508

弗兰克，尼诺 Frank, Nino 638, 664, 665, 714, 715, 716

弗朗，乔治 Furlong, George 322, 358, 360, 366, 368, 389, 392, 479, 529, 530, 533, 570, 573

弗里德伦德尔，马克斯·J. Friedländer, Max J. 435, 437

弗里尔−里夫斯，亚历山大·斯图尔特 Frere-Reeves, Alexander Stuart 311, 377, 380, 386, 389, 391, 394, 396, 519, 523

弗里斯，鲁洛夫·扬斯·德 Vries, Roelof Jansz de 359, 360

弗罗斯特太太（原名奎妮）Frost, Mrs. (née Queeney) 234, 238, 302, 305, 325, 329, 347, 350, 492, 496, 501, 503, 509

弗罗因德利希，奥托 Freundlich, Otto 612, 668, 671, 682, 683, 685, 686, 687, 709, 740

弗洛里奥，约翰 Florio, John 574

弗洛托，弗里德里希·冯 Flotow, Friedrich von 467

弗洛伊德，西格蒙德 Freud, Sigmund 300, 303, 481, 482

弗美尔，扬·范·代尔夫特 Vermeer, Jan van Delft 457, 464, 474, 479, 511, 514, 515, 529, 533, 656

弗斯科伊尔，德里克·雨果 Verschoyle, Derek Hugo 117, 131, 133

弗耶拉，阿尔贝 Feuillerat, Albert 196

伏尔泰 Voltaire 153, 460, 466, 467

福克斯罗克 Foxrock 56, 57, 79, 87, 112, 113, 134, 139, 141, 149, 154, 160,

166, 167, 172, 183, 256, 267, 317, 331, 353, 357, 364, 370, 375, 386, 389, 394, 398, 431, 452, 455, 519, 528, 530, 532, 535, 559, 570, 574, 577, 580, 674, 696, 729, 730, 731

富凯，让 Fouquet, Jean 458, 465, 592, 667

富特文格勒，威廉 Furtwängler, Wilhelm 502, 505

G

盖尔语 Gaelic (language) 95, 328, 330, 336, 380, 388, 661, 763

盖菲尔德出版社 Gayfield Press 350, 700

盖冈，皮埃尔 Guéguen, Pierre 651, 653, 666

盖斯科因，戴维 Gascoyne, David 152, 355, 367, 388

甘利，安德鲁 Ganly, Andrew 342, 350

甘利，布里吉德，见奥布莱恩，罗丝·布里吉德 Ganly, Brigid, *see* O'Brien, Rose Brigid

甘利，威廉·珀西 Ganly, William Percy 347, 348, 350, 380

冈察洛夫，伊万 Goncharov, Ivan 625, 627, 632

高乃依，皮埃尔 Corneille, Pierre 64, 75, 78, 220, 223, 756

戈尔，伊万 Goll, Ivan 21, 23, 43

戈尔曼，赫伯特·舍曼 Gorman, Herbert Sherman 79, 536, 537, 539, 540, 653

戈尔韦 Galway 118, 142, 147, 223, 310, 319, 347, 349, 525

戈加蒂，奥利弗·圣约翰 Gogarty, Oliver St. John 176, 182, 377, 381, 400, 402, 447, 529, 532, 538, 539, 583, 586, 587, 588, 593, 594, 601, 605,617, 644, 645

戈兰茨，维克托，有限公司 Gollancz, Victor，Ltd. 173, 175

戈兰茨出版社 Gollancz 259, 339

戈利格，威廉·亚历山大 Goligher, William Alexander 102, 104, 114, 579

戈林，赫尔曼 Goering, Hermann 199, 202

戈斯拉尔 Goslar 418, 422, 441, 443

哥尔德斯密斯，奥利弗 Goldsmith, Oliver 148, 678

歌德，约翰·沃尔夫冈·冯 Goethe, Johann Wolfgang von 22, 23, 89, 115, 120, 277, 278, 280, 281, 303, 322, 342, 347, 349, 392, 393, 397, 398, 401, 408, 421, 468, 516, 547, 551, 688

格雷，托马斯 Gray, Thomas 225

格雷戈里，夫人 Gregory, Lady 54, 55, 70, 400, 402

格雷森出版公司 Grayson and Grayson 117, 118, 124, 128, 131, 133, 135, 140, 143, 147, 151, 153

格里尔帕策，弗朗兹 Grillparzer, Franz 378, 381

格里格，爱德华·哈格吕普 Grieg, Edvard Hagerup 152, 154

格列柯，埃尔 Greco, El 297, 457, 463, 490, 537, 540

格林，罗伯特 Greene, Robert 544

格林，威廉 Grimm, Willem 418, 419, 422, 424, 513, 516, 517

格林，威廉·卡尔 Grimm, Wilhelm Carl 8, 201

格林，雅各布·路德维希·卡尔 Grimm, Jakob Ludwig Carl 8, 201

格林斯里特，费里斯 Greenslet, Ferris 411, 413, 414, 416

格林图书馆 Greene's Library 308

格洛克（原名查尔斯·阿德里安·韦塔赫）Grock (né Charles Adrien Wettach) 191, 222, 225

格洛曼，魏尔 Grohmann, Will 480, 510, 514

格吕内瓦尔德，马蒂亚斯 Grünewald, Matthias 425, 474

格诺，雷蒙 Queneau, Raymond 650, 653, 666, 751

格温，爱德华·约翰 Gwynn, Edward John 78, 82

古根海姆，玛格丽特（佩吉）Guggenheim, Marguerite (Peggy) 611, 611,
614, 616, 622, 623, 626, 633, 638, 644, 645, 656, 665, 667, 671, 673,
677, 683, 696, 707, 708, 720, 740, 741

古根海姆·热纳画廊 Guggenheim Jeune 612, 616, 623, 625, 626, 641, 648,
654, 656, 661, 675, 677, 697, 740

瓜里尼，乔瓦尼·巴蒂斯塔 Guarini, Giovanni Battista 390, 392

《观察家报》 *The Observer* 222, 223, 224, 299, 301, 302, 305, 307, 308,
350, 649

国际超现实主义画展（伦敦） International Surrealist Exhibition (London)
280, 310, 345, 367, 370

国际联盟 League of Nations 302, 305, 343, 701

H

哈德菲尔德，詹姆斯·阿瑟 Hadfield, James Arthur 266, 267, 732

哈尔斯，弗兰斯 Hals, Franz 269, 271, 457, 458, 464, 521, 525

哈弗蒂信托公司 Haverty Trust 530, 534, 537

哈克特，弗朗西斯 Hackett, Francis 366, 369, 377, 378, 381, 456, 461

哈勒 Halle 445, 467, 468, 469, 475, 479, 510

哈勒姆 Haarlem 269, 271, 525

哈里森·史密斯与哈斯出版社 Harrison Smith and Haas 195, 211, 518

哈里斯与辛克莱，见辛克莱，亨利·莫里斯 Harris and Sinclair, *see* Sinclair,
Henry Morris

哈米什·汉密尔顿出版社 Hamish Hamilton 525

哈特曼，埃里克 Hartmann, Erich 418, 422, 512, 516

哈维，劳伦斯 Harvey, Lawrence 11, 20, 31, 32, 79, 100, 152, 182, 550, 574, 686, 705

海德格尔，马丁 Heidegger, Martin 83, 268, 513, 516, 728, 729

海明威，欧内斯特 Hemingway, Ernest 611, 615, 617

海涅曼，威廉，出版有限公司 Heinemann, William, Ltd. 100, 107, 227, 267, 311, 353, 373, 380, 420, 425, 430, 433, 435, 459, 466, 541

海特，斯坦利·威廉 Hayter, Stanley William 683, 689, 692

"海豚丛书" The Dolphin Books 17, 31, 39, 41, 45, 52, 55, 57, 62, 84, 85, 89, 116, 476, 605, 727, 753

豪，马克·安东尼·德沃尔夫 Howe, Mark Anthony DeWolfe 272, 348, 359, 377, 739,

豪，玛丽·曼宁（原姓曼宁，后改称亚当斯夫人）Howe, Mary Manning (née Manning, later m. Adams) 270, 272, 348, 357, 359, 365, 368, 372, 374, 377, 380, 401, 413, 416, 417, 425, 428, 430, 440, 447, 450, 452, 454, 462, 466, 467, 472, 482, 484, 485, 486, 492, 497, 499, 503, 516, 518, 519, 532, 533, 551, 552, 562, 564, 577, 578, 579, 604, 605, 606, 617, 633, 676, 678, 700, 705, 749, 750

赫德，约翰·戈特弗里德·冯 Herder, Johann Gottfried von 277, 281, 303

赫尔特亨，托特·桑特·扬斯 Geertgen, tot Sint Jans 272, 364, 458, 465

赫克尔，埃里希 Heckel, Erich 416, 418, 419, 424, 456, 461, 468, 469, 510, 513, 514

赫拉夫－里内特 Graaff-Reinet 425, 588, 633

赫拉克利特 Heraclitus 173, 175, 203, 208, 227, 340, 342, 397

赫林克斯，阿诺尔德 Geulincx, Arnold 313, 315, 318, 321, 325, 329, 340,

342, 346, 352, 354, 733

赫胥黎，阿道司 Huxley, Aldous 127, 333, 336, 421, 426

荷尔德林，约翰·克里斯蒂安·弗里德里希 Hölderlin, Johann Christian
　　Friedrich 704, 705

黑贝尔，弗里德里希 Hebbel, Friedrich 445, 451, 454, 460, 467

黑塞，赫尔曼 Hesse, Hermann 453, 745

黑色人模出版社 Black Manikin Press 153, 762

亨德尔，乔治·弗里德里克 Handel, George Frideric 475

亨特，休 Hunt, Hugh 321, 538, 541

洪耶，霍安 Junyer, Joan 172, 174, 697, 699

华托，让－安托万 Watteau, Jean-Antoine 236, 239, 285, 390, 392, 460, 466,
　　473, 566, 569, 571, 634, 636, 637

《画室》 The Studio 605, 607, 609, 666, 701, 705, 749

皇家都柏林学会 Royal Dublin Society 78, 341, 343

皇家剧院 Theatre Royal 155, 159, 194, 331, 337

霍顿·米夫林出版公司 Houghton Mifflin 40, 273, 311, 346, 348, 406, 409,
　　419, 430, 439, 440, 446484, 485, 486, 492, 497, 498, 499, 500, 503,
　　606, 676, 749

霍恩，约瑟夫·曼塞尔 Hone, Joseph Maunsel 118, 168, 169, 173, 176, 311,
　　352, 353, 371, 373, 395, 398, 400, 402, 446, 519, 521, 522, 526, 531,
　　536, 540, 541, 544, 545, 546, 562, 731, 741, 742

霍赫，彼得·德 Hooch, Pieter de 264, 457, 457, 464

霍华德，布莱恩 Howard, Brian 647, 648, 651, 654

霍加斯出版社 The Hogarth Press 31, 117, 124, 127, 128, 139, 131, 140, 251,
　　438, 439, 477, 536, 539, 665

霍洛韦茨，弗拉基米尔 Horowitz, Vladimir 155, 159, 194, 217, 219

霍普，安东尼 Hope, Anthony 305

霍延，扬·范 Goyen, Jan van 235, 239, 405, 408

J

基尔兰达约，多梅尼科 Ghirlandaio, Domenico 242, 244

基希纳，恩斯特·路德维希 Kirchner, Ernst Ludwig 416, 418, 423, 456,
　　461, 468, 469, 475, 480, 510

吉卜林，拉迪亚德 Kipling, Rudyard 496, 581, 583

吉迪恩-韦尔克，卡萝拉 Giedion-Welcker, Carola 652

吉尔伯特，斯图尔特 Gilbert, Stuart 22, 23, 95, 125, 129, 137, 142, 147,
　　321, 605, 715

吉尔福德，詹姆斯·H. Guilford, James H. 266, 267, 271

吉尔摩，查理 Gilmore, Charlie 377, 380, 578, 579, 606

吉尼斯，布莱恩 Guinness, Bryan 530, 534, 537

纪德，安德烈 Gide, André 116, 117, 131, 134, 135, 137, 172, 174, 204, 209,
　　230, 231, 232, 239, 293, 316, 453, 492, 497

济慈，约翰 Keats, John 22, 24, 44, 45

伽利玛出版社 Éditions Gallimard 49, 82, 83, 152, 153, 163, 201, 227, 239,
　　245, 271, 280, 298, 321, 343, 666, 723

《节拍》 *Mesures* 601

《今日爱尔兰》 *Ireland Today* 367, 369, 378, 382, 398, 521, 525, 533, 560,
　　581, 585, 587, 611, 633, 650, 652, 680, 741, 747

K

卡东内尔，路易·勒 Cardonnel, Louis Le 27, 31

卡夫卡，弗朗茨 Kafka, Franz 259, 762

卡格尼，肖恩 Cagney, Sean 177, 182, 186, 190

卡哈内，杰克 Kahane, Jack 88, 611, 640, 641, 642, 643 647, 674

卡亨，罗伯特·艾萨克 Kahan, Robert Isaac 351, 353, 542, 544

卡莱尔，托马斯 Carlyle, Thomas 34, 36

卡罗萨，汉斯 Carossa, Hans 507, 509, 512, 516, 745

卡明斯，杰拉尔丁·多萝西（迪丽）Cummins, Geraldine Dorothy (Dilly)
   256, 286

卡纳莱托 Canaletto 478, 511, 515, 530, 533

卡帕 Cappagh 311, 350, 352, 446, 505, 542, 544, 545, 546, 562, 646, 687,
   703, 704, 763

卡塞尔 Kassel 5, 6, 7, 11, 13, 14, 24, 32, 65, 86, 95, 116, 120, 137, 169, 177,
   201, 219, 350, 406, 481, 535, 546, 661, 757, 758, 765

卡斯蒂廖内，乔瓦尼·贝内代托 Castiglione, Giovanni Benedetto 570, 572,
   573

卡斯托尔，阿道夫 Kastor, Adolf 610

凯，多萝西 Kay, Dorothy 420, 426

《凯尔经》 The Book of Kells 407, 424

凯勒，戈特弗里德 Keller, Gottfried 444

凯利，约翰·F. Kelly, John F. 297, 520, 524

凯普，乔纳森，出版社 Jonathan, Cape, Publishers 40, 117, 131, 133, 140,
   461, 532

凯泽林，赫尔曼·格拉夫·冯 Keyserling, Hermann Graf von 442, 444, 508

坎贝尔，比阿特丽斯，格莱纳维夫人 Campbell, Beatrice, Lady Glenavy 586, 587

坎贝尔学院 Campbell College 5, 128, 756

康布里吉书店 Combridge's 308, 309

康德，伊曼努尔 Kant, Immanuel 397, 426, 615, 617, 660, 662, 682, 683, 705

康定斯基，瓦西里 Kandinsky, Wassily 469, 475, 480, 510, 514, 614, 616, 640, 641, 644, 645, 710

康平，罗伯特 Campin, Robert 458, 464

康普特，威利 Kempt, Willy 454, 462, 467

康斯特布尔，约翰 Constable, John 535, 560, 562, 566, 571, 573

康斯特布尔出版公司 Constable and Co. 21, 31, 446, 539

考恩，阿克塞尔 Kaun, Axel 445, 446, 447, 454, 461, 462, 512, 516, 529, 539, 546, 547, 551, 646, 647, 745, 746

考考斯卡，奥斯卡 Kokoschka, Oskar 422, 423, 468, 469, 475, 481, 511, 514, 575, 576

柯蒂斯，埃德蒙 Curtis, Edmund 106, 107, 176, 182, 203, 208, 365, 368

柯尼希斯卢特 Königslutter 418, 422

科比埃尔，特里斯坦 Corbière, Tristan 38, 40, 43, 44, 72

科布登-桑德森出版社 Cobden-Sanderson 445, 477

科尔托，阿尔弗雷德 Cortot, Alfred 216, 262, 264, 341, 343

科菲，布莱恩 Coffey, Brian 21, 182, 285, 308, 315, 321, 329, 335, 343, 360, 369, 374, 378, 382, 386, 388, 390, 392, 394, 396, 400, 402, 427, 476, 482, 486, 491, 496, 521, 525, 531, 534, 540, 572, 573, 575, 577, 581, 582, 583, 585, 587, 588, 589, 590, 592, 593, 594, 595, 596, 599, 601, 609, 610, 611, 614, 616, 617, 619, 620, 621, 644, 645, 650, 652, 657,

658, 667, 671, 673, 674, 675, 677, 679, 680, 682, 684, 685, 689, 692, 695, 696, 704, 705, 706, 709, 710, 719, 721, 733, 736, 737, 754

科菲，布里奇特·罗莎琳德（原姓贝恩斯）Coffey, Bridget Rosalind (né Baynes) 671, 684, 685, 695, 696, 719, 721

科菲，丹尼斯，博士 Coffey, Denis, Dr. 285, 496, 540, 733

科菲，约翰·马丁·迈克尔 Coffey, John Martin Michael 710

科克托，让 Cocteau, Jean 14, 232, 336, 614, 625, 626, 699, 701

科拉姆，玛丽 Colum, Mary 232, 527, 696

科拉姆，帕德里克 Colum, Padraic 95, 208

科伦，康斯坦丁 Curran, Constantine 322, 324, 329, 502, 504, 536, 539

科伦，伊丽莎白 Curran, Elizabeth 392, 504, 539, 540, 573

科米索，乔瓦尼 Comisso, Giovanni 25, 762

科宁克，萨洛蒙 Koninck, Salomon 474, 479, 514

科斯特洛，努阿拉 Costello, Nuala 166, 202, 208, 209, 220, 223, 253, 262, 265, 293, 734

科维奇-弗里德出版公司 Covici-Friede 447, 552

克拉夫特，亚当 Kraft, Adam 270, 273, 489, 490, 491, 494

克拉克，奥斯汀 Clarke, Austin 54, 55, 136, 138, 238, 307 308, 521, 537, 540, 679, 680, 732, 733

克拉克，哈里 Clarke, Harry 22, 23, 68, 70

克拉克，夏尔·勒梅尤尔 Clarke, Charles Lemaieur 57

克拉纳赫，卢卡斯 Cranach, Lucas 267, 521, 525, 703, 705

克劳德，亨利 Crowder, Henry 18, 30, 31, 49, 69, 734, 735

克劳斯，维尔纳 Krauss, Werner 451, 452, 454, 460

克勒韦尔，勒内 Crevel, René 66, 117, 169, 335

克雷明，科尼利厄斯·克里斯托弗 Cremin, Cornelius Christopher 626,

707, 708

克利，保罗 Klee, Paul 468, 475, 480, 501, 510, 740

克利夫顿，亨利·塔尔伯特·德·维尔 Clifton, Henry Talbot de Vere 534, 540

克林格尔，马克斯 Klinger, Max 469, 470, 510, 514

克卢特，卡尔 Kluth, Karl 418, 422

克伊普，阿尔伯特 Cuyp, Aelbert 240, 264

肯皮斯，托马斯·阿 Kempis, Thomas à 278, 279, 354, 359

孔雀剧场 Peacock Theatre 64, 75, 77

库尔贝，让-德西雷-古斯塔夫 Courbet, Jean-Désiré-Gustave 575, 576, 578, 634, 636, 652, 654

库尔德里纳 Cooldrinagh 3, 53, 56, 87, 112, 131, 133, 134, 139, 141, 149, 154, 160, 167, 172, 175, 183, 229, 254, 282, 323, 331, 340, 346, 350, 357, 361, 394, 420, 446, 447, 528, 532, 541, 565, 568, 577, 580, 582, 584, 651, 668, 674, 675, 689, 694, 729, 730

库尔提乌斯，恩斯特·罗伯特 Curtius, Ernst Robert 421, 426

库珀，威廉 Cowper, William 397, 561

库托利，玛丽 Cuttoli, Marie 653, 744

奎德林堡 Quedlinburg 418, 422, 434, 441, 443

L

拉伯雷，弗朗索瓦 Rabelais, François 82, 298, 349, 706

拉尔博，瓦莱里 Larbaud, Valéry 23, 32, 39, 523, 527, 723, 756

拉斐尔 Raphael 114, 269, 270, 272, 273, 283, 286, 436, 474, 478, 479, 716

拉斐特夫人，德 La Fayette, Mme de 369

拉弗格，儒勒 Laforgue, Jules 38, 40, 43, 44, 45, 83

拉莫，让-菲利佩 Rameau, Jean-Philippe 261, 263

拉穆兹，夏尔-费迪南 Ramuz, Charles-Ferdinand 34, 35, 37

拉塞尔，乔治·威廉 Russell, George William 11, 13, 19, 303, 563, 751

拉瓦特·迪克森，霍拉肖·亨利 Lovat Dickson, Horatio Henry 259, 446

拉瓦特·迪克森出版社 Lovat Dickson 258, 259, 262, 535, 539

《拉瓦特·迪克森杂志》 *Lovat Dickson's Magazine* 252, 259

拉威尔，莫里斯 Ravel, Maurice 75, 78, 256, 257, 280, 425

拉辛，让 Racine, Jean 28, 32, 34, 35, 36, 50, 150, 281, 349, 701, 756

来自多尼戈尔郡和约克郡的风景画 Landscapes from Donegal and
　　Yorkshire 252, 267, 270, 273, 280

莱昂，保罗·利奥波多维奇 Léon, Paul Léopoldovitch 42, 43, 50, 51, 72,
　　73, 320, 322, 390, 600, 608, 610, 637, 696, 700, 744

莱比锡 Leipzig 93, 95, 98, 100, 257, 268, 277, 397, 445, 449, 450, 460, 467,
　　469, 470, 475, 480, 495, 510, 512, 514, 515, 705, 727

莱布尔，威廉 Leibl, Wilhelm 406, 409, 496, 574, 576

莱布尼茨，戈特弗里德·威廉 Leibniz, Gottfried Wilhelm 193, 194, 312,
　　427, 441, 443

莱哈尔，弗朗茨 Lehár, Franz 201

莱姆布鲁克，威廉 Lehmbruck, Wilhelm 469, 577

莱纳四重奏 Quartet, Léner 262, 265, 271, 277, 278, 280

莱辛，戈特霍尔德·埃弗拉伊姆 Lessing, Gotthold Ephraim 312, 433, 436,
　　441

兰波，阿蒂尔 Rimbaud, Arthur 80, 83, 105, 116, 121, 138, 150, 231, 340,
　　342, 425, 439, 440, 762

兰伯特，康斯坦特 Lambert, Constant 335

"狼儿" Wolf 446, 503, 507, 524

朗福德，伯爵 Earl of Longford 294, 296, 328, 336, 604, 701

朗福德演员经纪公司 Longford Players 296, 328, 333, 336, 380

朗松，古斯塔夫 Lanson, Gustave 10, 80, 82

朗文－格林出版公司 Longmans, Green and Company 114, 128, 524, 672, 673, 679, 681

劳顿，查尔斯 Laughton, Charles 429, 431, 485, 486

劳伦斯，D. H. Lawrence, D. H. 21, 50, 92, 93, 134, 174, 231, 233, 268, 287, 397, 762

劳特利奇出版社 Routledge 259, 447, 597, 600, 602, 603, 605, 617, 618, 621, 623, 629, 646, 650, 652, 655, 656, 666, 675, 677, 764

勒阿弗尔 Le Havre 311, 399, 403, 404

勒柯布西耶 Le Corbusier 181, 751

勒伊斯达尔，雅各布·范 Ruisdael, Jacob van 240

雷，曼 Ray, Man 369, 370, 388, 740

雷德福德新教公墓 Redford Protestant Cemetery 185, 688, 694, 696

雷蒂夫，尼古拉－埃德梅 Rétif, Nicolas-Edmé 347, 349

雷根斯堡 Regensburg 445, 446, 476, 487, 488, 489, 490, 493, 512, 671

雷曼，朱莉 Reman, Julie 672, 673, 679, 681

雷蒙德，哈罗德 Raymond, Harold 293, 379, 453

雷蒙德，玛丽 Redmond, Marie 153

雷诺阿，皮埃尔－奥古斯特 Renoir, Pierre-Auguste 241, 575, 576

雷诺兹，乔舒亚 Reynolds, Joshua 381

雷诺兹，约翰·J. Reynolds, John J. 285, 294, 296

雷汀，肯尼斯·希尔斯，地方法官 Reddin, Kenneth Sheils, D. J. 397, 398,

518, 579, 580, 585, 587

雷维，克罗丁·格威内思（凯德，原姓弗农-琼斯）Reavey, Clodine Gwynedd (m. Cade, née Vernon-Jones) 486, 518, 546, 553, 564, 565, 572, 573, 579, 586, 594, 615, 617, 618, 620, 621, 622, 625, 639, 641, 647, 671, 673, 679, 681, 682, 685, 691, 692, 706, 707, 709, 710, 718, 757

雷维，乔治 Reavey, George 25, 38, 40, 86, 99, 118, 120, 121, 139, 141, 142, 147, 152, 155, 158, 160, 161, 196, 226, 227, 253, 276, 279, 280, 281, 286, 287, 288, 289, 290, 294, 297, 306, 307, 308, 309, 310, 311, 313, 315, 325, 329, 335, 341, 343, 344, 345, 347, 349, 350, 354, 355, 356, 357, 358, 359, 366, 367, 368, 369, 370, 371, 373, 378, 388, 390, 393, 394, 396, 400, 403, 411, 413, 414, 419, 425, 428, 430, 432, 438, 439, 445, 446, 450, 451, 453, 454, 459, 466, 470, 472, 482, 484, 486, 488, 489, 492, 496, 498, 499, 500, 503, 517, 518, 525, 543, 546, 552, 553, 560, 562, 563, 564, 573, 578, 582, 583, 585, 586, 589, 590, 591, 593, 594, 596, 597, 602, 605, 610, 616, 617, 619, 620, 621, 622, 623, 625, 626, 627, 628, 629, 630, 631, 632, 638, 639, 640, 645, 647, 649, 650, 654, 655, 656, 657, 658, 660, 661, 662, 665, 666, 671, 672, 673, 674, 677, 679, 680, 681, 683, 684, 685, 689, 691, 692, 700, 702, 703, 706, 708, 709, 718, 719, 721, 723, 733, 737, 739, 753, 754, 755, 765

雷文希尔，托马斯·霍姆斯（雷文）Ravenhill, Thomas Holmes (Raven) 257, 296, 298, 322, 503, 583, 610, 627, 678

李卜曼，马克斯 Liebermann, Max 419, 424, 442, 444

李斯特，弗朗茨 Liszt, Franz 159, 194, 341, 343

里达格斯豪森 Riddagshausen 312, 418, 422, 443

里德，赫伯特·爱德华 Read, Herbert Edward 341, 343, 347, 350, 365, 367, 394, 395, 397, 461, 647, 648

里尔克，赖内·马利亚 Rilke, Rainer Maria 195, 196, 501, 504, 512, 516, 539

里克沃德，埃杰尔 Rickword, Edgell 135, 136, 137, 143, 148, 161

里门施奈德，蒂尔曼 Riemanschneider, Tilman 490, 491, 494, 495

里姆斯基-科尔萨科夫，尼古拉 Rimsky-Korsakov, Nikolai 159

里奇与考恩出版社 Rich and Cowan 529, 532, 535, 538, 583, 601

里沃阿朗，阿纳托尔 Rivoallan, Anatole 709, 710, 712, 715, 716, 719, 720

利奇菲尔德 Lichfield 253, 678

利特尔，罗杰 Little, Roger 216, 462, 736, 765

利文撒尔，亚伯拉罕·雅各布（昵称康；假名L. K. 艾默里）Leventhal, Abraham Jacob (A. J.; Con; pseudo. L. K. Emery) 55, 70, 76, 78, 99, 102, 114, 120, 152, 173, 178, 195, 256, 280, 283, 322, 353, 362, 364, 380, 390, 393, 396, 398, 521, 531, 535, 538, 578, 579, 586, 588, 616, 658, 662, 746, 747, 748, 760

联合艺术俱乐部 United Arts Club 36, 159, 653, 737

列那尔，儒勒 Renard, Jules 76, 78, 80, 83, 269, 271, 472682, 683

林格尔纳茨，约阿希姆 Ringelnatz, Joachim 446, 447, 535, 539, 542, 545, 547, 548, 550, 551, 745

刘易斯，温德姆 Lewis, Wyndham 31, 36

龙萨，皮埃尔·德 Ronsard, Pierre de 227, 756

卢浮宫 The Louvre 239, 374, 458, 464, 475, 479, 590, 592, 607, 609, 610, 631, 643, 651, 654, 666

卢斯，阿瑟·阿斯顿 Luce, Arthur Aston 59, 61, 362, 363, 554, 558

卢斯，约翰 Luce, John 62, 70, 658

卢梭，让-雅克 Rousseau, Jean-Jacques 162, 163, 242, 244, 245, 300, 303

卢因，多萝西 Lewin, Dorothy 670

鲁本斯，彼得·保罗 Rubens, Peter Paul 137, 236, 239, 268, 269, 271, 272, 457, 458, 460, 464, 467, 501, 504, 512, 515, 570, 701

鲁宾逊，伦诺克斯 Robinson, Lennox 54, 56, 62, 68, 70, 88, 94, 130, 296, 336, 381, 391, 435, 521, 525, 531, 615, 617, 737, 755

鲁德莫斯-布朗，托马斯·布朗（昵称鲁迪）Rudmose-Brown, Thomas Brown (Ruddy) 4, 5, 10, 15, 16, 24, 28, 32, 34, 35, 36, 47, 50, 53, 54, 55, 59, 60, 68, 76, 81, 87, 89, 94, 96, 98, 100, 102, 104, 105, 107, 117, 128, 135, 136, 154, 158, 177, 214, 216, 315, 316, 319, 322, 325, 330, 333, 336, 347, 349, 377, 381, 521, 525, 536, 539, 542, 555, 557, 558, 625, 627, 756

鲁沃尔特，汉斯·马丁 Ruwoldt, Hans Martin 424

路德，马丁 Luther, Martin 495

伦勃朗，哈尔门松·范·赖恩 Rembrandt, Harmenszoon van Rijn 135, 137, 268, 269, 271, 277, 392, 431, 455, 457, 458, 461, 464, 474, 479, 511, 514, 704

伦敦国家美术馆 The National Gallery (London) 239, 240, 241, 243, 264, 268, 272, 365, 462, 463, 656

《伦敦简报》 *London Bulletin* 656, 665, 692, 740

伦斯特大楼 Leinster House 407

罗，爱德华·普莱斯 Roe, Edward Price 185, 341, 534

罗，查尔斯·亨利 Rowe, Charles Henry 61, 307

罗，弗洛伦斯 Roe, Florence 393

罗，玛丽亚·贝利斯（莫莉）Roe, Maria Belis (Molly) 273, 340, 341, 342, 565, 568, 729

罗伯茨，理查德·埃利斯 Roberts, Richard Ellis 117, 131, 134, 137, 265

罗伯茨，迈克尔 Roberts, Michael 128, 344, 345, 350

罗伯逊，曼宁 Robertson, Manning 405, 407

罗兰，罗曼 Rolland, Romain 707, 708

罗曼，儒勒（原名路易·法里古勒）Romains, Jules (né Louis Farigoule) 20, 456, 462

罗萨，萨尔瓦托 Rosa, Salvator 236, 240, 242, 499

罗萨尔巴（罗萨尔巴·卡列拉）Rosalba (Rosalba Carriera) 473, 478, 530, 533

罗沃尔特出版社 Rowohlt-Verlag 454, 456, 461, 462, 535, 539, 551, 745

罗西，马里奥·曼里奥 Rossi, Mario Manlio 168, 169, 400, 402, 742

洛吉耶，亨利 Laugier, Henri 33, 35, 40, 596, 597, 598, 600, 607, 608, 609, 614, 616, 618, 625, 626, 631, 633, 636, 638, 650, 653, 668, 746

洛林，克劳德 Lorrain, Claude 239, 573

洛特雷阿蒙，孔特·德 Lautréamont, Comte de 224

吕尔萨，让 Lurçat, Jean 101, 103, 116, 158, 172, 174, 282, 285, 360, 520, 524, 664, 666, 668, 746

吕讷堡 Lüneburg 312, 326, 331, 418, 422, 430, 432

吕佩，汉斯 Rupé, Hans 516

M

马布塞 Mabuse 340, 342, 458, 465

马丁·塞克（后改为塞克与沃尔堡）出版社 Martin Secker (later Secker and Warburg) 93, 259, 477

马尔克，弗朗茨 Marc, Franz 406, 468, 475, 481, 501, 504, 575, 576

马尔罗，安德烈 Malraux, André 68, 70, 318, 321, 452, 454, 492, 497, 462,

603

马尔罗，罗兰 Malraux, Roland 454

马基雅维利，尼科洛 Machiavelli, Niccoló 330, 337, 342

马拉美，斯特凡纳 Mallarmé, Stéphane 150, 153, 734

马里沃，皮埃尔·卡莱·德·尚布兰·德 Marivaux, Pierre Carlet de
　　Chamblain de 144, 148, 756

马利丹，雅克 Maritain, Jacques 315, 392, 400, 403, 733

马洛，克里斯托弗 Marlowe, Christopher 465

马米翁，西蒙 Marmion, Simon 458, 465

马萨乔（托马索·迪·西阿·乔瓦尼·迪·莫内·卡萨伊）Masaccio
　　(Tommaso di Ser Giovanni di Mone Cassai) 457, 462

马索，胡安·包蒂斯塔·马丁内斯·德尔 Mazo, Juan Bautista Martínez
　　del 283, 285, 458, 464

马提亚尔 Martial 107, 688

马西涅，莱奥尼德 Massine, Léonide 229, 295, 298, 393, 699, 701

马约尔，阿里斯蒂德 Maillol, Aristide 19, 20, 575, 576

麦格里维，托马斯 McGreevy, Thomas (later MacGreevy) 4, 5, 10, 11, 13,
　　19, 20, 21, 23, 26, 33, 36, 38, 39, 43, 46, 48, 52, 53, 59, 67, 71, 75, 79,
　　87, 93, 95, 98, 101, 104, 112, 121, 123, 130, 134, 137, 141, 149, 154,
　　158, 161, 163, 167, 168, 171, 172, 175, 181, 183, 185, 188, 191, 193,
　　225, 230, 231, 233, 237, 241, 243, 254, 256, 257, 259, 260, 263, 265,
　　267, 269, 271, 274, 278, 282, 284, 290, 292, 294, 296, 299, 302, 305,
　　308, 317, 320, 323, 327, 331, 334, 340, 341, 343, 346, 348, 357, 359,
　　361, 363, 364, 367, 370, 372, 373, 375, 379, 382, 386, 387, 389, 391,
　　394, 396, 398, 403, 404, 417, 433, 439, 447, 449, 455, 467, 468, 469,
　　470, 471, 473, 479, 483, 486, 487, 489, 497, 499, 514, 519, 528, 534,

559, 568, 570, 572, 574, 575, 576, 579, 580, 584, 587, 588, 589, 594, 598, 605, 606, 617, 624, 626, 629, 633, 642, 650, 657, 662, 667, 674, 689, 693, 694, 697, 700, 701, 727, 737, 738, 742, 744, 748, 753, 754, 760, 764

麦吉尼斯，诺拉 McGuinness, Norah 235, 238, 738

麦卡德尔，多萝西 Macardle, Dorothy 341, 343

麦卡蒙，罗伯特 McAlmon, Robert 615, 617, 663, 665, 695, 699, 705, 706, 710, 719, 721

麦卡锡，艾思娜·玛丽 MacCarthy, Ethna Mary 29, 114, 153, 174, 256, 270, 273, 285, 325, 330, 333, 336, 521, 525, 660, 662, 747, 748, 750

麦卡锡，德斯蒙德 MacCarthy, Desmond 117, 124, 128, 140, 141, 258, 260, 301, 305

曼，海因里希 Mann, Heinrich 259, 455

曼德维尔，伯纳德·德 Mandeville, Bernard de 222, 225

曼宁，苏姗 Manning, Susan 363, 365, 417, 457, 462, 534

曼塞尔出版公司 Maunsel and Company 169, 741

曼特尼亚，安德烈亚 Mantegna, Andrea 392, 457, 463, 651,654

曼佐尼，亚历山德罗 Manzoni, Alessandro 326, 330, 442, 444

梅雷迪思，詹姆斯·克里德，法官 Meredith, James Creed, Justice 282, 284, 520, 524

梅里亚姆，布莱恩 Merriman, Brian 661, 763

梅西纳，安东内洛·达，见安东内洛 Messina, Antonello da, *see* Antonello

梅休因出版社 Methuen 9, 165, 176, 181, 182, 191, 339

《每日电讯报》 *Daily Telegraph* 73, 85, 393, 621

《每日见闻报》 *Daily Sketch* 267, 412, 413

门德尔松，费利克斯 Mendelssohn, Felix 61, 78

蒙哥马利，詹姆斯 Montgomery, James 329, 360

蒙克，爱德华 Munch, Edvard 406, 409, 419, 422, 423, 434, 437, 468, 475, 481, 575, 576

蒙塔莱，埃乌杰尼奥 Montale, Eugenio 25, 739, 760

蒙太奇 Montage 220, 223, 326, 353

蒙泰朗，亨利·米永·德 Montherlant, Henry Millon de 263, 295, 541, 603, 605

蒙田，米歇尔·德 Montaigne, Michel de 572, 574, 736

米尔恩，尤尔特 Milne, Ewart 719, 721

米开朗琪罗 Michelangelo 266, 268, 302, 330

米勒，奥托 Mueller, Otto 416, 423

米勒，亨利 Miller, Henry 641, 651, 653, 666, 751, 752

米斯特拉尔，弗雷德里克 Mistral, Frédéric 325, 330, 336

米约，达吕斯 Milhaud, Darius 232, 468, 469, 475, 479

缪尔，埃德温 Muir, Edwin 258, 259, 650, 652

摩尔，乔治·奥古斯塔斯 Moore, George Augustus 12, 14, 352, 371, 373, 382, 395, 398, 543, 544, 735, 742

摩根，路易丝 Morgan, Louise 30, 31, 44

摩尼教 Manichaeism 218, 219

莫顿，亨利·沃勒姆 Morton, Henry Vollam 277, 280, 477, 482

莫拉斯，夏尔 Maurras, Charles 214, 216, 635

莫里克，爱德华 Mörike, Eduard 195

莫里亚克，弗朗索瓦 Mauriac, François 13, 351, 353

莫尼耶，阿德里安娜 Monnier, Adrienne 42, 43, 64, 86, 719, 720, 721

莫斯科国立电影学院 Gosudarstvenni Institut Kinematografii (Moscow State Institute of Cinematography) 338, 339, 346, 348

莫扎特，沃尔夫冈·阿马多伊斯 Mozart, Wolfgang Amadeus 165, 193,
　　194, 195, 214, 216, 481, 502, 505
慕尼黑 Munich 409, 420, 425, 428, 435, 436, 444, 446, 451, 466, 469, 473,
　　476, 480, 483, 485, 487, 488, 489, 491, 493, 495, 497, 498, 499, 501,
　　503, 504, 505, 507, 508, 509, 512, 513, 515, 516, 536, 537, 539, 540,
　　550, 571, 573, 574, 576, 612, 615, 736, 740

N

纳粹 Nazi 200, 201, 202, 257, 409, 422, 423, 424, 425, 426, 444, 449, 454,
　　479, 480, 491, 514, 529, 577, 648, 708, 720, 728, 730, 738
瑙姆堡 Naumburg 445, 450, 460, 467, 468, 470, 475, 479, 510, 511, 515
内博，太太 Neighbour, Mrs. 234, 238
尼克松，马克 Nixon, Mark 244, 278, 398, 424, 443, 444, 461, 515, 561
尼赞，保罗 Nizan, Paul 707, 708, 739
聂鲁达，巴勃罗 Neruda, Pablo 285, 525
牛津大学 Oxford University 96, 732, 753
《牛头人身兽》 *Minotaure* 394, 396
纽卡斯尔疗养院 Newcastle Sanatorium 296, 298, 318, 366, 390, 426
纽伦堡 86, 273, 445, 476, 481, 483, 488, 489, 490, 491, 494, 495, 511, 512,
　　515, 742
纽曼，欧内斯特 Newman, Ernest 332, 334, 335, 390, 392, 393
诺贝尔文学奖 Nobel Prize for Literature 330, 415, 417, 731, 733
诺尔道，马克斯·西蒙 Nordau, Max Simon 98, 100
诺尔德，埃米尔 Nolde, Emil 406, 416, 419, 422, 423, 424, 434, 456, 468,

469, 501, 504

诺尔森，詹姆斯 Knowlson, James 8, 11, 13, 24, 30, 45, 78, 79, 86, 96, 103, 114, 130, 138, 169, 185, 210, 219, 229, 257, 401, 407, 422, 424, 443, 453, 454, 481, 503, 504, 515, 517, 601, 609, 619, 656, 673, 683, 692, 696, 697, 608, 720, 723, 747, 751, 764, 765

诺斯特，约翰·范，小 Nost, John van, the younger 534

诺斯替教徒 Gnostics 124, 127, 279

诺特，斯坦利 Nott, Stanley 403, 406, 409, 412, 413, 419, 430, 432, 438, 439, 450, 453, 477, 482, 489

诺特出版社 Nott 152, 419, 484, 485, 499, 500, 503, 517

O

欧罗巴出版社，"欧罗巴诗人"丛书 Europa Press, Europa Poets series 90, 158, 280, 297, 304, 315, 329, 335, 339, 345, 369, 403, 525, 546, 550, 555, 562, 564, 641, 657, 673, 674, 692, 733, 754

《欧洲大篷车：欧洲文学新精神选集》 *The European Caravan: An Anthology of the New Spirit in European Literature* 17, 25, 39, 40, 48, 50, 51, 66, 121, 251, 279, 732, 739, 753

欧洲文学书局 European Literary Bureau 279, 281, 355, 396, 413, 552, 657, 721

P

帕内尔，查尔斯·斯图尔特 Parnell, Charles Stewart 381, 474, 478

帕森斯，伊恩 Parsons, Ian 290, 293, 310, 362, 363, 371, 373, 375, 377, 379, 385, 386, 388, 410

帕特莫尔，布里吉特 Patmore, Brigit 73, 77, 84, 100, 182

帕特莫尔，德里克 Patmore, Derek 47, 59, 182, 292, 293, 410

帕特莫尔，迈克尔 Patmore, Michael 182

帕特南，萨缪尔 Putnam, Samuel 24, 25, 38, 39, 40, 50, 51, 85, 86, 97, 98, 99, 116, 117, 119, 120, 121, 692, 732, 739, 744, 753, 754, 764, 765

庞德，埃兹拉 Pound, Ezra 9, 27, 31, 197, 420, 425

《旁观者》 *The Spectator* 117, 131, 133, 195, 196, 350, 394, 397, 650, 652

佩隆，阿尔弗雷德·雷米（阿尔菲） Péron, Alfred Rémy (Alfy) 4, 6, 18, 29, 31, 33, 35, 37, 42, 43, 45, 65, 68, 72, 73, 590, 592, 595, 599, 601, 611, 612, 625, 626, 630, 631, 632, 633, 646, 648, 650, 653, 657, 665, 668, 672, 673, 676, 679, 680, 682, 683, 689, 695, 697, 698, 700, 707, 708, 710, 711, 719, 721, 739, 744, 752

佩隆，玛丽（玛尼亚，原姓莱津） Péron, Marie (Mania, née Lézine) 29, 683, 752

佩鲁吉诺 Perugino 112, 114, 387, 388, 530, 533, 570, 573, 654

佩洛尔松，玛塞勒（原姓格雷厄姆） Pelorson, Marcelle (née Graham) 100, 104, 599, 601, 651, 653, 657, 658, 743

佩洛尔松，乔治（后改名乔治·贝尔蒙） Pelorson, Georges (later Georges Belmont) 6, 16, 22, 24, 27, 28, 31, 32, 33, 34, 64, 68, 69, 71, 77, 78, 81, 87, 89, 94, 96, 99, 100, 104, 105, 113, 120, 172, 536, 540, 563, 590, 592, 595, 596, 599, 601, 651, 653, 657, 658, 664, 666, 739, 742, 743, 751, 752

佩奇，罗比娜·希拉 Page, Robina Sheila 540

佩斯，圣-琼 Perse, St.-John 64, 83, 89, 95, 736

彭斯，罗伯特 Burns, Robert 34, 36

皮奥齐，加布里埃尔·马里奥 Piozzi, Gabriel Mario 429, 430, 431, 522, 526, 527, 560, 561, 562

皮尔尼兹 Pillnitz 445, 511, 515

皮金，约翰 Pidgeon, John 69

皮金府邸 Pidgeon House 68, 69, 203, 209

皮林，约翰 Pilling, John 8, 13, 14, 20, 47, 48, 70, 78, 86, 89, 100, 104, 107, 130, 134, 148, 161, 171, 175, 181, 210, 225, 227, 244, 259, 265, 278, 316, 416, 544

皮珀，赖因哈德 Piper, Reinhard 513, 516

皮亚泽塔，乔瓦尼·巴蒂斯塔 Piazzetta, Giovanni Battista 530, 533, 703, 704

"疲惫的眼睛大画师" Master of the Tired Eyes 135

平克，詹姆斯·拉尔夫·西布鲁克 Pinker, James Ralph Seabrook 20, 34, 36, 64, 65, 67, 69, 75, 77, 91, 93, 113, 115, 181, 484, 486

珀佩尔曼，马特乌斯·丹尼尔 Pöppelmann, Matthäus Daniel 477, 478, 511, 515

珀泽，萨拉 Purser, Sarah 158, 282, 285, 341, 342, 507, 524

葡雷登武夫，汉斯 Pleydenwurff, Hans 490, 494, 512

蒲柏，亚历山大 Pope, Alexander 347, 349

普多夫金，弗谢沃洛德 Pudovkin, Vsevolod 325, 329, 332, 334, 335, 339, 346, 348

普拉多，玛丽·乔 Prado, Mary Jo 261, 263, 266, 267, 698, 701

普朗，弗朗西斯，《三首单曲》（曲集48） Poulenc, Francis, *Trois Pièces,* op. 48, 159

普鲁斯特，马塞尔 Proust, Marcel 5, 10, 12, 14, 27, 32, 35, 38, 40, 41, 45,

46, 48, 49, 56, 57, 58, 74, 77, 80, 81, 121, 163, 224, 271, 421, 426, 502, 512, 516, 555, 557, 682, 756

普伦蒂斯，查尔斯 Prentice, Charles 17, 31, 47, 51, 52, 54, 55, 56, 57, 58, 59, 62, 63, 65, 69, 73, 74, 77, 84, 85, 91, 92, 93, 94, 95, 97, 98, 99, 102, 106, 116, 117, 123, 127, 128, 129, 132, 133, 134, 137, 153, 161, 166, 174, 182, 186, 189, 190, 193, 194, 197, 211, 265, 293, 310, 335, 363, 364, 368, 373, 379, 388, 393, 403, 410, 466, 477, 481, 482, 486, 503, 528, 540, 563, 574, 576, 583, 610, 727, 728, 748, 753

普罗科菲耶夫，谢尔盖 Prokofiev, Sergei 193, 194, 261, 263

普罗旺斯诗歌 Provençal poetry 325, 330, 333, 336

普罗沃，扬 Provost, Jan 458, 465

普吕当，罗贝尔-儒勒 Prudent, Robert-Jules 611, 618, 619, 626, 642, 644, 645, 646, 647

普桑，尼古拉 Poussin, Nicolas 135, 137, 371, 373, 374, 474, 479, 497, 498, 521, 525, 749

Q

强者奥古斯特 August the Strong 473, 477

乔恩特，莫德 Joynt, Maud 326, 330

乔尔乔内 Giorgione 44, 45, 62, 63, 433, 435, 443, 455, 461, 473, 474, 478, 479, 498, 511, 515

乔叟，杰弗里 Chaucer, Geoffrey 222, 225, 659, 661

乔托 Giotto 185, 188, 563

乔伊斯，海伦 Joyce, Helen 208, 262, 265, 273, 448, 598, 600, 608, 610, 614,

619, 653, 664, 665, 695, 696, 734, 744

乔伊斯，露西娅 Joyce, Lucia 8, 22, 28, 32, 34, 38, 67, 69, 88, 208, 252, 265, 262, 270, 272, 277, 280, 323, 631, 632, 695, 696, 708, 744, 745

乔伊斯，诺拉 Joyce, Nora 8, 96, 495, 496, 596, 614, 671, 696, 708, 743, 744

乔伊斯，帕特里克·韦斯顿 Joyce, Patrick Weston 73, 524

乔伊斯，乔治 Joyce, Giorgio 208, 262, 265, 273, 447, 448, 598, 600, 608, 610, 614, 619, 664, 665, 695, 712, 734, 741

乔伊斯，詹姆斯 Joyce, James 5, 6, 7, 8, 9, 10, 12, 13, 14, 17, 18, 21, 22, 23, 24, 27, 29, 32, 36, 38, 39, 40, 41, 42, 43, 44, 51, 62, 64, 65, 69, 72, 73, 77, 82, 86, 87, 88, 91, 92, 95, 96, 115, 116, 120, 121, 127, 129, 133, 137, 142, 147, 210, 211, 222, 224, 232, 240, 241, 250, 272, 273, 320, 322, 328, 338, 339, 345, 348, 357, 359, 371, 387, 388, 390, 392, 397, 401, 447, 448, 474, 478, 504, 505, 520, 523, 527, 536, 539, 549, 551, 583, 590, 596, 599, 600, 601, 604, 606, 608, 610, 611, 614, 616, 617, 619, 621, 624, 626, 630, 631, 632, 635, 637, 638, 648, 650, 651, 652, 653, 657, 665, 667, 671, 689, 695, 696, 697, 699, 700, 702, 708, 712, 714, 715, 716, 717, 719, 720, 721, 727, 728, 734, 737, 742, 743, 744, 745, 746, 748, 750, 751, 752, 763

乔治，斯特凡 George, Stefan 660, 662

桥派 Die Brücke 416, 418, 419, 422, 510

切斯特菲尔德，爵爷 Chesterfield, Lord 347, 349

琼生，本 Jonson, Ben 258, 260, 266, 268, 281, 294, 296

琼斯，欧内斯特·阿尔弗雷德 Jones, Ernest Alfred 293, 476, 481

丘吉尔，温斯顿 Churchill, Winston 542, 544

丘纳德，南希 Cunard, Nancy 29, 30, 31, 35, 36, 44, 49, 66, 129, 148, 153, 155, 164, 165, 169, 195, 446, 481, 514, 521, 525, 533, 542, 545, 618,

619, 626, 640, 641, 647, 648, 651, 653, 727, 735

丘奇，芭芭拉 Church, Barbara 181, 188

丘奇，亨利 Church, Henry 181, 183, 188, 193, 382, 601

丘奇，理查德·托马斯 Church, Richard Thomas 379, 445, 450, 453, 466, 472, 477, 482, 650, 652

R

让娜·布歇－米尔波尔美术馆 Galerie Jeanne Bucher-Myrbor 668, 671, 740

《人人》 *Everyman* 30, 66, 70, 258, 260

《人生与文学》 *Life and Letters* 128, 134, 252, 262, 265

《人道报》 *L'Humanité* 619, 621, 672

荣格，卡尔·古斯塔夫 Jung, Carl Gustav 253, 299, 300, 303, 732, 742

S

萨德，侯爵 Sade, Marquis de 237, 241, 611, 640, 641, 642, 645, 646, 647, 662, 673, 674

萨尔茨堡画派 Salzburg School 391

萨尔托，安德烈亚·德尔 Sarto, Andrea del 463

萨尔托，梅 Sarto, May 496, 604, 606

萨尔瓦多，乔瓦尼·吉罗拉莫 Salvado, Giovanni Girolamo 463

萨克雷，威廉·梅克皮斯 Thackeray, William Makepeace 127, 141

萨派尔，罗莎 Schapire, Rosa 416, 417, 418, 423, 461

萨特，让－保罗 Sartre, Jean-Paul 664, 666, 691, 692, 707, 709, 723, 739, 757, 763

塞利纳，路易－费迪南 Céline, Louis-Ferdinand 174, 492, 497

塞尚，保罗 Cézanne, Paul 236, 239, 242, 243, 475, 480, 501, 503, 510, 571, 573, 575, 576, 649

塞西尔，戴维 Cecil, David 397

沙，让·迪 Chas, Jean du 18, 60, 61

沙尔，约瑟夫 Scharl, Josef 504, 536, 539

沙利文，约翰（原名约翰·奥沙利文）Sullivan, John (né John O'Sullivan) 638, 734

沙特尔大教堂 Chartres Cathedral 326, 330

莎士比亚，威廉 Shakespeare, William 40, 48, 115, 154, 227, 255, 321, 345, 417, 737

莎士比亚书店 Shakespeare and Company 8, 51, 539, 617, 728

《莎士比亚书店》 *Shakespeare and Company* 728

绍尔兰特，艾丽斯 Sauerlandt, Alice 418, 423, 424, 456, 461, 482, 483

绍尔兰特，马克斯 Sauerlandt, Max 423, 461

绍克，库尔特 Saucke, Kurt 411, 442, 444

《神曲》 *La Divina Commedia* 14, 29, 30, 43, 92, 208, 212, 453

圣奥古斯丁 Augustine, St. 68, 70, 73, 137, 671

圣巴塞洛缪医院，见汤普森，阿瑟·杰弗里 St Bartholomew's Hospital, *see* Thompson, Arthur Geoffrey

圣伯夫，夏尔－奥古斯丁 Sainte-Beuve, Charles-Augustin 163

圣方济各 St. Francis of Assisi 587

《圣母之死》的画师 Master of the Death of the Virgin 502, 505, 512, 515

圣帕特里克 St. Patrick 147, 170, 215

《诗歌杂志》*Poetry Magazine* 152, 196, 245, 251

施蒂里亚画派 Styrian School 391

施密特-罗特卢夫，卡尔 Schmidt-Rottluff, Karl 415, 416, 417, 418, 419, 423, 424, 455, 461, 468, 469

施特劳斯，理夏德 Strauss, Richard 420, 425, 480

施托斯，法伊特 Stoss, Veit 494, 495

《时代与潮流》*Time and Tide* 77, 134, 322, 350

时光出版社 Hours Press 17, 30, 626, 648, 727, 728, 735, 736

《实验》*Experiment* 40, 732, 754

史蒂文森，罗伯特·路易斯 Stevenson, Robert Loui 104

史密斯，奥利弗·哈里森（昵称哈尔） Smith, Oliver Harrison (also Hal) 195, 211, 518, 519, 552

世界的巴黎 *Paris Mondial* 712, 719, 721

叔本华，阿图尔 Schopenhauer, Arthur 35, 37, 39, 41, 46, 48, 49, 55, 246, 379, 543, 546, 582, 583

舒伯特，弗朗茨 Schubert, Franz 76, 78

舒曼，罗伯特 Schumann, Robert 199, 201

舒韦，卡米耶 Schuwer, Camille 653, 666

司汤达 Stendhal 114, 242, 244, 642

斯宾诺沙，巴鲁赫 Spinoza, Baruch 244

斯德本，费多尔 Stepun, Fedor 445, 485, 486

斯蒂芬斯，詹姆斯 Stephens, James 176, 182, 224

斯蒂奇，威廉明娜 Stitch, Wilhelmina 176, 181

斯雷尔，赫斯特·林奇 Thrale, Hester Lynch 430, 431, 522, 526, 527, 540, 553

斯雷尔，亨利 Thrale, Henry 31, 430, 431, 522, 526, 527, 552, 553

斯洛宁，马尔克 Slonim, Marc 279, 280, 721, 754

斯迈利，罗伯特·梅尔 Smyllie, Robert Maire 327, 331, 453, 529

斯塔基，沃尔特 Starkie, Walter 61, 77, 94, 96, 123, 377, 381, 400, 402, 556, 558

斯塔基，詹姆斯 Starkey, James 13, 69, 90, 136, 750

斯塔克，海纳 Starcke, Heiner 182, 569

斯泰因，格特鲁德 Stein, Gertrude 549, 551, 762

斯特拉文斯基，伊戈尔 Stravinsky, Igor 32, 159, 297

斯滕豪斯，厄休拉 Stenhouse, Ursula 267, 286, 306, 761

斯图尔特，弗朗西斯（原名亨利·弗朗西斯·蒙格莫里·斯图尔特）Stuart, Francis (né Henry Francis Montgomery Stuart) 208, 209, 255, 256, 447, 585, 587, 746, 759, 765

斯图尔特，杰拉尔德·帕克南 Stewart, Gerald Pakenham 48, 364, 368, 503

斯威夫特，乔纳森 Swift, Jonathan 168, 169, 170, 211, 337, 400, 742

斯维尼，詹姆斯·约翰逊 Sweeney, James Johnson 679, 680

斯韦登堡，伊曼纽尔 Swedenborg, Emanuel 211

40 步 40 Foot 364, 372, 562

四大律师学院 Inns of Court 203, 209

苏波，菲利普 Soupault, Philippe 17, 21, 23, 26, 29, 35, 41, 42, 43, 44, 45, 72, 73, 397, 638, 743

所罗门斯，埃斯特拉（昵称斯特拉）Solomons, Estella (Stella) 69, 84, 90, 171, 252, 267, 273, 280, 368, 520, 524, 751, 756, 759

索尔代洛·达·戈伊托 Sordello da Goito 207, 208, 212

索尔克尔德，布拉尼德 Salkeld, Blanaid 346, 347, 351, 689, 698, 700

索尔克尔德，塞西尔·弗伦奇 Salkeld, Cecil Ffrench 350, 353, 475, 480, 509, 540, 700, 746, 760

索雷尔，阿尔贝 Sorel, Albert 266, 267

T

塔尔皮诺，艾尔 Talpino, Il 573

塔索，托尔夸托 Tasso, Torquato 148, 330, 340, 342, 390, 392

泰勒，约翰 Taylor, John 543, 546

泰里夫，安德烈 Thérive, André 27, 31, 540

泰纳，伊波利特-阿道夫 Taine, Hippolyte-Adolphe 163

泰特，艾伦 Tate, Allen 120, 121, 736

泰特，罗伯特·威廉 Tate, Robert William 458, 465, 556, 557, 558

泰特美术馆 Tate Gallery 242, 243, 562

泰特斯，爱德华 Titus, Edward 116, 118, 125, 129, 136, 138, 142, 143, 147,
148, 151, 153, 154, 158, 161, 163, 164, 165, 168, 169, 176, 181, 189,
332, 425, 753, 761, 762

《泰晤士报文学副刊》 *The Times Literary Supplement* 77, 308, 350, 632,
748

汤克斯，亨利 Tonks, Henry 371, 373

汤普森，阿瑟·杰弗里 Thompson, Arthur Geoffrey 4, 232, 243, 245, 252,
253, 259, 264, 267, 273, 286, 292, 297, 304, 306, 322, 350, 369, 374,
381, 393, 396, 416, 425, 437, 503, 539, 554, 558, 573, 605, 632, 646,
647, 652, 654, 658, 672, 678, 699, 732, 761, 765

汤普森，艾伦·H. Thompson, Alan H. 363, 364, 396, 523, 528

汤普森，厄休拉 Thompson, Ursula 306, 381, 393, 605, 632, 654, 658, 678,
761

特尔·鲍赫，赫拉尔德Ter Borch, Gerard 262, 264, 457, 464

特拉弗斯－史密斯，多萝西 Travers-Smith, Dorothy 68, 70, 94, 736, 738, 755

特拉克尔，格奥尔格 Trakl, Georg 550

特拉文，B. Traven, B. 469, 475, 479, 510

特鲁曼与奈特利 Truman and Knightley 117, 125, 128, 134

特伦奇，威尔布拉汉·菲茨约翰 Trench, Wilbraham Fitzjohn 75, 78, 299

特尼耶，戴维，小 Teniers, David, the younger 261, 264, 269, 271

提埃坡罗，乔瓦尼·巴蒂斯塔 Tiepolo, Giovanni Battista 490, 494, 703, 704, 705

提香 Titian 45, 268, 457, 458, 464, 474, 478, 652, 654

《听众》 *The Listener* 343, 536, 538, 539

《同时》 *Contempo* 118, 129, 137, 142, 147, 195

图卢兹－洛特雷克，亨利·德 Toulouse-Lautrec, Henri de 210, 409, 576, 666

托赫尔，E. W.（假名） Tocher, E. W. (pseudo.) 178, 183

托克马达，托马斯·德 Torquemada, Tomás de 223, 538, 541

托克斯维戈，西涅 Toksvig, Signe 381

托勒，恩斯特 Toller, Ernst 452, 454

托雷，吉列尔莫·德 Torre, Guillermo de 283, 285

托马，理查德 Thoma, Richard 97, 99

托马，让 Thomas, Jean 14, 69, 128, 174, 493, 558, 591, 601, 760

托马斯，狄兰 Thomas, Dylan 649, 652, 762

托马斯·纳尔逊父子出版社 Nelson, Thomas and Sons 517, 518, 519, 521, 525

托斯卡尼尼，阿图罗 Toscanini, Arturo 420, 425

陀思妥耶夫斯基，费奥多尔 Dostoevsky, Fyodor 57, 58, 65, 88, 89, 92, 172, 174, 379

W

瓦尔基，贝内代托 Varchi, Benedetto 326, 330

瓦格纳，理查德 Wagner, Richard 32, 149, 152, 161, 194, 219, 390, 393, 466, 494

瓦莱里，保罗 Valéry, Paul 572, 736, 756

瓦伦汀，卡尔 Valentin, Karl 513, 516, 517

瓦伊，洛朗斯 Vail, Laurence 644, 645, 708, 740

王尔德，奥斯卡 Wilde, Oscar 15, 152, 154

威尔斯，H. G. Wells, H. G. 205, 210

威尔逊，R. N. D. Wilson, R. N. D. 135, 138

威尔逊，理查德 Wilson, Richard 235, 283, 285, 371, 373

威沙特 Wishart 117, 136, 137, 148, 280, 396

威斯敏斯特剧院 Westminster Theatre 304, 380, 604

威兹德姆，约翰·奥尔顿 Wisdom, John Oulton 481

韦伯斯特，约翰 Webster, John 496

韦弗，哈丽雅特·肖 Weaver, Harriet Shaw 22, 77, 272, 323, 600, 696

韦兰，迈克尔·里奥 Whelan, Michael Leo 183

韦斯特，丽贝卡 West, Rebecca 71, 73, 77, 85, 205, 210

韦西奥，欧内斯特 Vessiot, Ernest 10, 24

唯名论 Nominalism 549, 551

维茨，康拉德 Witz, Konrad 506, 508, 667, 671

维多利亚与阿尔伯特博物馆 Victoria and Albert Museum 261, 262, 264, 270, 273, 286, 479

维尔茨堡 Würzburg 445, 476, 483, 485, 487, 488, 490, 494, 511

维吉尔 Virgil 202, 207, 208, 212

维京出版社 Viking Press 23, 32, 82, 211, 267, 518, 519, 621, 696

维柯，詹巴蒂斯塔 Vico, Giambattista 122, 123, 125, 131, 134

维塔利，托马索·巴蒂斯塔 Vitali, Tomaso Battista 214, 216

维特，彼得·德 With, Pieter de 181

维瓦利尼，阿尔维斯，安东尼奥，巴尔托洛梅奥 Vivarini, Alvise, Antonio, and Bartolomeo 457, 463

维也纳 Vienna 5, 14, 201, 388, 391, 530, 533, 573, 574, 575, 576, 577, 578, 758

委拉斯开兹 Veláquez 127, 229, 458, 464

魏玛 Weimar 112, 450, 460, 467, 468, 469, 475, 510

魏泽，费利克斯 Weise, Felix 468, 479

魏泽，玛丽（原姓赫罗尔德）Weise, Marie (née Herold) 468, 469

沃，伊夫林 Waugh, Evelyn 31, 752

沃尔芬比特尔 Wolfenbüttel 312, 427, 433, 436, 441, 443

沃尔夫，托马斯 Wolfe, Thomas 462

沃尔夫，雨果 Wolf, Hugo 301, 304, 393, 420, 425

沃格穆特，迈克尔 Wolgemut, Michael 491, 494, 495, 512

沃克，约翰·克兰普顿 Walker, John Crampton 520, 524

沃拉尔，安布鲁瓦兹 Vollard, Ambroise 317, 320

沃伊兹可夫斯基，莱昂 Woizikovsky, Léon 295, 296, 297, 298

乌里亚米，科尔韦恩·爱德华 Vulliamy, Colwayne Edward 430, 431, 527, 562

乌切洛，保罗 Uccello, Paolo 186, 190, 222, 225, 270, 272

无忧宫 Sanssouci 445, 459, 466, 467, 478

伍尔夫，伦纳德 Woolf, Leonard 124, 126, 127, 128, 131, 133

X

苏厄德，安娜 Seward, Anna 546, 678

西班牙内战 Spanish Civil War 311, 446, 525, 542, 545, 689, 735

西班牙人客栈 Spaniards Inn 140, 141, 204, 209

西贝柳斯，让 Sibelius, Jean 301, 304

西格斯，赫尔克里斯 Segers, Hercules 301, 304

西蒙与舒斯特出版社 Simon and Schuster 290, 293, 297, 302, 306, 311, 371, 373, 379, 386, 388, 389, 391, 403, 406, 409, 485, 499

希尔德斯海姆 Hildesheim 312, 418, 432, 433, 434, 435, 436, 441, 443, 515

希金斯，弗雷德里克·罗伯特 Higgins, Frederick Robert 233, 237, 296, 359, 377, 380, 583, 676, 678

希利斯，阿瑟·亨利·麦克纳马拉 Hillis, Arthur Henry Macnamara 134, 262, 264, 265, 295, 297, 298, 301, 304, 366, 369, 741

希利斯，莉莲·玛丽 Hillis, Lilian Mary 369, 741

希特勒，阿道夫 Hitler, Adolf 165, 302, 416, 479, 503, 683

希伊，爱德华 Sheehy, Edward 521, 525, 581, 585, 587, 631, 632, 679, 680

希伊－斯凯芬顿，安德烈 Sheehy-Skeffinton, Andrée 328, 534

希伊－斯凯芬顿，欧文 Sheehy-Skeffinton, Owen 328, 534

席勒，弗里德里希 Schiller, Friedrich 445, 449, 451, 460, 688

夏尔，勒内 Char, René 169, 736

夏加尔，马克 Chagall, Marc 475, 480

现代语言学会 Modern Languages Society 18, 60, 64, 77, 751

《线条：国际造型艺术评论》 *Formes: an International Review of Plastic Art* 20, 22, 24, 54, 55, 748

肖邦，弗雷德里克 Chopin, Frédéric 159, 194, 261, 295, 297, 298, 343

肖特里 Shottery 729

萧伯纳 Shaw, George Bernard 20, 21, 27, 31, 47, 50, 71, 72, 699, 737, 763

谢弗庄园 Villa Scheffer 598, 600, 664, 665

谢里丹，理查德·布林斯利 Sheridan, Richard Brinsley 70

谢泼德，奥利弗 Sheppard, Oliver 372, 374

辛格，约翰·米林顿 Synge, John Millington 220, 223, 224

辛克莱，安娜贝尔·莉莲（南希） Sinclair, Annabel Lilian (Nancy) 95, 257

辛克莱，戴尔德丽 Sinclair, Deirdre 32, 95, 135, 137, 292, 298, 539

辛克莱，弗朗西丝·贝克特（范尼，茜茜） Sinclair, Frances Beckett (Fanny, Cissie) 13, 756, 757, 758

辛克莱，亨利·莫里斯（哈里） Sinclair, Henry Morris (Harry) 33, 35, 60, 256, 359, 360, 392, 446, 528, 529, 532, 536, 540, 588, 589, 590, 591, 599, 601, 614, 617, 644, 645, 659, 678, 744

辛克莱，露丝·玛格丽特（佩吉） Sinclair, Ruth Margarett (Peggy) 5, 6, 12, 14, 24, 28, 32, 95, 143, 148, 165, 177, 182, 229, 569, 757, 758, 759

辛克莱，莫里斯（桑尼，松尼） Sinclair, Morris (Sunny, Sonny, Maurice) 13, 35, 95, 198, 201, 202, 212, 215, 217, 219, 228, 229, 256, 262, 310, 327, 332, 335, 336, 346, 348, 359, 360, 365, 367, 374, 387, 388, 390, 392, 425, 426, 434, 436, 466, 532, 539, 569, 586, 676, 678, 757

辛克莱，萨拉·埃斯特拉（萨莉） Sinclair, Sara Estella (Sally) 95, 135,

137

辛克莱，威廉·亚伯拉罕（波士）Sinclair, William Abraham (Boss) 12, 13, 14, 28, 32, 93, 95, 169, 200, 219, 228, 229, 254, 255, 256, 257, 296, 298, 302, 318, 366, 369, 390, 392, 406, 420, 426, 434, 436, 446, 520, 524, 528, 529, 532, 540, 757, 758, 759

辛特尼斯，热内 Sintenis, Renée 469, 501, 504

新伯灵顿美术馆 New Burlington Galleries 310, 365, 367, 648

《新法兰西杂志》 *La Nouvelle Revue Française* 43, 65, 87, 88, 338, 447, 598, 600, 604, 606, 608, 610, 614, 617, 625, 626, 630, 646, 648, 714, 715, 720, 751

《新评论》 *The New Review* 25, 39, 51, 65, 85, 86, 97, 98, 99, 116, 119, 120, 121, 285, 410, 721, 753, 754

《新闻晚报》 *The Evening News* 124, 125, 126, 129

《新政治家》 *The New Statesman* 117, 128, 131, 134, 137, 322, 748

《星期日泰晤士报》 *The Sunday Times* 305, 320, 334, 335, 350, 372, 374, 392, 602, 604, 649

休斯，约翰 Hughes, John 374, 534

许布施，本亚明·W. Huebsch, Benjamin W. 211, 621, 695, 696, 697

薛西斯大帝 Xerxes the Great 237, 240

Y

雅各布斯，贝瑟尔 Jacobs, Bethel 69, 368

雅各布斯，露易丝·R. Jacobs, Louise R. 267, 270, 277, 280

雅各布斯，索菲（原姓所罗门斯）Jacobs, Sophie (née Solomons) 69, 759

亚里士多德 Aristotle 124, 127, 265, 326, 330

燕卜荪，威廉 Empson, William 40, 732, 754

耶斯多夫，安娜·冯 Gersdorff, Anna von 481

叶芝，杰克·B. Yeats, Jack B. 4, 18, 28, 29, 32, 48, 54, 60, 64, 68, 71, 73, 99, 126, 138, 155, 170, 177, 186, 238, 252, 254, 277, 280, 282, 284, 301, 305, 310, 311, 318, 320, 322, 323, 327, 328, 332, 335, 341, 343, 351, 353, 358, 359, 360, 361, 362, 363, 364, 366, 367, 369, 370, 371, 386, 387, 388, 389, 394, 395, 396, 397, 398, 399, 402, 407, 425, 434, 437, 446, 447, 459, 466, 491, 519, 520, 523, 524, 530, 534, 540, 560, 562, 566, 569, 571, 573, 578, 599, 600, 601, 602, 603, 605, 611, 615, 616, 617, 625, 626, 630, 632, 633, 634, 635, 636, 637, 646, 647, 650, 652, 675, 676, 677, 701, 738, 748, 749, 750, 759, 763, 764

叶芝，玛丽·科特娜姆（昵称科迪，科蒂） Yeats, Mary Cottenham (Cottie, Cotty) 284, 400, 402, 519, 524, 530, 536, 540, 677

叶芝，乔治（原名伯莎·乔治·海德–李） Yeats, George (née Bertha Georgie Hyde-Lee) 15, 320

叶芝，威廉·巴特勒 Yeats, William Butler 138, 397, 678, 679, 680, 737, 741, 742, 747, 750, 751, 755, 763

"艺术–布尔什维主义" "art-Bolschevism" 418, 423

《艺术手册》 *Cahier d'Art* 285, 475, 480

《意志》 *Volontés* 650, 653, 657, 658, 664, 666, 751

"银色的窗户大画师" Master of the Silver Windows 135

英格利希，莫里斯 English, Maurice 719, 721, 739

英国广播公司 British Broadcasting Corporation 368, 369, 661, 700, 732, 741, 747

于登，卢卡斯·范 Uden, Lucas van 405, 408

雨果，维克托 Hugo, Victor 72, 221, 224, 266, 268

约尔丹斯，雅各布 Jordaens, Jacob 359, 360

约翰内斯堡 Johannesburg 125, 129, 661, 662

约翰斯顿，威廉·丹尼斯 Johnston, William Denis 183, 333, 337, 452, 454

约翰逊，塞缪尔 Johnson, Samuel 240, 253, 311, 378, 381, 429, 430, 431, 446, 486, 518, 522, 523, 526, 527, 528, 537, 540, 545, 546, 552, 553, 561, 562, 564, 570, 572, 602, 605, 623, 643, 644, 678, 682, 683, 709, 710, 712, 719, 721

约拉斯，玛丽亚 Jolas, Maria 8, 43, 356, 357, 365, 394, 396, 592, 599, 601, 608, 610, 637, 638, 653, 712, 715, 717, 718, 742, 743, 751, 762

约拉斯，欧仁 Jolas, Eugène 5, 8, 43, 125, 129, 300, 303, 356, 357, 388, 536, 540, 590, 593, 594, 595, 599, 601, 608, 610, 617, 635, 637, 651, 653, 666, 679, 715, 717, 742, 743, 748, 762, 765

约里奥-居里，弗雷德里克 Joliot-Curie, Frédéric 653

约斯，库尔特 Jooss, Kurt 301, 304

Z

《杂色》 Motley 484, 486

泽韦梅尔 Zwemmer's 266, 268

詹姆斯，亨利 James, Henry 327

詹宁斯，汉弗莱 Jennings, Humphrey 40, 370, 667, 671

真蒂莱斯基，奥拉齐奥 Gentileschi, Orazio 360, 366, 368, 371, 374, 387, 388, 530, 533

阵亡纪念碑 Cenotaph 319, 322, 531, 534

《芝加哥论坛报》*Chicago Tribune* 719, 721, 739, 742, 753

《转变》*transition* 5, 8, 11, 12, 13, 14, 17, 20, 92, 99, 106, 107, 116, 129, 143, 148, 310, 354, 356, 357, 358, 359, 365, 367, 374, 390, 393, 394, 396, 562, 563, 565, 569, 575, 594, 595, 601, 672, 673, 674, 680, 736, 742, 743, 744, 748, 751, 762

《准则》*The Criterion* 195, 196, 265, 267, 350, 353, 540, 748, 751

卓别林，查理，《摩登时代》Chaplin, Charlie, *Modern Times* 616

图书在版编目（CIP）数据

贝克特书信集. 第一卷，1929—1940：全两册 /
(爱尔兰) 萨缪尔·贝克特 (Samuel Beckett) 著；(美)
玛莎·道·费森菲尔德等主编；曹波，姚忠译. —— 长沙：
湖南文艺出版社，2021.12
书名原文：The Letters of Samuel Beckett,
Volume I: 1929–1940
ISBN 978-7-5404-4426-6

Ⅰ.①贝… Ⅱ.①萨…②玛…③曹…④姚… Ⅲ.
①贝克特(Beckett, Samuel 1906–1989)—书信集 Ⅳ.
①K835.625.6

中国版本图书馆CIP数据核字(2020)第212614号

著作权合同图字：18-2020-194

贝克特书信集：第一卷，1929—1940（全两册）
BEIKETE SHUXINJI : DI-YI JUAN，1929—1940（QUAN LIANG CE）

著　　者：〔爱尔兰〕萨缪尔·贝克特
主　　编：〔美〕玛莎·道·费森菲尔德 〔美〕洛伊丝·摩尔·奥维贝克
　　　　　〔英〕乔治·克雷格 〔英〕丹·冈恩
译　　者：曹 波 姚 忠　出 版 人：曾赛丰　　　责任编辑：吴 健
内文排版：钟灿霞 钟小科　封面设计：韩 捷　　特约编辑：林小慧
出版发行：湖南文艺出版社（长沙市雨花区东二环一段508号 邮编：410014）
印　　刷：湖南省众鑫印务有限公司　　　开　本：880mm×1230mm 1/32
印　　张：30.25　字　数：972千字　　版　次：2021年12月第1版
印　　次：2021年12月第1次印刷　书　号：ISBN 978-7-5404-4426-6
定　　价：168.00元（全两册）